Finalement

Finalement

La compétence avancée à portée de la main !

Chantal P. Thompson
Stayc DuBravac

Toronto | Vancouver

Finalement : La compétence avancée à portée de la main !
Chantal P. Thompson et Stayc DuBravac

Première publication en 2023 par
Canadian Scholars, une marque de CSP Books Inc.
425 Adelaide Street West, Suite 200
Toronto, Ontario
M5V 3C1

www.canadianscholars.ca

Remerciements de droits d'auteur
Figure 0.1: Mont Sainte-Victoire par Paul Cézanne / Wikimedia Commons; Figure 1.1: Ulf Andersen / Getty Images Europe; Figure 2.1: Ulf Andersen / Getty Images Europe; Figure 2.2: © Annie Ernaux; Figure 2.3: © Annie Ernaux; Figure 3.1: Pauline Laigneau; Figure 3.2: Matthias Clamer / Getty Images; Figure 4.1: Frederic REGLAIN / Gamma-Rapho / Getty Images; Figure 4.2: Créé par Chantal Thompson, Ensuite (4e édition, McGraw-Hill, 2003), p. 68; Figure 5.1: CSU Archives / Everett Collection / Bridgeman Images; Figure 6.1: Alain ROBERT / Sipa / SIPA / Shutterstock; Figure 7.1: © Opale / Bridgeman Images; Figure 8.1: JOEL SAGET / AFP / Getty Images; Figure 9.1: Lark Porter; Figure 10.1: Jeune Afrique Media Group; Figure 10.2: Gilles Paire / Shutterstock; Figure 11.1: mentalmind / Shutterstock; Figure 11.2: Kastoluza / Shutterstock; Figure 11.3: Cours de théologie à la Sorbonne. Enluminure de la fin du XVe siècle, Bibliothèque de Troyes / Wikimedia Commons; Figure 11.4: Catherine Zibo / Shutterstock; Figure 12.1: Joe Belanger / Shutterstock; Figure 12.2: stillfx / depositphotos et michaklootwijk / depositphotos; Figure 12.3: StockPlanets / iStock; Figure 12.4: Jacob Ammentorp Lund / iStock

Catalogage avant publication de Bibliothèque et Archives Canada

Titre: Finalement : la compétence avancée à portée de la main ! / Chantal P. Thompson, Stayc DuBravac.
Noms: Thompson, Chantal P., auteur. | DuBravac, Stayc, auteur.
Description: Comprend des références bibliographiques et un index.
Identifiants: Canadiana (livre imprimé) 20230219934 | Canadiana (livre numérique) 20230220096 | ISBN 9781773383590 (couverture souple) | ISBN 9781773383606 (PDF) | ISBN 9781773383613 (EPUB)
Vedettes-matière: RVM: Français (Langue)—Manuels d'enseignement supérieur. | RVM: Français (Langue)—Français écrit—Manuels d'enseignement supérieur. | RVM: Littérature française—Explication de texte—Manuels d'enseignement supérieur. | RVMGF: Manuels d'enseignement supérieur.
Classification: LCC PC2420 .T46 2023 | CDD 448.2/4—dc23

Conception du texte par S4Carlisle Publishing Services
Conception de la couverture par Rafael Chimicatti
Image de couverture: Mont Sainte-Victoire par Paul Cézanne

23 24 25 26 27 5 4 3 2 1

Imprimé et relié en Ontario, Canada

Canada

TABLE DES MATIÈRES

Remerciements ix
Introduction xi

UNITÉ I : La description et la narration au présent 1

THÈME 1 : L'identité personnelle 2
Lecture et conversation : *Mes trois identités* (Henri Lopes) 2
Chapitre 1 : Les verbes au présent ; le portrait (I) 8
Chapitre 2 : Les noms et les articles ; le portrait (II) 17

THÈME 2 : Le soi en contexte 31
Lecture et conversation : *La force et la tempête* (Annie Ernaux) 31
Chapitre 3 : Les adjectifs ; des personnes et des lieux (I) 38
Chapitre 4 : Les adverbes ; les expressions comparatives ; des personnes et des lieux (II) 51

THÈME 3 : Genre et identité 63
Lecture et conversation : *À la découverte des femmes* (Jean-François Dortier) 63
Chapitre 5 : L'interrogation ; la description d'un problème dans le monde (I) 69
Chapitre 6 : La négation ; la description d'un problème dans le monde 81

UNITÉ II : La narration et la description au passé 93

THÈME 4 : Des souvenirs à raconter 94
Lecture et conversation : *Les yeux baissés* (Tahar Ben Jelloun) 94
Chapitre 7 : Le passé composé ; le récit d'une expérience mémorable (I) 100
Chapitre 8 : L'imparfait et le plus-que-parfait ; la concordance des temps au passé ; le récit d'une expérience mémorable (II) 110

THÈME 5 : Voyages et découvertes 120
Lecture et conversation : *De quoi t'ennuies-tu, Éveline ?* (Gabrielle Roy) 120
Chapitre 9 : Les verbes pronominaux au passé ; la concordance des temps au passé ; le récit d'un événement qui a changé votre point de vue (I) 126
Chapitre 10 : Les verbes à sens multiples : devoir, vouloir, pouvoir, savoir ; la concordance des temps au passé ; le récit d'un événement qui a changé votre point de vue (II) 137

THÈME 6 : Immigration et autres problèmes sociaux 149
Lecture et conversation : *Bleu-Blanc-Rouge* (Alain Mabanckou) 149
Chapitre 11 : Le discours indirect ; les pronoms possessifs et démonstratifs ; récit d'un événement de l'histoire ou de l'actualité récente (I) 157
Chapitre 12 : Les pronoms relatifs ; recyclage de la narration et description au passé ; récit d'un événement de l'histoire ou de l'actualité récente (II) 169

UNITÉ III : La narration au futur, l'opinion et l'hypothèse 181

THÈME 7 : **Le monde de demain** 182
Lecture et conversation : *Globalia* (Jean-Christophe Rufin) 182
Chapitre 13 : Les temps du futur ; stratégies pour des spéculations au futur (I) 189
Chapitre 14 : Les prépositions ; stratégies pour des spéculations au futur (II) 200

THÈME 8 : **De la réalité aux possibilités** 217
Lecture et conversation : *Les Catilinaires* (Amélie Nothomb) 217
Chapitre 15 : L'hypothèse ; stratégies pour une dissertation selon le plan thématique 224
Chapitre 16 : Les pronoms compléments ; une dissertation selon le plan thématique 233

THÈME 9 : **Les ambiguïtés de la vie** 246
Lecture et conversation : *L'Aventure ambiguë* (Cheikh Hamidou Kane) 246
Chapitre 17 : Le subjonctif ; développement d'un plan dialectique (thèse, antithèse, synthèse) 252
Chapitre 18 : Les mots indéfinis ; le plan dialectique 269

UNITÉ IV : Développement d'une argumentation 283

THÈME 10 : **Progrès ou dangers ? science et environnement** 284
Lecture et conversation : OGM – l'Afrique à tout prix 284
Chapitre 19 : La voix passive ; développement d'un plan analytique (causes-conséquences-solutions) 292
Chapitre 20 : Le participe présent ; le plan analytique (causes-conséquences-solutions) 300

THÈME 11A : **Les fausses informations** 310
Lecture et conversation : Fausses informations et théories du complot 310
Chapitre 21 : Faire, laisser et les verbes de perception + infinitif ; recyclage des pronoms compléments et des prépositions ; introduction et conclusion d'une dissertation, clés de la rédaction 318

THÈME 11B : **Éducation et bannissement de livres et de symboles historiques** 326
Chapitre 22 : Recyclage fonctionnel : de la narration et de la description aux opinions et aux hypothèses ; stratégies pour étoffer une dissertation ; rédaction de la dissertation finale 326
Lecture et conversation : *La mère de toutes les universités* (Cédric Giraud) 326
Lecture et conversation : *Malaise au Canada après une « purification par le feu »* (Hélène Jouan) 329

THÈME 12A : **La question des armes à feu** 336
Chapitre 23 : La question des armes à feu ; recyclage fonctionnel ; les anacoluthes ; présentations orales sur les sujets de dissertations finales 336
Lecture et conversation : *Les Américains et leurs armes : droit inaliénable ou maladie du corps social ?* 336
Lecture et conversation : *Armes à feu : entre France et États-Unis, la situation est-elle différente ?* 340

THÈME 12B : Le bonheur . . . 346

Chapitre 24 : Le bonheur ; recyclage fonctionnel ; les pléonasmes ; présentations orales sur les sujets de dissertations finales. . . . 346

Lecture et conversation : *Bonheur et psychologie positive* . . . 346

Lecture et conversation : *Dépendance, indépendance et interdépendance* . . . 350

Appendice : La conjugaison du verbe . . . 356

Index I : Sujets de réflexion . . . 371

Index II : Structures . . . 374

Index III : Écriture . . . 378

REMERCIEMENTS

Un livre est l'ouvrage de maintes personnes: ses auteurs, bien sûr, mais aussi les individus qui ont accepté sa vision, amélioré son expression et nourri son développement. Pour cela, nous remercions en premier lieu Lindsey Malinowski, notre éditrice qui a cru en nous et nous a soutenus tout au long d'un chemin innovateur, car *Finalement* est un pionnier dans l'enseignement d'une langue aux niveaux avancé et supérieur. Nous remercions aussi Josée Latulippe, notre réviseuse, dont le sens de l'exactitude a peaufiné la précision et l'organisation de chaque page de ce manuel. Nous exprimons également notre reconnaissance aux réviseurs externes qui ont guidé nos pas et dont les noms incluent Nadine de Moras (University of Western Ontario), Maria Adamowicz-Hariasz (University of Akron, Ohio), Melanie Collado (University of Lethbridge, Alberta) et Kate Miller (Indiana University-Purdue). Finalement, nous remercions nos étudiants, à l'université Brigham Young et l'Université du Kentucky, qui nous ont montré, au fil des années, ce qui marche et ce qui ne marche pas pour amener les apprenants de français aux niveaux avancé et supérieur de compétence linguistique.

Chantal P. Thompson, Brigham Young University
Stayc DuBravac, University of Kentucky

INTRODUCTION

La montagne Sainte-Victoire, Paul Cézanne, vers 1895

Comme dans le tableau de Cézanne *La montagne Sainte-Victoire*, que vous voyez sur la couverture, ce livre vous invite à une randonnée qui commence progressivement parmi les villages familiers de la description et de la narration au présent, au passé et au futur. Il y a toujours des éléments à découvrir et à mettre en pratique. Les chemins sont encore pleins d'ornières que vos pas vont *finalement* aplanir. Savez-vous que Paul Cézanne, qui est considéré comme un maître postimpressionniste et le père de l'art moderne, a peint cette montagne qui surplombe sa ville natale, Aix-en-Provence, plus de 80 fois entre 1882 et 1906 ? Par *une explosion de couleurs et une simplification des formes*, Cézanne recherchait la perfection de ce qu'il appelait « la géométrie descriptive ». Pareillement, ce livre va *finalement* vous amener au contrôle complet des fonctions avancées à l'oral et à l'écrit, par *une explosion d'activités et une simplification des règles*, avec une insistance sur les fautes les plus courantes au niveau avancé. Certains pourraient se demander pourquoi nous avons jugé nécessaire de commencer par la description au présent, mais comme l'indique l'échelle ACTFL (voir le lien ci-dessous), il y a une grande différence entre « créer avec la langue » en suites de phrases au niveau intermédiaire et décrire ou narrer, que ce soit au présent, au passé ou au futur, dans le contexte de paragraphes, avec la complexité de vocabulaire, la précision des structures, et surtout les élaborations que cela implique.

Après les chemins qui mènent à la montagne Sainte-Victoire, commence l'ascension. Les sentiers sont plus rugueux, semés d'idées abstraites, de défense d'opinion et d'hypothèses. Ce sont les fonctions supérieures que les manuels de français abordent rarement, mais qui vous permettront d'arriver, sinon au sommet de la montagne, au moins à mi-chemin. Ici encore, cela se fera par une explosion d'activités et une simplification des formes nécessaires à ces fonctions. À partir de textes et de sujets qui se prêtent à l'argumentation et à l'exploration de possibilités autres que la réalité, vous apprendrez à former et à défendre, dans la langue de Molière, des opinions que vous ne saviez même pas que vous aviez. La « victoire » sera cognitive autant que linguistique.

Pour vous guider tout au long de ces chemins, *Finalement* propose quatre outils :

- **Des lectures stimulantes** qui représentent la francophonie, abordent des thèmes universels, servent de modèles pour les fonctions avancées et supérieures, et fonctionnent comme des tremplins pour la conversation et l'écriture.
- **Une approche inductive** à l'acquisition des structures requises : ce n'est pas une révision ou une présentation exhaustive des règles, mais une invitation à déduire vous-même comment la langue s'articule, avec un accent sur les points essentiels et les fautes courantes que les étudiants commettent aux niveaux avancé et supérieur. Ce qu'on apprend en exerçant sa pensée critique reste dans la mémoire à long terme, ce qui permet d'accélérer le développement des compétences linguistiques.
- **Une explosion d'activités orales et écrites**, comme nous l'avons déjà mentionné, sur des chemins tracés par l'expérience, et des projets d'écriture qui vous aideront à solidifier votre contrôle des fonctions avancées et supérieures.
- **Des objectifs réalistes** qui s'étalent sur deux semestres, ou un menu d'options qui peuvent être adaptées au programme de votre université.

L'ascension de la montagne Sainte-Victoire, ou la progression des compétences avancées aux compétences supérieures, ne se fait pas en un jour, mais l'aventure vous attend tout au long du chemin.

LIENS POUR LES *ACTFL PROFICIENCY GUIDELINES* EN FRANÇAIS

https://www.actfl.org/resources/actfl-proficiency-guidelines-2012/french/expression-orale
https://www.actfl.org/resources/actfl-proficiency-guidelines-2012/french/expression-%C3%A9crite

Ces échelles de compétences vous donnent non seulement une description de ce qu'on est capable de faire à chaque sous-niveau, depuis *Intermédiaire élevé* jusqu'à *Supérieur*, mais aussi des vidéos qui exemplifient chacun de ces niveaux d'expression orale et des échantillons écrits pour chaque niveau de l'expression écrite. Nous vous invitons à vous comparer dès le départ à ces descriptions et exemples, et à y revenir plusieurs fois au cours de votre ascension linguistique.

UNITÉ I

LA DESCRIPTION ET LA NARRATION AU PRÉSENT

THÈME 1 : L'IDENTITÉ PERSONNELLE

Lecture et conversation : *Mes trois identités* (Henri Lopes)

L'AUTEUR

Grand Prix de la francophonie de l'Académie française, en 1993, pour l'ensemble de son œuvre, Henri Lopes est l'auteur de neuf romans, deux recueils de nouvelles et un essai, *Ma grand-mère bantoue et mes ancêtres les Gaulois*, publié en 2003, dont le texte que vous allez lire est extrait. Né au Congo-Kinshasa en 1937, Henri Lopes a fait ses études au Congo-Brazzaville, puis en France, où il est devenu professeur d'histoire. Revenu au Congo-Brazzaville (la République du Congo) peu après les indépendances, Lopes s'est engagé en politique et a occupé plusieurs postes de ministre entre 1969 et 1981 : Éducation nationale, Affaires étrangères, premier ministre (1973-1975) et Finances. Puis Henri Lopes a travaillé 16 ans pour l'UNESCO, comme directeur général adjoint pour la culture et les affaires étrangères, avant d'être nommé ambassadeur du Congo en France, un poste qu'il a occupé de 1998 à 2016. Connu pour son écriture satirique, Henri Lopes expose dans ses romans les réalités politiques et sociales, à la fois tragiques et comiques (comme l'indique le titre de son roman le plus célèbre, *Le pleurer-rire*) de l'Afrique postcoloniale.

Henri Lopes

AVANT DE LIRE

- La présence française en Afrique a commencé par la traite négrière ou le commerce atlantique d'esclaves noirs, pratiquée dès le début du 16e siècle par les puissances européennes pour fournir la main-d'œuvre nécessaire à l'économie de plantations du Nouveau Monde. Aboli par le gouvernement français en 1848, l'esclavage a été remplacé par la colonisation, que la France a établie dans 22 pays africains (dont le Congo-Brazzaville) et qui a duré jusqu'en 1960, date des indépendances de la plupart des colonies françaises en Afrique.
- Dans les écoles coloniales, puisque les manuels scolaires venaient de France, une des premières choses que les petits Africains apprenaient était : « Mes ancêtres les Gaulois avaient les yeux bleus et les cheveux blonds… » Imaginez un de ces enfants qui a dû mémoriser cette phrase et qui revient à la maison : quelles questions va-t-il/elle poser à ses parents ? Comment les parents vont-ils répondre ? En groupes de deux, écrivez un petit dialogue entre l'enfant et son père ou sa mère.
- Identifiez trois caractéristiques qui vous définissent **le mieux** : la nationalité ? l'intelligence ? les talents ou les compétences ? l'héritage de vos ancêtres ? l'âge ? le groupe ethnique ? la classe sociale ? votre identité de genre ou votre façon de l'exprimer ? la religion ? le métier ou les passe-temps ? l'orientation politique ? d'autres caractéristiques ? En groupes de trois ou quatre, échangez vos réponses. Quels éléments influencent le plus la formation de l'identité selon vos réponses ?
- Dans ce texte, Henri Lopes va parler de ses trois identités. Avant même de lire le texte, quelles sont les identités possibles d'un Congolais qui s'appelle Henri Lopes ? Imaginez…

1. Première identité :
2. Deuxième identité :
3. Troisième identité :

Mes trois identités (Henri Lopes)

Je ne suis pas un Congolais typique. Ni mon nom ni ma couleur n'indiquent mon identité. Et c'est bien ainsi, comme vous, je descends du chimpanzé.

Je suis fier d'être un SIF, un Sans Identité Fixe.

De fait, je me réclame non d'une, mais de trois appartenances. Trois, pour faciliter ma présentation, car mille serait plus juste. Disons, pour ne pas nous perdre dans un débat oiseux, que je regroupe mes mille et une identités en trois catégories.

La première, mon identité originelle, me rattache aux ancêtres de ma terre natale. [...] Pour un ancien colonisé, l'identité originelle n'est jamais acquise. Nous devons chaque jour repartir à la quête de nos racines. Les manuels scolaires où je devais mémoriser l'épopée de Roland et de mes ancêtres les Gaulois ne consacraient aucune ligne aux ancêtres que ma grand-mère m'apprenait à mémoriser, les Bantous. J'ai dû explorer mes Afriques aussi bien dans le temps que dans l'espace. Que l'on soit un pur-sang (si ce terme a un sens) ou un sang-mêlé, notre identité ne nous est pas offerte au berceau, nous devons la construire. [...]

Le culte prononcé de l'identité culturelle, originelle, nationale ou religieuse, induit l'obscurantisme, le fondamentalisme et les politiques d'exclusion. Au lieu de restituer le passé dans sa réalité, où des zones d'ombre côtoyaient celles de lumière, elles le peignent comme un âge d'or vers lequel revenir. Il n'y a pas de paradis perdu, il est à conquérir, à édifier. Nos civilisations étaient riches de sagesse, mais elles possédaient, comme toutes les cultures, des zones de barbarie. [...] Sans la complicité de certains de nos ancêtres, la traite négrière n'aurait jamais fait d'aussi gros profits. Nous portons la responsabilité de cet odieux système tout autant que les trafiquants venus d'au-delà des mers. [...] À force de rêver nos identités et d'idéaliser l'histoire de nos communautés, nous avons transformé le présent en cauchemar.

Ma deuxième identité est mon identité internationale. Alors que l'identité originelle s'assume, celle-ci constitue un acte volontaire par lequel je passe de la communauté familiale à la communauté des esprits. J'appartiens en effet à plusieurs familles. Quand, le cœur en fête, je fredonne un air, ce n'est pas toujours une rumba congolaise. Serait-ce alors trahir ? J'exprime aussi une part substantielle de mon être quand le nègre* que je suis sifflote un blues, un air de jazz, une valse, des phrases d'une symphonie de Mozart, d'un opéra de Verdi. Au-delà du Congo, je me sens africain. [...] Car l'Afrique n'est pas une race, elle est plus qu'un continent, elle est un processus évolutif et continu.

Et par-delà le continent, je me sens solidaire de la famille francophone, de tous ces écrivains auxquels j'accède sans intermédiaire parce que nous avons en partage une complicité d'expression. Français langue nationale, français langue officielle, français langue première ou seconde ? En tout état de cause, le français n'est plus en Afrique une langue étrangère. D'origine étrangère, cette langue est aujourd'hui africaine, au même titre que nos langues maternelles. [...]

Aux temps de la lutte coloniale et au cours des premières années de la construction coloniale, je me faisais un point d'honneur de brûler les livres d'histoire qui prétendaient que mes ancêtres étaient les Gaulois. Aujourd'hui, je proclame que, tout bien considéré, à côté de mes ancêtres bantous, je possède aussi des ancêtres gaulois. Mieux, je les revendique. Il ne s'agit évidemment pas de Vercingétorix, mais de Montaigne, de Montesquieu, de Voltaire, de Proust, de Camus et tant d'autres.

---

* Ce terme n'a pas nécessairement une connotation négative dans la littérature africaine de langue française.

Ma troisième identité, celle qui constitue la signature de l'écrivain, est mon identité personnelle. Aujourd'hui, plus qu'hier, l'auteur de l'hémisphère sud a le devoir de descendre en lui et de parler en son nom personnel. [...] Aucune société n'a progressé sans que ses créateurs et ses penseurs ne se placent à contre-courant des bien-pensants. L'Afrique a besoin d'imprécateurs pour sortir des ornières dans lesquelles elle s'embourbe. L'heure est venue de passer nos comportements et nos cultures au crible de la raison et d'une éthique universelle. [...] Hitler ne loge pas seulement dans les palais présidentiels. La « bête immonde » dont parlait Brecht rôde aussi dans nos villages, dans les camps de réfugiés, elle habite le corps et l'esprit de nombreux réfugiés eux-mêmes. Elle est enfouie dans les esprits des tribalistes de tout acabit dont la vue ne s'étend guère au-delà de leur nez et qui n'imaginent pas qu'on puisse se nourrir d'autre aliment que le manioc, danser d'autres pas que ceux du rythme du tam-tam du village natal.

Trois identités, donc, trois cordes d'une même guitare, qu'il s'agit de pincer, isolément l'une de l'autre, ou deux, ou toutes, ensemble, en veillant à n'en casser aucune, pour ne pas que la musique perde son harmonie.

Extrait de *Ma grand-mère bantoue et mes ancêtres les Gaulois*, de Henri Lopes
(© Éditions Gallimard, 2003), p. 11-20.

PARLER ET COMPRENDRE

Après avoir lu le texte, discutez en groupes de deux ou trois.

1. Henri Lopes affirme qu'il n'est pas un Congolais typique, car son nom n'est pas africain, et il est métis. Dans le monde moderne, comment définissez-vous un citoyen « typique » de votre pays d'origine ou d'un autre pays que vous connaissez bien ?
2. SIF est un jeu de mots sur SDF, « sans domicile fixe » (l'appellation qui désigne les sans-abris). Voyez-vous un lien entre SIF et SDF ? Pourquoi est-il fier d'être un SIF ?
3. « Pour un ancien colonisé, l'identité originelle n'est jamais acquise. Nous devons chaque jour repartir à la quête de nos racines. » Sachant que les manuels scolaires venaient de France et que les enfants apprenaient que « nos ancêtres, les Gaulois, avaient les cheveux blonds et les yeux bleus », comment comprenez-vous cette déclaration ?
4. Pourquoi « le culte prononcé de l'identité culturelle, nationale ou religieuse » est-il dangereux ? Êtes-vous d'accord ? Donnez des exemples.
5. L'histoire de notre monde en général contient « des zones d'ombre » et des « zones de lumière ». Quelles sont ces zones d'ombre et de lumière dans la colonisation, selon Lopes ? Pensez maintenant à l'histoire de votre pays d'origine ou de résidence actuelle : pouvez-vous citer deux ou trois zones d'ombre et de lumière ?
6. « À force de rêver nos identités et d'idéaliser l'histoire de nos communautés, nous avons transformé le présent en cauchemar. » Comment comprenez-vous cette phrase ?
   Dans quel sens l'idéalisation est-elle dangereuse ?
7. « L'Afrique n'est pas une race, elle est plus qu'un continent, elle est un processus évolutif et continu. » En est-il de même pour l'Amérique et pour l'Europe ? Expliquez.
8. « D'origine étrangère, [le français] est aujourd'hui [une langue] africaine, au même titre que nos langues maternelles. » La position de Lopes sur le rôle du français dans les anciennes colonies africaines (le français est la langue officielle de 22 pays africains) est en fait très controversée. Beaucoup d'intellectuels africains préconisent l'élimination du français dans les écoles et les administrations, au profit des langues locales, qui sont souvent très nombreuses. Selon vous, quels sont les avantages et les inconvénients de garder la langue des colonisateurs (français, anglais, portugais) comme langue officielle dans les anciennes colonies africaines ?
9. Lopes dit qu'il est fier d'avoir des ancêtres gaulois – non pas les dirigeants militaires et politiques comme Vercingétorix (chef des Gaulois à l'époque de Jules César), mais les grands écrivains et penseurs, comme Voltaire et Montesquieu. Quels sont les « ancêtres » internationaux qui font partie de votre identité ?

10. En parlant de sa troisième identité, Lopes décrit le rôle d'un écrivain. Quel est ce rôle ?
11. Quel est le problème des « tribalistes », selon Lopes ? En connaissez-vous ?
12. Que veut dire l'auteur quand il écrit qu'il faut veiller à ne casser aucune corde « pour ne pas que la musique perde son harmonie » ?

PERSPECTIVES

Changez de partenaires et discutez en groupes de deux ou trois, puis présentez vos conclusions au reste de la classe.

1. Résumez les trois identités d'Henri Lopes. Lesquelles de ces identités sont présentes en vous ? Discutez en groupes de deux ou trois.
2. La plupart des sociétés modernes sont des sociétés multiculturelles, pleines de « SIF ». Quels sont les avantages et les inconvénients du multiculturalisme ? Donnez des exemples. Quelles sont les implications pour notre environnement scolaire, politique et social ? Comment voyez-vous l'avenir de notre monde, qui sera, vraisemblablement, encore plus multiculturel ?

Utilisez le tableau ci-dessous pour faire une liste des avantages et des inconvénients de la diversité dans une société. Essayez d'avoir le même nombre d'arguments de chaque côté ; quelques catégories vous sont déjà données, ajoutez-en d'autres. Finalement, dans la colonne de droite, imaginez les implications futures pour notre monde, sachant que le réchauffement climatique va certainement accélérer les migrations.

Après la discussion en groupes, préparez un résumé de vos conclusions.

	Avantages de la diversité culturelle	**Inconvénients de la diversité**	**Implications futures des migrations**
Dans les villes			
Dans les régions rurales			
Dans les écoles			
Dans le domaine de l'habitat			
Dans le monde professionnel			
En matière de politique			
Dans les pays développés			
Dans les pays en développement			
??			

Expansion de vocabulaire

Relevez 12 mots de vocabulaire (verbes, noms, adjectifs, expressions idiomatiques) que vous avez découverts ou revus dans la discussion de ce thème et que vous allez incorporer dans votre vocabulaire actif, puis écrivez une phrase *de votre propre création* pour illustrer chaque mot ou expression. Révisez ces mots régulièrement.

Le mot/l'expression. → Une phrase pour l'illustrer

1. La sagesse
   → Selon Plato, Socrates avait la sagesse.
2. Côtoyer
   → Comme nous grandissions dans le même quartier, je l'ai beaucoup côtoyé.
3. Appartenir
   → Ce sac à dos appartient à un étudiant.
4. Revendiquer
   → Je ~~vous~~ revendique que vous me disez ce qui s'est passé.
5. La quête
   → J'ai fini cette quête dans Mario Kart
6. Siffler
   → Les oiseaux sifflent le matin.
7. L'ombre
   → J'ai peur de mon ombre quand je me promène la nuit.
8. Fredonner
   → Silence! Arrête de fredonner!
9. Les racines
   → Comme mes parents viennent de Chine, mes racines sont dans la Chine.
10. Berceau
    → Un berceau est un lit pour un bébé.
11. Un ornière
    → J'étais dans un ornière après mon marche de fer.
12. S'embourber
    → J'ai trop de devoirs. Cela m'embourbe.

OÙ ALLONS-NOUS ?

Le texte que vous venez de lire et de discuter est à la fois un excellent modèle de description/narration au présent et un tremplin pour la description personnelle, que les deux prochains chapitres vous aideront à peaufiner (améliorer).

La description et la narration au présent au niveau avancé impliquent une précision telle que le locuteur ou lecteur natif ne se sent jamais (ou presque jamais) obligé d'interpréter ou de clarifier ce que vous dites. S'exprimer clairement au niveau avancé suppose aussi la capacité de discuter, dans le contexte de paragraphes, de sujets comme l'identité personnelle.

Réviser

- Les verbes au présent, avec l'accent sur les fautes courantes que les apprenants au niveau avancé continuent à faire.
- Les noms (masculin ? féminin ? terminaisons ?) et les articles (un ou du ? une ou la ? les ou des ?), qui restent une des difficultés principales de la langue française.

Rédiger

- Améliorer les formules de cohésion (coordination, subordination, connecteurs logiques fréquents).
- Choisir le mot juste (vocabulaire précis pour les noms).
- Projet d'écriture : Le portrait d'une personne.

Explorer

- Élucider les aspects essentiels de son identité individuelle.
- Élaborer la connexion entre les actes et la présentation de son identité culturelle et sociale.

THÈME 1 : L'IDENTITÉ PERSONNELLE

Chapitre 1 : Les verbes au présent ; le portrait (I)

Où en êtes-vous ?

L'exercice « Où en êtes-vous ? » a pour but de vous aider à vous évaluer dans les structures du chapitre. Complétez les phrases suivantes en mettant le verbe entre parenthèses à la forme voulue du présent. Cherchez les réponses à la fin du chapitre et corrigez les fautes.

Comme tous les enfants du monde, tu __________(1. grandir) et tu te __________(2. séparer) de tes parents. Par la suite, tu _________(3. devenir) autonome. Mais cela ne veut pas dire que tu __________(4. rejeter) ton identité originelle ni que tu _________ (5. exclure) l'identité d'autrui. Nous ________ (6. juger) que les actions des jeunes ________ (7. mener) à la formation de plusieurs identités, surtout si on _______(8. concevoir) *l'identité* comme flottante. En effet, nous _______(9. mélanger) des expériences que nous ___________ (10. subir) pour former une collection d'identités. Cette quête d'identité(s) ________(11. souligner) l'importance des habitudes que l'on ________ (12. espérer) développer en tant que jeune adulte. Certes, la reconnaissance de pratiques culturelles et religieuses ____________(13. influencer) les positions morales et éthiques que nous nous __________(14. approprier), mais nos actes quotidiens _________ (15. établir) les liens sociaux, _________ (16. fortifier) des relations essentielles, et nous ________ (17. conduire) à restructurer notre identité. Peut-être que tu te _________(18. demander) : « Qui suis-je ? Qu'est-ce que je _______(19. croire) au fond de moi-même ? » Si tu _______ (20. prendre) le temps de méditer, écrire ou réfléchir, tu formeras de bonnes habitudes qui vont influencer le reste de ta vie.

Évaluez dans quelle mesure vous maîtrisez les verbes au présent. Mettez un « X » pour représenter votre confiance entre le contrôle partiel (« Je fais pas mal de fautes ») et le contrôle complet (« Je n'ai même pas réfléchi, c'était automatique ! »).

Le contrôle partiel ←——————————————→ Le contrôle complet

1 2 3 4 5 6 7 8 9 10

STRUCTURE : Les verbes au présent

OBSERVEZ ET DÉDUISEZ

Mon identité originelle me **rattache** aux ancêtres de ma terre natale. Les anciens colonisés **doivent** chaque jour repartir à la quête de leurs racines. Mais le culte prononcé de l'identité originelle **mène** au fondamentalisme et à des politiques d'exclusion. Au lieu de restituer le passé dans sa réalité, où des zones d'ombre côtoyaient celles de lumière, elles le **peignent** comme un âge d'or, un paradis perdu où **aboutissent** tous les rêves déçus, des rêves qui **transforment** le présent en cauchemar.

Dans le paragraphe ci-dessus, trouvez :

- deux verbes réguliers en -er, comme *aimer* ou *parler*. Quelle est la terminaison pour la forme *il/elle* et *ils/elles* ?
- un verbe régulier en -ir, comme *finir*. Qu'est-ce qui caractérise ces verbes quand le sujet est pluriel ?
- un verbe en -eindre/-aindre, comme *atteindre (j'atteins), se plaindre (il se plaint)*. Qu'est-ce qui caractérise ces verbes quand le sujet est pluriel ?
- un verbe à radical variable, comme acheter, où le « e » devient « è » quand la syllabe suivante contient un e muet ? Ex. : acheter (pas d'accent parce que dans la syllabe suivante, « er » est une voyelle prononcée, mais j'ach**è**te, avec un accent grave, parce que la syllabe suivante contient un e muet.). Donnez l'infinitif de ce verbe dans le texte ci-dessus et conjuguez-le à toutes les formes du présent. Combien de formes ont un accent et combien de formes n'en ont pas ? Pouvez-vous expliquer pourquoi ?

RÉCAPITULATION ET FAUTES COURANTES

I. Les verbes réguliers

Il y a trois groupes de verbes réguliers en français : les verbes en -er, comme aimer (1er groupe), les verbes en -ir, comme finir (2e groupe), et les verbes en -re, comme attendre, répondre (3e groupe). Veuillez consulter l'appendice pour réviser la conjugaison au présent de ces verbes.

Fautes courantes

- On oublie le *-s* quand on écrit la forme *tu* des verbes en *-er.* Il ne se prononce pas, mais il y a un *s* ! Tu aime**s**, tu entre**s**, tu habite**s**.
- On oublie d'ajouter les deux -ss- aux formes du pluriel des verbes en -ir : nous fini**ss**ons, vous obéi**ss**ez, ils grandi**ss**ent.
- On oublie la voyelle dans les verbes dont la racine se termine par une voyelle. Ex. : étudier → j'étudie (et non *j'étude*)

Application

Mettez les verbes à la forme appropriée du présent.

1. Tu ______________ la colonisation, n'est-ce pas ? (étudier)
2. Les intellectuels africains ______________ certains aspects de l'héritage colonial, comme l'éducation. (apprécier)
3. Les livres d'histoire ______________ souvent les faits. (embellir)
4. Henri Lopes ne ______________ pas à l'image du Congolais typique. (correspondre)
5. Qu'est-ce que tu ______________ ? Des renseignements sur tes ancêtres ? (chercher)
6. Oui, mes grands-parents ______________ et j'ai des questions à leur poser. (vieillir)
7. Tu ______________ ton arbre généalogique ? (créer)
8. En fait, j'______________ d'avoir plus de renseignements. (attendre)

II. Les verbes à radical variable

Le radical, ou la racine, d'un verbe est la première partie du verbe ; la deuxième partie est la terminaison, qui se conjugue.

Ex. : nous aimons	Racine : aim	Terminaison : -ons
Il étudie	Racine : étudi	Terminaison : -e

Dans la majorité des verbes réguliers, la racine ne change pas. MAIS il y a quelques verbes, comme *mener*, qui font exception et ici, les fautes sont fréquentes, même au niveau avancé. Voyons si vous êtes capables de déduire les changements.

- Les verbes comme acheter : e → è devant syllabe muette.
  (acheter) → vous achetez ; tu achètes [Dans « achetez », la terminaison « -ez » est-elle prononcée ou muette ? Dans « achètes », la terminaison « -es » est-elle prononcée ou muette ?]
  (se lever) → je me ________; nous nous _________
- Les verbes comme préférer : é → è devant syllabe muette.
  (préférer) → nous préférons ; je préfère, ils préf**è**rent [la terminaison *-ent* est muette.]
  (espérer) → tu ___________, vous _____________
- Les verbes comme appeler, jeter : doublement de la consonne devant syllabe muette.
  (appeler) → j'appelle ; nous appelons
  (jeter) → tu jettes, vous jetez
  (s'appeler) → elle s'____________ ; nous nous ______________
  (rejeter) → vous _____________; ils ______________
- Les verbes en -oyer, -uyer : le -y- devient -i- devant un e muet.
  (s'ennuyer) → je m'ennuie ; nous nous ennuyons
  (nettoyer) → ils nettoient ; vous nettoyez
  (essuyer) → tu ___________ ; nous _____________
  (envoyer) → on __________; vous _____________
- Les verbes en -ayer : deux options devant une syllabe muette.
  (essayer) → j'essaie OU j'essaye [Remarquez que la prononciation est différente.]
  (payer) → tu __________ou __________.
- Les verbes en -ger : on ajoute un e devant a ou o.
  (manger) → nous mangeons, je mangeais (imparfait)
  (nager) → nous _____________
- Les verbes en -cer : on ajoute une cédille devant a ou o.
  (commencer) → nous commençons, on commençait (imparfait)
  (effacer) → nous _____________; vous ______________

Maintenant que vous avez déduit les transformations qui s'opèrent dans les verbes à radical variable, pouvez-vous récapituler ces transformations, pour vous-même ou avec un(e) camarade de classe ?

Application

Mettez les verbes à la forme appropriée du présent.

1. Il y a des gens qui ______________ sans penser (acheter) ; ils ___________ leur argent par la fenêtre (jeter) ! J'____________ que vous ne _____________pas votre argent par la fenêtre. (espérer, jeter)
2. Tu t'______________? (s'ennuyer) Qu'est-ce que tu nous ______________? (suggérer)

3. Nous ne ______________ pas votre avis sur la nature de l'identité personnelle. (partager). Nous ______________ beaucoup plus d'importance sur la génétique. (placer)
4. En Afrique francophone, on ______________ en francs CFA (payer), mais les francs CFA de l'Afrique de l'Ouest ______________ des francs CFA de l'Afrique centrale. (différer). L'acronyme CFA ______________ Communauté Financière Africaine [autrefois Communauté Française Africaine]. (signifier)

III. Les verbes irréguliers

Un bon nombre de verbes sont irréguliers, et leurs conjugaisons vous sont données dans l'appendice. Il est essentiel de savoir conjuguer les plus communs, qui sont les suivants.

Aller, avoir, connaître, courir, craindre (peindre, atteindre, se plaindre), conclure, croire, devoir, dire, écrire, être, faire, lire, mettre (permettre, promettre), ouvrir (offrir, souffrir), pouvoir, prendre (apprendre, comprendre), recevoir, rire (sourire), savoir, verbes comme sortir (dormir, mentir, partir, sentir, servir), suivre, tenir (appartenir), venir (devenir), voir, vouloir.

Fautes courantes

Pour éviter les fautes communes, dans cette liste de verbes irréguliers, trouvez :

1. deux verbes dont la forme *vous* se termine en -**tes** (et non -sez) ;
2. trois verbes avec un infinitif en -**ir** mais qui se conjuguent comme des verbes réguliers en -**er** ;
3. deux verbes qui se conjuguent comme **dire** aux trois personnes du singulier ;
4. deux verbes où la racine -**oi**- se transforme en -**oy**- aux formes *nous* et *vous* ;
5. deux verbes où la racine -**ou**- se transforme en -**eu**- à toutes les formes sauf *nous et vous* ;
6. quatre verbes où la racine en -**en**- se transforme en -**ien**- à tous les formes sauf *nous et vous* ;
7. quatre verbes qui incluent la combinaison -**gn**- aux formes du pluriel.

Application

Mettez les verbes à la forme appropriée du présent.

1. Je ______________ (mourir) d'envie de savoir d'où ______________ (venir) mes ancêtres.
2. Certaines personnes ______________ (craindre) d'apprendre des choses désagréables sur leurs ancêtres – et c'est vrai que les recherches généalogiques ______________ (ouvrir) des portes inattendues et ______________ (révéler) des surprises.
3. La grand-mère d'Henri Lopes ______________ (appartenir) à l'ethnie bantoue, mais il ne nous ______________ (dire) pas l'origine de ses ancêtres paternels ; vous ______________ (croire) que c'est un nom portugais ?
4. Vous ______________ (savoir) qu'Henri Lopes a été premier ministre du Congo-Brazzaville dans les années 1970 ? Ça ______________ (servir) à quelque chose d'être un écrivain renommé !
5. Vous ______________ (dire) que nous ______________ (faire) partie d'une société multiculturelle, mais ______________-vous (faire) la différence entre les races ou simplement le pays d'origine ?
6. Certains immigrants ______________ (vouloir) garder leur culture d'origine, d'autres ______________ (dire) que pour s'intégrer dans le pays d'accueil on ______________ (devoir) oublier les vieilles traditions. Mais ______________ -on (pouvoir) vraiment renier ses racines ?

IV. L'usage du présent avec *depuis* et autres locutions de temps

J'étudie le français depuis plusieurs années. Ça fait quatre ans que *j'étudie* le français.

Cet usage du présent produit souvent des fautes, car en anglais on utilise la forme progressive « I have been... » Rappelez-vous que quand une action a commencé dans le passé mais continue dans le présent, c'est le présent qu'on utilise en français avec les locutions de temps. À la forme négative, pour exprimer une action qui n'a pas eu lieu depuis un moment du passé jusqu'au présent, on emploie aussi le passé composé.

Application

Présent ? Passé composé ? Mettez les verbes au temps approprié.

1. Depuis combien de temps ______________-tu ici ? (habiter)
2. Ça fait un mois que je ____________ dans cet appartement. (vivre)
3. Depuis quand ____________-tu au foot ? (jouer) Oh, toute ma famille __________ au foot depuis toujours (jouer), mais ça ne fait que deux ans que je __________ partie de l'équipe universitaire (faire).
4. Nous nous ________________ depuis le lycée (connaître), mais je ne le/l' ______________ depuis longtemps. (voir)
5. Ça fait une semaine que nous ne/n'________________ le temps de faire du sport (avoir) ! Il est temps de s'y remettre.

V. Le cas de *depuis que* et *Il y a... que* vs *il y a*

Depuis que est une conjonction et peut être suivie de n'importe quel temps de l'indicatif, selon le sens.

Depuis que j'ai commencé mes études universitaires, je me suis fait plein de nouveaux amis.

Il y a... que est synonyme de *ça fait... que* et s'utilise avec le présent. *Il y a*, sans le *que*, veut dire *ago* et s'utilise avec le passé.

Il y a au moins trois heures *que j'ai* mal à la tête. *J'ai pris* un cachet d'aspirine *il y a* une heure, mais ça n'a rien changé.

Application

Présent ? Passé composé ? Mettez les verbes au temps approprié.

1. Ma famille ______________ (déménager) il y a quelques mois, alors depuis qu'ils __________________ (habiter) dans ce nouveau quartier, je _______________ (se sentir) comme un étranger chez moi...
2. Il y a deux ans que je ____________ (être) à l'université, et je trouve que ma personnalité ______________ (changer) en deux ans.

Application communicative

En groupes de deux ou trois, donnez des réponses personnelles avec des explications.

Modèle : Quel est ton passe-temps favori ? Depuis quand t'intéresses-tu à cette activité ?

J'adore lire. Depuis l'école primaire, je lis dès que j'ai un moment de libre. Je préfère la lecture à la télé, parce que la lecture me permet de donner libre cours à mon imagination. Des fois, quand je vois un film qui est basé sur un livre que j'ai lu, je suis un peu déçu(e) parce que les personnages ne correspondent pas à l'image que j'avais dans ma tête. Depuis que le semestre a commencé, je n'ai pas beaucoup de temps libre pour lire des livres autres que ceux que je suis obligé(e) de lire pour mes cours, mais pendant les vacances, j'ai toujours deux ou trois livres sur ma table de nuit.

1. Quel est ton passe-temps favori ? Depuis quand t'intéresses-tu à cette activité ?
2. Es-tu la même personne aujourd'hui qu'il y a (1, 2, 3) ans, quand tu as commencé l'université ? Dans quel sens es-tu différent(e) ?
3. Depuis que les cours ont repris, on a l'impression que la vie va de plus en plus vite. Quelles sont les choses que tu n'as plus le temps de faire, celles que tu fais seulement de temps en temps, et celles que tu prends toujours le temps de faire, quelles que soient tes autres obligations ?
4. Actions et stéréotypes : quelles sont les actions qui définissent notre identité nationale ? Les Américains ont la réputation d'être toujours en train de travailler. Est-ce vrai ? Pourquoi ? Quelles sont les autres actions qui caractérisent le Nord-Américain typique ou les citoyens d'autres cultures que vous connaissez ? Cette réputation est-elle méritée ? Expliquez.
5. Actions et identité personnelle : quelles sont les actions/les verbes qui caractérisent ton identité personnelle actuelle ? Peux-tu donner des exemples ?

ÉCRITURE : Le portrait (I)

PROJET D'ÉCRITURE : LE PORTRAIT D'UNE PERSONNE

À la fin du chapitre 2 vous rédigerez, en 400-500 mots, le portrait d'une personne, par exemple vous-même, un membre de votre famille ou un(e) ami(e). Ce chapitre et le chapitre suivant visent à vous préparer à écrire ce portrait détaillé en vous aidant à rédiger une description au présent.

Dans une description typique d'une personne, on trouve des éléments physiques comme l'apparence, les vêtements, mais aussi des éléments plus abstraits comme le caractère (les défauts et les qualités), les actions (la routine quotidienne ou des gestes inattendus) et les attitudes. Quand on commence à apprendre une langue étrangère, l'acte de décrire se concentre souvent sur les éléments physiques. Ce chapitre préconise un portrait qui accentue le caractère et l'identité.

I. De la phrase simple à la phrase complexe

Un texte se compose de phrases qui peuvent se regrouper en unités intermédiaires (par exemple, un paragraphe ou un chapitre), mais une collection de phrases simples manque souvent de cohésion car elle ne démontre pas le rapport entre propositions. On peut matérialiser le rapport entre concepts en utilisant, entre autres, des conjonctions et des pronoms relatifs qui lient ces propositions de manière coordonnée ou subordonnée. Voici une liste abrégée de conjonctions et de pronoms relatifs. Vous en reverrez plus dans les prochains chapitres.

Conjonctions fréquentes	Pronoms relatifs
et, ni mais ou parce que car cependant alors (que) donc quand (tout) comme de sorte que	qui que dont où préposition + qui (à qui, de qui, pour qui...)

Pour améliorer le rapport entre les propositions, liez les petites phrases ci-dessous en une seule phrase plus complexe, en utilisant des conjonctions et des pronoms relatifs.

Modèle : La première identité d'Henri Lopes est son identité originelle. Il doit cette identité à ses ancêtres. Sa grand-mère était bantoue. L'école lui a appris qu'il a aussi des ancêtres gaulois.
→ La première identité d'Henri Lopes est son identité originelle, **qu'il** doit à ses ancêtres, **car** sa grand-mère était bantoue, **mais** l'école lui a appris qu'il a aussi des ancêtres gaulois.

1. L'identité familiale s'appelle l'identité originelle. Cette identité originelle rattache une personne à ses racines culturelles et sociales. La transmission de ces rattachements représente une redécouverte des ancêtres.
2. Henri Lopes se sent africain. Il revendique aussi des ancêtres gaulois. Il ne s'identifie pas avec les personnages historiques comme Vercingétorix.
3. Henri Lopes s'approprie une culture. Cette culture comprend des auteurs français comme Montaigne, Voltaire, ou Camus.
4. La deuxième identité d'Henri Lopes est son identité internationale. Il faut faire des efforts pour assumer cette identité.
5. Une identité internationale représente une vision du monde particulière. Cette vision ne connaît pas de frontières géographiques, sociales, ou ethniques. Cette identité permet à Henri Lopes de se réjouir des expériences partagées.
6. La troisième identité d'Henri Lopes est son identité personnelle. Pour lui, cette identité constitue l'analyse critique de nos actes. L'autoévaluation honnête de ces actes est utile.
7. La langue représente une tradition culturelle. La langue permet d'exprimer la pensée. La langue représente aussi un mode de vie. C'est un des éléments principaux de notre identité.
8. Chacun doit reconnaître la pluralité de ses identités. Ces identités peuvent être sociales ou personnelles.
9. Nos identités peuvent être temporaires. Elles peuvent être permanentes. Elles sont rarement fixes.

II. Du vocabulaire banal à l'expression plus variée

Pour mieux s'exprimer, il vaut mieux éviter les mots « passe-partout », les verbes les plus communs, comme *être, avoir, faire* et *dire*. On peut souvent leur substituer un verbe moins banal.

Les verbes ci-dessous évitent des répétitions maladroites et ajoutent une certaine richesse à votre style. Attention ! Ces verbes ne sont pas interchangeables à volonté. Il faut bien sélectionner le verbe qui donne le meilleur sens dans les phrases à compléter.

Être	Avoir	Faire	Dire
se trouver	compter	créer	exprimer
exister	se réclamer de	composer	affirmer
se présenter	jouir de	produire	expliquer
s'avérer	détenir	bâtir	maintenir
se révéler	obtenir	construire	raconter
se considérer	toucher		décrire
prévaloir	comprendre		dénoncer
se voir	maintenir		énoncer
représenter			
réaliser			
apparaître			

Modèle : La capitale de la République démocratique du Congo, Kinshasa, (a) _____ 20 millions d'habitants.
→ La capitale de la République démocratique du Congo, Kinshasa, *compte* 20 millions d'habitants.

1. Kinshasa, la ville natale d'Henri Lopes, _____ (est) en Afrique.
2. Henri Lopes _____ (a) plusieurs identités.
3. Pour Henri Lopes, les identités ________ (sont) en trois catégories principales.
4. L'identité originelle d'une personne _______(se fait) sur ses racines culturelles, parce que les liens familiaux et intergénérationnels _____ (sont) dans l'identité originelle.
5. Lopes _________(dit) que nous _____(avons) tous la responsabilité de participer à une société inclusive et unie.
6. On _____(dit) que l'identité culturelle ______ (est) instable, car elle dépend des circonstances qui ______ (sont) à un moment donné.
7. Lopes _____(dit) que son identité personnelle _____(est) essentielle pour promouvoir des idées éthiques.
8. Lopes _____(dit) aussi que le culte prononcé de l'identité culturelle, nationale ou religieuse _________ (est) dangereux.
9. En fait, la fermeture du cœur ______ (est) un danger pour les sociétés, mais l'ouverture du cœur _____(fait) des amis.

Comparez vos réponses avec celles d'un(e) partenaire. D'après vous, qui a choisi les meilleures expressions ?

III. Actions et identité personnelle

On peut connaître (ou bien juger) une personne par ses actes. Vous avez déjà parlé des actions/verbes qui caractérisent votre identité. Terminez les phrases suivantes en utilisant des **verbes** et des explications qui décrivent au moins trois actions qui justifient les traits indiqués. Évitez d'utiliser le verbe « être ».

Modèle : Un(e) camarade de chambre intolérable *laisse* ses vêtements et son sac par terre, il/elle *ne range jamais* la chambre et il/elle nous *donne* toujours des excuses, mais il/elle est simplement paresseux(se). Toute la nuit, il/elle *écoute* la musique sans écouteurs. Et le pire !!! Il/elle *ne remballe pas* ses sandwiches au thon, alors chaque fois que j'ouvre le frigo, ça sent le poisson.

Des défauts :

1. Une personne égoïste…
2. Une personne jalouse…
3. Une personne obstinée…

Des qualités :

4. Une personne cultivée…
5. Une personne disciplinée…
6. Une personne innovatrice…

À vous :

7. Les acheteurs perspicaces…
8. Certains abonnés Twitter…
9. Une personne zen…

Comparez vos descriptions avec celles d'un(e) partenaire. Lesquelles sont les plus amusantes ?

RÉPONSES À L'EXERCICE OÙ EN ÊTES-VOUS ?

1. grandis 2. sépares 3. deviens 4. rejettes 5.exclus 6. jugeons 7. mènent 8. conçoit 9. mélangeons 10. subissons 11. souligne 12. espère 13. influence 14. approprions 15. établissent 16. fortifient 17. conduisent 18. demandes 19. crois 20. prends

RÉPONSES À L'EXERCICE DE STRUCTURE III. LES VERBES IRRÉGULIERS FAUTES COURANTES

1. Dire, faire (vous dites, vous faites) 2. Ouvrir, offrir, souffrir (j'ouvre, tu ouvres, etc.). 3. Écrire, lire (j'écris, je lis, etc.) 4. Croire, voir (nous croyons, vous voyez) 5. Pouvoir, vouloir (peux, peut, peuvent ; veux, veut, veulent) 6. Tenir, appartenir, venir, devenir (tiens, tient, tiennent, mais tenons, tenez) 7. Craindre, peindre, atteindre, se plaindre (nous craignons, vous peignez, ils atteignent, nous ne nous plaignons jamais !)

THÈME 1 : L'IDENTITÉ PERSONNELLE

Chapitre 2 : Les noms et les articles ; le portrait (II)

Où en êtes-vous ? Les noms

L'exercice « Où en êtes-vous ? » a pour but de vous aider à vous évaluer dans les structures du chapitre. Choisissez l'article approprié ou mettez la forme correcte du pluriel. Cherchez les réponses à la fin du chapitre et corrigez les fautes.

La majorité des découvertes nous viennent de l'exploration ou de l'invention. Par exemple, les Européens ont « découvert » et documenté ____ (1. le/la) faune indigène, comme des ______ (2. kangourou) en Australie ou des ______ (3. caribou) utilisés par des ______ (4. Nord-Américain) au Canada. On peut aussi « découvrir » ____ (5. un/une) fleuve au Congo ou ____ (6. un/une) oasis dans ____ (7. le/la) zone du désert du Sahara. Aujourd'hui, voyager c'est découvrir ; on peut par exemple découvrir des ______ (8. chef-d'œuvre) dans des ______ (9. château) ; on trouve des ______ (10. vitrail) dans des cathédrales, des ____ (11. verrou) sur un pont à Paris, ou le tombeau de ses ______ (12. arrière-grand-parent) dans ____ (13. un/une) cimetière en Bretagne.

Inventer, c'est aussi découvrir, et les inventions les plus évidentes sont les nouvelles technologies, comme les ____ (14. média) sociaux ou ____ (15. le/la) cryptomonnaie. Toutefois, on apprécie aussi des inventions moins récentes, comme ____ (16. le/la) roue, ____ (17. le/la) radio, ____ (18. le/la) télescope et ____ (19. le/la) caméra. La plupart des inventions sont logiques : ____ (20. un/une) tournevis pour tourner des vis, des ____ (21. ouvre-boîte) pour ouvrir des boîtes, ___ (22. un/une) parapluie vous protègera contre ____ (23. le/la) pluie ; ____ (24. un/une) parasol contre ____ (25. le/la) soleil, mais contre la neige, il n'existe pas de *paraneige*, n'est-ce pas ?

Évaluez dans quelle mesure vous maîtrisez les articles et les noms. Mettez un « X » pour représenter votre confiance entre le contrôle partiel (« Je fais pas mal de fautes ») et le contrôle complet (« Je n'ai même pas réfléchi, c'était automatique ! »).

Le contrôle partiel — Le contrôle complet

1 2 3 4 5 6 7 8 9 10

STRUCTURE : Les noms

OBSERVEZ ET DÉDUISEZ

Le culte prononcé de l'identité culturelle, originelle, nationale ou religieuse, induit l'obscurantisme, le fondamentalisme et les politiques d'exclusion. Au lieu de restituer le passé dans sa réalité, où des zones d'ombre

Suite à la page suivante

> côtoyaient celles de lumière, elles le peignent comme un âge d'or vers lequel revenir. Il n'y a pas de paradis perdu, il est à conquérir, à édifier. Nos civilisations étaient riches de sagesse, mais elles possédaient, comme toutes les cultures, des zones de barbarie. [...] À force de rêver nos identités et d'idéaliser l'histoire de nos communautés, nous avons transformé le présent en cauchemar.

Dans le paragraphe ci-dessus, trouvez :

- quatre noms qui se terminent en **-e** qui sont masculins ;
- quatre autres noms qui se terminent en **-e** qui sont féminins ;
- un nom qui se termine en **-é** qui est masculin, et trois avec la même terminaison qui sont féminins.

RÉCAPITULATION ET FAUTES COURANTES

I. Le genre des noms

Le genre des noms est un des défis de la langue française ! Pourquoi est-ce LE culte, LE fondamentalisme, UN âge, mais LA lumière, LA sagesse, UNE culture et UNE histoire ? Pourquoi dit-on LE passé mais UNE identité, UNE communauté ? Les terminaisons sont les mêmes, mais le genre est différent. Certains manuels de grammaire vous donnent des listes interminables de terminaisons qui indiquent généralement le masculin ou le féminin, mais la liste d'exceptions est presque aussi longue.

Conclusion ? [Au fait, la terminaison en **-ion** indique généralement le féminin : une introduction, une conclusion, une civilisation, etc., mais on dit un camion, un million...] La meilleure chose à faire n'est pas d'apprendre des listes, mais d'apprendre le genre du mot avec chaque mot que vous apprenez ! C'est une question de vocabulaire. On n'apprend pas le mot « culte », on apprend « LE culte ». Il en va de même pour TOUS les mots que vous apprenez. Un mot ne fera pas partie de votre vocabulaire *actif* tant que vous ne saurez pas si ce mot est masculin ou féminin, car vous ne saurez pas accorder vos articles et vos adjectifs sans savoir le genre du nom. **Un nom sans article est la moitié d'un nom !**

Exemples de règles et exceptions

Ajoutez l'article un/une devant les mots suivants. La règle est à gauche, l'exception à droite.

1.	_____promen**ade**	MAIS	______ stade
2.	_____sem**aine**		______ domaine
3.	_____sci**ence**		______ silence
4.	_____just**ice**		______ caprice
5.	_____man**ière**		______ cimetière
6.	_____miss**ion**		______ bastion
7.	_____omele**tte**		______ squelette
8.	_____dictionn**aire**		______ grammaire
9.	_____boulanger**ie**		______ génie
10.	_____ciném**a**		______ caméra
11.	_____p**ain**		______ main
12.	_____pian**o**		______ radio

13. ______bur**eau** ______ peau
14. ______parad**is** ______ oasis

Quelques repères

Il y a quand même quelques repères qui peuvent vous être utiles.

Catégorie	Genre	Exemples
Jours	Masculin	Un lundi très chargé
Saisons	Masculin	Le printemps, un été chaud
Couleurs	Masculin	Le bleu vous va bien
Langues	Masculin	Le français a ses défis...
Doctrines	Masculin	Le capitalisme, le socialisme
Sciences et disciplines	Féminin	La philosophie, la médecine (mais le droit)
Les arbres	Masculin	Un chêne, un pommier
Les métaux	Masculin	Le cuivre, de l'or pur
Les continents	Féminin	L'Europe occidenta**le**, l'Amérique centra**le**.
Les mots en -isme	Masculin	Le socialisme, le réalisme

Noms à double genre

Certains noms changent de sens quand ils changent de genre.

Au masculin	Au féminin
J'ai **un livre** de français.	J'achète **une livre** de tomates (un demi-kilo).
Je tiens mon couteau par **le manche**, et non la lame.	Un pull à **manches** longues ; **une manche** est plus courte que l'autre.
Le mode de vie des gens varie selon les cultures et la situation économique.	Ce vêtement est à **la mode.**
Mon travail est **un poste** temporaire.	Je vais à **la poste** pour envoyer un colis.
Certaines femmes musulmanes portent **un voile.**	**La voile** du bateau est déployée.
Il a rédigé **son mémoire** pour terminer ses études.	Il a **une bonne mémoire.**

Quelques particularités

- **Enfant** peut être masculin ou féminin : un enfant précoce, une enfant intelligente.
- Certains noms se terminant en **-e** peuvent être masculins ou féminins : un/une **élève,** un/une **camarade**, un/une **colocataire**, un/une **activiste**, un/une **ancêtre**, etc.
- Héros, au masculin, a un h aspiré, donc pas de liaison ni d'élision (apostrophe) : un héros, le héros ; au féminin, c'est un h muet, donc on fait la liaison et l'élision : une héroïne, l'héroïne.

Noms de professions

La majorité des métiers sont invariables : un/une journaliste, un/une architecte, un/une guide touristique, un/une photographe.

Certains noms de professions, autrefois occupées principalement par des hommes, sont longtemps restés masculins : Mme Dupont était professeur, Gabrielle Roy était une femme écrivain, Mme Durand était ingénieur, Madame le Ministre…

Aujourd'hui, ce n'est plus le cas dans la plupart des contextes : une professeure, une ingénieure, une écrivaine, une auteure, une dentiste, Madame la Ministre…

Application

En groupes de trois ou quatre, donnez **oralement** (ou devinez correctement) l'article pour les noms suivants. Utilisez ***un/une*** si c'est logique, sinon, ***le/la*** ; dans le cas d'un ***l'***, précisez si c'est masculin ou féminin. La plupart des noms sont issus du texte de Lopes. Défense de consulter le texte ou Internet !

1. présentation	2. terre	3. débat	4. catégorie
5. colonie	6. racine	7. temps	8. espace
9. berceau	10. vertu	11. incendie	12. responsabilité
13. mer	14. rêve	15. acte	16. système
17. part	18. partie	19. parti	20. lutte
21. conflit	22. honneur	23. signature	24. hémisphère
25. société	26. comportement	27. village	28. raison
29. camp	30. réfugié	31. rythme	32. harmonie
33. processus	34. paysage	35. campagne	36. cause

La suite : après avoir corrigé vos réponses, refaites l'exercice aussi rapidement que possible sous forme de jeu.

II. Le pluriel des noms

« Nos civilisations étaient riches de sagesse, mais elles possédaient, comme toutes les cultures, des zones de barbarie. […] À force de rêver nos identités et d'idéaliser l'histoire de nos communautés, nous avons transformé le présent en cauchemar. »

Comment forme-t-on le pluriel de la grande majorité des noms ? La réponse est facile : on ajoute un **-s**.

Quelques cas particuliers, qui causent souvent des fautes

Singulier	Pluriel	Exceptions
Le nom se termine déjà par un **-s**, un **-x** ou un **-z**. **un fils, un amoureux, un nez**	Rien ne change. **des fils, des amoureux, des nez**	

Les noms en **-ou**, comme **un trou, un sou, un clou, un fou**, etc.	Normalement, on ajoute un **-s** : **des trous, des sous, des clous, des fous**	Six exceptions communes prennent un -x **un bijou, des bijoux** **un caillou, des cailloux** **un chou, des choux** **un genou, des genoux** **un hibou, des hiboux** **un pou, des poux** *(lice)*
Les noms qui se terminent par **-au, -eau, -eu, -œu** : **un cheveu, un château, un vœu**	Le pluriel est en **-x** : **des cheveux, des châteaux, des vœux**	des **pneus**, des nuances de **bleus**
Les noms en **-al ou -ail** : **un journal, un général, un canal, un travail, un vitrail**	Le pluriel est en **-aux** : **des journaux, des généraux, des canaux, des travaux, des vitraux**	**un bal, des bals** **un festival, des festivals** **un détail, des détails** **un carnaval, des carnavals** **un récital, des récitals**
Certains noms ont un pluriel complètement irrégulier : **un œil** **le ciel**	**des yeux** **les cieux** (dans le sens religieux) **ou les ciels** (poésie, peinture)	
Les noms propres ne s'accordent pas	Mes voisins sont **les Dupont et les Durand.**	

Les noms composés

Même les francophones font des fautes ici ! Quel est le pluriel d'un ouvre-boîte ? d'un arc-en-ciel ?

En fait, la logique est simple. Il faut analyser la fonction de chaque partie du mot.

Si c'est...	alors...	Exemples	Essayez !
un nom ou un adjectif	il s'accorde	des coffres-forts	un grand-parent → des...
un verbe	il ne s'accorde pas ; seul le nom s'accorde	des **ouvre**-boîtes	un porte-parole, des... un tire-bouchon, des... un porte-bagage, des... un sèche-linge, des...
un adverbe, un adjectif utilisé comme adverbe, ou une préposition	il ne s'accorde pas ; seul le nom (ou autre adjectif) s'accorde	des **haut**-parleurs des **arrière**-grands-mères	une avant-garde, des... un sans-abri, des... un après-midi, des...
Un mot invariable ou dont le sens est singulier	il ne s'accorde pas, seul l'autre nom s'accorde ; adj + mot invariable : accord avec le nom	des chefs-d'œuvre un pare-brise un pur-sang	un arc-en-ciel, des ________ un hors-la-loi, des______ un tête-à-tête, des _______ des ______-sang

Application

Un jeu ! En groupes de trois ou quatre, indiquez **par écrit** le pluriel des noms suivants. Dans le cas de phrases, faites les autres accords nécessaires. Le groupe avec le plus de réponses correctes gagne.

1. Un tue-mouche
2. Un aide-mémoire
3. Un pare-brise
4. Le fou rire
5. Un rond-point
6. Une pause-café
7. Une garde-robe
8. Un paquet-cadeau
9. On a trouvé un sou sous un caillou.
10. Le vitrail de la cathédrale a un bleu magnifique.
11. Elle met son bijou dans le coffre-fort.
12. Le clou a fait éclater le pneu.
13. Le hibou fait un trou avec son bec dans le tronc de l'arbre.
14. Il y a un festival dans le jardin du château.
15. Le journal annonce un carnaval, avec un bal après.
16. On va préparer un gratin de chou-fleur pour le général.
17. Le cheval est un animal noble.
18. Le travail de cet artiste-peintre est remarquable.
19. L'identité individuelle est un processus.

Application communicative

À quoi les noms suivants vous font-ils penser ? En groupes de deux, choisissez deux ou trois mots chacun(e) et donnez le plus d'explications possible.

Modèle : les ancêtres → Quand je pense à mes ancêtres, je pense à des gens qui ont eu une vie beaucoup plus dure que la mienne, dans le sens physique ou matériel, mais aussi une vie plus lente et plus simple. Je n'ai pas connu mes arrière-grands-parents, mais j'ai connu un de mes grands-pères, et mes deux grands-mères sont toujours vivantes. Une de mes grands-mères habite près de chez nous, donc je la vois souvent, mais l'autre habite loin ; nous parlons parfois sur WhatsApp. Mes ancêtres maternels venaient de… et de… Mes ancêtres paternels venaient de… et de… Je sais que… etc.

1. Mes ancêtres
2. Les manuels scolaires
3. Une culture
4. L'identité religieuse
5. L'hémisphère Sud (*un* hémisphère) et l'hémisphère Nord
6. Le fondamentalisme
7. Un camp de réfugiés
8. Un chef-d'œuvre artistique
9. La société actuelle
10. Les réseaux sociaux, les médias

Où en êtes-vous ? Les articles

Complétez les phrases ci-dessous avec un article défini, indéfini, partitif, ou bien pas d'article du tout (*le*, *la*, *les*, *du*, *de la*, *de*, *un*, *une*, *des*, ou rien).

Aimez-vous __(1) chocolat ? ___ (2) tablette ___ (3) chocolat c'est bien, mais ____(4) tablettes ___ (5) chocolat, c'est mieux. Le chocolat provoque _____ (6) joie et révèle certaines caractéristiques de l'individu. La forme ___ (7) chocolat détermine quelques ___ (8) aspects de votre personnalité. Si vous aimez un chocolat rond, c'est-à-dire ___ (9) ganache demi-sphère, vous êtes extraverti, amical et chaleureux. Choisir ___ (10) chocolat carré fait de vous ___ (11) personne logique et rigoureuse. Mais le type de chocolat est aussi très révélateur. Vous préférez manger ___ (12) chocolat au lait ? Si oui, vous êtes nostalgique et vous chérissez ___ (13) souvenirs du passé. Le chocolat blanc n'est pas ___ (14) vrai chocolat, car il ne contient pas ___(15) cacao. Mais si le chocolat blanc vous plaît, vous êtes sans doute___ (16) artiste. Peut-être que vous préférez croquer dans ___ (17) grosses tablettes noires et amères, cette préférence révèle que vous êtes perfectionniste. Du chocolat avec un peu___ (18) menthe indique que vous êtes individualiste sans ___(19) peur. La fête internationale ___ (20) chocolat, c'est ___ (21) 13 septembre. Le chocolat noir est le plus sain ___ (22) chocolats. Le chocolat américain ? Hmmm, ce n'est pas ___ (23) chocolat suisse, mais il en existe des variétés excellentes. Et oui ! on peut manger plus d'une sorte de chocolat à la fois : le chocolat aux noix, avec ___ (24) petits flocons, des pépites de chocolat ou bien des fruits variés, mais pas avec ___ (25) petits pois.

Évaluez dans quelle mesure vous maîtrisez les articles. Mettez un « X » pour représenter votre confiance entre le contrôle partiel (« Je fais pas mal de fautes ») et le contrôle complet (« Je n'ai même pas réfléchi, c'était automatique ! »).

Le contrôle partiel ⟵⟶ Le contrôle complet

1 2 3 4 5 6 7 8 9 10

STRUCTURE : Les articles

OBSERVEZ ET DÉDUISEZ

> **Les** manuels scolaires où le jeune Henri devait mémoriser **l'**histoire de ses ancêtres **les** Gaulois ne mentionnaient pas **l'**histoire de ses ancêtres bantous. Pensez à **un** manuel d'histoire **du** monde que vous avez utilisé à **l'**école primaire ou secondaire : quelle était **la** place de **l'**Afrique dans ce manuel ? Qu'est-ce que **la** connaissance **du** monde apporte à **un** individu ? Avez-vous jamais mangé **du** foufou (**de la** pâte de manioc, de banane plantain ou d'ignames avec **une** sauce arachide, **de la** sauce rouge ou **la** sauce qui est **la** meilleure pour **la** santé : **la** sauce feuille), **du** poulet yassa, **du** couscous, **des** tajines ou **d'**autres spécialités africaines ?

D'après vos observations, cochez les colonnes appropriées dans le tableau suivant et donnez des exemples pris dans le paragraphe ci-dessus. La première case est remplie pour vous.

Quel article utilise-t-on pour exprimer...	**L'article défini : le, la, l', les**	**L'article indéfini : un, une, des**	**L'article partitif : du, de la, de l'**
Le sens général	✓ **Les** manuels scolaires **L'**histoire du monde		
Une référence spécifique (souvent suivie d'un pronom relatif comme qui ou que)			

Suite à la page suivante

L'équivalent de l'article *a*, *an* en anglais			
Une partie d'un tout qu'on ne peut pas compter			

RÉCAPITULATION ET FAUTES COURANTES

Les articles

Le choix du genre (masculin ou féminin) est déjà un défi, mais le choix de l'article (défini, indéfini ou partitif) ajoute parfois des complications.

Fautes courantes

- Après un verbe de préférence (aimer, préférer, détester et synonymes), l'article est *toujours* l'article défini, même à la forme négative.
  J'aime **les** spécialités africaines, mais je n'aime pas **les** plats trop épicés.

- Après une négation, l'article indéfini ou partitif devient DE, sauf avec le verbe être.
  J'ai mangé **du** couscous, mais je n'ai jamais mangé **de** foufou.
  Qu'est-ce que c'est que cette pâte ? Ce n'est pas **du** foufou !

- Après une expression de quantité, l'article indéfini ou partitif devient DE.
  Pour faire du foufou, on prend du manioc et on le mélange avec de l'eau, **un peu d'**eau d'abord, puis **plus d'**eau, petit à petit. Si on met **trop d'**eau, la pâte est trop liquide. **Beaucoup de** plats africains sont épicés. Les épices s'achètent au poids : 100 gr **de** piment, 500 gr **de** gombo, etc.
  Exception : **La plupart du, de la, des**. Comparez :
  Il y a **beaucoup de** gens qui aiment faire la cuisine ; ils y passent **beaucoup de** temps.
  Mais : **La plupart du** temps, ce sont les femmes qui font la cuisine, mais **la plupart des** grands chefs sont des hommes – comment explique-t-on cela ?

- Quand l'adjectif précède le nom, en bon style, **des** devient **de**. Cette substitution est facultative en style familier, mais obligatoire avec l'adjectif *autre*.
  Il nous arrive de faire **des** fautes sur les articles, n'est-ce pas ? **Des** petites fautes bêtes, ou même **de** grosses fautes. Certaines fautes nous font perdre un demi-point, **d'autres** fautes nous font perdre un point entier.

- Les articles **le** et **les** se contractent avec les prépositions **à** et **de**.

à + le = au	Nous allons **au** marché.
à + les = aux	Ce légume ne ressemble pas **aux** légumes que je connais.
de + le = du	C'est un plat qui vient **du** Sénégal.
de + les = des	Profitons **des** produits locaux.

- **De** est parfois un article, parfois une préposition. **Du, de la, des** sont parfois des articles, et parfois la contraction de la préposition **de** et de l'article défini. Savez-vous reconnaître la différence ?
  Exemple : Je reviens (1) **du** marché, où j'ai acheté (2) **du** manioc ; je n'ai pas trouvé (3) **de** bananes-plantain.

1. du marché = de + le, contraction de la préposition *de* et de l'article défini.
2. du manioc : article partitif
3. de bananes-plantain : article *des* devenu *de* à cause de la négation.

Essayez ! Si c'est un article, soulignez-le d'un trait ; si c'est la contraction, ou simplement la préposition **de**, ne soulignez rien.

1. A-t-on besoin **d**'excuses pour manger **du** chocolat ?
2. Beaucoup **de** plats africains sont à base **de** manioc, **de** mil ou **de** riz.
3. **De** nombreuses ethnies vivent **des** récoltes saisonnières et **du** produit **de la** chasse.

- Parfois, il n'y a pas d'article !
  - Après la préposition **avec** ou **sans**, dans un sens général.
    Faites ce travail **avec** soin, **sans** excuses.
  - Avec l'adjectif **certain** quand il précède le nom[1]
    Certaines personnes pensent que **certaines** cultures sont plus avancées que d'autres.
  - Dans certaines expressions idiomatiques. Les plus courantes : avoir faim, avoir soif, avoir peur, avoir raison, avoir tort, par hasard, demander pardon, garder rancune, tenir parole.

Application

Complétez les phrases ci-dessous : faut-il l'article défini, indéfini, partitif ? Pas d'article du tout ? Des contractions sont-elles nécessaires ? Parfois, il y aura plusieurs possibilités – si c'est le cas, soyez prêts à défendre vos réponses.

Pour faire un jeu de cette activité, divisez la classe en équipes.

1. Vous aimez _____cuisine africaine ? Alors voici _____ recette sénégalaise, pour _____ « poulet yassa ». _______ ingrédients sont _____ suivants : ______grosses cuisses ______poulet (6), ______citrons verts (8), ______ moutarde forte (six cuillerées à soupe), ______piments séchés (2), ______poivre noir, ______oignons (8), ______ huile d'arachide (six cuillerées à soupe), ______cubes _____ bouillon _____ volaille (2) et ______sel.
   D'abord, presser _____ citrons et mettre _____ jus dans _____ grande boîte avec ______ couvercle. Ajouter ______moutarde, 4 cuillerées ______huile, _____ piments et ______ seul oignon, coupé en petits morceaux. Saler, poivrer et mélanger. Ensuite, déposez ______morceaux _____ poulet dans ______marinade, enrobez-les bien et fermez _____ boîte avec _____ couvercle. Laissez reposer _____ nuit _____ réfrigérateur.
   Allumer _____ four à 210 degrés (thermostat 7) ; retirer ______poulet de _____ marinade et faire cuire pendant 30 minutes, jusqu'à ce que ______ morceaux soient bien grillés. Au bout _____ 15 minutes, mettre ______huile restante dans ______sauteuse, y déposer ______ oignons coupés en lamelles et les faire revenir doucement de 10 à 15 minutes. Y ajouter ______marinade filtrée et ______cubes ______bouillon. Ajouter _____ morceaux ______ poulet sortis _____ four et deux verres _____ eau. Mélanger et laisser cuire 30 minutes à feu moyen en remuant de temps en temps. Assaisonner au goût. Servir avec ______riz. Bonne dégustation !
2. Il était _____ fois _____ jeune Peul (_____ ethnie de _____ Afrique de _____ Ouest) qui s'appelait Samba, ______ nom qu'on donne ______ deuxième fils dans ______ familles peules. Il allait à ______ école coranique, où il apprenait à réciter ______Coran. Il avait ______foi profonde. Mais ______jour, ______« école nouvelle » a ouvert ses portes _____ village où Samba habitait. _____ dirigeants _____ village se demandaient si ______traditions peules pourraient survivre si ______enfants allaient ______école nouvelle. Mais ______ autres questions se posaient : _____ progrès était-il possible sans passer par ______enseignements de ______Occident ? Peut-on

1 C'est aussi le cas des adjectifs *divers* et *différent*, quand ils précèdent le nom, mais cet usage est moins commun.

rester isolé à jamais dans _____ société où _____ pauvreté menace _____ valeurs ancestrales ? Alors Samba et _____ autres fils de chefs sont allés _____ école nouvelle, où ils ont appris _____ histoire de « leurs ancêtres _____ Gaulois », mais où ils ont aussi appris _____ techniques utiles pour entrer dans _____ modernité. (Paraphrase _____ passage de *L'Aventure ambiguë*, _____ roman de Cheikh Hamidou Kane)

Application communicative

En groupes de deux, répondez de façon personnelle, en donnant le plus d'explications possible.

1. *Tenir parole* est une valeur importante dans une famille et dans la société, mais parfois, on fait des promesses (comme « allons déjeuner ensemble, je t'appellerai ») et on ne tient pas parole. Pourquoi, à votre avis ? Donnez des exemples de situations où, selon vous, tenir parole est quelque chose d'essentiel, et d'autres situations où c'est quelque chose de relatif.
2. *Garder rancune* est le contraire de *pardonner.* Quelles sont les conséquences de ces deux actions a) dans une famille, b) dans une nation et c) entre nations ? Analysez les raisons et donnez des exemples.

ÉCRITURE : Le portrait (II)

PROJET D'ÉCRITURE : LE PORTRAIT D'UNE PERSONNE

À la fin de ce chapitre, vous devrez rendre une composition de 400-500 mots – le portrait d'une personne, par exemple vous-même, un membre de votre famille ou un(e) ami(e). Ce chapitre vise donc à vous préparer à écrire ce portrait détaillé en vous aidant à varier le vocabulaire, à utiliser des connecteurs et à élaborer les détails physiques et émotionnels.

I. Les « choses »

Une description d'une personne peut inclure des actes, des sentiments, ou les objets qui entourent la personne. L'usage des mots précis est plus important dans les descriptions écrites que dans les descriptions orales. Pour mieux s'exprimer, il vaut mieux éviter les mots « passe-partout », surtout un terme aussi vague et vaste que « chose », car le terme « chose » ne définit rien du tout. En fait, « chose » peut se référer à presque n'importe quoi. Voici quelques termes alternatifs pour « une chose » :

Chose = objet	Chose = acte	Chose = sentiment	Chose = idée
un outil un bien un instrument un produit une qualité un symbole un élément	une action un phénomène un résultat une affaire un événement une circonstance une histoire	un sentiment une émotion un avis une opinion un point de vue une perspective une attente	une idée une notion un fait un sujet une théorie une doctrine un concept

Essayez d'utiliser des termes plus précis qui ont un sens profond, par exemple, la beauté, le courage, le racisme, le féminisme, le progrès, la gentillesse, la foi, le processus de deuil, l'inquiétude, le pardon, les commérages, la perte, la réussite, des souvenirs fugaces, l'humeur, la présence d'esprit, les innovations modernes, les va-et-vient internationaux, la cryptomonnaie, le conflit, l'altruisme, la pauvreté, l'ambition, la conformité, la générosité, la patience, la culture pluriethnique, la connaissance de soi, etc.

Dans l'activité suivante, remplacez le mot « chose » par un terme plus précis et complétez de façon personnelle.

Modèle : ______ est **une chose** qui me rend heureux(se)

L'amitié profonde est **un sentiment** qui me rend heureux, parce qu'avec de vrais amis je me sens plus à l'aise et moins stressé.

1. ____est une chose qui me rend heureux, parce que…
2. ____est une chose qui me rend triste, parce que…
3. ____est une chose qui prête à confusion pour moi, parce que…
4. ____est une chose qui me tracasse, parce que…
5. ____est une chose qui m'étonne, parce que…
6. ____est une chose qui m'ennuie, parce que…
7. ____est une chose qui me fâche, parce que…
8. ____est une chose qui me motive à m'améliorer, parce que…
9. ____est une chose qui me surprend, parce que…
10. ____est une chose qui me fatigue, parce que…
11. ____est une chose qui me dégoûte, parce que…
12. ____est une chose qui m'amuse, parce que…
13. ____est une chose qui me rend nerveux, parce que…
14. ____est une chose que je déteste, parce que…
15. ____est une chose dont j'ai peur, parce que…
16. ____est une chose dont je doute de l'existence, parce que…
17. ____est une chose pour laquelle je suis reconnaissant(e), parce que…
18. ____est une chose dont je rêve, parce que…
19. ____est une chose _____, parce que…
20. ____est une chose _____, parce que…

II. De la phrase au paragraphe

Les connecteurs servent à mettre en évidence le rapport logique entre deux faits ou deux idées. Ces connecteurs facilitent donc la cohérence d'un discours.

Les connecteurs, en fait, peuvent changer complètement le sens d'une histoire. Comparez les phrases suivantes : Marc est parti. Chloé se sent mieux.

- Marc est parti, **alors** Chloé se sent mieux.
  (Le départ de Marc est la cause du mieux-être de Chloé, c'est-à-dire que la présence de Marc indisposait Chloé.)
- Marc est parti, **car** Chloé se sent mieux.
  (Le mieux-être de Chloé est la cause du départ de Marc, c'est-à-dire que Marc ne voulait pas partir si Chloé se sentait toujours mal.)

Les connecteurs, donc, sont souvent essentiels à une expression claire et cohérente. Voici une liste de connecteurs logiques pour vous aider.

Liste de connecteurs logiques

- ***La progression des idées***

  Au début : (tout) d'abord, en premier lieu, non seulement… (mais encore), lorsque, pendant

  Le second point : puis/ensuite, (non seulement…) mais encore, en outre, encore, de plus, en plus, d'ailleurs, plutôt, d'une part… d'autre part

  Pour finir : enfin, en fin de compte, surtout, donc, en fait, en conséquence, ainsi, alors (que), en somme, en d'autres termes, en bref

  D'abord, il a mis le café dans la tasse, **ensuite** il a mis le lait dans la tasse de café, **enfin** il a mis du sucre dans le café au lait. **En somme**, il n'a pas beaucoup parlé.

- ***L'addition :*** *et, en outre, de plus, de même (que), en effet, également, puis, par exemple, en particulier*

  Elle ne parle pas beaucoup ; **par exemple,** pendant les périodes de stress, elle se tait complètement. **En effet,** elle se détache émotionnellement.

- ***Le but :*** *afin de, à cette fin, pour, en vue de*

  Je lui pose des questions personnelles **afin de** fortifier notre connexion émotionnelle.

- ***La cause :*** *puisque, car, comme, la raison pour laquelle, c'est-à-dire*

  Elle n'exprime que rarement ses émotions, **car** elle a peur que les autres la ridiculisent.

- ***L'opposition :*** *mais, or, en dépit de, même si, en revanche, par contre, cependant/pourtant, tandis que, de même, d'une part… d'autre part, au lieu de, néanmoins*

  En dépit du temps que nous passons ensemble, j'ai l'impression de ne pas la connaître. **En revanche**, elle me prend pour son meilleur ami.

Utilisez des connecteurs logiques pour rendre plus cohérentes les phrases suivantes. Essayez d'utiliser le plus de connecteurs logiques possible.

Modèle : Ses cheveux frisés sont incontrôlables. Elle ressemble à la petite sœur d'Albert Einstein, touchée par la foudre. Ses cheveux correspondent à son caractère. Elle fait ce qu'elle veut. Personne ne peut lui dire comment agir. C'est la combinaison parfaite de désordre et de volonté.

> → Ses cheveux frisés sont incontrôlables. **En effet,** elle ressemble à la petite sœur d'Albert Einstein, touchée par la foudre. **D'ailleurs**, ses cheveux correspondent à son caractère, **car** elle fait ce qu'elle veut. **En fait,** personne ne peut lui dire comment agir. **En bref**, c'est la combinaison parfaite de désordre et de volonté.

1. Mon père est chauve comme un œuf. Il est grand. Il est costaud avec de grandes épaules. Il sent le tabac et la terre. Il n'est pas très cultivé. Il est intelligent. Il est gentil mais strict. Il ne parle pas beaucoup. Ce qu'il dit est souvent important.
2. Mon cousin est exceptionnellement ordinaire. Il est de taille moyenne, ni gros ni mince. Il côtoie des personnalités bien connues sans être connu. Il est journaliste. Il n'est pas particulièrement bavard. Il sait poser des questions intéressantes. Il amène les gens à parler de leurs joies, de leurs peurs, de leurs espoirs.
3. Elle est la fille gâtée de parents de « mentalité d'ayant droit ». On lui a dit tout au long de sa vie qu'elle était brillante, talentueuse et destinée à de grandes choses. Elle souffre d'une maladie que l'on appelle « l'affluenza ». Elle fait des efforts pour en surmonter les effets. Elle espère que le succès tombera du ciel. Après les études, qu'est-ce qui l'attend ?

4. Bertin est pêcheur. Il aime le calme des lacs solitaires et leur garantie d'air pur et d'eau fraîche. Il passe des heures dans son petit bateau de pêche dans la nature silencieuse. Il tient à ses tâches quotidiennes, qui se ressemblent d'un jour à l'autre. Il possède plus de cannes à pêche que d'amis. Personne ne l'embête. Il n'embête personne.
5. Lucas a les cheveux roux et les yeux verts comme des dollars américains. Il est intelligent quant aux affaires fiscales. Il ne comprend pas les interactions sociales. Sa sœur, Muriel, est tout le contraire. Elle a les cheveux noir ébène et les yeux marron. Son portefeuille est vide. Son cœur déborde. C'est difficile de croire qu'ils viennent de la même famille.
6. Michel fait toujours des choses à moitié. Il a souvent l'apparence maladroite. Il se coiffe à peine. Il porte généralement des vêtements inappropriés pour les conditions sociales. Il ne termine que rarement ses devoirs. Il cherche toujours des boulots précaires. Je crois qu'il va être chômeur professionnel.
7. Mon ami s'appelle Richard. Au fond de son caractère se trouve la vanité pure. Il est fier de son passé et de son présent. Il demeure riche en dépit de ses dépenses énormes. Il reste encore beau à 56 ans. Il est intelligent. Il le sait. Il présume que vous le savez déjà.

Présentez vos réponses en groupes. Quels connecteurs sont préférables dans chaque paragraphe ? Les phrases précédentes décrivent l'apparence physique. Est-ce que la description physique vous aide ou est-ce qu'elle vous empêche d'imaginer le caractère des personnages mentionnés ?

III. Cela se voit

Dans le cadre de votre projet d'écriture, vous allez décrire une personne que vous connaissez bien. Pour déclencher des idées, reliez les aspects physiques de cette personne à son caractère. Ensuite, indiquez comment son caractère se voit dans ses actions. Par écrit, composez un minimum de six phrases pour chaque exercice.

1. L'aspect physique et le caractère
   Modèle : Ses yeux bleus qui rayonnent de lumière rayonnent aussi de sa capacité d'analyser les choses et les gens – elle est toujours en train de penser. Ses longues jambes musclées montrent combien elle aime le sport…
2. Les actions et le caractère
   Modèle : Sa bouche fonctionne plus rapidement que son cerveau car, des fois, il raconte de vraies bêtises. Il parle souvent sans réfléchir. Il n'est pas logique. Il est toujours très occupé, ainsi que l'indiquent ses gestes nerveux et son habitude de regarder constamment sa montre.

IV. Le portrait d'une personne

Rédigez un portrait de 400-500 mots d'une personne que vous connaissez bien, par exemple vous-même, un membre de votre famille ou un(e) ami(e). Intégrez les détails que vous avez notés dans les activités précédentes. Organisez votre description et comparez votre portrait avec celui d'un(e) partenaire. Déterminez au moins deux choses que vous pouvez ajouter à la description. Par exemple, pourriez-vous en dire plus sur la description physique ? Pourriez-vous ajouter quelques adjectifs ou adverbes pour mieux décrire ses actions ? Pourriez-vous offrir plus de détails sur son caractère ? Pourriez-vous ajouter des connecteurs ? Comment pourriez-vous améliorer l'organisation de votre texte ?

Ensuite, révisez votre composition et corrigez les fautes en vous aidant de la liste de contrôle ci-dessous.

Contrôle d'écriture : Vérifier et corriger

- Fautes courantes – À corriger à l'aide d'un dictionnaire ou d'un correcteur en ligne comme bonpatron.com ou cordial.fr.
  - ❑ Accents : é, è, ê, ç, etc.
  - ❑ Orthographe : dessert ou désert ?

- ❑ Genre : le vase ou la vase ?
- ❑ Accords : masculin/féminin, singulier/pluriel
- ❑ Conjugaison des verbes : Ils… -ent
- ❑ Prépositions : en, sur, à, de, pour, par, dans, etc.

- Élaboration – Relisez. Ajoutez, çà et là, des détails supplémentaires.
  - ❑ Y a-t-il des détails spécifiques ?
  - ❑ Les idées présentées sont-elles bien développées ?
  - ❑ Ai-je de bonnes transitions d'une phrase à l'autre et d'un paragraphe à l'autre ?

- Organisation
  - ❑ Y a-t-il des liens entre idées/événements ?
  - ❑ Est-ce que les phrases progressent logiquement ?
  - ❑ Est-ce que la structure des phrases renforce la cohésion et la cohérence ?

RÉPONSES À L'EXERCICE OÙ EN ÊTES-VOUS ? LES NOMS

*1. **la** faune, 2. des **kangourous** 3. des **caribous** 4. des **Nord-Américains** 5. **un** fleuve 6. **une** oasis 7. **la** zone 8. des **chefs-d'œuvre** 9. des **châteaux** 10. des **vitraux** 11. des **verrous** 12. ses **arrière-grands-parents** 13. **un** cimetière 14. les **médias** 15. **la** cryptomonnaie 16. **la** roue 17. **la** radio 18. **le** télescope 19. **la** caméra 20. **un** tournevis 21. des **ouvre-boîtes** 22. **un** parapluie 23. **la** pluie ; 24. **un** parasol 25. **le** soleil.*

RÉPONSES À L'EXERCICE OÙ EN ÊTES-VOUS ? LES ARTICLES

1. le 2. Une 3. de 4. des 5. de 6. de la 7. du 8. rien 9. une 10. un/du 11. une 12. du 13. les 14. un 15. de 16. rien 17. de 18. de 19. rien 20. du 21. le 22. des 23. du 24. de/des 25. des.

THÈME 2 : LE SOI EN CONTEXTE

Lecture et conversation : *La force et la tempête* (Annie Ernaux)

L'AUTEURE

Annie Ernaux

Annie Ernaux est née en 1940 en Normandie, dans un milieu très modeste. Son père était garçon de ferme, puis ouvrier dans une usine. Souhaitant se faire « une place » dans la société, il réussit à s'acheter un petit café dans un quartier ouvrier. C'est « la place » où Annie Ernaux a grandi et qui a fait l'objet de son roman le plus connu, *La place*, publié en 1983 et qui lui a valu le prestigieux prix Renaudot. Comme l'indiquera un autre roman d'Ernaux, *La honte* (1997), la jeune Annie avait honte de ce milieu ouvrier, et c'est pour en sortir qu'elle a poursuivi des études supérieures. Devenue professeure de lettres dans la région parisienne, Ernaux a publié son premier roman, *Les armoires vides*, en 1974. Depuis, avec plus de 15 romans et 12 prix littéraires à son actif, Annie Ernaux s'est taillé une place considérable parmi les écrivains français, avec son écriture simple et poignante. En 2022, le plus grand des prix, le prix Nobel de littérature, est venu couronner l'ensemble de son œuvre, une œuvre qui peut être divisée en deux parties : « la vie intérieure », où elle expose les vérités de sa propre vie, et « la vie extérieure », où elle essaie de « saisir le monde » dans ses multiples réalités.

AVANT DE LIRE

Le texte que vous allez lire est extrait de *La femme gelée* (1981), un roman où Annie Ernaux se sent « gelée » dans sa routine de jeune maman, entre les courses, les repas à préparer, le bain des enfants, son travail d'enseignante – « tout ce que l'on dit être la condition normale d'une femme ». Elle a peur d'avoir perdu sa curiosité, sa passion de vivre. Pour briser la monotonie, elle se rappelle son enfance en Normandie.

Imaginez un petit café-épicerie dans la ville d'Yvetot, en Normandie. C'est « le monde d'en bas », où l'on boit pour oublier que la vie est dure. Un monde dont Annie aura honte quand elle commencera à le regarder avec les yeux d'une élève d'école privée, toujours la première de sa classe, mais toujours la dernière sur l'échelle sociale.

Sachant donc que le père tient un café dans un quartier ouvrier et que la mère tient la petite épicerie attenante, comment imaginez-vous les parents d'Annie Ernaux ? Avec un(e) partenaire, écrivez quelques possibilités d'adjectifs et de verbes, puis parcourez le texte une première fois pour voir (et cocher) si ces caractéristiques sont mentionnées.

	Le père	La mère	Mentionné dans le texte ?
Description physique			
Personnalité			
Activités au travail			
Activités de loisirs			

La force et la tempête (Annie Ernaux)

Plus que ma grand-mère, mes tantes, images épisodiques, il y a celle qui les dépasse de cent coudées, la femme dont la voix résonne en moi, qui m'enveloppe, ma mère. Comment, à vivre auprès d'elle, ne serais-je pas persuadée qu'il est glorieux d'être une femme, même, que les femmes sont supérieures aux hommes. Elle est la force et la tempête, mais aussi la beauté, la curiosité des choses, figure de proue[1] qui m'ouvre l'avenir et m'affirme qu'il ne faut jamais avoir peur de rien ni de personne. Une lutteuse contre tout. [...] Elle entraîne dans son sillage un homme doux et rêveur, au ton tranquille, que la moindre contrariété rembrunit pendant des jours mais qui sait des tas d'histoires, farces, devinettes, et des chansons qu'il m'apprend en jardinant tandis que je ramasse des vers pour les lancer dans l'enclos des poules : mon père. Je ne les sépare pas dans ma tête, mais c'est à elle que je dois ressembler puisque je suis une petite fille.

Le matin, papa-part-à-son-travail, maman-reste-à-la-maison, elle fait-le-ménage, elle prépare-un-repas-succulent, je répète avec les autres sans poser de questions. Je n'ai pas encore honte de ne pas être la fille de gens normaux.

Le mien de père ne s'en va pas le matin, ni l'après-midi, jamais. Il reste à la maison. Il sert au café et à l'alimentation, il fait la vaisselle, la cuisine, les épluchages. Lui et ma mère vivent ensemble dans le même mouvement, ces allées et venues d'hommes d'un côté, de femmes et d'enfants de l'autre. [...] Ma mère s'occupait plutôt de l'épicerie, mon père du café. D'un côté la bousculade de midi, le temps minuté, les clientes n'aiment pas attendre, c'est un monde debout, aux volontés multiples. [...] De l'autre côté, les petits verres pépères, la tranquillité assise, le temps sans horloge, des hommes installés là pour des heures. Pas besoin de faire la conversation, les clients causent pour deux. Les gens du café lui laissent du temps pour des quantités d'autres tâches. Pour moi, il est toujours le même homme lent, rêveur. Une présence sereine et sûre à toute heure du jour.

Elle, le magasin l'occupe les trois quarts du temps. C'est elle qui reçoit les représentants, vérifie les factures et calcule les impôts. Le bruit et la vie pétillent autour d'elle. Elle est le centre d'un réseau illimité de femmes qui racontent leurs existences, en faisant leurs commissions ; d'enfants qui viennent trois fois dans l'heure pour deux souris au chocolat et un malabar[2] ; de vieux très lents à ramasser leur monnaie, reprendre leur sac par terre en s'appuyant de l'autre main au comptoir.

[Mais maman aime] surtout, n'importe où, n'importe quand, se plonger dans la lecture. L'après-midi, le soir, le dimanche, elle sort un journal, un livre de la bibliothèque municipale, un livre acheté, parfois. Mon père crie, « je te cause ! T'as donc pas marre de tes romans ! », elle se défend « laisse-moi finir mon histoire ! ». Vivement que je sache lire, puis vivement que je comprenne ces longues histoires sans images qui la passionnent. Un jour vient

1 Une figure de proue est une statue qui se tient à l'avant d'un bateau.

2 Types de bonbons.

où le miracle a lieu, je ne lis plus des mots, je suis en Amérique, j'ai dix-huit ans, des serviteurs noirs et je m'appelle Scarlett, les phrases se mettent à courir vers une fin que je voudrais retarder. Ça s'appelle *Autant en emporte le vent*. Elle s'exclame devant les clientes, « pensez qu'elle a seulement neuf ans et demi » et à moi elle disait « c'est bien, hein ? ». Je répondais « oui ». Rien d'autre. Elle n'a jamais su s'expliquer merveilleusement. Mais on se comprenait. À partir de ce moment, il y a eu entre nous ces existences imaginaires que mon père ignore ou méprise suivant les jours, « perdre son temps à des menteries, tout de même ». Elle rétorquait qu'il était jaloux. [...] On regardait ensemble la devanture du libraire de la place des Belges. Parfois elle proposait « veux-tu que je t'en achète un ? ». Pareil qu'à la pâtisserie, devant les meringues et les nougatines, le même appétit, la même impression aussi que c'était pas très raisonnable. Parmi toutes les raisons que j'avais de vouloir grandir il y avait celle d'avoir le droit de lire tous les livres.

Lire, jouer, rêver, mais aussi, chaque dimanche, parfois le jeudi, partir à la découverte des rues et des paysages autour de la ville, sans oublier des gens. Elle m'emmène partout avec elle. Il vient rarement avec nous, lui, le pas-sortant qui traîne les pieds sans rien regarder autour de lui parce qu'il a horreur de marcher pour rien. Et c'était souvent pour rien, juste voir, respirer, dire des choses, comme elles passaient par ma tête, à sept ans, qu'on partait « crochées[3] » bras dessus bras dessous. Dans les bois, aux jonquilles[4]. Dans les rues, rues sans nom, rues à cités pleines d'enfants qui s'arrêtent de jouer pour nous dévisager, rues à villas hantées d'être invisibles derrière des rideaux de dentelle. Toujours à l'affût du bizarre et du nouveau. Mon père hoche la tête sans rien dire quand je lui raconte nos exploits. Qu'est-ce qui la pousse, dehors, nez au vent, expositions, quartiers moyenâgeux, pourquoi joue-t-elle les assistantes sociales bénévoles, visiteuse de disloqués et de paumés[5], est-ce qu'une femme ne doit pas rester tranquille entre son mari et ses enfants, comme si je pouvais me poser ces questions. J'étais persuadée qu'elle était parfaite. Par elle, je savais que le monde était fait pour qu'on s'y jette et qu'on en jouisse, que rien ne pouvait nous en empêcher.

Extrait de *La femme gelée*, d'Annie Ernaux (© Éditions Gallimard, 1981), p. 15-30.

PARLER ET COMPRENDRE

En groupes de deux, répondez aux questions suivantes. Essayez de donner le plus d'explications possible.

1. Pourquoi est-ce la voix de sa mère qui « résonne » plus fort que toutes les autres voix dans la vie de la petite Annie ? Quand vous pensez aux voix qui résonnent en vous depuis votre enfance, quelles sont ces voix ? Pourquoi ?
2. « Elle est la force et la tempête, mais aussi la beauté, la curiosité des choses. » Qu'est-ce que ces métaphores vous disent sur cette femme ? Essayez d'utiliser des adjectifs pour transmettre le même message. Connaissez-vous des personnes qui correspondent à cette description ?
3. Le père est « doux et rêveur, au ton tranquille ». Comment interprétez-vous ces caractéristiques ? Connaissez-vous quelqu'un qui est « doux et rêveur » ? Décrivez cette personne.
4. Comment le père réagit-il aux contrariétés ? Maintenant, pensez à deux membres de votre famille ou à deux amis, et comparez la façon dont ceux-ci réagissent aux déceptions ou aux mauvaises nouvelles. Une de ces personnes peut être vous.
5. Pourquoi Annie aime-t-elle le temps qu'elle passe avec son père au jardin ? Pensez à votre enfance : quelles sont les activités que vous faisiez avec un parent, un grand-parent ou un autre adulte, qui vous font sourire aujourd'hui ? Expliquez.

---

3 Accrochées.

4 *Daffodils.*

5 Disloqués, paumés : personnes handicapées, perdues.

Annie Ernaux avec sa mère devant le café d'Yvetot, en 1959.

Annie Ernaux avec son père, fin des années 1940.

6. Annie Ernaux a utilisé des noms pour décrire sa mère, mais des adjectifs pour décrire son père. Transformez la description du père en une série de noms, puis comparez vos réponses avec celles d'autres étudiants de la classe.
7. À son école, à cette époque, tous les parents sont pareils : « papa part au travail, maman reste à la maison, fait le ménage et prépare des repas succulents ». Annie n'est pas encore consciente du fait que ses parents à elle ne sont pas « normaux ». En quoi sont-ils différents, selon le texte ?
   Qu'est-ce que c'est que « des parents normaux » aujourd'hui ? Est-ce la culture qui définit le concept de normalité ? Donnez des exemples et tirez des conclusions. Y a-t-il des différences notables entre la ville d'Annie Ernaux et votre ville/région ? Quelles valeurs sociales perpétuent ces différences culturelles ?
8. Le soi en contexte : ces photos d'enfance d'Annie Ernaux la montrent à l'âge de 8-9 ans avec son père dans leur endroit favori – le jardin – et, en tant qu'adolescente, avec sa mère devant la porte du café familial à Yvetot. La maison était au coin de deux rues, avec l'épicerie d'un côté et le café de l'autre. L'architecture est typique des maisons normandes de l'époque.
   - Tout d'abord, qu'est-ce qui vous frappe dans ces photos ? Pourquoi ?
   - Le café ou « le monde assis » : comment imaginez-vous l'intérieur du café ? Quels sons entendez-vous et quelles odeurs caractérisent ce lieu ?
   - L'épicerie ou « le monde debout » : comment imaginez-vous ce petit magasin aux heures de pointe ? Que voyez-vous sur les étagères ? Quelles odeurs sentez-vous ?
   - Les clients : qu'est-ce qui vous frappe dans la description des clients ? Leur comportement est-il « typiquement français » ou universel ? Expliquez. Quelles émotions associez-vous aux clients du café ? Quelles émotions associez-vous aux clients de l'épicerie ?
   - Dans un autre livre, Ernaux explique que la cuisine sert de passage aux clients entre l'épicerie et le café, et qu'il n'y a pas de portes entre ces trois pièces. À votre avis, comment le fait de grandir dans ce milieu a-t-il préparé la jeune Annie à devenir une écrivaine ? Comment les *lieux* de votre enfance ont-ils influencé votre identité ?
9. La lecture
   - Qu'est-ce que la maman aime lire ?
   - Quelle est l'attitude du père vis-à-vis des romans ?
   - Quel est ce « miracle » qui se produit quand Annie a neuf ans et demi ? Pourquoi est-ce un miracle ?
   - Dans quel sens les livres sont-ils comme des gâteaux de pâtisserie ?

- Les livres de votre enfance : quels étaient vos livres favoris ? Pourquoi ?
- Qu'est-ce qui était « comme des gâteaux de pâtisserie » pour vous quand vous alliez dans les magasins ? Des jeux vidéo ? des accessoires de poupées ? des bandes dessinées ? des figurines (*action figures*) ? Expliquez.
- « Parmi toutes les raisons que j'avais de vouloir grandir il y avait celle d'avoir le droit de lire tous les livres. » Quelles étaient les raisons que vous aviez de vouloir grandir ? Que pensez-vous de ces raisons aujourd'hui ?
- Comme la mère d'Annie, on peut trouver un répit du stress de la vie quotidienne en lisant ou en se promenant en ville. Quelles activités vous aident à échapper aux défis de la réalité ?

10. À la découverte
- Comparez la perception des promenades du père et celle de la mère. Pensez aux membres de votre famille : qui est plus comme le père ou comme la mère quand il s'agit de se promener sans but précis ? Donnez des exemples.
- Qu'est-ce que la mère et sa fille aiment découvrir ? Et vous ? Comparez ce que vous aimez explorer dans votre propre ville et ce que vous souhaitez découvrir quand vous visitez une ville que vous ne connaissez pas. Qu'est-ce que vous apprenez en vous promenant ?
- Des « rues à villas hantées d'être invisibles derrière des rideaux de dentelle ». De quoi Annie Ernaux parle-t-elle ici ? Avez-vous cette impression quand vous marchez dans certains quartiers ? Expliquez.
- Connaissez-vous des personnes qui, comme la mère d'Annie, jouent « les assistantes sociales bénévoles, visiteuse(s) de disloqués et de paumés » ? Décrivez ces personnes et ce qu'elles font pour aider des individus qui souffrent de pauvreté, de maladies ou de solitude.
- « J'étais persuadée qu'elle était parfaite. Par elle, je savais que le monde était fait pour qu'on s'y jette et qu'on en jouisse, que rien ne pouvait nous en empêcher. » Maintenant que vous avez lu le portrait de la mère, comment comprenez-vous cette phrase ? Pourquoi la petite Annie avait-elle cette impression d'une mère parfaite et d'un monde sans limites ?

PERSPECTIVES

Discutez en groupes de deux ou trois, en donnant le plus d'explications possible, puis communiquez vos conclusions au reste de la classe.

1. Certains pensent que nous sommes déterminés par notre enfance. D'autres croient, au contraire, que chaque expérience de la vie nous aide à changer et que l'adulte que nous devenons ne ressemble pas nécessairement à l'enfant que nous avons été. Qu'en pensez-vous ? Faites deux listes : une sur les caractéristiques de l'enfance qui ont tendance à rester, l'autre sur les caractéristiques de l'adulte qui ne proviennent pas de la façon dont nous avons été élevés. Par exemple, quand on est jeune, on est souvent impatient, mais cela ne veut pas dire que l'on reste impatient ; la vie possède l'art de nous apprendre la patience, au fur et à mesure. Trouvez au moins cinq ou six caractéristiques pour chaque liste. Quelle est votre conclusion et quelles sont vos justifications ?

2. Annie Ernaux mentionne que sa grand-mère et ses tantes sont des « images épisodiques » dans sa mémoire, tandis que l'image de sa mère « l'enveloppe » entièrement.
- Pensez à votre enfance : Qui sont les personnages épisodiques de cette période de votre vie, et qui sont les personnages dont l'image vous enveloppent ? Expliquez.
- Est-ce qu'un personnage épisodique (comme un grand-parent, un ami ou un professeur) peut avoir une influence durable sur un individu ? Donnez des exemples.

3. On dit que la famille est un microcosme de la société. Est-ce vrai ? Faites d'abord deux listes : une sur les rôles semblables que la famille et la société jouent, l'autre sur les différences. Pour chaque élément, donnez des exemples. Quelle est votre conclusion ?

Expansion de vocabulaire

Relevez 12 mots de vocabulaire (verbes, noms, adjectifs, expressions idiomatiques) que vous avez découverts ou revus dans la discussion de ce thème et que vous allez incorporer dans votre vocabulaire actif, puis écrivez une phrase *de votre propre création* pour illustrer chaque mot ou expression. Révisez ces mots régulièrement.

Le mot/l'expression. → Une phrase pour l'illustrer

1. ____________________

→ ____________________

2. ____________________

→ ____________________

3. ____________________

→ ____________________

4. ____________________

→ ____________________

5. ____________________

→ ____________________

6. ____________________

→ ____________________

7. ____________________

→ ____________________

8. ____________________

→ ____________________

9. ____________________

→ ____________________

10. ____________________

→ ____________________

11. ____________________

→ ____________________

12. ____________________

→ ____________________

OÙ ALLONS-NOUS ?

Le texte d'Annie Ernaux que vous venez de lire et de discuter illustre la description au présent dans toute sa simplicité et en même temps toute sa grandeur. Le jury Nobel a voulu récompenser Ernaux pour « le courage et l'acuité clinique avec laquelle elle découvre les racines et les contraintes collectives de la mémoire personnelle ». À travers tous ses livres, Ernaux s'est donné pour mission de « sauver quelque chose du temps où l'on ne sera plus jamais ». Par des images qui se veulent parfois choquantes, elle sauve de l'oubli les personnes et les lieux du passé et du présent. Dans les chapitres 3 et 4, nous allons ajouter à la description d'une personne le lieu, ou les lieux, qui aident à nous définir.

Réviser

- Les adjectifs, avec l'accent sur les fautes courantes que les apprenants au niveau avancé continuent à faire.
- Les adverbes et les expressions comparatives dont la précision sert à enrichir et peaufiner les descriptions et les narrations.

Rédiger

- Utiliser les cinq sens pour décrire un lieu afin d'évoquer des émotions précises.
- Se servir de symboles et de métaphores pour lier une description de lieu au caractère de la personne.

Explorer

- Élucider le rôle de la famille et des lieux où nous évoluons dans le développement de notre identité individuelle
- Élaborer la connexion entre le soi et les différents contextes de notre vie.

THÈME 2 : LE SOI EN CONTEXTE

Chapitre 3 : Les adjectifs ; des personnes et des lieux (I)

Où en êtes-vous ? Les adjectifs

L'exercice « Où en êtes-vous ? » a pour but de vous aider à vous évaluer dans les structures du chapitre. Mettez la forme correcte de l'adjectif donné. Cherchez les réponses à la fin du chapitre et corrigez les fautes.

J'ai une amie... disons _______(1. curieux). Elle porte des vêtements _____(2. original). Elle me dit : « C'est _______ (3. fabuleux), les filles _______(4. élégant) ! » Par exemple, hier, elle portait des souliers _______(5. bleu-clair) avec des bas _______(6. orange), et une jupe _______(7. plissé) de couleur _______(8. vert). Elle a les cheveux _______ (9. noir ébène) et _______(10. bouclé). Pourtant, elle aime les décors minimalistes. Par exemple, sa chambre est _______(11. nickel), elle n'a que des dalmatiens _______(12. noir et blanc) sur les murs, une _______(13. beau) armoire, un _______(14. vieux) hamac au lieu d'un lit, et une _______(15. vieux) commode. En plus, elle aime la nourriture _______(16. sain) et les produits _______(17. bio), et elle n'achète jamais de légumes _______(18. surgelé). Elle est vraiment _______(19. travailleur) ; pour les examens _______(20. final), elle a voulu faire le moins de fautes _______(21. possible), mais pour réussir, elle a dû essayer toutes les formules _______(22. possible). Elle est assez _______(23. dépensier) et _______(24. prompt) à nouer de _______(25. mauvais) amitiés. Pourtant, je l'aime bien malgré ses excentricités.

Évaluez dans quelle mesure vous maîtrisez les adjectifs. Mettez un « X » pour représenter votre confiance entre le contrôle partiel (« Je fais pas mal de fautes ») et le contrôle complet (« Je n'ai même pas réfléchi, c'était automatique ! »).

Le contrôle partiel ←——————————————→ Le contrôle complet

1 2 3 4 5 6 7 8 9 10

STRUCTURE : L'accord des adjectifs

OBSERVEZ ET DÉDUISEZ

La mère : une femme active, bavarde, curieuse, intrépide, belle à sa façon, passionnée de lectures, prête à explorer le monde et essayer de nouvelles choses ; une lutteuse qui déborde d'énergie.

Le père : un homme doux et rêveur, lent, rembruni parfois, plutôt passif ; peu curieux, il ne voit pas l'utilité des promenades sans but, ni des lectures qui sont étrangères à sa réalité quotidienne.

D'après les deux petites descriptions ci-dessus, complétez le tableau sur l'accord des adjectifs.

Masculin	Féminin
lent, bavard	
curieux	curieuse
passif, actif	
rêveur	
	lutteuse
étranger	
quotidien	
	douce

RÉCAPITULATION ET FAUTES COURANTES

L'accord des adjectifs

L'accord des adjectifs est une source de beaucoup de fautes, même au niveau avancé ! On oublie les accords, ou bien on oublie comment faire ces accords. Il est vrai que, pour la plupart des adjectifs, il suffit d'ajouter un **-e** pour le féminin (lent/lente) et que s'il y a déjà un **-e** au masculin, rien ne change pour le féminin (optimiste/optimiste). MAIS il est vrai aussi qu'il y a beaucoup de cas particuliers à se rappeler ! Le tableau suivant devrait vous simplifier la tâche.

Terminaison	Exemples
-x → -se	sérieux → ____________; jaloux → ____________ ; douloureux → ____________ **Exceptions :** faux → fausse ; doux → douce ; roux → rousse
-er → -ère	premier → ____________; fier → ____________
-et → -ète	inquiet → ____________; complet → ____________ ; discret → ____________ **Exceptions** : muet → muette ; net → nette ; coquet → coquette
-f → -ve	sportif → __________; naïf → ____________
-il → -ille **-el → -elle** **-eil → -eille** **-ul → -ulle**	gentil → ____________ naturel → ____________; cruel → ____________ pareil → ____________ nul → ____________
-en → -enne **-on → -onne**	moyen → ____________; ancien → ____________ bon → ____________; mignon → ____________
-c → -che	blanc → ____________; franc → ____________ ; Sec → sèche **Exceptions** : public → publique ; grec → grecque
-g → -gue	long → ____________

Suite à la page suivante

-eur → -euse **Adj. de comparaison ou position : -eur → -eure**	travailleur → ___________ meilleur → ___________ ; antérieur → ___________ ; intérieur →___________ ; inférieur → ___________
-teur **si l'adj. est dérivé du verbe → -teuse** **si la racine de l'adj. n'est pas la même que celle du verbe → -trice**	**ment**eur (**ment**ir) → ___________ ; **flatt**eur (**flatt**er)→ ___________ conserv**at**eur (conserver) → conservatrice ; créateur → ___________ ; innovateur → ___________

Il ne faut pas oublier quelques adjectifs qui sont complètement irréguliers.

masculin	féminin	masculin devant voyelle ou h muet	pluriel
beau un beau quartier	**belle** une belle maison	**bel** un bel homme, un bel appartement	**beaux, belles** de(s) beaux appartements
nouveau un nouveau jour	**nouvelle** une nouvelle année	**nouvel** un nouvel habit, un nouvel exemple	**nouveaux, nouvelles** de(s) nouveaux amis
vieux un vieux livre	**vieille** une vieille histoire	**vieil** un vieil ami	**vieux, vieilles** de(s) vieilles connaissances
gros **gras** **épais** **favori** **fou** **mou**	**grosse** **grasse** **épaisse** **favorite** **folle** **molle**		**gros, grosses** **gras,** ___________ **épais,** ___________ **favoris,** ___________ ___________**, folles** ___________**, molles**

Autres fautes courantes

- **C'est + adjectif** : l'adjectif s'accorde avec ce/c', qui est impersonnel et donc masculin singulier.
  C'est ___________, la France ! (beau ? belle ?)
  C'est ___________ comme comparaison. (intéressant ? intéressante ?)

- **Demi** : si l'adjectif *demi* précède le nom, il est invariable ; s'il suit le nom, il s'accorde en genre.
  Une ___________ page. (demi ? demie ?)
  Une page et ___________ (demi ? demie ?)

- **Quelque chose, rien, quelqu'un, personne + adjectif** : il faut ajouter un DE, et l'adjectif est toujours masculin singulier.
  Comparez : une chose intéressante ; quelque chose d'intéressant.
  a. Il n'y a rien DE bon à manger dans cette maison ! Tu as quelque chose ____autre à proposer ?
  b. (trilingue) Je connais plusieurs personnes ___________ ; et toi, tu connais quelqu'un ___________ ?

- **Les adjectifs utilisés comme adverbes** ne s'accordent pas.
  Cette robe coûte cher.
  Elle parle ___________ (fort ? forte ?)

Nous travaillons ________ (dur ? durs ?)
Elle chante ________ (faux ? fausse ?)

- **Faire ou rendre ?** Si le verbe, dans le sens de « to make » est suivi d'un adjectif, c'est le verbe *rendre* en français.
  + verbe → faire Tu me fais rire.
  + adjectif → rendre Tu me rends triste.
  Ça me **rend** malade de penser à toutes les règles que notre professeur nous **fait** apprendre !
  Essayez ! La neige __________ les routes glissantes ; elle _________ ralentir les voitures.

- **Les adjectifs en liaison.** Vous êtes-vous jamais demandé pourquoi « bon anniversaire » et « divin enfant » se prononcent comme si l'adjectif était féminin ? Il s'agit d'une particularité phonétique ! C'est bien la forme masculine de l'adjectif qu'on écrit, mais en liaison avec une voyelle, ces cinq adjectifs – bon, divin, plein, moyen, certain – perdent leur nasalité.

  Rappelez-vous aussi que quand l'adjectif précède le nom (singulier ou pluriel), la liaison est obligatoire et que le d se prononce /t/ en liaison.
  Un petit oiseau, un grand ami, les beaux arts.
  Mais quand l'adjectif *suit* un nom *singulier*, la liaison est défendue. Au pluriel, la liaison est facultative.
  Un étudiant étranger, un enfant intelligent ; des étudiants étrangers, des enfants intelligents.

  Prononcez les phrases suivantes :
  1. Les jeunes enfants jouent en plein air, sous un gros arbre.
  2. Le soldat américain est parti au Moyen-Orient.
  3. Cet étudiant allemand étudie les civilisations du moyen âge.
  4. « Il est né le divin enfant » est un bon exemple de dénasalisation.
  5. Les personnes âgées, c'est-à-dire les personnes d'un certain âge, ont souvent d'autres opinions que nous.

Le pluriel des adjectifs

Le pluriel est plus facile : il suffit généralement d'ajouter un **-s**, et les règles qui s'appliquaient aux noms s'appliquent aussi aux adjectifs.

Mettez au pluriel :
1. (bleu, bouclé) Elle a les yeux __________ et les cheveux __________.
2. (original) Ses vêtements sont toujours très _______________.

Fautes courantes

- Exceptions pour la terminaison en **-al** au masculin :
  banal → banals Des mots ______________/des paroles ______________.
  final → finals ou finaux J'ai beaucoup de choses à réviser pour mes examens ________.

- Les adjectifs composés ne s'accordent pas ; cela inclut *noir* et *blanc.*
  Une robe bleue, mais des robes bleu clair.
  (vert) : des yeux _________
  (vert foncé) : des yeux _____________
  (bleu marine) : des chaussures ______________
  (beige) : des chaussettes ____________
  (beige clair) : des souliers _____________

(bon marché) : des vêtements ________________
(noir et blanc) : des photos ________________

- Les adjectifs qui sont aussi des noms ne s'accordent pas : marron, orange, turquoise, kaki, nickel.
  Des yeux marron, des bijoux turquoise.
  Exception : rose. Des robes roses.

- **Possible** ou **possibles ?**
  Pour éviter une faute très courante ici, il faut regarder ce que *possible* modifie.

  1. Nous considérons **le plus** de perspectives possible.
  2. Nous considérons toutes **les perspectives** possibles.

  Dans le premier exemple, *possible* modifie *le plus*, qui est masculin singulier. Dans le second exemple, *possible* modifie *les perspectives*, un nom féminin pluriel.
  Essayez ! Complétez avec la forme appropriée de *possible*.

  1. Parmi ces solutions, il y en a plusieurs qui sont ______________.
  2. Éliminons d'abord celles qui sont les moins ________________.
  3. Comme ça, nous perdrons le moins d'heures ______________ à délibérer.

- **Bio** (de biologique), **pro** (de professionnel) et d'autres adjectifs qui sont en fait des préfixes, ne s'accordent pas. **Super** fait partie de cette catégorie.
  Les produits bio sont très à la mode.
  Les athlètes pro sont très bien payés.
  Ces chaussures sont super !

- **Avoir l'air** + adjectif. Quand il décrit une personne, l'adjectif peut s'accorder avec le mot « air » (masculin singulier) OU avec le sujet. La deuxième option est la plus commune.
  Nous avons eu l'air bête OU Nous avons eu l'air bêtes.
  Quand cette expression décrit une chose, l'accord se fait avec le sujet.
  Ces chaussures ont l'air vieilles.

Application

En groupes de trois ou quatre, mettez-vous d'accord sur l'accord des adjectifs.

1. Ce monsieur est professionnel, généreux, innovateur et discret. Et cette dame ? Elle est ___________, ____________, ____________ et ____________.
2. Ce pantalon est long, neuf, marron et cher. Et cette robe ? Elle est ____________, ____________, ____________ et ____________.
3. (normal). Qu'est-ce que c'est qu'une famille __________ et des gens ___________?!
4. (familial) Tout le monde a des problèmes ______________, non ?
5. (idéal) Ce n'est pas __________ comme situation, mais les conditions __________ n'existent pas très souvent.
6. (fort) Ceux qui ont les opinions les plus ____________ parlent le plus __________.
7. (vieux) J'ai un _________ ami qui aime tout ce qui est ___________; il a plein de ___________ disques (m.) avec des ___________ chansons.
8. (public, payant) Tu sais que les toilettes ____________ sont souvent ______________ à Paris ?

9. (certain, respectueux [2 fois], actuel). ______________ personnes ne sont pas très ______________, mais on ne peut pas dire qu'il n'y ait personne ______________ dans la société ______________.

10. (flatteur, conservateur, grec) C'est une remarque très ______________ de la part d'une politicienne ultra-______________ ! Est-ce qu'elle est d'origine ______________ ? Son nom semble l'indiquer.

11. (nouveau, gentil, franc) Mes ______________ colocataires, Agathe et Daphné, sont ______________ et ______________, je ne peux pas me plaindre !

12. (gros, demi) Je ne savais pas comment mettre les accents à l'ordinateur, alors je n'en ai mis aucun ! Je sais que c'est une ______________ faute, mais j'espère que le prof n'enlèvera que des ________-points.

La place des adjectifs

La plupart des adjectifs *suivent* le nom qu'ils modifient.
Quels sont les cas où l'adjectif *précède* le nom ?

- L'acronyme BAGS peut vous être utile : *beauty, age and order, goodness, and size.*
  - La beauté : **beau, joli**
    'Un *beau* garçon, une *jolie* fille.
  - L'âge et l'ordre : **jeune, vieux, nouveau, premier, dernier**
    La *nouvelle* mode rappelle aux *vieilles* dames les styles de leur *jeune* âge ; ce n'est pas la *première* fois qu'on porte des choses comme ça.
  - La qualité : **bon, mauvais, gentil, vilain, meilleur, moindre**
    Un *gentil* garçon est un *bon* exemple ; un *vilain* garçon est un *mauvais* exemple.
    La *meilleure* option est d'étudier la question dans ses *moindres* détails.
  - La taille : **grand, petit, gros, long**
    Un *grand* personnage avec un *gros* nez, une *petite* bouche et de *longues* jambes.
  - La comparaison : **même, autre**
    Un *autre* contexte, mais les *mêmes* problèmes.

- Dans un sens affectif, pour marquer l'emphase.
  Quelle *excellente* description de cette *charmante* personne.
  Mes *sincères* condoléances.

- Devant un nom propre.
  Le *célèbre* Jean Valjean et *l'infâme* inspecteur Javert.

- Certains adjectifs changent de sens selon leur place.

Adjectif	Sens *avant* le nom	Sens *après* le nom
Ancien	Mon ancien professeur (que j'avais avant – quelle est l'implication si vous dites « mon professeur ancien » ?!)	L'histoire ancienne (de l'Antiquité ou d'une autre époque)
Brave	Un brave homme, de braves gens (bon, honnête, simple)	Un soldat brave (courageux)
Certain	Certaines choses sont difficiles à expliquer (il y a des choses qui...)	C'est une chose certaine (sûre)

Suite à la page suivante

Cher	Mes chers amis (bien-aimés)	Une voiture chère (qui coûte beaucoup d'argent)
Dernier	Décembre est le dernier mois de l'année (dans une série)	Je l'ai vu le mois dernier (qui précède ce mois-ci)
Drôle	Une drôle **d'**histoire (bizarre) Remarquez qu'il faut ajouter un **de** quand drôle a le sens de bizarre.	Une histoire drôle (amusante)
Grand	Un grand homme (important, célèbre)	Un homme grand (en taille)
Nouveau	Un nouveau mot (qui n'existait pas avant)	Un mot nouveau (nouveau pour moi)
Pauvre	Une pauvre femme (à plaindre)	Une femme pauvre (sans argent)
Prochain	La prochaine fois qu'on se verra... (la fois suivante)	... ce sera l'année prochaine. (après cette année)
Propre	Ma propre chambre... (à moi)	... est une chambre propre ! (le contraire de sale)
Seul	Vous êtes la seule personne à avoir compris. (l'unique)	Les personnes seules souffrent parfois de leur solitude. (non accompagnées)

- Que faire quand il y a plusieurs adjectifs avec un seul nom ?
  - Cas numéro 1 : une petite maison blanche – chaque adjectif reste à sa place.
  - Cas numéro 2 : une maison délabrée et abandonnée – on ajoute un ET
  - Cas numéro 3 : une maison petite mais confortable – on déplace l'adjectif « petit » pour marquer le contraste.
  - Cas numéro 4 : une belle petite maison – certains adjectifs qui précèdent le nom sont combinés sans ajouter de « et », si la combinaison est logique.
  - Cas numéro 5 : les langues française, espagnole et italienne sont des langues romanes – plusieurs adjectifs singuliers peuvent modifier un nom pluriel.
  - Cas numéro 6 : des étudiants jeunes, intelligents, motivés, travailleurs – quand il y a une série d'adjectifs, ils suivent tous le nom, séparés par des virgules.

Application

A. Je connais des gens qui… Placez et accordez les adjectifs donnés.

1. (cher). Ils ont des goûts.
2. (dernier) Ils veulent s'habiller à la mode.
3. (propre) Ils veulent avoir leur voiture.
4. (ancien) Ils communiquent toujours avec leurs amis…
5. (nouveau) … pour divulguer tous les commérages…
6. (certain) … sur des personnes de leur passé, …
7. (pauvre) … des personnes innocentes qui ne sont pas sur Facebook !
8. (drôle) Quelle mentalité !

B. **Des garde-robes.** Un dicton français affirme : « Dis-moi ce que tu manges et je te dirai qui tu es. » Est-ce que cela s'applique aussi aux vêtements que nous portons ? « Dis-moi ce que tu portes et je te dirai qui tu es » ? *Après avoir fait un inventaire de chaque garde-robe, que pouvez-vous dire sur l'identité de son/sa propriétaire ?*

Modèle : un bonnet/petit/en laine/gris → Cette personne porte un petit bonnet en laine grise

La garde-robe numéro 1

1. Un blue-jean/vieux/sale
2. Des chemises/vieux/à carreaux/marron et beige
3. Des chaussettes/noir/troué
4. Une veste/chaud/avec des poches/grand
5. Une casquette/orange

La garde-robe numéro 2

1. Un legging/noir/avec des dessins de couleurs/fluorescent
2. Un t-shirt/petit/court/modeste
3. Des baskets/haut/blanc
4. Un pull/ample/confortable
5. Des vêtements/joli/bon marché (donnez deux possibilités)

La garde-robe numéro 3

1. Un chemisier en soie/bleu clair
2. Une jupe/long/noir
3. Des jupes/autre/élégant
4. Des tailleurs/petit/habillé
5. Un imperméable/beau/neuf

Votre garde-robe

Maintenant, décrivez ce qu'il y a dans *votre* garde-robe, avec une multitude d'adjectifs !

1.
2.
3.
4.
5.

Application communicative

1. **20 questions** : Avec un(e) partenaire, décrivez et devinez des personnes célèbres. La personne A pense à une personne ou à un personnage bien connu (p. ex., Albert Einstein, Thor, Greta Thunberg, etc.). La personne B lui pose des questions pour identifier la personne. Pour chaque question, la personne A doit répondre et donner un peu plus d'information. Au bout de 20 questions, la personne B doit deviner de qui il s'agit.

   Modèle :

   A — Alors, pose-moi tes questions.
   B — Est-ce que la personne a les cheveux longs ?
   A — Non, cette personne n'a pas les cheveux longs. Cette personne est chauve.
   B — Est-ce que la personne est grande ?
   A — Non, cette personne est de taille moyenne.
   B — Est-ce que cette personne est barbue ?
   Etc.

2. **La famille.** Chaque famille inclut des personnes charmantes, originales, bizarres, têtues, faciles ou difficiles à vivre, affectueuses ou peu portées sur les émotions, avec des croyances politiques conservatrices ou libérales – enfin bref, une grande variété d'individus qui méritent une grande variété d'adjectifs descriptifs. Choisissez trois de ces personnes et décrivez-les en élaborant le plus possible. Vous pouvez inventer certaines caractéristiques, personne ne saura si ce que vous dites est vrai ou non !

   Modèle : Par les yeux de mon enfance, je revois ma grand-mère paternelle. Pour moi qui n'ai qu'une dizaine d'années, elle semble vieille, très vieille. Elle est toujours habillée en noir, mais pour faire la cuisine, elle met un tablier jaune vif que ma mère lui a offert. Elle n'est pas bavarde, sauf quand elle joue aux dominos avec ses petits-enfants, car elle est très compétitive. Elle porte des lunettes pour lire le journal où ce qui l'intéresse, ce sont les nouvelles locales et les avis de décès d'anciens voisins ou camarades de classe. Ce qui la rend heureuse ? Sa famille, les repas de fêtes en famille, les bébés – quand il y a un nouveau bébé dans la famille, elle le garde jalousement sur ses genoux et lui chante de vieilles chansons.

Vocabulaire utile	Phrases de votre propre cru pour illustrer certains de ces mots
Une personne peut être : attrayante/laide, élégante/mal habillée, chauve, musclée/fluette, mince/corpulente Elle peut avoir : les lèvres minces, charnues, un nez aquilin, droit, bosselé, le teint mat/foncé, pâle/clair, rougeaud Une personne peut être : respectueuse, sociable, sensible, empathique, extravertie, impulsive, confiante, honteuse, égoïste, altruiste, tolérante, réservée, amusante, cultivée, pantouflarde Verbes utiles : paraître, avoir l'air, manifester, inspirer, faire preuve de, évoquer, associer à quelque chose une idée de..., s'avérer, avoir une façade, sembler	

3. **La place.** Annie Ernaux décrit « le monde assis » du café de son père et « le monde debout » du petit magasin de sa mère, une place qui constitue son univers d'enfant.
   Pensez à un lieu familier de votre enfance : est-ce la cuisine où vous sentez des arômes qui vous donnent faim ? Le salon où vous regardez la télé ? Le jardin où vous jouez avec vos frères et sœurs ou des petits voisins ? D'abord, individuellement, dressez une liste des éléments descriptifs de ce lieu en les associant aux cinq sens, puis avec un(e) partenaire, composez votre description. Le ou la partenaire posera des questions pour solliciter plus de détails et fera un rapport à la classe sur un aspect particulièrement intéressant de votre description.

Détails associés à la vue	Je vois...
Détails associés à l'ouïe (ce qu'on entend)	J'entends...

Détails associés à l'odorat (ce qu'on sent)	Je sens l'odeur de...
Détails associés au toucher ou au goût	Je sens dans ma bouche le goût de... Je sens sous mes mains (le velours des coussins)...
Adjectifs que j'associe à ce lieu dans ma mémoire	mouvementé/calme, silencieux/bruyant, etc.

ÉCRITURE : Des personnes et des lieux (I)

PROJET D'ÉCRITURE : DESCRIPTION D'UN LIEU IMPORTANT AU DÉVELOPPEMENT DE VOTRE IDENTITÉ

Dans l'extrait de *La femme gelée* que vous avez lu, Annie Ernaux décrit non seulement sa mère et son père, mais aussi des lieux comme le café, le magasin, la maison et la ville. Bien sûr, les lieux reflètent nos actions, notre caractère et nos préférences. Ainsi, décrire quelqu'un, ce n'est pas seulement faire le portrait de la personne, mais aussi mettre en évidence le contexte dans lequel cette personne vit.

Annie Ernaux utilise ainsi la description des lieux pour dévoiler les caractères opposés de ses parents, aussi bien que les disparités entre les différentes classes de la société. De plus, on voit que la description de ces lieux l'aide à trouver, elle aussi, sa place dans le monde. Ces lieux servent donc de symboles.

Ce chapitre va vous aider à reconnaître des symboles et des métaphores qui pourraient lier les lieux et les personnes. Au prochain chapitre, vous allez déterminer les lieux qui vous sont importants et rédiger une composition d'environ 400-550 mots qui décrit un lieu important au développement de votre identité.

I. Les effets affectifs de son environnement

Comme on l'a vu dans la dernière activité de la section précédente, on peut décrire par les cinq sens (la vue, l'odorat, l'ouïe, le goût ou le toucher), mais la description de lieu sert aussi à décrire les pensées, les ressentis et les actes des personnages. Est-ce que le personnage est censé se sentir bien dans ce lieu ?

Par exemple, quelqu'un qui déteste la plage peut dire : « L'eau salée me brûle les yeux, le soleil me brûle la peau, le contact du sable sous mes pieds est très désagréable, l'air sent le sel et le poisson, je n'entends rien à cause du bruit des vagues et du vent… pour moi, le temps passe lentement à la plage. » Mais, pour une personne qui adore la plage, le bruit des vagues la calme, le soleil lui réchauffe le corps et le cœur, la beauté naturelle de la planète la rend optimiste, que ce soit en ramassant des coquillages ou en admirant l'étendue infinie de l'océan… pour elle, le temps passe vite à la plage.

Pour chaque adjectif ci-dessous, nommez un lieu où vous ressentez cette émotion et décrivez au moins trois choses dans ce lieu qui produisent cette émotion.

Modèle : Émerveillé(e)

Lorsque j'entre dans les parcs nationaux, je suis émerveillé. J'aime regarder les panoramas, la flore et la faune de chaque région. Surtout, quand j'ai besoin de me déconnecter, j'apprécie la solitude dans la nature, où l'on n'entend que le chant des oiseaux et le vent dans les arbres.

1. Enthousiaste
2. Triste
3. Irrité
4. Dégoûté
5. Étonné
6. Angoissé

II. Les faux amis

Les faux amis sont des mots qui ressemblent à des mots anglais, mais qui ont en français un sens totalement différent. Certains sont faciles à distinguer, comme « pain » qui veut dire *douleur* en anglais mais *une baguette*, par exemple, en français. D'autres, par contre, manifestent des sens différents comme « passer un examen » qui implique la réussite en anglais mais pas en français.

Dans la description d'un lieu, il peut y avoir plusieurs faux amis. Déterminez le sens correct en français des termes suivants (barrez l'autre) et écrivez une phrase qui le démontre.

Modèle : **Un caractère**	**Un trait distinctif propre à une personne**	~~**Un personnage, notamment dans les romans ou les pièces de théâtre**~~	**Le caractère est aux âmes ce que la physionomie est au visage.**
1. Une place	Un lieu non spécifié	Une esplanade, un lieu public entouré de bâtiments	
2. Une location	Un endroit	L'acte de louer (une voiture, un appartement)	
3. Actuellement	À présent	En fait	
4. Une concurrence	Une coïncidence	Une compétition	
5. Une caution	Une somme d'argent versée pour servir de garantie (pour un appartement, par exemple)	Un avertissement, une disposition pour éviter le mal	
6. Décevoir	Duper, tricher	Rendre triste, désappointer	
7. Isolation	L'absence d'engagement avec les autres	Les matières qui réduisent les transmissions thermiques ou sonores	
8. Les commodités	Les conforts, les aises	Un objet destiné à la vente ou l'échange	
9. L'affluence	L'écoulement de personnes allant au même endroit, la foule	L'abondance de biens, l'opulence	
10. Inhabité	Qui abrite les êtres humains	Qui n'abrite personne	

III. L'élaboration et les symboles

On se sert souvent de symboles pour représenter des abstractions comme une émotion, une caractéristique ou un sentiment. Certains symboles sont liés à une culture particulière, tandis que d'autres semblent universels.

Décodez les symboles suivants selon le modèle. Terminez votre paragraphe en identifiant le symbole qui vous représente le mieux.

Modèle : Les éléments classiques (la terre, le feu, l'eau, le vent)

→ La terre représente la patience, la stabilité et le travail acharné, l'entêtement ou la ténacité. Le feu, par contre, représente le dynamisme, l'enthousiasme courageux et l'agression fréquente. L'eau est un symbole de l'intelligence, de la flexibilité, de l'angoisse mentale et du calme. Finalement, le vent s'associe au mouvement, à l'esprit libre, au développement, mais aussi à l'évasion. Je crois que l'élément qui me représente le mieux, c'est le vent, parce que je suis un esprit libre qui tient au développement personnel. En plus, des fois, mais rarement, j'évite les gens et certaines tâches.

1. Les couleurs (rouge, noir, blanc, gris)
2. Les animaux (un lion, un hibou, un serpent, un cochon)
3. Les conditions météorologiques (la neige, la pluie, la brume)
4. Les endroits (l'océan, la forêt, une montagne)
5. Les constructions (un mur, une porte, une fenêtre)
6. Les parties du corps (le cœur, la main, les yeux)
7. Les lieux dans une ville (la rue, la gare, le marché)
8. Les monuments : la tour Eiffel (Paris), la statue de la Liberté (New York), la Cité interdite (Pékin), la statue du Christ rédempteur (Rio de Janeiro)

Comparez vos réponses avec un(e) partenaire. Êtes-vous d'accord sur le sens des symboles ? Qu'est-ce que vous pouvez ajouter à votre description ?

IV. Les lieux mythiques

La description des lieux peut avoir un but autobiographique. Comme nous l'avons vu, les écrits d'Annie Ernaux décrivent non seulement ses expériences et ses émotions, mais le lecteur a souvent l'impression d'être sur place et d'éprouver les mêmes sentiments. Lisez la description qu'Annie Ernaux nous donne des rues qu'elle a parcourues dans son enfance. Comment est-ce qu'elle utilise la description des rues pour décrire aussi la société ?

> « La rue du Clos-des-Parts est étroite, irrégulière, sans trottoirs, avec des descentes brusques et des tournants marqués, animée d'un faible trafic, surtout des ouvriers à vélo qui la prennent le soir pour rejoindre la route du Havre. Dans l'après-midi, elle a le silence et les bruits distants de la campagne. [...] De la rue de la République aux sentiers du Champ-de-Courses, en moins de trois cents mètres, on passe de l'opulence à la pauvreté, de l'urbanité à la ruralité, de l'espace au resserrement. Des gens protégés, dont on ignore tout, à ceux dont on sait ce qu'ils touchent comme allocations, ce qu'ils mangent et boivent, à quelle heure ils se couchent. »
>
> Extrait de *La honte*, d'Annie Ernaux (Éditions Gallimard, 1997), p. 47-48.

Pouvez-vous décrire les endroits suivants à la manière d'Annie Ernaux ? Dépeignez l'emplacement dans la maison ou dans la ville, les objets, ou simplement les émotions qui y sont associées. Au besoin, relisez « La force et la tempête » (p. 32). Utilisez des symboles pour approfondir votre description.

Modèle : La cuisine

Dans beaucoup d'appartements à Toulouse, on entre par la cuisine. Est-ce une coutume toulousaine ou une contrainte d'aménagement ? En tout cas, avoir une cuisine en premier lieu s'avère être une situation stratégique avec des avantages importants ! D'abord, cet emplacement correspond aux préoccupations quotidiennes, où la cuisine est au cœur des actions de la vie. Dès qu'on se lève, on mange, on rentre à midi et encore le soir pour passer du temps en famille. Tout comme la nourriture accueille les amis et l'interaction sociale, la cuisine de mon enfance renforce le côté affectif de mon identité.

1. La chambre
2. L'école
3. Un lieu de vacances (la forêt, la plage, la montagne, etc.)
4. Le lieu où vous passez la plupart de votre temps
5. Choix libre (pensez à la composition pour le chapitre 4)

Comparez une de vos descriptions avec celles d'un(e) partenaire. Qu'est-ce que vous trouvez d'intéressant ? Quels sont les symboles les plus puissants ?

RÉPONSES À L'EXERCICE OÙ EN ÊTES-VOUS ? LES ADJECTIFS

1. curieuse 2. originaux 3. fabuleux 4. élégantes 5. bleu-clair 6. orange 7. plissée 8. verte 9. noir ébène 10. bouclés 11. nickel 12. noir et blanc 13. belle 14. vieux 15. vieille 16. saine 17. bio 18. surgelés 19. travailleuse 20. finals/finaux 21. possible 22. possibles 23. dépensière 24. prompte 25. mauvaises

RÉPONSES À L'ÉCRITURE EXERCICE II. LES FAUX AMIS

1. Une place = Une esplanade, un lieu public entouré de bâtiments ; 2. Une location = L'acte de louer (une voiture, un appartement) ; 3. Actuellement = À présent ; 4. Une concurrence = Une compétition ; 5. Une caution = Une somme d'argent versée pour servir de garantie (comme pour un appartement) ; 6. Décevoir = Rendre triste, désappointer ; 7. Isolation = Les matières qui réduisent les transmissions thermiques ou sonores ; 8. Les commodités = Les conforts, les aises ; 9. L'affluence = L'écoulement de personnes allant au même endroit, la foule ; 10. Inhabité = Qui n'abrite personne

THÈME 2 : LE SOI EN CONTEXTE

Chapitre 4 : Les adverbes ; les expressions comparatives ; des personnes et des lieux (II)

Où en êtes-vous ? Les adverbes

L'exercice « Où en êtes-vous ? » a pour but de vous aider à vous évaluer dans les structures du chapitre. Formez les adverbes à partir des adjectifs donnés. Cherchez les réponses à la fin du chapitre et corrigez les fautes.

Je viens d'une famille ______ (1. carré) pleine de contradictions. Quand mon fils est triste, il parle ______ (2. bruyant) mais ______ (3. agréable), d'ailleurs il est ______ (4. profond) calme, sauf quand il s'agit des sports où il joue ______ (5. agressif) et parfois ______ (6. méchant). Ma fille, par contre, taquine ______ (7. régulier) son frère, quelle que soit son humeur, et elle parle ______ (8. incessant), donc elle aime ______ (9. énorme) discuter et elle se met ______ (10. rare) d'accord sur quoi que ce soit sans se défendre ______ (11. rationnel). Mon mari est impatient, pourtant il attend ______ (12. patient), même quand les enfants font ______ (13. lent) les tâches ménagères. De plus, il n'est ni sérieux ni comique, en fait son humeur ne varie que ______ (14. léger). Moi, je suis logique, mais de temps en temps mes enfants me parlent ______ (15. bête) et je m'exprime trop ______ (16. émotionnel). ______ (17. Heureux), mes enfants me répondent toujours ______ (18. respectueux) et ______ (19. poli). De toute façon, nous nous parlons ______ (20. constant), alors nous nous comprenons bien malgré nos personnalités contradictoires.

Évaluez dans quelle mesure vous maîtrisez les adverbes. Mettez un « X » pour représenter votre confiance entre le contrôle partiel (« Je fais pas mal de fautes ») et le contrôle complet (« Je n'ai même pas réfléchi, c'était automatique ! »).

Le contrôle partiel ←——→ Le contrôle complet

1 2 3 4 5 6 7 8 9 10

STRUCTURE : Les adverbes

OBSERVEZ ET DÉDUISEZ

Observez les exemples ci-dessous et répondez aux questions.

> Le père : il ne parle pas **beaucoup**, et quand il parle, il le fait **lentement**, comme s'il cherchait **soigneusement** ses mots. **Peut-être qu'**il a honte de son manque d'éducation, ou **peut-être qu'**il n'a **pas grand-chose** à dire. Dans son café, où les clients parlent **bruyamment**, il suffit **généralement** d'écouter.

Suite à la page suivante

La mère : elle est **très** bavarde, parce que son travail le lui demande : il faut **toujours** parler avec les clients, les saluer **gentiment**, leur poser **fréquemment** des questions sur leur famille, négocier **poliment. Heureusement**, sa personnalité se prête **naturellement** à cette ouverture. **Sans doute que** quand elle était enfant, elle était **déjà** bavarde.

- Où se placent la plupart des adverbes – avant ou après un verbe à un temps simple ?

- Quand l'adjectif masculin se termine par une consonne, comme **général**, comment forme-t-on l'adverbe ? Trouvez quatre autres exemples dans les phrases ci-dessus.
  Essayez ! Formez les adverbes à partir des adjectifs suivants :

  1. respectueux **2.** naïf

  Cas particuliers : profond, aveugle, précis, énorme → **é.** Par exemple **: profond → profondément**

  1. (précis) C'est ____________ce que je voulais dire.
  2. (aveugle) Ne vous lancez pas ______________dans cette affaire.

- Quand l'adjectif se termine par une voyelle, comme **poli**, comment forme-t-on l'adverbe ?
  Essayez ! Formez les adverbes à partir des adjectifs suivants :

  1. absolu **2.** vrai

- Quand un adjectif se termine en -**ant** ou -**ent**, comme bruyant et fréquent, comment forme-t-on l'adverbe ?
  Essayez ! Formez les adverbes à partir des adjectifs suivants :

  1. récent **2.** méchant **3.** courant **4.** intelligent

  Exception : lent/lentement.
  Prononciation : les terminaisons -emment et -amment se prononcent de la même façon, avec le son **a**.

- Trouvez dans ces phrases un exemple d'adverbe long (qui se termine par -ment) qui ne se forme ni sur le masculin ni sur le féminin de l'adjectif.
  Un autre adverbe irrégulier : bref → brièvement

- Quand on a un adverbe d'opinion, comme **peut-être, sans doute, heureusement**, on le met souvent au début de la phrase, pour plus d'emphase, mais que remarquez-vous juste après l'adverbe ?

  Essayez ! Mettez les adverbes entre parenthèses au début de la phrase.

  Il est fatigué. → ______________il est fatigué. (Peut-être)
  Elle est là. → _________________elle est là. (Heureusement)
  Vous avez des questions ? → ________________ vous avez des questions ? (Sans doute)

Notes

- En langage soutenu, quand *peut-être* est placé en début de phrase, il est suivi de l'inversion :
  Peut-être seront-ils déçus. Peut-être avons-nous tort de nous inquiéter.
- Sans doute = probablement ; « without a doubt » = sans aucun doute

- Quand *malheureusement* est placé en début de phrase, il est suivi d'une virgule et non d'un *que* : Malheureusement, il n'a pas pu venir.

RÉCAPITULATION ET FAUTES COURANTES

Quelques particularités des adverbes

Place des adverbes	Exemples	Essayez
Si l'adverbe modifie un adjectif ou autre adverbe → devant l'adj. ou l'adv.	Elle était **très** bavarde.	(bien) Elle est habillée.
Adverbe de temps ou de lieu → au début ou à la fin de la phrase	Il est venu **hier**. **Aujourd'hui**, j'ai plein de choses à faire.	(ici) Mettez ça. (tard) Il s'est couché. (d'abord) On va manger.
Adverbe long (qui se termine par **-ment**) avec un temps composé (comme le passé composé) → après le participe passé, sauf si on veut mettre l'emphase sur l'adverbe.	Il nous a parlé **gentiment**. J'ai **complètement** oublié de te téléphoner.	(immédiatement) Il est parti sans dire au revoir. (énormément) J'ai apprécié tes remarques. (deux possibilités)
Adverbe court (qui ne se termine pas par **-ment**) avec un temps composé → entre l'auxiliaire et le participe passé	On a **bien** mangé.	(déjà) Ils sont partis. (presque) J'ai fini. (encore) Elle a répété la même chose.
Adverbe monosyllabique avec un infinitif → devant l'infinitif	Je vous demande de **bien** écouter.	(trop) Attention de ne pas manger.

Adverbes et locutions adverbiales utiles

à la longue = « in the long run »	À la longue, on s'habitue aux vicissitudes de la vie...
à plusieurs reprises = plusieurs fois	J'ai essayé de lui parler à plusieurs reprises.
à la fois = en même temps	De nos jours, il faut savoir faire plusieurs choses à la fois.
par moments = « at times »	Par moments, je ne sais plus ce que je fais !
en ce moment = maintenant	Où travailles-tu en ce moment ?
à ce moment-là = « at that time »	À ce moment-là, je travaillais à Paris même.
plutôt = de préférence, « rather » **plus tôt** = le contraire de plus tard	Il est plutôt scientifique. Venez un peu plus tôt, si possible.
au fait = « by the way » **en fait** = « actually »	Au fait, tu savais que je voulais partir ? En fait, je ne suis pas parti.
si, tant, tellement = « so » **si** + adjectif ou adverbe **tant** + verbe (**tant de** + nom) **tellement** + adjectif, adv ou verbe	Il est si fatigué ! Il a tant travaillé ! Il a fait tant d'heures supplémentaires. On travaille tellement dans ce cours ! Mais on est tellement contents d'apprendre à parler correctement !

Suite à la page suivante

tout = complètement *Tout*, en tant qu'adverbe, est invariable au masculin, mais variable devant un adjectif féminin qui commence par une consonne ou un h aspiré. Ne pas confondre avec l'adjectif ou le pronom *tout*, qui s'accorde toujours.	Il est tout content ; ils sont tout contents. Elle est toute contente ; elles sont toutes contentes. Ils sont tout heureux ; ils sont tout honteux. (masculin, invariable) Elle est tout heureuse (h muet) ; elle est toute honteuse (h aspiré). Tous les étudiants sont là ; ils sont tous là. Note : quand *tous* est un pronom, le **s** se prononce. Pronom→ prononce.
vite = un adverbe, qui ne peut pas modifier un nom, seulement un verbe. L'adjectif est *rapide*.	C'est une voiture rapide, qui roule vite.
au hasard (at random) vs **par hasard** (by chance)	Les participants seront choisis au hasard. On s'est vus par hasard devant le magasin.
à temps (in time) vs **à l'heure** (on time)	C'est déjà trop tard pour arriver à l'heure, mais pourvu qu'on arrive à temps pour l'entendre parler, c'est tout ce qui compte.

Application

A. Soyons précis. Formez les adverbes et placez-les correctement dans les phrases.

1. (sec) Il nous a parlé.
2. (patient). Veuillez attendre.
3. (extrême) Ils sont ponctuels.
4. (franc) Dites-moi ce que vous pensez.
5. (évident) Il était fâché. (deux possibilités)
6. (malheureux) Il s'est fâché. (deux possibilités)
7. (autre) On s'arrangera.
8. (brillant) Il a réussi à ses examens.
9. (fou) Il est tombé amoureux.
10. (énorme) On ne fait pas de fautes sur les adverbes, n'est-ce pas ?

B. Tout. Ajoutez la forme correcte de l'adverbe *tout* dans les phrases suivantes.

1. Elle est ________ désorientée, elle ne comprend plus rien.
2. Allez-y ________ doucement.
3. Les garçons sont ______ prêts ; les filles sont-elles ______ prêtes aussi ?
4. Cette femme fait semblant d'être ______ aimable, mais il ne faut pas s'y fier.
5. Les joueurs sont ______ fiers d'avoir gagné le match.

C. Où ? Placez correctement les adverbes. Faites deux phrases s'il y a plusieurs possibilités.

1. (bien) N'oubliez pas d'analyser tous les facteurs avant de prendre une décision.
2. (déjà, trop) Vous avez pris votre décision ? Il ne faut pas se presser.
3. (sans doute, ailleurs) Ils sont passés pendant qu'on était occupés.
4. (entièrement, couramment) Vous avez raison, elle parle plusieurs langues.
5. (tout à fait, suffisamment) Je ne suis pas sûr de pouvoir vous aider.

6. (autrefois, autrement). On se passait du superflu ; on n'aurait pas pu survivre.
7. (au hasard, vraiment) J'ai dit ça, car je ne savais pas la réponse.
8. (tant, même) Nous avons travaillé, mais nous n'avons pas pu finir à temps.

D. **Pour prendre une photo de famille.** Complétez les phrases suivantes, en choisissant des adverbes logiques dans la liste. Vous n'utiliserez pas tous les adverbes, donc choisissez judicieusement. Chaque adverbe ne peut être utilisé qu'une fois.

1. ________, il faut réunir toute la famille, ce qui n'est pas ________ évident. 2. ________, c'est difficile, parce que les adultes parlent et les enfants jouent. 3. Il faut ________ trouver un cadre agréable ; s'il fait beau, ________ que c'est ________ de s'installer ________, dans un jardin ou dans un parc. 4. Quand le photographe est prêt, les parents crient aux enfants : « ________, dépêchez-vous ! » 5. ________, quand tout le monde est là, il faut placer les enfants ________, et les adultes, ou les personnes qui sont plus grandes, ________. 6. Aux petits, on dit : « Mettez-vous ________ et ne bougez plus ! » 7. On attend ________ un peu, avec le sourire ! 8. ________, tout le monde est prêt, et la photo est prise !	plutôt alors devant derrière dehors là encore d'abord puis ensuite enfin peut-être parfois aussi toujours vite mieux heureusement après

Application communicative

A. **Le hasard dans la vie.** Certaines personnes croient que le hasard n'existe pas ; d'autres, en revanche, pensent que la vie est pleine de situations qui se présentent « par hasard ». En groupes de deux, finissez les phrases suivantes en donnant le plus d'explications possible, et avec le plus d'adverbes possible.

Modèle : Ce n'est pas *par hasard* que j'étudie dans cette université, parce que j'ai *toujours* voulu devenir interprète, et le programme de langues *ici* est *très* réputé. J'avais *aussi* considéré une autre université, *mais malheureusement*, cette autre université ne m'a pas offert de bourse, *et puis* celle-ci est plus *près* de chez moi, *alors* le choix était facile. Et *en fait*, je me suis fait *tellement* d'amis ici, je peux voir que c'est l'endroit parfait pour moi.

1. Ce n'est pas par hasard que telle ou telle chose m'est arrivée…
   a. (au lycée)
   b. (à l'université)
   c. (sur Instagram ou Tik Tok, l'autre jour)
2. Mais c'est complètement par hasard que…
   a. (une situation dans votre vie)
   b. (une situation dans la vie de quelqu'un que vous connaissez bien)
   c. (une situation dans l'histoire de ce pays ou du monde)
   d. ?

B. Heureusement, malheureusement. Heureusement que certaines choses sont comme elles sont, ou que certains événements se sont déroulés comme ils l'ont fait. On ne peut pas en dire autant pour d'autres événements ou états de choses. En groupes de trois ou quatre, complétez les phrases de façon réfléchie et profonde. Soyez prêts à communiquer vos conclusions au reste de la classe.

1. Dans l'histoire de ce pays (ou du monde), heureusement que…
   a.
   b.
   c.
2. Dans la situation politique ou sociale actuelle, malheureusement, …
   a.
   b.
   c.
3. Les avancées scientifiques et technologiques sont-elles toujours bonnes ?
   a. Heureusement que…
   b. Malheureusement, …
4. Dans le système d'éducation actuel,
   a. heureusement que…
   b. malheureusement, …

STRUCTURE : Les expressions comparatives

OBSERVEZ ET DÉDUISEZ

Lisez ci-dessous les ***réflexions d'une personne stressée*** et répondez aux questions.

> Il semble que la vie va **de plus en plus** vite, vous ne trouvez pas ? On dit que « **plus** ça change, **plus** c'est la même chose », mais ce n'est pas vrai. Avant, je me sentais **mieux** dans ma peau, j'étais **plus** calme, **moins** pressé, et pourtant, j'étais **aussi** occupé, je faisais **autant de** choses, sinon **plus**. Maintenant, je suis toujours fatigué ; je cours **de plus en plus**, je dors **de moins en moins**, la **moindre** chose m'irrite, et je n'arrive même plus à me détendre sans me sentir coupable. Et à quoi ça sert, cette course constante contre la montre ? Est-ce que la vie sera **meilleure** demain ?

- Avec les adjectifs comme **pressé, occupé** et **calme**, comment exprime-t-on le comparatif
  - d'infériorité (-)
  - d'égalité (=)
  - de supériorité (+)

- Quel est le comparatif de supériorité de l'adjectif **bon** ? de l'adverbe **bien** ?

- Avec des noms, comme **choses**, comment exprime-t-on le comparatif d'égalité ? Pouvez-vous déduire les autres formes ?
  - (=) Je ne fais pas ___________ fautes qu'avant.
  - (-) Je fais ___________ bêtises qu'avant.
  - (+) Je fais ___________ progrès !

- Trouvez un superlatif qui veut dire « **la plus petite** chose ». Alors que le comparatif est suivi de **que**, le superlatif est suivi de **de**.
  Il est plus stressé **qu'**elle.
  Il est **le** plus stressé **de** la famille. Elle est **la** moins stressée **de** tous.

- Remarquez l'expression « Plus ça change, plus c'est la même chose ». Est-ce qu'il y a un article dans cette expression ? C'est une faute très courante de vouloir mettre un article et d'ajouter un *que*. Ce n'est pas le cas en français. Essayez de traduire :
  - *The more I study, the more I learn.*
  - *The more I read, the better I understand.*

- Quelles autres expressions comparatives remarquez-vous dans le paragraphe ci-dessus ?
  Essayez de traduire :
  - *We run faster and faster.*
  - *I understand better and better how it works.*

Récapitulation et fautes courantes

Type de comparaison	avec	Comparatif	Superlatif
+	Un adjectif ou adverbe	Il est **plus** jeune **que** son frère.	C'est **le plus** jeune **de** la famille.
-	Un adjectif ou adverbe	Elle est **moins** sportive **que** sa sœur.	Elles sont **les moins** sportives **de** la famille. Elles s'intéressent **le moins** au sport. (L'article est toujours masculin singulier avec un adverbe)
=	Un adjectif ou adverbe	Nous sommes **aussi** stressés **que** vous.	
=	Un nom	Nous avons **autant de** problèmes **que** vous.	
+	L'adjectif **bon**	Qui a une **meilleure** idée ?	C'est **la meilleure** idée de toutes !
+	L'adverbe **bien**	Je travaille **mieux** le matin que le soir.	Quand est-ce que tu travailles **le mieux** ?
+	L'adjectif **mauvais**	Le stress est **pire/plus mauvais** que la fatigue. C'est **de pire en pire** !	C'est **la pire** des choses !
+	L'adjectif **petit** sens littéral sens figuré	Il est **plus petit** que les autres.	Il est **le plus petit** de la classe. C'est **le moindre** de mes soucis.
+	L'adverbe **beaucoup**	Je mange **plus que** toi/je mange **davantage.**	C'est lui qui mange **le plus.**

Faute courante : la prononciation de plus

- Le **s** ne se prononce pas devant une consonne
  - dans l'expression négative *ne… plus* : Je n'ai plus de temps à perdre !
  - dans une comparaison devant un adjectif ou un adverbe : Il est plus petit.
- Le **s** se prononce /z/ en liaison avec une voyelle
  - avec *ne… plus* (liaison facultative) : Je ne suis plus en mesure de gérer la situation.
  - devant un adjectif ou un adverbe (liaison obligatoire) : Il est plus intelligent.
  - dans les expressions comparatives (liaison obligatoire) : de plus en plus, plus… plus… (Plus on est de fous, plus on rit !)
- Le **s** se prononce /s/ dans les cas suivants
  - devant un nom : J'ai plus de bonbons que toi !
  - en position isolée : Donne-m'en plus.
  - dans les expressions *en plus, de plus* (*moreover*) : Les pauvres professeurs travaillent toute la journée et, en plus, ils ont des copies à corriger le soir à la maison !
  - dans l'expression *de plus que* pour comparer l'âge ou des mesures (taille, poids, etc.) : Il a cinq ans de plus que moi. Il fait trois centimètres de plus que moi. Il pèse cinq kilos de plus que moi.

Application

A. Plus (+), moins (–) ou aussi/autant (=) ? Complétez selon le modèle. Attention aux cas particuliers !

Modèle : (stressant, +) Certaines professions sont ______ d'autres.
→ Certaines professions sont *plus stressantes que* d'autres.

1. (mauvais, +) Le stress mental est ______ le stress physique.
2. (vulnérable au stress, =) Les personnes âgées sont ______ des jeunes.
3. (bon pour la santé, +) La vie à la campagne est ______ la vie en ville.
4. (bien, +) Est-ce vrai que les femmes gèrent ______ le stress ___ les hommes ?
5. (responsabilités, =) Elles ont ______ au travail, et, bien souvent, …
6. (responsabilités, +) … ______ à la maison.
7. (bon, -) Les mesures de protection sociale sont ______ aux États-Unis ___ en France.
8. (cher, +) Donc, la garde des enfants coûte beaucoup ______ ici.

B. Pierre et Jean. Faites des comparaisons.

1. Jean a 19 ans, Pierre a 21 ans. Comparez leur âge.
   a. Pierre a ______ que Jean.
   b. Jean a ______ que Pierre.
2. Jean fait (ou mesure) 1,90 m, Pierre fait 1,85 m. Comparez leur taille.
   a. Pierre fait ______ que Jean.
   b. Jean mesure ______ que Pierre.
3. Jean pèse 70 kg, Pierre pèse 80 kg. Comparez leur poids.
   a. Pierre pèse ______ que Jean.
   b. Jean pèse ______ que Pierre.

C. Ce qui m'énerve le plus. Comparez les facteurs d'irritation avec un comparatif, puis un superlatif, selon le modèle.

Modèle : (Quand j'essaie de dormir) les cris des enfants/le bruit des voisins/le bruit d'une perceuse
→ Les cris des enfants m'énervent plus que le bruit des voisins, mais ce qui m'énerve le plus, c'est le bruit d'une perceuse.

1. (Quand j'attends l'autobus) le froid/la pluie/le vent
2. (Quand je suis en voiture) les travaux sur la route/les embouteillages/un passager qui fait constamment des remarques sur ma façon de conduire
3. (Quand je vais dans les magasins) la foule/les vendeurs trop occupés/la queue à la caisse
4. (Quand il faut écrire une composition) le bruit que font mes colocataires/le manque d'instructions/les problèmes de Wi-Fi
5. (Quand j'envoie un SMS) l'autocorrection/la ponctuation mal faite/le *ghosting*

D. La cuisine française. Complétez les phrases avec la forme appropriée de **meilleur** ou **mieux**.

1. Pourquoi dit-on que la cuisine française est ______________ du monde ?
2. Moi, je trouve que même les légumes sont ______________ en France.
3. Les produits frais sentent bon, oui, ils sentent ______________ ceux qu'on achète au supermarché.
4. Conclusion ? Il vaut ______________ faire ses achats au marché en plein air.
5. Et si les ingrédients sont ______________, la recette sera ______________ réussie.

Application communicative

A. Qu'en pensez-vous ? En groupes de deux, comparez vos réactions aux phrases suivantes. Donnez le plus d'explications possible, avec des exemples pris dans votre vie personnelle, dans l'actualité ou dans l'histoire.

1. Plus on est riche, plus on est heureux.
2. Plus ça change, plus c'est la même chose.
3. Plus on attend pour faire face au réchauffement climatique, plus les problèmes seront difficiles à résoudre.
4. La polarisation politique dans le monde est de pire en pire.

B. En fait… En groupes de deux, complétez les phrases de façon personnelle, en donnant le plus d'explications possible.

1. Quelque chose que j'aime de plus en plus, c'est…
2. Une activité que je fais de moins en moins, c'est…
3. Le moindre de mes soucis, c'est…
4. Je comprends de mieux en mieux pourquoi…

C. Autrefois, aujourd'hui. La vie est-elle plus compliquée aujourd'hui qu'il y a 50 ans ? D'après ce que vous avez lu ou entendu, et ce que vous observez aujourd'hui, comparez les aspects suivants de la vie. Donnez le plus d'explications possible (parce que…, par exemple…, en fait…, à mon avis…)

Modèle : La technologie

→ C'est sûr qu'il y avait moins de technologies il y a 50 ans. En fait, les ordinateurs et les téléphones portables n'existaient pas, et c'est sûr que ces outils nous facilitent la vie, mais le rythme de la vie est de plus en plus rapide à cause de ces technologies et nous sommes de plus en plus stressés. Donc, à mon avis…

1. L'habitat et les tâches ménagères
2. Le monde professionnel
3. Les relations humaines
4. Les loisirs
5. La santé
6. Les relations internationales
7. ?

ÉCRITURE : Des personnes et des lieux (II)

PROJET D'ÉCRITURE : DESCRIPTION D'UN LIEU IMPORTANT POUR LE DÉVELOPPEMENT DE VOTRE IDENTITÉ

Vous avez travaillé avec des symboles et des métaphores pour montrer un lien entre l'environnement et le caractère d'une personne. Maintenant, vous allez écrire une composition de 400-550 mots qui décrit au présent un lieu et la façon dont ce lieu contribue à l'identité d'une personne. Les activités suivantes vont vous aider à élaborer votre texte et à utiliser des métaphores pour améliorer votre description de lieux.

I. Situer le lieu dans le temps

Au dernier chapitre, vous avez exploré plusieurs méthodes pour recréer par des mots la magie d'un lieu et les émotions qu'il provoque. D'abord, on utilise les cinq sens pour décrire ce que l'on voit, ce que l'on entend, ce que l'on sent, etc. Ensuite, on se concentre sur l'émotion et on décrit les activités ou les expériences qui sont liées à cette émotion. On emploie aussi des symboles pour intensifier les sentiments associés au lieu. Pour l'exercice suivant, il faut observer le temps associé à ce lieu. Certes, on remarquera des choses différentes pour un lieu présenté de jour ou de nuit, en hiver ou au printemps, sous la pluie ou en plein soleil. Reprenez donc la tâche de décrire votre lieu à travers le temps.

Modèle : nuit/jour

→ La nuit

La nuit, le petit pont n'accueille personne. Les ouvriers l'ont traversé une dernière fois pour rentrer manger en famille. Les enfants n'y jouent plus. L'eau froide coule sous ce petit pont, sans bruit, sans odeur, et je ne vois guère le mouvement des petits poissons dans l'eau. La pleine lune brille et l'église du quartier sonne l'heure.

→ Le jour

Le soleil pèse sur le pont, car il n'y a ni ombre, ni arbres, ni bâtiments, ni nuages. Les voitures crachent leur fumée et il n'y a pas de vent pour la dissiper. Les ouvriers traversent constamment le pont, courant çà et là pour accomplir leurs tâches. Sous le pont, les enfants lancent des cailloux pour faire des ricochets dans l'eau sale. Le bruit humain remplit l'espace et étouffe le son des cloches de l'église du quartier.

1. Nuit/jour
2. Matin/après-midi
3. Pluie/soleil
4. Hiver/été

II. Les métaphores

Une métaphore est une figure de style qui lie une idée à une autre en faisant appel à des ressemblances. La comparaison rapproche explicitement deux entités avec le mot *comme* ou un synonyme de *comme (tel, pareil à, etc.)*, tandis qu'une métaphore est une comparaison sous-entendue. « Les ailes du temps » est un exemple de métaphore, car la comparaison avec un oiseau est implicite. Choisissez cinq des métaphores ci-dessous, et identifiez les similarités entre le premier concept et celui que vous choisissez. Ensuite, expliquez-les selon le modèle. Utilisez un minimum de cinq adjectifs pour chaque description.

Modèle : Le perfectionnisme est un poison ou un dessert ?

→Le perfectionnisme est un poison, parce qu'ils sont tous les deux **toxiques**. Les deux ne nous détruisent pas immédiatement, mais ils nous nuisent peu à peu car nous devenons **paralysés** et **incapables d'agir**. Tout comme on a besoin d'un remède **efficace** pour éliminer un poison, on a parfois besoin d'aide **professionnelle** pour se débarrasser du perfectionnisme.

1. L'amour est une maison ou une prison ?
2. La vie est un combat ou un voyage ?
3. La mort est un jardin ou un passage ?
4. La culture est un labyrinthe ou un centre d'accueil ?
5. L'éducation est un vieil ami ou un outil ?
6. L'art est une pâte à tartiner ou un mensonge ?
7. L'identité est un vêtement ou un héritage ?
8. La santé est un trésor ou une habitude ?
9. La prudence est une grosse armoire ou un bouclier ?
10. Le cœur est un oiseau ou un chasseur solitaire ?

III. Mon identité en métaphores

Annie Ernaux dit de sa mère qu'« elle est la force et la tempête », parce qu'il y a des ressemblances entre la conduite de sa mère et une tempête. Décrivez votre personnalité en choisissant un objet de chaque groupe et en déterminant les similarités entre votre caractère et l'objet. Vous pouvez choisir un des exemples ou vous pouvez inventer votre propre exemple. Utilisez au moins cinq adjectifs.

Pour trouver des synonymes : synonymes.com, dictionnaire-synonymes.com, synonymo.fr

Modèle : la nature (un phénomène naturel, un cyclone, un tremblement de terre, etc.)

→Je suis <u>un chemin abandonné au milieu d'une forêt,</u> car je suis **indépendant** et personne ne s'occupe de moi. Je vais à des endroits **inconnus** et **imprévus**. Il y a très peu d'amis qui me connaissent bien, parce que j'aime m'entourer du silence de la nature, où l'on n'entend que le chant **occasionnel** des oiseaux et le craquement **sourd** des **vieilles** feuilles d'automne.

1. Des animaux (par exemple, un renard rusé, un chien obéissant, un chat affectueux, etc.)
2. Les conditions météo (une tempête froide, un orage de grêle, un éclair, une brume légère, un nuage grisâtre, etc.)
3. Des lieux publics (une université, une bibliothèque, un café, une décharge publique, une centrale électrique, etc.)
4. Des modes de transport (un vieux camion, un char blindé, une trottinette électrique, des patins à roulettes noir et blanc, un ancien navire à moitié coulé, etc.)
5. Des objets concrets (une tache sur le mur, une bouteille perdue dans l'océan, une serviette sale, etc.)

IV. Description d'un lieu important pour le développement de votre identité

Écrivez une composition d'environ 400-550 mots où vous décrivez une personne que vous connaissez bien, dans un ou deux lieux qui contribuent à son identité. Utilisez les outils que vous avez étudiés jusqu'à présent – les cinq sens, l'effet de l'environnement et du temps, la relation entre les personnages et les lieux, des symboles et des métaphores – pour enrichir votre description.

Révisez votre composition et corrigez les fautes en vous aidant de la liste de contrôle ci-dessous.

Contrôle d'écriture : Vérifier et corriger

- Fautes courantes – À corriger à l'aide d'un dictionnaire ou d'un correcteur en ligne comme bonpatron.com ou cordial.fr.
  - ❑ Accents : é, è, ê, ç, etc.
  - ❑ Orthographe : dessert ou désert ?
  - ❑ Genre : le vase ou la vase ?
  - ❑ Accords : masculin/féminin, singulier/pluriel
  - ❑ Conjugaison des verbes : Ils… -ent
  - ❑ Prépositions : en, sur, à, de, pour, par, dans, etc.

- Élaboration – Relisez. Ajoutez, çà et là, des détails supplémentaires.
  - ❑ Y a-t-il des détails spécifiques ?
  - ❑ Les idées présentées sont-elles bien développées ?
  - ❑ Ai-je de bonnes transitions d'une phrase à l'autre et d'un paragraphe à l'autre ?

- Organisation
  - ❑ Y a-t-il des liens entre idées/événements ?
  - ❑ Est-ce que les phrases progressent logiquement ?
  - ❑ Est-ce que la structure des phrases renforce la cohésion et la cohérence ?

RÉPONSES À L'EXERCICE OÙ EN ÊTES-VOUS ? LES ADVERBES

1. carrément 2. bruyamment 3. agréablement 4. profondément 5. agressivement 6. méchamment 7. régulièrement 8. incessamment 9. énormément 10. rarement 11. rationnellement 12. patiemment 13. lentement 14. légèrement 15. bêtement 16. émotionnellement 17. Heureusement 18. respectueusement 19. poliment 20. constamment

THÈME 3 : GENRE ET IDENTITÉ

Lecture et conversation : *À la découverte des femmes* (Jean-François Dortier)

AVANT DE LIRE

L'article que vous allez lire est tiré d'un magazine intitulé ***L'Humanologue***, où tous les articles sont écrits par le même auteur, Jean-François Dortier, qui, au cours des trente dernières années, a publié plusieurs centaines d'articles sur les sciences humaines, et plusieurs livres, dont *L'Homme, cet étrange animal ; Aux origines de la pensée ; Après quoi tu cours ? Enquête sur la nature humaine*. Il a aussi dirigé des ouvrages collectifs de référence, comme le *Dictionnaire des sciences humaines* et *Le cerveau et la pensée*. Depuis 2020, son nouveau projet est ce magazine, où il définit le but de l'humanologie comme étant de « comprendre les humains, leur vie, leurs mœurs, ce qu'ils ont dans la tête et dans le cœur, ce qui les fait courir, ce qui les pousse à s'associer ou à s'entre-déchirer ». Dans ce quatrième numéro de ***L'Humanologue***, Dortier explore, à travers des enquêtes et des études sociologiques, anthropologiques ou ethnologiques, « la femme, cette inconnue ». Après tout, comme le dit Dortier, « un homme sur deux est une femme », mais alors « pourquoi les femmes ont-elles longtemps été considérées comme des sous-hommes » ?

Jean-François Dortier

En groupes de deux ou trois, pensez à la société actuelle : l'égalité des genres existe-t-elle ? Ou y a-t-il encore des domaines – ou des cultures – où la femme est traitée en inférieure ? Pourquoi, à votre avis ? Complétez le tableau, en y ajoutant des catégories au besoin.

Domaines où l'égalité des genres existe	Preuves
Dans les établissements scolaires ?	
Domaines où l'égalité des genres n'existe pas (encore)	**Raisons possibles**
Dans les postes de direction des entreprises ?	

Maintenant, lisez le texte pour savoir ce que les enquêtes humanologiques révèlent.

À la découverte des femmes (Jean-François Dortier)

Les femmes ont longtemps été considérées comme des sous-hommes. Aujourd'hui, on admet volontiers qu'elles sont égales aux hommes en droit et en dignité. Mieux : on les suppose même avoir plus de force, d'intelligence et de cœur ! Reste à comprendre pourquoi elles se sont laissé si longtemps soumettre...

Dans la Bible, il est écrit que Dieu a créé l'homme et la femme au sixième jour de la création. Plus loin, au deuxième chapitre de la Genèse, il est précisé qu'Adam a été créé en premier et placé dans le jardin d'Eden. Après avoir examiné sa création, Dieu a constaté qu'il manquait quelque chose : « Il n'est pas bon que l'homme soit seul, je vais lui faire une aide qui lui corresponde » et le Créateur s'est décidé à créer la femme, « pour venir en aide ». Ce passage de la Genèse a donné lieu à un flot de commentaires. Pour les anciens commentateurs, le message était limpide : le rôle de la femme est de servir l'homme et de lui donner une abondante progéniture. C'est encore le credo des Juifs orthodoxes et des fondamentalistes chrétiens ou musulmans. Mais les mœurs ayant changé, les lectures modernes se veulent plus progressistes. On rappelle que les textes sacrés ne doivent pas être lus au premier degré, qu'il y a dans la Bible des modèles de femmes fortes et émancipées et qu'on peut même y trouver, en cherchant bien, des passages prônant l'égalité des sexes.

L'idée que la femme est par nature inférieure et subordonnée à l'homme n'est pas propre à la Bible. En Inde, les « lois de Manu », un texte fondateur de l'hindouisme, affirment que « dans l'enfance, une femme doit être soumise à son père, dans la jeunesse à son mari et lorsque son maître meurt, à ses fils », et « qu'une femme n'est pas faite pour être libre ». En Chine, il n'existe pas d'équivalent de la Bible, mais la symbolique du Yin et du Yang établit aussi clairement les rôles. Le Yin, c'est le principe féminin, associé à « la passivité » et à « la soumission », alors que le principe mâle est le pôle de « la puissance » et de « la domination ». Faut-il en déduire que dans toutes les mythologies du monde, la femme a été conçue comme un être inférieur et subordonné ?

[Certains anthropologues du 19e siècle ont soutenu l'idée qu'à une époque lointaine, « le matriarcat a régné sur la terre »], mais les enquêtes de terrain auprès des peuples d'Afrique, d'Océanie ou d'Amérique ont montré qu'il ne fallait pas confondre le « matriarcat » avec les sociétés « matrilinéaires ». Dans ces sociétés, le père détient effectivement peu de pouvoir sur sa fille, ni le mari sur sa femme, mais ce sont l'oncle et le frère qui ont l'ascendant sur les femmes. Souvent la transmission des titres et parfois de l'héritage se fait par lignée maternelle, mais cela ne signifie en rien que ce sont les femmes qui dirigent la société. Ainsi, chez les Ashanti du Ghana, les titres de noblesse se transmettent par les femmes. Le grand roi Ashanti – qui pouvait à l'époque de l'empire (de 1700 à 1957) posséder un harem de plusieurs centaines de femmes – ne transmet pas sa couronne à son fils, mais à son neveu (le fils de sa sœur).

Où en sommes-nous aujourd'hui ? L'idée d'un matriarcat originel ne trouve plus vraiment de défenseurs, mais s'il n'existe pas de sociétés matriarcales, il est tout de même des sociétés où les femmes jouissent de plus de liberté et de responsabilité, des sociétés où les femmes disposent de pouvoirs économiques, de prérogatives politiques et religieuses étendues. Par exemple, dans les villages iroquois d'autrefois, les femmes dirigeaient la maisonnée (un domaine formé d'une grande maison de bois ainsi que les terres cultivées alentours qu'elles possédaient en propre). Les hommes mariés partaient vivre dans le foyer de leur épouse. Les enfants portaient le nom du clan maternel. Les chefs de village étaient des hommes, mais ils étaient désignés par les femmes. Le pouvoir n'était pas, à proprement parler, égalitaire mais partagé. Aux hommes, la chasse, la gestion du bois, des affaires publiques, de la guerre et des alliances entre clans. Aux femmes, la gestion du domaine, le travail des champs et la transmission des biens. Une autre société matrilinéaire bien connue est celle des Nagyars en Inde du sud. Les femmes y jouent un rôle prépondérant dans la transmission des biens et la gestion du domaine, mais elles sont exclues des affaires publiques : loi, justice, guerre ou paix.

[Dans la grande majorité des sociétés, cependant,] comment expliquer la permanence de la domination masculine ? Pendant des millénaires, les sociétés se sont faites et défaites, des pouvoirs ont été renversés, des régimes politiques divers et des formes économiques très différentes se sont succédé à la surface de la Terre. Or la domination masculine a été jusqu'à une période récente une constante indépendante des formes de sociétés successives. Cela signifie que des forces très puissantes ont contribué à la reproduction de ce système patriarcal.

Deux contraintes majeures ont sans doute permis de maintenir les femmes en état de subordination.

La première est l'appropriation des ressources par les castes des mâles dominants. Qu'il s'agisse des « aînés », des chefs de clans, des seigneurs de guerre, des oligarques, des aristocrates, des pères et des « maîtres » de toutes sortes, quand vous maîtrisez l'accès aux ressources vitales (la terre, les sources, le troupeau, l'argent, le capital, l'héritage, la maison), vous pouvez contraindre tous les autres à demeurer en situation de subordination. Cela concerne autant les femmes que les enfants, les jeunes et les hommes adultes dominés : domestiques, esclaves, serfs et employés de tous genres.

Les femmes se sont retrouvées sous tutelle partout où elles étaient privées de droit de propriété sur les biens vitaux. C'est le cas de l'épouse aborigène qui vit dans le bush : pour accéder au point d'eau et occuper une parcelle de campement, il lui faut se soumettre à la loi du groupe, définie par les aînés, qui sont les gardiens de la loi. Mais la situation n'était guère différente de la ménagère occidentale des années 1950 : elle ne pouvait signer un contrat de travail, louer un appartement, ouvrir un compte à son nom sans l'accord de son mari. Inversement, partout où les femmes pouvaient disposer d'un héritage, d'une terre, d'une maison, en propre, elles ont acquis une émancipation relative.

Autre entrave pour l'action des femmes : ce sont les enfants. Le fait d'être mariées et mères très jeunes renforçait considérablement leur dépendance au groupe et restreignait leur liberté de mouvement. Comment disposer librement de sa vie quand on a des petits à nourrir ? De ce fait, les deux conditions majeures ont toujours été : l'accès à une vie active indépendante et la liberté de disposer de leur corps (choix du conjoint, droit au divorce et maîtrise de la fécondité). Finalement, les clés de leur domination ont été également les clés de leur émancipation.

Extraits de *L'Humanologue*, de Jean-François Dortier (no 4, septembre 2021), p. 41, 59-63.

PARLER ET COMPRENDRE

Après avoir lu le texte, discutez en groupes de deux ou trois.

1. Quelles sont les doctrines religieuses et culturelles qui impliquent que « la femme a été conçue comme un être inférieur et subordonné » ? Selon vous, comment faut-il comprendre les textes sacrés et les mythologies concernant la femme ? Le sens est-il littéral ou figuré ? Expliquez les interprétations possibles.
2. Certains anthropologues du 19e siècle ont avancé l'idée que « le matriarcat a autrefois régné sur la terre ». Mais qu'est-ce que les enquêtes de terrain ont révélé sur les sociétés qui prônaient le matriarcat ? Expliquez le cas des Ashantis. Que pensez-vous de ce mode de succession ?
3. Chez les Iroquois d'autrefois, comment le pouvoir était-il partagé ? Comparez ce genre de société avec les sociétés occidentales modernes. Quelles sont les similarités et les différences ?
4. Chez les Nagyars de l'Inde du sud, les femmes « jouent un rôle prépondérant » mais « sont exclues des affaires publiques ». À votre avis, peut-on parler de liberté et d'égalité si on est exclu des affaires publiques ? Expliquez votre point de vue.
5. Selon cet article, quelles sont les forces qui ont contribué à la reproduction du système patriarcal à travers les âges et les cultures ? Selon vous, ces forces sont-elles toujours des « contraintes », ou peuvent-elles aussi être des choix ? Si c'est un choix, par exemple, de rester à la maison pour élever ses enfants, s'agit-il d'une forme de subordination ? Expliquez.

6. Comparez la situation des femmes suivantes :
   - l'épouse aborigène ;
   - la ménagère des années 1950 ;
   - la femme d'aujourd'hui dans les sociétés occidentales (reprenez le tableau que vous avez rempli dans *Avant de lire*) ;
   - la femme d'aujourd'hui dans d'autres cultures que vous connaissez ou dont vous avez entendu parler.
7. Dans quel sens « les clés de la domination » sont-elles aussi « les clés de l'émancipation » ? Êtes-vous d'accord ?

PERSPECTIVES

Changez de partenaires et discutez en groupes de deux ou trois, puis faites part de vos conclusions au reste de la classe.

1. Il y a eu des femmes fortes dans l'histoire, mais le monde reste dirigé par des hommes. Imaginez un monde où 90 % des dirigeants sont des femmes ! Quelles différences va-t-on voir dans…
   - le secteur social ? (les écoles, les programmes sociaux, l'assurance médicale, le traitement des minorités, etc.)
   - le secteur économique ? (taille des entreprises, promotions, etc.)
   - le secteur politique ? (autant de polarisation ?)
   - les affaires internationales ? (autant de conflits ?)

   En groupes de deux ou trois, considérez tous les changements possibles et imaginables et donnez des arguments pour soutenir ce que vous avancez.
2. Le nom de famille. L'auteur de cet article mentionne plusieurs caractéristiques du système patriarcal. Une autre caractéristique est que dans beaucoup de sociétés, une femme qui se marie prend le nom de son mari, et les enfants portent le nom de famille du père. Quels sont les avantages et les inconvénients de cette pratique encore très commune aujourd'hui ?
3. Le système patriarcal a survécu à des millénaires, pour le meilleur et pour le pire. Quels sont les effets positifs et négatifs de cet ordre social dans différents aspects de notre vie ? En groupes de deux ou trois, trouvez le plus d'arguments possible, avec leurs justifications respectives.

Effets sur…	positifs	négatifs
L'identité de la femme		
L'identité de l'homme		
Le bien-être des enfants		
L'organisation de la société		
(autre aspect de la société ?)		

4. Est-ce que l'égalité des hommes et des femmes est possible ou même désirable alors que leurs rôles sont différents ? Qu'est-ce que le terme « égalité » veut dire dans ce contexte ? Et comment définissez-vous « le genre » dans les sociétés occidentales d'aujourd'hui ? En groupes de deux ou trois, comparez vos conclusions sur cette question qui est devenue de plus en plus complexe.

5. Comment interprétez-vous cette photo fournie par M. Dortier dans son article sur la femme ? Quels symboles y voyez-vous ? Ces symboles sont-ils toujours d'actualité ? Imaginez que vous devez produire une photo qui représente la femme d'aujourd'hui : quels objets y mettrez-vous ? Comment allez-vous représenter la femme (âge, vêtements, activité) ? Le lion va-t-il rester ? Donnez libre cours à votre créativité et soyez disposés à présenter vos idées et vos explications au reste de la classe.

Expansion de vocabulaire

Relevez 12 mots de vocabulaire (verbes, noms, adjectifs, expressions idiomatiques) que vous avez découverts ou revus dans la discussion de ce thème et que vous allez incorporer dans votre vocabulaire actif, puis écrivez une phrase *de votre propre création* pour illustrer chaque mot ou expression. Révisez ces mots régulièrement.

Le mot/l'expression → Une phrase pour l'illustrer

1. ______________________

→ ____

2. ______________________

→ ____

3. ______________________

→ ____

4. ______________________

→ ____

5. ______________________

→ ____

Suite à la page suivante

6. ____________________

→____

7. ____________________

→____

8. ____________________

____

9. ____________________

→____

10. ____________________

→____

11. ____________________

→____

12. ____________________

→____

OÙ ALLONS-NOUS ?

Dans cette dernière partie de l'Unité I, nous passons du contexte personnel au contexte social. Les fonctions sont toujours la description et la narration au présent, mais aussi l'opinion, avec ses défis linguistiques. Quand les idées prennent le dessus sur la langue, les fautes fossilisées tendent à revenir. N'oubliez donc pas ce que vous avez révisé sur les verbes, les noms, les articles, les adjectifs, les adverbes et les expressions comparatives, en même temps que nous abordons les défis des expressions interrogatives et négatives, et l'expression de vos opinions sur le genre et l'identité.

Réviser

- Les expressions interrogatives, qui sont essentielles à la formation d'une opinion et dont certains aspects continuent à occasionner pas mal de fautes, même au niveau avancé.
- Les expressions négatives, indispensables au développement des idées sur des réalités qui se prêtent à la controverse.

Rédiger

- Organiser un plan écrit, développer une ébauche.
- Projet d'écriture : rédiger la description d'un problème local, national ou global.

Explorer

- Les questions d'identité et d'égalité liées au genre.
- D'autres problèmes que vous observez dans le monde qui nous entoure.

THÈME 3 : GENRE ET IDENTITÉ

Chapitre 5 : L'interrogation ; la description d'un problème dans le monde (I)

Où en êtes-vous ? L'interrogation

Réécrivez chacune des questions ci-dessous en utilisant l'inversion. Pour que la conversation ne soit pas bizarre, il va falloir aussi l'adapter à un style plus soutenu. Vous pourrez enlever les explétifs comme « bon », « ben » et « m'enfin (mais enfin) » et corriger la grammaire au besoin (par exemple, ajouter « ne »), mais pour cet exercice, l'important est la forme grammaticale des questions.

À la fin du chapitre, vous trouverez une version du style plus soutenu avec les questions à l'inversion – comparez-les et corrigez les fautes.

Modèle : M'enfin, le prof nous a donné quoi comme devoirs ?

→ Quels devoirs le professeur nous a-t-il donnés ?

Camille — On fait quoi c' soir ? (1)

Sasha — Eh ben, je m'souviens plus. On avait des idées hier mais bon, pffft... rappelle-moi, on a parlé de quoi ? (2)

Camille — M'enfin, Sylvie t'a proposé d'aller au ciné et elle t'a posé plusieurs questions. T'as répondu à quelles questions ? (3)

Sasha — Ben... euh... genre... aucune. Mais pourquoi je dois répondre ? (4)

Camille — Mais pour faire des plans pour ce soir. Vous êtes tombés d'accord sur quoi comme activité pour ce soir ? (5)

Sasha — Attends... Tu m' prends pour qui (6) là ? C'est pas à moi d' tout décider.

Camille — Mais tu n' lui as pas laissé de message (7), rien du tout ?

Sasha — Et ben non, parce que ses questions étaient genre trop vagues et un peu bizarres, quoi !

Camille — Hein ? Tu veux dire quoi ? (8)

Sasha — Ben, c'est-à-dire qu'elle m'a posé des questions genre féministes comme « les femmes sont égales aux hommes ? (9) » et « L'idée de la troisième vague féministe vient d'où ? (10) » Comment je vais répondre à ces questions ? (11) Je voulais simplement planifier quelque chose pour ce soir.

Camille — Ahh je vois, quand elle fait comme ça, il vaut mieux répondre par une autre question. Par exemple, tu réponds : « En France, y'a pas un ministère chargé de l'Égalité entre les femmes et les hommes ? (12) » ou bien « Les hommes devraient agir comment pour avancer le rôle des femmes ? (13)»

Sasha — C'est vrai, mais <u>elle répondra pas à ces questions, si ? (14)</u>

Camille — Si, si ! <u>Est-ce que tu te rends pas compte qu'elle adore les discussions profondes ? (15)</u>

Évaluez dans quelle mesure vous maîtrisez la forme interrogative de l'inversion. Mettez un « X » pour représenter votre confiance entre le contrôle partiel (« Je fais pas mal de fautes ») et le contrôle complet (« Je n'ai même pas réfléchi, c'était automatique ! »).

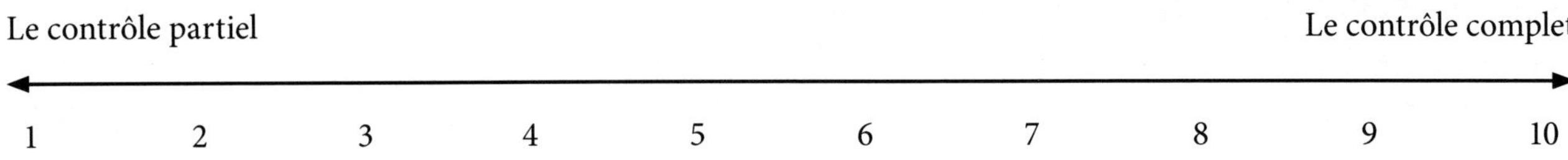

STRUCTURE : Les questions

OBSERVEZ ET DÉDUISEZ

Curiosité et scepticisme

Que voulez-vous dire ? Les femmes **ne sont-elles pas** égales aux hommes ? **Pourquoi** dites-vous qu'elles ont longtemps été considérées comme des sous-hommes ?

Depuis quand date cette notion de subordination ? **Comment est-ce que** ça a commencé ? **Où** sont les preuves ?

Qu'est-ce que c'est que le matriarcat ? **Quelle** est la différence entre une société matriarcale et matrilinéaire ? **Qui est-ce qui** assume la succession au trône dans une société matrilinéaire ?

Qu'est-ce qui était différent chez les Iroquois ? Parmi les responsabilités sociales, **lesquelles** étaient réservées aux femmes et **auxquelles** les hommes avaient-ils droit ?

Est-il vrai que la femme des années 1950 ne pouvait pas ouvrir un compte en banque sans l'accord de son mari ? **Quand** cela a-t-il changé ?

Ai-je raison de poser toutes ces questions ?

- Dans les exemples ci-dessus, trouvez trois questions auxquelles la réponse est *oui* ou *non*, et reformulez-les avec *est-ce que* au lieu de l'inversion.
- Quand le sujet est un nom (au lieu d'un pronom), comment forme-t-on l'inversion ? Que faut-il ajouter ?
- Trouvez deux exemples d'expressions interrogatives où le sujet est un nom et il y a inversion directe du nom.
- Quelle expression interrogative utilise-t-on pour demander une définition ?

- Quand le pronom *lequel* est précédé de la préposition *à*, quelle transformation remarquez-vous ? Complétez et déduisez les autres cas :
  1. à + lesquelles = _______________
  2. à + lequel = _______________
  3. de + lequel = _______________
  4. de + lesquels = _______________
- La plupart des pronoms et adverbes interrogatifs peuvent être suivis de l'inversion ou de la forme *est-ce que*, c'est-à-dire qu'on peut dire « Que voulez-vous dire ? » (forme courte avec inversion) ou « Qu'est-ce que vous voulez dire ? » (forme longue avec *est-ce que*). Trouvez dans ces exemples un pronom interrogatif qui n'a pas de forme courte équivalente.

RÉCAPITULATION ET FAUTES COURANTES

I. Les questions qui demandent une réponse affirmative ou négative

- **L'intonation** est la façon la plus facile de poser ces questions, mais elle est réservée à la langue parlée.
  C'est vrai ? L'égalité est un mythe ?

- **Est-ce que** (ou **est-ce qu'**) est aussi une solution facile – et la plus courante – car rien ne change dans l'ordre de la phrase.
  Est-ce que c'est vrai ? Est-ce que l'égalité est un mythe ?

- **L'inversion** est moins commune dans la langue parlée, mais est préférable dans la langue écrite. Malheureusement, elle occasionne des fautes.
  - On oublie qu'il faut ajouter un **-t-** si l'inversion met en contact deux voyelles.
    A-t-on raison de parler de subordination ?
    Comment **va-t-elle** résoudre ce problème ?
  - On oublie que si le sujet est un nom, il faut garder ce nom au début de la phrase et ajouter un pronom dans l'inversion. Si la question est négative, il faut bien penser au placement du *ne* et du *pas*.
    Les femmes ne sont-elles pas égales aux hommes ?
  - L'inversion du pronom **je** est rare et ne se fait, dans la langue courante, qu'avec cinq verbes.
    avoir → Ai-je raison ?
    être → Suis-je autorisé à partir ?
    pouvoir → Puis-je partir ? (mais Est-ce que je *peux* partir ?)
    aller → Vais-je le regretter ?
    devoir → Dois-je rester ?

- **N'est-ce pas ?** On peut transformer une phrase déclarative en question en y ajoutant cette expression invariable. Dans la langue parlée, on peut remplacer **n'est-ce pas** par « hein ? » ou « non ? », mais ce sont des expressions familières qui ne sont pas appropriées pour la langue écrite.
  L'égalité des sexes est un mythe, n'est-ce pas ?
  [C'est un mythe, non ?]

- **Oui ou si ?** Il faut que le verbe principal de la question soit négatif pour justifier un **si**. Pour éviter des fautes, regardez le verbe principal.
  Tu n'as pas faim ? → Si.
  C'est vrai que tu n'as pas faim ? → Oui !

Application

A. Reformulez les questions suivantes en utilisant **l'inversion** quand c'est possible.

1. Est-ce que l'égalité est vraiment possible dans ce monde ?
2. Est-ce que je peux poser une autre question ?
3. Est-ce que les hommes sont conscients de certaines inégalités ?
4. Est-ce que ce n'est pas plutôt une question d'ignorance ?
5. Est-ce que je veux aborder ce sujet ?
6. Est-ce que je suis suffisamment au courant des défis d'une mère qui travaille ?
7. Est-ce que les femmes qui ont de jeunes enfants sont pénalisées au travail ?
8. Est-ce que le plafond de verre va rester longtemps une réalité ?

B. **Oui ou si ?** Répondez en ajoutant des explications personnelles.

1. Tu ne savais pas que l'ordre patriarcal existait depuis toujours ?
2. Les questions soulevées dans cet article sont toujours pertinentes, n'est-ce pas ?
3. Est-ce vrai que la tradition chrétienne n'était pas la seule à prôner la subordination de la femme ?
4. Le plafond de verre n'existe plus aujourd'hui, n'est-ce pas ?

II. Les questions d'information avec *combien, comment, où, pourquoi* et *quand*

- ***Est-ce que*** est la façon la plus facile d'utiliser ces adverbes interrogatifs.

  Comment est-ce que ça a commencé ? **Quand est-ce que** cela a changé ?
  Depuis quand est-ce que la femme a le droit de voter ?

- Avec un pronom sujet, **l'inversion** se fait normalement.

  Pourquoi dites-vous cela ?
  Où voit-on le plus d'inégalités ?

- C'est **avec un nom sujet** que l'inversion devient problématique. Pour éviter les fautes, rappelez-vous les points suivants.

1. Dans une phrase courte, on inverse directement le nom sujet, bien que l'inversion normale soit aussi possible.

   Depuis quand date cette notion de subordination ?
   [ou : Depuis quand cette notion de subordination date-t-elle ?]
   Comment se manifeste cette subordination ?
   [ou : Comment cette subordination se manifeste-t-elle ?]
   Combien coûtent les crèches pour enfants ?
   [ou : Combien les crèches coûtent-elles ?]
   D'où viennent ces inégalités ?
   [ou : D'où ces inégalités viennent-elles ?]

2. Cette inversion directe du nom ne peut pas se faire avec pourquoi.

   Pourquoi les femmes se sont-elles laissé dominer ?

3. Si la phrase interrogative est plus longue, on a le choix entre les règles normales de l'inversion ou l'inversion directe.

   D'où ces inégalités entre les hommes et les femmes viennent-elles ?/D'où viennent ces inégalités entre les hommes et les femmes ?
   Comment cette subordination des femmes s'est-elle manifestée à travers les âges ?/Comment s'est manifestée cette subordination des femmes à travers les âges ?

Essayez !

Reformulez les questions suivantes en utilisant **l'inversion**. Prière de garder les noms sujets. S'il y a deux options, indiquez les deux.

1. Où est-ce que les Nagyars habitent ?
2. Pourquoi est-ce que les femmes sont exclues des affaires publiques ?
3. Quand est-ce que l'ordre patriarcal a commencé ?
4. Comment est-ce que les femmes ont contribué à leur propre domination ?

III. Les questions avec *quel* et *lequel*

- **Quel** est un adjectif et il précède un nom ou le verbe être.
  Quel est le problème ? **Quelle** est la solution ? **À quelle** solution pensiez-vous ? **Quels** sont les facteurs à considérer ? **De quelles** implications s'agit-il ?

- **Lequel** est un pronom et remplace un nom. Avec les prépositions **à** et **de**, il y a contraction du **le** et **les**.
  Nous avons mentionné plusieurs problèmes. **Lequel** est le plus urgent ? **Duquel** allons-nous parler aujourd'hui ? **Auquel** faut-il penser pour la prochaine fois ?
  Laquelle des sociétés mentionnées était matrilinéaire ? **De laquelle** parliez-vous ?

Essayez ! Complétez les questions avec la forme appropriée de **quel** ou **lequel**. Souvenez-vous qu'il faut regarder ce qui suit : si c'est un nom ou le verbe être, il vous faut un adjectif ; autrement, c'est le pronom. Dans le cas du pronom, si le verbe se construit avec une préposition, n'oubliez pas la contraction au besoin.

1. ____________est la question ?
2. ____________question faut-il répondre ?
3. ____________des questions est la plus importante ?
4. ____________questions avez-vous posées ?
5. ____________sont les arguments les plus convaincants ?
6. Il n'y a que deux arguments possibles. ____________ s'agit-il ici ?
7. ____________de ces deux arguments faisais-tu allusion l'autre jour ?
8. ____________arguments est-ce que nous n'avions pas pensé ?

IV. Les questions avec qu'est-ce qui, qu'est-ce que, etc.

- Si la question concerne **UNE PERSONNE**, elle commence par **QUI.** Si le pronom est sujet, il finit par **qui**. Si le pronom est le complément d'objet du verbe (avec ou sans préposition), la question finit par **que**.

	Forme longue	Forme courte
Sujet	**QUI est-ce *qui*** est venu ?	**QUI** est venu ?
Objet direct	**QUI est-ce *que*** tu vois ?	**QUI** vois-tu ?
Objet d'une préposition	**Avec QUI est-ce *que*** tu parlais ?	**Avec QUI** parlais-tu ?

- Si la question concerne **UNE CHOSE**, elle commence par **QUE** ou **QU'**. Si le pronom est sujet, il finit par **qui**. Si c'est un objet direct, il finit par **que/qu'**. S'il y a une préposition, **que** devient **quoi**. Remarquez qu'il n'y a pas de forme courte si le pronom est sujet, sauf dans quelques expressions figées, comme *Que s'est-il passé/qu'est-il arrivé ?*

	Forme longue	Forme courte
Sujet	**QU'est-ce *qui*** est arrivé ?	XXXXXXXXXXXXXXXXXXXX
Objet direct	**QU'est-ce *que*** tu veux dire ?	**QUE** veux-tu dire ?
Objet d'une préposition	**À QUOI est-ce *que*** tu penses ?	**À QUOI** penses-tu ?

- **L'inversion avec un nom sujet.** L'inversion se fait normalement avec qui et quoi.

  Qui le professeur a-t-il interrogé ?

  De quoi les étudiants ont-ils parlé ?

  Mais avec QUE, l'inversion directe du nom est obligatoire dans des phrases courtes, ce qui cause souvent des fautes.

  Que disent les étudiants ? Que font les professeurs ?

- **Qui et quoi** peuvent être utilisés tout seuls.

  Quelqu'un m'a dit ça. — Ah bon ? **Qui ?**

  Quoi est utilisé comme une exclamation.

  Quoi !? Tu n'es pas d'accord ?

  En langage familier, on utilise « **quoi** ? » pour solliciter une répétition, mais « Comment ? » est plus poli.

  Quoi ? Qu'est-ce que tu as dit ? (familier)

  Comment ? Qu'est-ce que tu as dit ? (poli)

  Expression idiomatique avec quoi :

  Quoi d'autre ?

- **Accord du verbe avec qui (est-ce qui) et qu'est-ce qui**

  Comme toute expression impersonnelle, ces pronoms sont masculins singuliers, donc le verbe est singulier.

  Ces problèmes sont graves. — Ah bon ? **Qu'est-ce qui EST** grave ?

  Des femmes se sont plaintes. — Ah bon, **qui est-ce qui** s'**est** plaint ?

  Exception : quand le verbe être est suivi d'un nom, le verbe s'accorde avec ce nom.

  Qui SONT les victimes ici ?

- **Qu'est-ce (que c'est) que ou quel est ?**

  Les deux expressions correspondent à *what is...* en anglais, mais il y a une grande différence entre ces deux expressions en français.

  - Si vous demandez **une définition**, utilisez **qu'est-ce que c'est que**.

    Qu'est-ce que c'est qu'une société matriarcale ?

  - Si vous demandez **un renseignement précis**, utilisez **quel est**.

    Quel est le problème ? Quelle est leur revendication ?

Essayez ! Complétez les questions à l'aide d'un pronom interrogatif (ou, au besoin, une forme de *quel est*). Regardez bien les verbes pour savoir s'il faut la forme longue ou courte. Si les deux sont possibles, indiquez les deux.

1. ____________ t'arrive ? Tu as l'air toute chavirée (bouleversée).
2. ____________ faites-vous dans la vie ? __________votre profession ?
3. ____________ vous avez fait comme études ?
4. L'intelligence artificielle ? ____________ vous a poussé à vous spécialiser dans ce domaine ?
5. En fait, __________________ l'intelligence artificielle ?

6. ______________la différence entre l'étude de l'intelligence artificielle et l'informatique ?
7. ______________ vous a payé vos études ? Vos parents ?
8. Ah, vous avez eu une bourse, quelle chance ! ________________la bourse couvrait comme frais ? Et__________ d'autre ?

Application

Maintenant que vous savez poser toutes sortes de questions, lisez le petit texte suivant, extrait du même article de *L'Humanologue*, et en groupes de deux ou trois, trouvez toutes les questions possibles et imaginables (au moins deux pour chaque catégorie) qu'on pourrait poser sur ce texte. Utilisez un bon mélange de forme longue (est-ce que) et d'inversion.

> Emmanuel Todd, dans son monumental ouvrage *L'origine des systèmes familiaux*, constate que la situation des femmes est globalement moins favorable dans trois grandes régions du monde : la Chine, l'Inde du nord et le Moyen-Orient. La Chine est connue pour être le lieu où on a longtemps pratiqué l'infanticide des filles (et il existe encore aujourd'hui une élimination des filles par avortements). Pour quelle raison les garçons sont-ils outrageusement préférés aux filles ? En Inde, un dicton dit qu'élever une fille, c'est « comme cultiver le terrain du voisin ». Autrement dit, la fille est une charge : elle ne rapportera rien à ses parents. Si, enfant, elle participe aux travaux domestiques et aux champs, dès qu'elle sera mariée, elle rejoindra le foyer du mari et le village de la belle-famille. Elle deviendra alors une domestique au service de son mari et de ses beaux-parents. En Inde du nord et dans de nombreuses sociétés du Moyen-Orient, la situation des femmes n'est pas plus enviable. Les mariages arrangés très précoces et l'exclusion de l'école la rendent entièrement subordonnée au pouvoir masculin.
>
> (*L'Humanologue*, septembre 2021, p. 63)

1. Questions avec **qui/qui est-ce qui** :

2. Questions avec **que/qu'est-ce que** :

3. Questions avec **qu'est-ce qui** :

4. Questions avec **qu'est-ce que c'est que** :

5. Questions avec des formes de **quel** :

6. Questions avec **lequel, laquelle, etc.** :

7. Questions avec **où, quand, combien, comment, pourquoi** :

8. Une question qui sollicitera un « **si** » :

Application communicative

A. **Une enquête**. Imaginez que vous faites une enquête sur la perception qu'ont les femmes de votre université sur l'égalité des genres dans la communauté universitaire. En groupes de deux ou trois, préparez une liste de douze questions que vous allez leur poser. Seulement deux de ces questions peuvent être des questions fermées, auxquelles la réponse est oui ou non. Les autres doivent montrer une variété d'adverbes et de pronoms interrogatifs, ainsi qu'un bon mélange de forme longue (est-ce que) et de forme courte (inversion). Considérez différents domaines : les admissions, les bourses, le traitement des étudiantes dans les cours, le traitement des professeures, le choix de spécialisation, le logement, les activités sportives, les activités parascolaires, etc. Ensuite, comparez votre liste avec celles des autres groupes et, par curiosité, posez ces questions à des étudiantes que vous connaissez. Quelles questions ont donné les réponses les plus intéressantes ?

B. **Votre réaction**. Certaines réalités de la vie, ou certaines opinions, sont des énigmes qui sollicitent beaucoup de questions. Quelles sont **les questions** que les phrases suivantes évoquent pour vous ? En groupes de deux ou trois, créez un minimum de cinq questions pour chaque déclaration.

Modèle : « La justice n'existe pas. »

→ Pourquoi dit-on que la justice n'existe pas ? Est-ce que le système judiciaire est trop politisé ? Comment les jurés sont-ils choisis ? Quelle est l'influence du genre et de la race sur l'objectivité d'un juré ? Comment les verdicts sont-ils influencés par la race et la situation financière de l'accusé ? Quels sont les avantages et les inconvénients d'une cour suprême où les juges sont nommés à vie ? Etc.

1. Les femmes n'ont pas été de simples victimes de la domination masculine. Elles ont participé activement à la reproduction du système patriarcal.

2. Les programmes d'action positive à l'intention des minorités créent une autre forme de discrimination.

3. Les tests de quotient émotionnel confirment que les femmes sont plus empathiques que les hommes, et donc plus aptes à comprendre les émotions d'autrui et à s'investir dans les métiers du soin.

4. Un proverbe africain dit qu'« un séjour séculaire dans le fleuve ne fera jamais d'un bâton un crocodile », c'est-à-dire qu'on ne peut pas devenir quelque chose qu'on n'est pas.

ÉCRITURE : La description d'un problème dans le monde (I)

PROJET D'ÉCRITURE : UN PROBLÈME LOCAL, NATIONAL OU MONDIAL

Les disparités entre les différentes classes de la société sont une réalité universelle. C'est ce genre de problème que nous allons aborder maintenant, car savoir décrire au présent, ce n'est pas seulement savoir faire le portrait d'une personne ou la description d'un lieu, mais c'est aussi savoir décrire un problème auquel le monde est confronté. Cette progression vise à vous pousser de la description des choses familières et concrètes à la description de phénomènes moins familiers, en dehors du monde personnel. L'important, quand on sort de sa zone de confort, c'est de ne pas traduire, mais d'utiliser les outils langagiers dont on dispose déjà, de façon plus stratégique. Il faut donc être patients avec vous-mêmes.

La première chose à faire est de trouver un sujet qui vous intéresse. Le but des activités suivantes est de vous aider à identifier une situation problématique dans le monde actuel, à élaborer la description des circonstances du problème et à organiser logiquement les idées. Au chapitre 6, vous allez rédiger une composition d'environ 500-600 mots qui décrit un problème local, national ou mondial que vous explorez dans les chapitres 5 et 6.

I. La beauté d'une bonne liste : effectuer un bon remue-méninges

Les listes sont de bons déclencheurs d'écriture et elles servent souvent de collections d'idées à revoir quand on ne sait plus quoi dire ou comment élaborer un concept. La première liste que vous allez faire ci-dessous a pour but de trouver un sujet qui vous intéresse.

En groupes de trois, produisez une liste de sujets qui vous intéressent pour chacune des catégories suivantes. Essayez de trouver un minimum de quatre sujets pour chaque catégorie.

Modèle : L'environnement

→ la pollution (de l'eau, des sols, de l'air), la biodiversité, le changement climatique, les émissions de méthane par les vaches, la déforestation, le recyclage, la production de déchets, la surpêche, la bioénergie, les énergies fossiles, les accidents pétroliers, la production non écologique, le plastique jetable, les voitures électriques, la destruction des forêts amazoniennes, etc.

1. L'identité : la race, les personnes LGBTQ+, etc.
2. La politique : la limitation de la durée du mandat des sénateurs ou des juges de la Cour suprême, le système bipartisan ou multipartisan, etc.
3. Les relations internationales : l'immigration, les traités nucléaires, etc.
4. La santé : l'alimentation bio, la crise sanitaire mondiale, etc.
5. La violence : la guerre, le harcèlement des femmes, etc.

Quel thème vous intéresse le plus ? Écrivez ce thème, car vous allez développer cette idée dans ce chapitre et au chapitre 6. ______________________________

II. Définir des termes

Pour présenter un sujet, il faut commencer par le définir. Même si vous n'écrivez pas une définition formelle dans votre introduction, si vous avez une bonne définition en tête, cela vous aidera à formuler et à organiser vos idées.

Une définition logique commence souvent par **une généralité** et va vers **la différence spécifique**. Par exemple : « Le racisme est une idéologie (**généralité**) où une personne se considère comme supérieure à cause de la couleur de sa peau (**différence spécifique**). »

Attention aux pièges : une définition n'est pas une illustration. Les illustrations commencent souvent par « c'est par exemple quand… » Donc, comment définir et comment illustrer « la réussite scolaire » ? **Illustration** : *La réussite scolaire, c'est quand on obtient un diplôme, un certificat ou une attestation d'études.* **Définition** : *La réussite scolaire est un résultat favorable (**généralité**) dans un système éducatif (**spécificité**).* Certes, on peut présenter plusieurs différences spécifiques pour améliorer la définition : *La réussite scolaire est un résultat favorable (**généralité**) dans un système éducatif (**spécificité**) où l'on a atteint les objectifs d'apprentissage (**spécificité**) et la maîtrise des savoirs (**spécificité**), et par lequel on se fait accorder une reconnaissance des acquis (**spécificité**), comme un diplôme ou un certificat (**illustration**).*

Choisissez un terme à définir dans chaque groupe.

1. une famille, une communauté, une nation, une religion
2. l'amour propre, l'orgueil
3. la déforestation, la biodiversité, le changement climatique
4. l'éducation, l'emploi, la mobilité professionnelle
5. l'amitié, la haine, l'indifférence
6. l'inégalité sociale, l'inégalité culturelle, l'inégalité économique
7. Écrivez une définition du thème que vous avez choisi dans l'exercice I ci-dessus.

Comparez vos réponses avec celles d'un(e) partenaire. D'après vous, qui a produit les meilleures définitions ?

III. Du thème général aux détails spécifiques

Pour travailler une description et narration au présent, il faut, dans le cadre du thème général, élaborer le sujet en explorant des détails. La prochaine tâche consiste à énumérer, sous le thème que vous avez choisi, tous les détails possibles ou **les questions qui vous viennent à l'esprit**. Pour ce chapitre, ne faites pas attention à l'ordre des idées, nous organiserons cette liste dans le prochain chapitre. Posez un minimum de huit questions.

Modèle : Le chômage

- Le chômage est-il de plus en plus répandu dans les sociétés industrielles ?
- En général, est-ce que le taux de chômage dans les pays industrialisés est supérieur au taux de chômage dans les pays émergents ?
- Dans les pays en développement, quel est un taux de chômage « normal » ?
- Que veut dire « la population active » ?
- Est-ce que les migrants prennent les emplois des autochtones, ou bien est-ce que les natifs ne veulent pas effectuer les travaux manuels désagréables ?
- Suite à une perte d'emploi, est-ce que les allocations de chômage limitent les conséquences financières pour les chômeurs ?
- Les allocations visent à protéger les salariés, mais quelles protections les travailleurs indépendants ou les travailleurs dans les métiers précaires (chauffeurs d'Uber, livreurs) ont-ils ?
- Est-ce que le chômage est un problème plus grand dans les grandes villes que dans les petites villes ?
- Les allocations de chômage sont-elles comme deux ans de congés payés par l'état ?
- Est-ce plus facile d'être au chômage que de travailler ?

Ensuite…

Mon sujet : ________________________

Les détails :

Partagez votre liste avec un(e) partenaire. Qu'est-ce que vous pouvez ajouter ou modifier ?

IV. Approfondir une idée

Après avoir choisi un sujet qui vous intéresse, il faut approfondir les idées par une activité structurée. Cela peut se faire en cinq étapes : définir, associer, comparer, analyser et évaluer.

1. Définir – qu'est-ce que c'est ? quel est le problème ? (voir le modèle ci-dessous)
2. Associer – à quoi associez-vous cette idée
3. Comparer – quelles comparaisons peut-on faire ? Quels concepts vous paraissent semblables à votre sujet et comment est-ce que l'on peut distinguer entre des concepts similaires ou contraires ?
4. Analyser – quelles sont les composantes principales ?
5. Évaluer – quelles sont les conséquences positives et négatives ?

Modèle : L'immigration

1. **Définir**
   L'immigration, c'est l'arrivée dans un pays d'accueil d'individus ou de groupes qui ne viennent pas du pays d'accueil, y compris les travailleurs migrants, les réfugiés. Elle peut être choisie ou subie.
2. **Associer**
   Des termes souvent associés à l'immigration sont les réfugiés, la diversité, la crise migratoire, les nationalistes ou les xénophobes, l'extrême droite, une solution pour le vieillissement de la population, la pénurie de main-d'œuvre, les difficultés de langue, l'intégration des immigrants, l'assimilation, construire des murs, qu'est-ce qu'un « bon immigré » ?
3. **Comparer**
   L'immigration peut ressembler à des vacances, mais les vacances ne durent pas aussi longtemps, et l'investissement personnel s'avère moins substantiel pour les vacances parce que le départ du pays d'origine n'est pas permanent, tandis que pour l'immigration, on risque de ne plus revoir son pays d'origine.
4. **Analyser**
   Pour immigrer, il faut avoir au moins une personne, c'est-à-dire « le migrant », deux nations séparées, des motivations de rapprochement ou d'éloignement du pays d'origine (p. ex., le métier, les études, la fuite des persécutions, la recherche d'un meilleur niveau de vie, rejoindre un conjoint ou un enfant déjà installé, etc.).
5. **Évaluer**
   D'un côté, l'immigration améliore la société d'accueil de plusieurs manières, surtout l'introduction de plusieurs cultures et des opportunités économiques pour les nouveaux arrivés ; mais de l'autre côté, certains citoyens autochtones ont du mal à accepter les différences culturelles – c'est le cas de la xénophobie – et les immigrants peuvent représenter un fardeau financier pour l'État.

Avec l'aide d'un(e) partenaire, révisez vos catégories. Que pouvez-vous ajouter ou modifier ?

V. Organiser un plan écrit

L'organisation d'un texte peut suivre plusieurs structures, mais quelle que soit la structure, celle-ci devrait être logique et établir des liens évidents entre les idées. Voici trois façons d'organiser un texte.

Du général au spécifique

Tout comme les définitions ci-dessus, on peut commencer par une description générale du phénomène – par exemple, qu'est-ce que le changement climatique en général ? – et on termine par des caractéristiques spécifiques – par exemple, les effets météorologiques ou les effets visibles dans votre ville. Ce genre d'organisation est utile quand on veut décrire les effets personnels d'un problème mondial.

Du plus familier au moins connu

Quand on organise une composition du plus familier au moins connu, il faut toujours garder en tête les personnes qui liront la composition. On commence par décrire ce qui serait le plus familier pour les lecteurs et on progresse vers les idées les moins connues. Par exemple, si on décrit le problème de la pollution de l'air pour un lecteur nord-américain, on commence par une description des voitures en tant que sources de monoxyde de carbone dans les grandes villes nord-américaines, tandis qu'une description de l'empreinte carbone et de la grosseur des particules serait plutôt présentée vers la fin.

Du moins important au plus important

Une troisième méthode d'organisation consiste à commencer par le concept le moins important et à terminer par le plus important. Ce genre d'organisation convient mieux à une description qui démontre plusieurs problèmes, mais dont certains sont plus frappants que d'autres – par exemple, les crimes haineux produisent énormément de conséquences problématiques, mais selon notre point de vue, certains scénarios sont pires que d'autres. Dans ce genre de description, c'est l'écrivain qui détermine l'importance accordée aux idées.

Reprenez le sujet que vous avez choisi pour les activités ci-dessus et organisez les idées que vous avez formulées pour créer un plan écrit (*outline*). Utilisez l'une des organisations mentionnées ci-dessus ou une autre qui convient à votre sujet. Il faut avoir un minimum de quatre points principaux. Remarquez que *la définition* et *l'évaluation* que vous avez écrites pour l'activité IV peuvent constituer l'introduction et la conclusion de votre composition.

Soyez prêts à reformuler ou même à rejeter complètement certaines idées, car l'organisation des idées et leur présentation s'avèrent plus importantes que le nombre de concepts présentés.

RÉPONSES À L'EXERCICE OÙ EN ÊTES-VOUS ? L'INTERROGATION

Camille – ***1. Que fait-on ce soir ?***

Sasha – Je ne me souviens plus. On avait des idées hier, mais... rappelle-moi, ***2. de quoi a-t-on parlé ?***

Camille – Sylvie t'a proposé d'aller au cinéma et elle t'a posé plusieurs questions. ***3. À quelles questions as-tu répondu ?***

Sasha – Je n'ai répondu à aucune question. Mais ***4. pourquoi dois-je répondre ?***

Camille – Mais pour pouvoir faire des plans pour ce soir. ***5. Sur quelle activité êtes-vous tombés d'accord ?***

Sasha – Attends, ***6. pour qui me prends-tu ?*** Ce n'est pas à moi de tout décider.

Camille – Mais ***7. ne lui as-tu pas laissé de message ?***

Sasha – Non, parce que ses questions étaient trop vagues et un peu bizarres !

Camille – Comment ? ***8. Que veux-tu dire ?***

Sasha – C'est-à-dire qu'elle m'a posé des questions à propos du féminisme, comme « ***9. Les femmes sont-elles égales aux hommes ?*** » et « 10. ***D'où vient l'idée de la troisième vague féministe ?*** » ***11. Comment vais-je répondre à ces questions ?*** Je voulais simplement planifier quelque chose pour ce soir.

Camille – Quand elle fait comme ça, il vaut mieux répondre par une autre question. Par exemple, tu peux répondre : « ***12. En France, n'y a-t-il pas un ministère chargé de l'Égalité entre les femmes et les hommes ?*** » ou bien « ***13. Comment les hommes devraient-ils agir pour avancer le rôle des femmes ?*** »

Sasha – C'est vrai, mais ***14. ne répondra-t-elle pas à ces questions ?***

Camille – Si, si ! ***15. Ne te rends-tu pas compte qu'elle adore les discussions profondes ?***

THÈME 3 : GENRE ET IDENTITÉ

Chapitre 6 : La négation ; la description d'un problème dans le monde

Où en êtes-vous ? La négation

J'ai deux amies qui sont complètement différentes. Aimée est bien élevée et prend toujours de bonnes décisions. Madeleine, par contre, fait toujours le contraire de ce que fait son amie. Complétez les comparaisons suivantes en donnant la forme négative de la phrase. Attention aux articles qui suivent la négation ! Cherchez les réponses à la fin du chapitre et corrigez les fautes.

Modèle : Aimée aime lire, mais Madeleine (aimer lire, pas) _____.

→ Madeleine **n'aime pas lire.**

Aimée est très active, donc elle fait beaucoup de choses, mais Madeleine _______(1. faire, rien). Aimée aime voyager mais Madeleine ________ (2. aller, jamais, nulle part). Aimée joue au foot et au tennis, mais Madeleine _________ (3. jouer au foot et au tennis, ni… ni). Il y a deux ans, Aimée et Madeleine faisaient toutes les deux de la voile, mais maintenant Madeleine __________(4. faire de la voile, plus). Ce n'est pas grave parce que les deux _______________ (5. être des navigatrices professionnelles, pas). Actuellement, Aimée fait du jogging tous les jours, mais Madeleine ___________(6. faire du jogging le week-end, que). Quant aux activités non sportives, Aimée fait toujours ses devoirs, mais Madeleine __________ (7. faire ses devoirs, jamais). En plus, Aimée joue du piano et de la guitare, mais Madeleine ___________ (8. jouer d'un instrument, aucun). Par contre, Madeleine joue au poker mais Aimée _________ (9. jouer aux cartes, pas du tout), et Madeleine regarde constamment la télévision tandis qu'Aimée ________ (10. regarder la télé, guère). Cependant, les deux filles évitent les habitudes qui sont mauvaises pour la santé, car elles __________(11. fumer des cigarettes, jamais) et elles __________(12. boire de l'eau minérale, que). Elles _________ (13. dépenser de l'argent, pas beaucoup). Sur le plan social, Madeleine n'hésite pas à dire du mal des autres, mais Aimée ________ (14. dire du mal, personne). Alors, mes amies _______________(15. être intéressantes, pas) ?

Évaluez dans quelle mesure vous maîtrisez la négation. Mettez un « X » pour représenter votre confiance entre le contrôle partiel (« Je fais pas mal de fautes ») et le contrôle complet (« Je n'ai même pas réfléchi, c'était automatique ! »).

Le contrôle partiel ⟷ Le contrôle complet

1 2 3 4 5 6 7 8 9 10

STRUCTURE : La négation

OBSERVEZ ET DÉDUISEZ

Les batcha poch

Dans certaines cultures d'Asie centrale, particulièrement en Afghanistan et au Pakistan, un couple qui **n'**a **pas** de fils peut choisir d'élever une de ses filles comme un garçon, pour surmonter la honte de **ne pas** avoir de fils, et donner à au moins un de ses enfants des droits réservés aux garçons. On appelle ces « filles déguisées en garçons » des *batcha poch*.

Il **n'**y a **aucun** enfant qui puisse perpétuer le nom de famille et hériter des biens du père ? Si, une *batcha poch* peut le faire. Elle porte des vêtements masculins distinctifs, a les cheveux courts et un nom masculin. **Personne n'**est dupe. Les enseignants, habitués à **ne jamais** voir de filles dans leurs classes, sont conscients du fait que les *batcha poch* sont en fait des filles, mais **ne** disent **rien**. Dans sa famille, une *batcha poch* occupe une position intermédiaire dans laquelle elle n'est traitée **ni** totalement comme une fille **ni** comme un fils. Par exemple, elle **n'**a **pas** besoin de cuisiner, et elle peut se déplacer librement en public et faire du sport. Alors que ses sœurs **n'**ont **pas** le droit de sortir seules, elle peut leur servir de chaperon ; elle peut aussi trouver un travail et apporter un soutien financier à sa famille. Son statut de *batcha poch*, cependant, se termine quand elle entre dans la puberté, et la transition de sa vie de garçon aux contraintes traditionnelles imposées aux femmes **n'est pas du tout** facile.

Dans le paragraphe ci-dessus, repérez :

- deux cas où la négation accompagne un infinitif. Qu'est-ce que vous remarquez ?
- un cas où l'expression négative est le sujet de la phrase.
- un cas où l'expression négative est un adjectif qui s'accorde avec le nom.
- ce qui arrive à l'article indéfini ou partitif quand il y a une négation.

RÉCAPITULATION ET FAUTES COURANTES

- **Ne ?** Il est vrai que, dans un français oral assez familier, on omet souvent le **ne** :

  Je sais pas… J'ai rien compris…

  Mais dans un registre oral plus soutenu – et certainement en français écrit – il y a toujours un **ne** avec une expression négative, et ce **ne** se met devant le verbe.

  Un couple qui **n'**a pas de fils… il **n'**y a aucun enfant… ils **ne** disent rien.

- **DE.** Une faute très courante est d'oublier qu'après une négation l'article indéfini ou partitif devient DE.

  Ils ont **un** fils ? Non, ils n'ont pas **de** fils.

  On voit **des** filles à l'école ? Non, on n'y voit jamais **de** filles.

  Exception : avec le verbe être, l'article ne change pas.

  Les *batcha poch* sont des filles ou des garçons ? Ce ne sont pas **des** filles, mais ce ne sont pas **des** garçons non plus.

  L'article défini (le, la, les) ne change pas après la négation.

  Cette culture ne privilégie pas **les** filles.

- **Récapitulation des expressions négatives les plus courantes.** Le tableau suivant illustre non seulement le sens des expressions négatives, mais aussi leur position avec un verbe simple et un verbe composé (auxiliaire + participe passé).

Forme affirmative	Négation temps simple	Négation temps composé
Pose-t-elle *des* questions ?	Elle **ne** pose **pas** de questions.	Elle **n'a** **pas** posé de questions.
Pose-t-elle **encore/toujours** *des* questions originales ?	Elle **ne** pose **plus** de questions originales.	Elle n'a **plus** posé de questions originales.
Pose-t-elle **parfois/toujours** *des* questions bizarres ?	Elle **ne** pose **jamais** de questions bizarres.	Elle **n'a** **jamais** posé de questions bizarres.
Pose-t-elle **déjà** *une* question ?	Elle **ne** pose **pas encore** de question.	Elle **n'a** **pas encore** posé de question.
Dit-elle **quelque chose** ? **Tout** se passe bien ?	Elle **ne** dit **rien.** **Rien ne** va aujourd'hui !	Elle **n'a** **rien** dit. **Rien ne** s'est passé.
A-t-elle **quelques** objections ?	Elle **n'a** **aucune** objection./Elle **n'a** **pas une seule** objection.	Elle **n'a** eu **aucune** objection./Elle **n'a** **pas** eu **une seule** objection.
A-t-elle *des* recommandations **ou** *des* objections ?	Elle **n'a** **ni** recommandations **ni** objections./Elle **n'a pas de** recommandations **ni d'**objections.	Elle **n'a** eu **ni** recommandations **ni** objections./Elle **n'a pas eu de** recommandations **ni d'**objections.
Quelqu'un est là ? Tu vois **quelqu'un** ?	**Personne n'**est là. Je **ne** vois **personne.**	**Personne n'**est venu. Je **n'ai** vu **personne.**
Tu vas **quelque part ?**	Je **ne** vais **nulle part.**	Je **ne** suis allé **nulle part.**

- **Place de la négation avec un temps composé.** Remarquez la différence :
  - Avec **pas, pas encore, plus, jamais, rien**, la deuxième partie de la négation se met **entre** l'auxiliaire et le participe passé.
    - On n'a jamais vu ça !
  - Avec **aucun, personne, ni… ni** et **nul/nulle part**, la deuxième partie de la négation se met **après** le participe passé.
    - On n'a vu personne.

- **Place de la négation avec un infinitif**

  Les mêmes expressions qui se mettent entre l'auxiliaire et le participe passé se mettent **ensemble devant** un infinitif.

  Vous n'êtes pas content ? Je vous recommande de **ne pas** vous fâcher, de **ne jamais** dire des choses que vous allez regretter plus tard, en fait, de **ne rien** dire sans penser avant.

  Et les mêmes expressions qui ne suivent pas cette règle ne se mettent **pas ensemble** devant un infinitif.

  On nous a dit de **ne** parler **à personne** et de **n'**aller **nulle part** sans autorisation.

- **Aucun.** Rappelez-vous qu'**aucun** est un adjectif ou un pronom, et s'accorde donc avec le nom qu'il accompagne ou remplace. Remarquez aussi qu'**aucun** est un terme **singulier**, puisqu'il veut dire **pas un seul**, et que s'il est sujet d'un verbe, ce verbe est obligatoirement au **singulier**.

  Est-ce que ses amis **sont** venus ? Non, **aucun** de ses amis **n'est** venu, elle **n'a** eu **aucun** cadeau…

- **Ni… ni.** Remarquez qu'avec **ni… ni**, l'article indéfini ou partitif tombe ; mais si vous utilisez la forme hybride avec **pas** et **ni**, il faut garder le **de**. L'article défini ne change pas. Si les noms qui suivent **ni… ni** sont accompagnés d'une préposition, la préposition reste.

  Je **ne** bois **ni** thé **ni** café. Je **ne** bois **pas de** thé **ni de** café.
  Je n'aime **ni le** golf **ni le** tennis. Je ne joue **ni au** golf **ni au** tennis.

- **Toujours pas** et **pas toujours**. Ces deux expressions ont un sens différent.

  Toujours pas = *still not* — Ils ne sont **toujours pas** arrivés.
  Pas toujours = *not always* — Ils n'arrivent **pas toujours** à l'heure.

- **Pas grand-chose** *(not much)*

  Qu'est-ce que tu as fait ce matin ? Oh, pas grand-chose./Je n'ai pas fait grand-chose.

- **Pas du tout, plus du tout, rien du tout.** Le fait d'ajouter **du tout** renforce la négation.

  On n'a **rien** fait **du tout**. On n'est **pas du tout** satisfaits. Je ne fais **plus du tout** de sport.

- **Quelque chose de/rien de ; quelqu'un de/personne de**

  Rappelez-vous que quand ces expressions sont suivies d'un adjectif, il faut ajouter un **de**. Remarquez que l'adjectif est masculin singulier, car toutes les expressions impersonnelles sont masculin singulier.

  Tu as **quelque chose de** bon à manger ? Non, il n'y a **rien de** bon à manger dans le frigo.
  Tu as vu **quelqu'un de** nouveau ? Non, je n'ai vu **personne de** nouveau.

- **Ne… guère, ne… point, nul**

  Ces expressions sont plutôt littéraires et ne s'utilisent pas beaucoup dans la langue parlée, sauf dans l'expression nulle part.

  Je **n'ai guère** envie de lui parler. (Je n'ai pas envie.)
  Je **n'**ai **point** envie de donner des explications. (Je n'ai pas du tout envie.)
  Je **n'ai nulle** envie de lui parler. (Je n'ai aucune envie.)
  Nul ne sait. (Personne ne sait.)
  On ne va jamais **nulle part !**

- **Les négations multiples**
  - **Plus jamais ? Jamais plus ?** Les deux sont corrects et ont le même sens.

    Je ne l'ai **jamais plus** revu./Je ne l'ai **plus jamais** revu.
  - Quand il y a plusieurs négations, **rien, personne, aucun, nulle part** viennent toujours en dernier.

    Il ne fait **jamais plus rien**, il ne voit **plus personne**, il n'a **plus aucun** ami, il ne va **jamais nulle part**, c'est vraiment triste…
  - On ne peut pas avoir un **pas** avec une autre négation dans la même phrase. Si vous voulez combiner *personne* et *pas encore*, par exemple, il faut laisser tomber le pas.

    Personne n'est encore arrivé.

  On dit d'ailleurs que deux négations valent une affirmation : pas jamais = toujours ; pas personne = quelqu'un. Malheureusement, c'est une faute très commune de laisser un **pas** dans une phrase qui contient une autre négation…

Essayez ! Répondez négativement.

1. Tu as *déjà* mangé *quelque chose* ?
2. Tu sors *encore* avec *quelqu'un* ?
3. Tu as *encore quelques* idées à ajouter ?
4. Il parle *toujours* à *tout le monde* ?
5. Est-ce qu'il boit *encore* du vin et de la bière ?

- **Non plus**. C'est l'équivalent de *aussi* quand la phrase est négative.
  Tu n'es pas fatiguée ? Moi non plus.

- **Ne... que** n'est pas vraiment une expression négative, c'est plutôt une expression restrictive, qui fonctionne comme une expression négative.
  Je **n'**avais **que** 45 minutes pour passer mon examen (j'avais seulement 45 minutes), mais en fait, je **n'**ai mis **que** 30 minutes à le faire.
  Ne... que a le sens de *seulement*, mais on ne peut pas utiliser **ne... que** quand :
  - Il n'y a pas de verbe dans la phrase :
    Combien de pommes as-tu mangées ? Seulement deux.
  - Il y a déjà le mot *que* dans la phrase :
    Je sais seulement que c'est interdit de fumer ici.
  - C'est le sujet de la phrase qui subit la restriction :
    Seulement (seules) les familles qui n'ont pas de fils peuvent avoir une *batcha poch*.
  - **Ne faire que + infinitif =** ne pas arrêter de
    Je ne fais qu'étudier toute la journée ! J'en ai marre !

  Essayez ! Remplacez *seulement* par **ne... que**.
  1. J'ai dormi seulement trois heures.
  2. Il reste seulement un demi-litre de lait dans le frigo.
  3. Jour et nuit, il travaille seulement.

Application

Faites les activités suivantes en groupes de deux ou trois.

A. Devine ! Votre ami(e) cache une photo dans sa main et vous demande de deviner ce que la photo représente. Malheureusement, vous n'êtes pas sur la bonne piste et toutes les réponses sont négatives. Utilisez des phrases complètes pour répondre. Attention aux articles !
Est-ce que/qu'...
1. j'ai déjà vu cette photo ? (pas encore)
2. c'est une photo de ta famille ? (pas)
3. je connais quelqu'un sur cette photo ? (personne)
4. quelqu'un de célèbre figure sur cette photo ? (personne)
5. quelqu'un fait quelque chose de drôle sur cette photo ? (personne, rien)
6. il y a des animaux sur cette photo ? (aucun)
7. c'est un paysage ? (pas)

Alors, je donne ma langue au chat ! *(I give up!)*

B. De mauvaise humeur. Vous êtes de mauvaise humeur aujourd'hui et vous répondez négativement (par des phrases complètes) à toutes les questions qu'on vous pose. Peut-être que ça ira mieux demain...
Est-ce que/qu'...
1. tu as bien dormi ?
2. tu as mangé *quelque chose* ce matin ?
3. tu as *déjà* fait tes devoirs pour aujourd'hui ?
4. tu as *quelques* examens à passer aujourd'hui ?
5. tu es fâché contre *quelqu'un* ?
6. *quelqu'un* t'a envoyé un message désagréable ?
7. *quelque chose* de triste s'est passé hier soir ?

8. tu te réveilles *parfois* du mauvais pied ?
9. tu as mal *quelque part* ?
10. tu as des maux de tête *ou* des allergies ? (ni… ni)
11. tu as *quelques amis* qui peuvent te remonter le moral ? (aucun)
12. ça t'arrive *souvent* de te sentir comme ça ?

Application communicative

A. La tradition des *batcha poch*. Référez-vous au paragraphe sur les *batcha poch* (p. 82) pour compléter les phrases suivantes en utilisant au moins une expression négative par réponse. Donnez le plus d'explications possible.

1. Les parents ont honte de…
2. Les enseignants ne disent rien, parce que…
3. Les autres familles ont l'habitude de…
4. Les *batcha poch* sont privilégiées, parce que…
5. Mais elles sont aussi des victimes pendant leur enfance, parce que…
6. J'imagine qu'après la puberté, elles souffrent de troubles psychologiques parce que…
7. Il paraît que beaucoup de *batcha poch* refusent de se marier, ce qui se comprend parce que…
8. Les Occidentaux ont du mal à comprendre cette tradition, parce que…

B. Selon moi. En groupes de deux, complétez les phrases suivantes selon votre expérience personnelle et comparez vos réponses. Donnez au moins trois phrases pour chaque réponse.

1. Quand je n'ai pas grand-chose à faire, …
2. Quelque chose que je ne fais jamais plus, c'est… parce que…
3. Rien ne me dérange quand…
4. Je n'arrive toujours pas à…
5. Selon mon expérience personnelle, ce n'est pas toujours vrai que…
6. Personne ne m'a jamais dit de…
7. Il y a des jours où je ne fais que…
8. Je n'ai aucune difficulté à…

C. Un jeu en équipes de trois ou quatre personnes. Reprenez le texte « Genre et identité » présenté au chapitre 5, et résumez chaque paragraphe à l'aide de phrases négatives. Qui aura le plus de phrases originales avec le plus d'expressions négatives *différentes* ?

D. Ce qu'on n'est pas. Nous avons l'habitude de décrire les gens selon ce qu'ils sont et ce qu'ils font, mais ce qu'ils ne sont pas et ne font pas peut être aussi très révélateur. Décrivez les personnes suivantes selon ce qu'elles ne sont pas et ne font pas.

Modèle : Mon professeur préféré

→ Il n'aime pas le silence, donc il le remplit, non pas par ses propres paroles, mais par d'innombrables questions qui sortent les étudiants de leur silence. On ne peut être ni passif ni neutre dans sa classe. Il ne dit pas toujours ce qu'il pense, car il veut que les étudiants forment leurs propres opinions, mais il ne se prive pas de réfuter les arguments qui manquent de logique. Comme il a un sens de l'humour assez particulier, on ne sait pas toujours quand il blague, mais il ne se moque jamais de personne, et il ne manque jamais de respect envers nous.

1. Un(e) de vos professeur(e)s
2. Un(e) membre de votre famille immédiate
3. Un(e) ami(e) ou un(e) colocataire
4. Un personnage politique ou une célébrité que vous connaissez

ÉCRITURE : La description d'un problème dans le monde (II)

PROJET D'ÉCRITURE : DESCRIPTION D'UN PROBLÈME LOCAL, NATIONAL OU MONDIAL

Au dernier chapitre vous avez préparé une description préliminaire d'un problème auquel le monde actuel est confronté. Dans ce chapitre, vous allez rédiger, corriger et améliorer une composition de 500-600 mots qui décrit un problème local, national ou mondial que vous avez identifié dans le chapitre précédent. Les exercices II à IV ci-dessous vous aideront à préciser et à améliorer votre composition.

Vous deviez choisir le sujet de votre description au chapitre 5, mais si ce sujet ne vous convient plus, vous pouvez en choisir un autre qui vous intéresse davantage. Utilisez les outils des chapitres précédents – une organisation logique, un vocabulaire varié et précis, de l'élaboration, des symboles et des métaphores – pour enrichir votre description du problème que vous avez identifié.

I. Une ébauche préliminaire

Pour étoffer la description, on élabore chaque point de la structure en donnant plus d'informations pour chaque phrase. Travaillez avec un(e) partenaire pour donner trois phrases supplémentaires pour chaque phrase principale.

Modèle : Le racisme est un exemple clair d'une inégalité dans le monde.

- **a.** Le racisme veut dire le traitement défavorable d'une personne en raison de son origine.
- **b.** Certains propriétaires refusent toujours de louer leur appartement à des minorités.
- **c.** Les populations à la peau foncée sont plus souvent arrêtées par la police.

1. La pollution de l'eau est un problème qui concerne la santé aussi bien que l'économie.
2. Il n'existe pas énormément de ressources pour le traitement des personnes qui ont des problèmes de santé mentale.
3. Les crimes commis avec des armes à feu persistent dans toutes les sociétés du monde.
4. La communauté LGBTQ+ souffre de discriminations sociales.
5. L'écart entre les riches et les pauvres continue de s'élargir, en dépit des efforts des gouvernements et des organisations non gouvernementales (ONG).

Élaborez **le plan écrit** que vous avez développé au chapitre 5. Montrez votre ébauche à un(e) partenaire. Quels détails pourriez-vous étoffer davantage ?

II. Y a-t-il trop de « il y a » ?

Les descriptions mènent facilement à un usage abusif de l'expression « il y a ». Certes, « il y a » sert à décrire l'existence des choses, par exemple : « Il y a un corbeau dans le jardin » ou « Il y a des fautes d'orthographe dans votre paragraphe. » À l'oral, cette expression suffit, mais à l'écrit, il vaut mieux chercher une autre manière de s'exprimer.

Pour remplacer « il y a », on peut créer une nouvelle phrase, en utilisant le complément comme sujet avec un verbe attributif (voir au chapitre 1 les mots qui remplacent « être »).

- Il y a **un corbeau** dans le jardin. → **Un corbeau** *se trouve* dans le jardin
- Il y a **des canards** dans cette mare. → **Des canards** *nagent* dans cette mare.

On peut aussi utiliser des verbes plus actifs.

- Il y a **des problèmes sociaux** dans le monde. → **Des problèmes sociaux** *affligent* le monde.
- Il n'y a pas **de solutions faciles** en matière de diversité, d'équité et d'inclusion. → **Les solutions faciles** ne *résolvent* pas les questions de diversité, d'équité, et d'inclusion.

Remplacez l'expression « il y a » en réécrivant la phrase.

> **Modèle** : Il y a des violences faites aux femmes dans les pays développés aussi bien que dans les pays en développement.
> →Les femmes subissent des violences dans les pays développés aussi bien que dans les pays émergents.

1. Il y a souvent des barrières qui freinent l'amélioration de la condition féminine.
2. Il y a peu de femmes représentées dans les parlements nationaux.
3. Bien qu'il y ait plus de femmes occupant des emplois parlementaires depuis les 20 dernières années, il y a encore du chemin à faire.
4. Il y a plus d'hommes que de femmes qui terminent leurs études supérieures.
5. Il y a un écart important entre les hommes et les femmes sur le plan de l'activité professionnelle.
6. Il y a des inégalités de pouvoir subies par les femmes, qui diminuent les conditions de vie de leur famille et de leur communauté.
7. Chaque année, il y a de nombreuses manifestations de sensibilisation aux droits des femmes organisées par des groupes à l'échelle locale, nationale ou internationale.
8. Il y a un conseil intergouvernemental du système des Nations unies qui réunit régulièrement des groupes spéciaux pour parler des droits des femmes.

Cherchez dans votre ébauche l'expression « il y a ». Est-ce que vous pouvez réécrire la phrase ? Il ne s'agit pas d'en éliminer toutes les occurrences, mais d'éviter de trop l'utiliser.

III. Connecteurs logiques

Les connecteurs logiques sont des mots de liaison qui améliorent la cohésion d'un texte. Lorsqu'on utilise des connecteurs logiques, on guide le lecteur pour lui permettre de mieux comprendre le lien entre les concepts présentés. Sans connecteurs logiques, le message de l'écrivain perd sa clarté.

Liste de connecteurs logiques courants :

- **l'addition ;** de plus, en plus, puis, et, non seulement…, mais aussi
  De plus, la perspective des minorités est souvent ignorée par la majorité.
  Puis, ils ont eu l'audace de dire que tout le monde a les mêmes besoins !
- **la progression des idées** : d'abord, puis/ensuite, enfin, en fin de compte, surtout, aussi, d'ailleurs, plutôt, en fait
  D'abord, on doit s'occuper des bien vitaux, **ensuite**…
  Les Afghans les plus pauvres, **surtout** les femmes, souffrent d'insécurité alimentaire.
- **la cause** : puisque, car, comme, la raison pour laquelle, c'est-à-dire, en d'autres termes
  Cela va de soi, **puisque** les femmes représentent plus de la moitié de la société…
- **la conséquence** : ainsi, alors, c'est pourquoi, donc, du coup par conséquent, de sorte que
  C'est pourquoi l'alphabétisation est une priorité pour l'ONU, **car** l'éducation est la meilleure arme contre la pauvreté.
  Du coup, plusieurs maisons d'édition ont donné des milliers de livres aux camps de réfugiés.

- **l'opposition** : mais, or, en dépit de, même si, en revanche, par contre, cependant/pourtant, tandis que, de même, d'une part… d'autre part, au lieu de, néanmoins
  Ils disent que l'égalité est une priorité, **pourtant** ils n'offrent que des paroles vides.

Améliorez la cohésion entre les phrases suivantes en utilisant des connecteurs logiques. Assurez-vous d'en utiliser le plus possible !

Modèle : Beaucoup de pays sont attachés à une conception patriarcale de la famille. Ces cultures-là attribuent au père un rôle prédominant. D'autres pays affirment qu'une société moderne devrait mettre tous les adultes sur un pied d'égalité pour le bien-être général de la communauté. Ces pays-là mettent tous les adultes sur un pied d'égalité pour le progrès économique.
→Beaucoup de pays sont attachés à une conception patriarcale de la famille, **alors** ces cultures-là attribuent au père un rôle prédominant, **tandis que** d'autres pays affirment qu'une société moderne devrait mettre tous les adultes sur un pied d'égalité, **non seulement pour** le bien-être général de la communauté, **mais aussi pour** le progrès économique.

1. La Bible décrit la création. Le rôle accordé à Adam et Ève influence la perception des rôles dans la société. Maintenant, les lecteurs modernes de la Bible sont plus progressistes.
2. Selon certains commentateurs de la Bible, le rôle de la femme est de servir l'homme. Elle devrait lui donner une descendance nombreuse.
3. En Inde, la femme est subordonnée à l'homme. Elle n'est pas libre pendant son enfance. Elle n'est pas libre dans sa jeunesse.
4. En Chine, le yin établit les rôles. Le yang établit les rôles. Le principe mâle signifie la domination. Le principe féminin est associé à la soumission. Les deux concepts se complémentent. Les femmes souffrent d'inégalité.
5. Dans certaines sociétés historiques, la transmission des titres se fait par lignée maternelle. Cela ne signifie pas que les femmes ont du pouvoir. Elles ne dirigent pas la société.
6. Il existe des sociétés où les femmes jouissent de plus de liberté. Elles ont plus de responsabilités. Elles disposent de pouvoirs économiques. Elles disposent de prérogatives politiques.
7. Dans certaines sociétés, on ne se marie pas par amour. On peut se marier pour les biens. On peut se marier pour le pouvoir, par exemple un titre.
8. Les femmes se trouvent souvent sous tutelle. Elles sont privées du droit de propriété. Elles n'ont pas accès aux biens vitaux. Il leur est difficile de progresser économiquement. Il leur est difficile de progresser politiquement.
9. La culture peut aussi limiter la liberté des femmes. Dans certains pays, les femmes sont égales selon la loi. Les normes sociales peuvent les empêcher de posséder un commerce. Les normes sociales peuvent les empêcher d'échanger librement. Les lois et la culture peuvent démontrer un fossé entre les droits théoriques et les possibilités pratiques.
10. Il existe plusieurs indicateurs de la condition des femmes. L'accès aux soins prénataux et postnataux démontre le soutien culturel pour les femmes. La scolarisation des femmes indique le soutien institutionnel pour les femmes. La liberté économique des femmes détermine la possibilité d'avoir un emploi. Dans certains pays aujourd'hui, une femme mariée ne peut pas ouvrir un compte bancaire.

Réexaminez chaque ligne de votre composition et trouvez des phrases dont vous pouvez améliorer la cohérence en vous servant de connecteurs logiques. Vous pouvez aussi échanger votre composition avec celle d'un(e) partenaire pour vérifier la présence et la précision des connecteurs.

IV. Révisions collaboratives (*peer editing*)

Dans chacune des phrases suivantes, trouvez et corrigez deux fautes. Essayez d'abord de les repérer tout(e) seul(e), ensuite engagez un(e) partenaire pour comparer vos réponses. Toutes les erreurs pour ce chapitre sont des erreurs d'accord.

1. Les chefs des familles monoparentales sont principalement des femmes et les facteurs de précarité socioéconomique impacte le plus les familles monoparentales, donc les femmes sont plus touchées que les hommes par le pauvreté.
2. À peu près 30 % des femmes travaille à temps partiel, tandis que 10 % des hommes sont à temps partiels.
3. L'écart de salaire entre les femmes et les hommes sont notable : les femmes gagne en moyenne 19 % de moins que les hommes.
4. Dans la fonction publique hospitalière en France, le salaire net des femmes est inférieurs en moyenne de 20,9 % à celui des hommes ; aux États-Unis, le différence est de 25,2 %.
5. Seulement 11 % des dirigeants d'entreprise sont des femmes, et le part des femmes présentes dans les conseils d'administration des grandes entreprises est de 37 %, ce qui reste néanmoins mieux que la moyenne au Canada (19,4 %) ou au Japon (3,4 %).
6. Dans les 42 villes en France de plus de 100 000 habitants en 2020, 12 femmes seulement ont été élus maires. En 2014, il n'y avait que 7 femme maires.
7. Dans l'audiovisuel, c'est-à-dire le radio et la télévision, 50 % sont présentatrice.
8. Bien que 89 fédérations sportives aient adoptés un plan de féminisation, seulement 14 fédérations français sur les 115 en France sont dirigées par des femmes.
9. Les femmes consacrent quotidiennement à peu près 7 heures 30 dans les activités de soins à autrui, tandis que les hommes passent environ 6 heures 45 dans des activités pareils. Plus intéressant encore, les hommes sont rémunérés pour plus de 5 heures de travail, alors que les femmes ne sont rémunérées que pour 3 heures de leurs services rendues.
10. Suite au crise sanitaire de COVID-19, les femmes remplissent la majorité des métiers « au front », comme l'enseignement, médecins et personnels non médicals dans les hôpitaux, et métiers de la propreté.

Ministère chargé de l'égalité entre les femmes et les hommes, de la diversité et de l'égalité des chances. (2020). *Chiffres-clés – Édition 2020 : Vers l'égalité réelle entre les femmes et les hommes* (Paris, Dicom).

Échangez votre composition avec un(e) partenaire. Faites très attention à l'accord des adjectifs et à celui des verbes, marquez les fautes et parlez-en avec votre partenaire.

V. Description d'un problème local, national ou mondial

Tout au long de ce chapitre, vous avez amélioré votre ébauche préliminaire de l'exercice I. Maintenant, c'est à vous de peaufiner votre ébauche pour rédiger une composition de 500-600 mots qui décrit un problème local, national ou mondial que vous venez d'explorer dans ces deux derniers chapitres. Si vous ne l'avez pas encore fait, utilisez les outils de ces chapitres – l'élaboration des points du plan, diversification du vocabulaire, les connecteurs logiques et les révisions collaboratives – pour enrichir votre composition.

Révisez votre composition et corrigez les fautes en vous aidant de la liste de contrôle ci-dessous.

Contrôle d'écriture : Vérifier et corriger

- Fautes courantes – À corriger à l'aide d'un dictionnaire ou d'un correcteur en ligne, comme bonpatron.com ou cordial.fr.
  - ❑ Accents : é, è, ê, ç, etc.
  - ❑ Orthographe : dessert ou désert ?

- ❏ Genre : le vase ou la vase ?
- ❏ Accords : masculin/féminin, singulier/pluriel
- ❏ Conjugaison des verbes : Ils… -ent
- ❏ Prépositions : en, sur, à, de, pour, par, dans, etc.

- Élaboration – Relisez. Ajoutez, çà et là, des détails supplémentaires.
  - ❏ Y a-t-il des détails spécifiques ?
  - ❏ Les idées présentées sont-elles bien développées ?
  - ❏ Ai-je de bonnes transitions d'une phrase à l'autre et d'un paragraphe à l'autre ?

- Organisation
  - ❏ Y a-t-il des liens entre idées/événements ?
  - ❏ Est-ce que les phrases progressent logiquement ?
  - ❏ Est-ce que la structure des phrases renforce la cohésion et la cohérence ?

RÉPONSES À L'EXERCICE OÙ EN ÊTES-VOUS ? LA NÉGATION

1. Madeleine ***ne fait rien*** *2. Madeleine* ***ne va jamais nulle part*** *3. Madeleine* ***ne joue ni au foot ni au tennis*** *4. Madeleine* ***ne fait plus de*** *voile 5. les deux* ***ne sont pas des*** *navigatrices professionnelles 6. Madeleine* ***ne fait du jogging que*** *le week-end 7. Madeleine* ***ne fait jamais ses*** *devoirs 8. Madeleine* ***ne joue d'aucun*** *instrument 9. Aimée* ***ne joue pas du tout aux*** *cartes 10. Aimée* ***ne regarde guère la*** *télé 11. elles* ***ne fument jamais de*** *cigarettes 12. elles* ***ne boivent que de l****'eau minérale 13. Elles* ***ne dépensent pas beaucoup d****'argent 14. Aimée* ***ne dit du mal de personne*** *15. mes amies* ***ne sont-elles pas*** *intéressantes*

RÉPONSES À L'ÉCRITURE EXERCICE IV. RÉVISIONS COLLABORATIVES (*PEER EDITING*)

*1. Les chefs des familles monoparentales sont principalement des femmes et les facteurs de précarité socioéconomique impact****ent*** *le plus les familles monoparentales, donc les femmes sont plus touchées que les hommes par* ***la*** *pauvreté. 2. À peu près 30 % des femmes travaill****ent*** *à temps partiel, tandis que 10 % des hommes sont à temps* ***partiel****. 3. L'écart de salaire entre les femmes et les hommes* ***est*** *notable : les femmes gagn****ent*** *en moyenne 19 % de moins que les hommes. 4. Dans la fonction publique hospitalière en France, le salaire net des femmes est* ***inférieur*** *en moyenne de 20,9 % à celui des hommes ; aux États-Unis,* ***la*** *différence est de 25,2 %. 5. Seulement 11 % des dirigeants d'entreprise sont des femmes, et* ***la*** *part des femmes présentes dans les conseils d'administration des grandes entreprises est de 37 %, ce qui reste néanmoins* ***meilleur*** *que la moyenne au Canada (19,4 %) ou au Japon (3,4 %). 6. Dans les 42 villes en France de plus de 100 000 habitants en 2020, 12 femmes seulement ont été élu****es*** *maires. En 2014, il n'y avait que 7 femme****s*** *maires. 7. Dans l'audiovisuel, c'est-à-dire* ***la*** *radio et la télévision, 50 % sont présentatrice****s****. 8. Bien que 89 fédérations sportives aient* ***adopté*** *un plan de féminisation, seulement 14 fédérations* ***françaises*** *sur les 115 en France sont dirigées par des femmes. 9. Les femmes consacrent quotidiennement à peu près 7 heures 30 dans les activités de soins à autrui, tandis que les hommes passent environ 6 heures 45 dans des activités* ***pareilles****. Plus intéressant encore, les hommes sont rémunérés pour plus de 5 heures de travail, alors que les femmes ne sont rémunérées que pour 3 heures de leurs services* ***rendus****. 10. Suite* ***à la*** *crise sanitaire de COVID-19, les femmes remplissent la majorité des métiers « au front » comme l'enseignement, médecins et personnels* ***non médicaux*** *dans les hôpitaux, et métiers de la propreté.*

UNITÉ II

LA NARRATION ET LA DESCRIPTION AU PASSÉ

THÈME 4 : DES SOUVENIRS À RACONTER

Lecture et conversation : *Les yeux baissés* (Tahar Ben Jelloun)

L'AUTEUR

Tahar Ben Jelloun

Né à Fès en 1944, Tahar Ben Jelloun a grandi au Maroc. À la fin de ses études secondaires, soupçonné d'avoir participé à des manifestations étudiantes, il a été envoyé dans un camp militaire disciplinaire pendant deux ans (1966-1968). C'est là qu'il a commencé à écrire, surtout des poèmes. Quand il est parti à Paris, en 1971, il ne pensait y rester que trois ans, afin de terminer sa thèse de psychopathologie sociale sur les troubles mentaux des immigrés, mais le goût de l'écriture est devenu une passion, et il a décidé de s'installer définitivement en France, où le journal *Le Monde* a sollicité – et sollicite toujours – sa collaboration. Son expérience de psychothérapeute a inspiré toute son œuvre, que ce soient des essais ou des ouvrages pédagogiques tels que *Le racisme expliqué à ma fille* (1998), *L'islam expliqué aux enfants* (2002) ou *Le terrorisme expliqué à nos enfants* (2016). Mais ce sont ses romans qui l'ont rendu célèbre aux yeux du grand public : *L'enfant de sable* (1985), l'histoire poignante d'un père qui élève une de ses filles comme un fils, qu'il prénomme Ahmed, et *La nuit sacrée* (1987), qui reprend l'histoire tragique d'Ahmed devenu adulte, un roman qui a reçu le prestigieux prix Goncourt. Ces deux romans ont été traduits en 43 langues. Avec plusieurs autres romans, essais, nouvelles et recueils de poèmes à son actif et de nombreux autres prix qui ont couronné son œuvre, Tahar Ben Jelloun est devenu, par sa plume et ses interventions dans les médias, le porte-parole des Maghrébins qui vivent en France.

AVANT DE LIRE

- Dans *Les yeux baissés*, un roman publié en 1991, Tahar Ben Jelloun aborde tous les thèmes qui ont nourri son œuvre : le déracinement et l'exil, le déchirement entre deux cultures et la condition des femmes qui vivent encore avec « les yeux baissés ». Élevée dans un petit village berbère du sud du Maroc, la narratrice a été déracinée à l'âge de 11 ans. Sa famille a émigré à Paris, où elle a découvert un nouveau monde, un monde qui exigeait une nouvelle identité, une renaissance. Pour survivre dans ce monde, elle devait apprendre la langue française et, en particulier, « la concordance des temps au passé » !
- Les phrases suivantes sont extraites du texte que vous allez lire : « Je continuais à faire des fautes » ; « je repensais alors au village » ; « mon passé était vraiment simple » ; « le village était toujours là » ; « je pénétrai un jour dans une église pour ne plus sentir les odeurs du village » ; « cette image fut le coup de fouet dont j'avais besoin pour cesser de perpétuer la présence encombrante du village ». D'après ces phrases, quelle sorte d'histoire anticipez-vous pour cette jeune bergère marocaine, dont la seule tâche au village était de garder les animaux et qui devait désormais faire face aux exigences de la vie à Paris ? Comment arriverait-elle à résoudre ses problèmes de « concordance des temps au passé » ?
- Le texte est au passé simple, un temps qui ne s'utilise plus dans la langue parlée mais qu'on voit très couramment dans la littérature. Le passé simple renvoie à des actions qui se sont produites à un moment défini du passé, sans incidence dans le présent, tandis que le passé composé indique une action antérieure au présent. Dans l'usage

courant, toutefois, le passé composé prend la place du passé simple. Quelques verbes au passé simple sont irréguliers, comme je fis (j'ai fait) ou je fus (j'ai été), mais la plupart des formes sont facilement reconnaissables. Pouvez-vous déduire le passé composé des verbes suivants ?

1. Je compris **2.** Elle donna **3.** Je trouvai **4.** J'eus

- Sachant qu'au passé le passé composé (ou le passé simple) est le temps de l'action, et que l'imparfait est le temps de la description ou des circonstances, des habitudes et des émotions, parcourez rapidement le texte pour voir quel temps prédomine. À partir de quel moment dans le texte voyez-vous du passé simple ? Que pouvez-vous en déduire ?

Les yeux baissés (Tahar Ben Jelloun)

L'ivresse de la découverte m'était passée. En classe, je faisais des progrès. Je continuais à faire des fautes en écrivant, mais je lisais correctement. Mon handicap majeur était l'utilisation des temps. J'étais fâchée avec la concordance des temps. Je confondais les différentes étapes du passé. Je n'arrivais pas à repérer et bien manier toutes ces nuances qui étaient le propre d'une langue que j'aimais, mais qui ne m'aimait pas. Je butais contre l'imparfait. Je me cognais la tête contre le passé simple – simplicité tout illusoire – et je calais devant le passé composé. Pour tout simplifier, je réduisais l'ensemble au présent, ce qui était absurde.

Je repensais alors au village, aux journées identiques où il ne se passait rien. Ces journées plates, vides, s'étiraient comme une corde entre deux arbres. Le temps, c'était cette ligne droite tendue, marquée au début, au milieu et à l'autre bout par trois nœuds, trois moments où il se passait quelque chose : les états du soleil. La vie était ces trois moments où il fallait songer à sortir les bêtes, manger au moment où le soleil est au-dessus de la tête, rentrer les bêtes quand il se couchait.

Mon passé était vraiment simple, limpide, fait de répétition, sans surprise, sans éclats. En arrivant en France, je sus que la fameuse corde était une suite de nœuds serrés les uns aux autres, et que peu de gens avaient le loisir de s'arrêter sous l'arbre.

Mon père n'avait jamais quitté le village. Son esprit était ancré là-bas, définitivement. Le temps, pour lui, était un artifice pour compter les heures de travail à l'usine. Mais, intérieurement, c'est le temps du village qui continuait tranquillement à se dérouler, sans trop d'agitation, sans lui poser des questions embarrassantes comme cela m'arrivait souvent.

Je connaissais par cœur les conjugaisons des verbes « être » et « avoir », mais je me trompais tout le temps quand il s'agissait de les utiliser dans une longue phrase. Je compris qu'il fallait se détacher complètement du pays natal. Comment y arriver sans déranger mes parents, sans les renier ? Je ne pouvais tirer un trait et me trouver de plain-pied dans les méandres[1] d'un autre temps. Quelque chose me retenait ; pourtant ma volonté était forte. J'étais décidée à ne plus me perdre dans les conjugaisons. Mais le village était toujours là ; il m'entourait, rôdait autour de moi, me taquinait. Les senteurs des herbes et des bêtes me parvenaient. Je résistais. Je niais cette présence. Je pénétrai un jour dans une église pour ne plus sentir les odeurs du village. Je me cachais. Et pourtant, il n'y avait rien à faire ; j'étais ramenée au village par une main magique et je revoyais la même corde avec les trois nœuds balancée par un petit vent. Les arbres, toujours là, fidèles au paysage ; les pierres toujours dans le même état. Et moi, de nouveau assise sous l'arbre, attendant, fixant un autre arbre, espérant le voir se déplacer et partir loin... Mais l'arbre ne bougeait pas. Ses racines étaient profondes et très anciennes. Je pourrais passer ma vie entière face à cet arbre, il ne bougerait pas. C'était sa nature. C'était aussi sa fonction. Il retenait la terre. Si les hommes étaient

1 Tirer un trait... : recommencer à zéro et me sentir à l'aise dans un autre concept du temps.

des arbres, le village ne se serait pas vidé en si peu de temps. Les hommes pensaient que la terre devait les retenir, les empêcher de partir à l'étranger. Or la terre ne retenait personne. Du fond de cette église obscure, j'entendais la litanie des enfants de l'école coranique, et j'apercevais, par moments, la tête du fqih qui faisait semblant de suivre la sourate[2]. En fait il dormait. Même un aveugle a besoin de fermer les yeux pour dormir. Le sommeil régnait sur son visage ; sa bouche entrouverte laissait passer un filet de salive transparent.

Cette image venue de si loin me donna un frisson : ce fut le coup de fouet dont j'avais besoin pour cesser de perpétuer la présence encombrante du village. Je trouvai ridicule de me cacher dans une église déserte où quelques bougies étaient allumées.

Dehors, j'appréciai encore mieux l'agitation de la ville, l'odeur de l'essence, le bruit du métro, et tout ce qui annulait en moi le souvenir du village.

À partir de là, je m'employai activement à maîtriser la concordance des temps. Je fis des exercices et n'utilisai plus le présent. Cela m'amusait, car je savais que le jour où je ne mélangerais plus les temps, j'aurais réellement quitté le village.

Extrait de *Les yeux baissés*, de Tahar Ben Jelloun (Éditions du Seuil, 1991), p. 103-106.

PARLER ET COMPRENDRE

Après avoir lu le texte, discutez en groupes de deux ou trois.

1. « Mon handicap majeur était l'utilisation des temps. J'étais fâchée avec la concordance des temps. Je n'arrivais pas à repérer et bien manier toutes ces nuances qui étaient le propre d'une langue que j'aimais, mais qui ne m'aimait pas. » Comment comprenez-vous cette phrase ? Avez-vous jamais ressenti ces mêmes frustrations dans l'apprentissage du français ou d'une autre langue ? Expliquez.
2. La narratrice présente le temps comme une corde avec des nœuds. Quels étaient les trois nœuds de la corde dans sa vie au village ? Comment était la fameuse corde en France ? Avec un(e) partenaire, comparez la corde du temps à différentes périodes de votre vie. Combien y avait-il de nœuds, c'est-à-dire de moments importants, dans chacune de ces cordes, et quels étaient ces nœuds ? (Le petit déjeuner ? le départ pour l'école ? une activité particulière ? une émission de télévision ? le repas du soir ? etc.) Considérez au moins trois périodes de votre vie.
   - **a.** Quand vous étiez à l'école primaire ;
   - **b.** Quand vous étiez à l'école secondaire ;
   - **c.** Aujourd'hui.

   Comparez vos réponses et soyez prêts à faire un petit rapport à la classe sur deux différences et deux similarités.
3. « Mon père n'avait jamais quitté le village. » Comment était-ce possible, puisqu'il habitait désormais en France et travaillait dans une usine ? Expliquez. Comment l'attitude de la narratrice était-elle différente ?
4. Qu'est-ce que la narratrice a compris un jour, mais pourquoi avait-elle peur de le faire ? Qu'est-ce qui la retenait (*held her back*) ?
5. Pourquoi est-elle entrée dans une église à Paris ? Pourquoi une église « obscure et déserte où quelques bougies étaient allumées » ?
6. Comment la présence du village se manifestait-elle ? Quels étaient les odeurs et les éléments du paysage ? Quel est le symbolisme de l'arbre ?
7. Quelle est « l'image venue de si loin » qui lui a donné un frisson et a été « le coup de fouet (*whiplash*) dont elle avait besoin » ? Qu'est-ce qui a changé pour elle quand elle est sortie de l'église ?
8. Comment la narratrice a-t-elle réussi à « maîtriser la concordance des temps » ?

---

2 Fqih : maître coranique ; sourate : chapitre du Coran.

9. Pour résumer ce texte et l'organiser en termes de narration et de description, complétez le tableau suivant, selon le modèle. Tout ce qui est narration répond à la question « Qu'est-ce qui est arrivé ? » ; tout ce qui est description répond à la question « Comment étaient les choses ? ».

Qu'est-ce qui est arrivé ?	Comment étaient les choses ?
	1. La narratrice essayait de comprendre pourquoi elle continuait à faire des fautes.
	2. Alors...
	3. Son père...
4. « Je compris... »	
	5. Mais...
6. « Cette image venue de si loin me donna un frisson... »	
7. « Dehors... »	
8. « À partir de ce moment-là... »	

PERSPECTIVES

Discutez en groupes de deux ou trois, en donnant le plus d'explications et d'exemples possible, puis partagez vos conclusions avec le reste de la classe.

1. La narratrice pensait qu'elle devait « se détacher complètement » de son village pour pouvoir s'adapter à son nouveau monde. Pensez aux immigrés : est-ce vraiment nécessaire de « se détacher complètement » de ses origines pour pouvoir s'adapter à une nouvelle culture, une nouvelle langue, un nouveau mode de vie ? Complétez le tableau en donnant le pour et le contre de cette approche à l'intégration.

Le pour	Le contre
On peut apprendre plus facilement la langue.	On oublie sa culture, ses traditions, au risque de ne pas les transmettre à la prochaine génération.

2. Le changement est souvent difficile. La narratrice voulait « cesser de perpétuer la présence encombrante du village », mais chaque fois, « quelque chose la retenait ». Pensez à un moment de votre vie où vous avez voulu faire un changement, mais quelque chose vous retenait. Quel était ce quelque chose ? Comment avez-vous réussi à surmonter cet obstacle ? [Possibilités : un changement de régime alimentaire ; des résolutions pour la nouvelle année ; une relation difficile à réparer ; une mauvaise habitude à changer ; etc.]
3. « L'ivresse de la découverte m'était passée. » Il est vrai que pour toute nouvelle expérience, les premiers jours apportent un surcroît d'adrénaline, que ce soit la joie, la peur ou d'autres émotions. Et puis après quelques jours, on s'adapte, on s'habitue. En groupes de deux, racontez une expérience où vous avez ressenti « l'ivresse de la découverte » au début, puis cette ivresse s'est atténuée. Était-ce votre première semaine à l'université ? un voyage ? un déménagement ? Organisez d'abord vos pensées selon le tableau, puis comparez vos expériences.

Qu'est-ce qui s'est passé ?	Comment étaient les choses ?
	1. Où étiez-vous ? Avec qui ?
2. Pourquoi vous êtes-vous trouvé(e) dans ce nouvel environnement ?	
	3. Au début, qu'est-ce qui était familier/différent ?
4. Qu'est-ce que vous avez fait ? Et après ça, qu'est-ce qui est arrivé ?	5. Qu'est-ce qui était facile/difficile ? Pourquoi ?
6. Qu'est-ce que vous avez appris ? Qu'est-ce qui a changé ou n'a pas changé ?	7. Après quelques jours, quelles émotions ressentiez-vous ?

Expansion de vocabulaire

Relevez 12 mots de vocabulaire (verbes, noms, adjectifs, expressions idiomatiques) que vous avez découverts ou revus dans la discussion de ce thème et que vous allez incorporer dans votre vocabulaire actif, puis écrivez une phrase *de votre propre création* pour illustrer chaque mot ou expression. Révisez ces mots régulièrement.

Le mot/l'expression. → Une phrase pour l'illustrer

1. ______________________

   → ____

2. ______________________

   → ____

3. ______________________

   → ____

4. ______________________

   → ____

5. ____________________

→ ____

6. ____________________

→ ____

7. ____________________

→ ____

8. ____________________

→ ____

9. ____________________

→ ____

10. ____________________

→ ____

11. ____________________

→ ____

12. ____________________

→ ____

OÙ ALLONS-NOUS ?

La narration au passé, enrichie de description, c'est une histoire, et les histoires, c'est ce qui donne vie au passé. Dans cette unité, nous allons lire et raconter des histoires, en mettant l'accent sur la concordance des temps au passé. Passé composé ? Imparfait ? Plus-que-parfait ? C'est ce que la jeune protagoniste de l'histoire que vous venez de lire n'arrivait pas à maîtriser, un peu comme vous, parfois, n'est-ce pas ? Les nuances de la narration et de la description au passé sont la fine fleur de la langue française. Nous y consacrerons six chapitres. Nous allons commencer par des souvenirs à raconter.

Réviser

- Le passé composé, car la compétence avancée implique le contrôle complet des temps du passé ; or le passé composé continue à occasionner des fautes sur le choix du verbe auxiliaire et la formation, ainsi que l'accord du participe passé.
- L'imparfait, le plus-que-parfait et surtout la concordance des temps au passé. Le grand défi, ici, est de savoir quel temps utiliser quand on raconte une histoire au passé, dans le cadre d'élaborations claires et précises.

Rédiger

- Raconter les causes et les effets des actions au passé.
- Organiser une narration et description à l'aide d'un squelette narratif.
- Projet d'écriture : description d'un épisode mémorable de votre vie.

Explorer

- Des souvenirs qui sont restés gravés dans votre mémoire.
- L'ordre de la présentation des idées pour évoquer des sentiments.

THÈME 4 : DES SOUVENIRS À RACONTER

Chapitre 7 : Le passé composé ; le récit d'une expérience mémorable (I)

Où en êtes-vous ? Le passé composé

Mettez la forme correcte du verbe **au passé composé**. Cherchez les réponses à la fin du chapitre et corrigez les fautes.

Il était une fois, en Chine, un petit village qui était connu pour ses citoyens dont la posture s'avérait unique au monde. Leur démarche était rapide, élégante et belle. L'empereur ____________ (1. devenir) jaloux de ce petit village, donc il ________ (2. fermer) les portes du village pour que personne n'y entre. Mais le gouverneur les ________ (3. ouvrir), et les gens de partout ________ (4. se précipiter) dans ce petit village pour apprendre comment bien marcher – certains y ________ (5. courir). Une jeune femme ________ (6. prendre) la décision d'étudier leurs manières, alors elle ________ (7. aller) au village et elle ________ (8. rester) au bord de la rue pour regarder le style des villageois. Elle ________ (9. être) étonnée par leurs gestes magnifiques. Malgré ses efforts, elle ________ (10. ne jamais pouvoir) reproduire leurs manières. À force de rester assise et de regarder les gens passer, jour après jour, cette jeune femme __________ (11. commencer) à dépérir. Elle avait gaspillé tout son argent et elle n'avait plus rien à manger, mais elle ________ (12. ne pas mourir). Cependant, elle ________ (13. devoir) quitter la ville, mais au moment du départ, elle ________ (14. découvrir) qu'elle avait oublié comment marcher normalement. En fait, elle ne savait plus du tout marcher, alors elle ________ (15. rentrer) chez elle à quatre pattes.

Évaluez dans quelle mesure vous maîtrisez le passé composé. Mettez un « X » pour représenter votre confiance entre le contrôle partiel (« Je fais pas mal de fautes ») et le contrôle complet (« Je n'ai même pas réfléchi, c'était automatique ! »).

Le contrôle partiel ←————————————————→ Le contrôle complet

1 2 3 4 5 6 7 8 9 10

STRUCTURE : Le passé composé

OBSERVEZ ET DÉDUISEZ

La petite bergère avait 11 ans quand sa famille **a émigré** en France. Au village, sa vie était simple, mais quand elle **est arrivée** à Paris, tout **a changé** ! Elle **a dû** aller à l'école, où elle **a appris** le français. Elle **a dû** aussi s'habituer au rythme rapide de la vie dans une grande ville, ce qui **n'a pas été** facile, car le temps se mesurait différemment. Un jour, elle était tellement frustrée qu'elle **est entrée** dans une église pour pouvoir penser au calme. Elle **a « entendu »** les voix des enfants de l'école coranique ; elle **a « vu »** le vieux maître coranique qui dormait la bouche entrouverte. **A-t-elle réussi** à se détacher mentalement de son village ? En tout cas, quand elle **est sortie** dans la rue, pour la première fois depuis son départ du Maroc, elle **a apprécié** les bruits et les odeurs de Paris – un signe d'espoir !

Le passé composé est un temps verbal « composé » de deux parties : le verbe auxiliaire *avoir* ou *être* conjugué au présent, et le participe passé du verbe en question.

Dans le petit paragraphe ci-dessus, que remarquez-vous sur :

- la place du *ne… pas* ou du sujet inversé quand il y a une négation ou une inversion ?
  … ce qui a été facile → (ne… pas) ce qui ________________facile.
  Elle a réussi → (inversion) ________________?
  Est-ce l'auxiliaire ou le participe passé qui détermine l'ordre des mots ?
- la formation du participe passé pour les verbes réguliers en *-er*, en *-ir* et en *-re*?
  Donnez le participe passé des verbes suivants :
  - émigrer, arriver, changer, entrer, apprécier
  - réussir, finir, obéir
  - entendre, attendre, répondre
- les trois verbes qui se conjuguent avec l'auxiliaire être : qu'ont-ils en commun ? Et que remarquez-vous sur la terminaison du participe passé quand le verbe se conjugue avec *être* ?

RÉCAPITULATION ET FAUTES COURANTES

La plupart des fautes concernent 4 éléments : 1) le choix de l'auxiliaire : avoir ou être ? 2) la formation du participe passé, surtout pour les verbes irréguliers ; 3) l'accord du participe passé ; 4) l'ordre des mots avec un verbe au passé composé.

I. Le choix de l'auxiliaire : avoir ou être ?

- **La maison d'être**. La plupart des verbes se conjuguent avec l'auxiliaire avoir. Il suffit donc d'apprendre la liste – relativement courte – des verbes qui se conjuguent avec être. Ce sont des verbes de mouvement ou de changement d'état. « La maison d'être » permet de mémoriser cette liste.

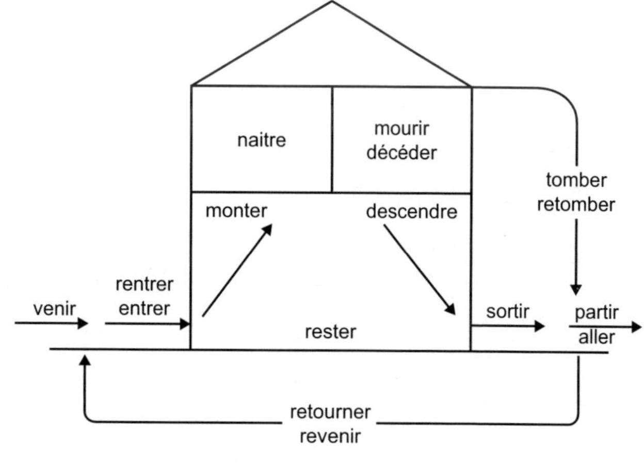

Maison d'être

- **Six verbes peuvent se conjuguer avec *avoir* OU *être*.** S'ils sont suivis d'un objet direct, c'est l'auxiliaire avoir. Sinon, c'est l'auxiliaire être.

monter	Il a monté l'escalier.	Il est monté à l'étage.
descendre	Il a descendu sa valise.	Il est descendu tout seul.
sortir	Il a sorti le chien.	Il est sorti avec des amis.
rentrer	Il a rentré la voiture au garage.	Il est rentré à 19 h.
retourner	Il a retourné le livre à la bibliothèque.	Il est retourné en France.
passer	Il a passé un mois en France.	Il est passé par ici.

Essayez ! Mettez les verbes au passé composé – à vous de choisir l'auxiliaire.

1. Je **rentre** tard, alors je **monte** directement dans ma chambre, sans faire de bruit.
2. Tu **sors** encore le chien ? Il **sort** trois fois aujourd'hui !
3. Nous **passons** nos vacances à Tahiti ; nous **retournons** à Bora-Bora.
4. On **passe** devant chez toi quand on **rentre** à la maison.
5. Je **descends** en ville pour faire des courses.

- **Les verbes pronominaux** (comme *se lever, s'amuser, se plaindre,* etc.) se conjuguent aussi avec être ; nous les étudierons au chapitre 9.

II. La formation du participe passé

Il n'y a pas de recette magique pour former le participe passé des verbes irréguliers – il faut les apprendre ! Voici une liste des participes passés pour les verbes les plus communs. Consultez l'appendice pour une liste plus complète.

Terminaison du participe passé	Infinitif	Participe passé	Exemple
-ert	ouvrir, découvrir, offrir, souffrir	ouvert, découvert, offert, souffert	J'ai ouvert la boîte et j'ai découvert le trésor qu'il m'a offert. Nous avons beaucoup souffert.
-is	mettre (promettre, etc.) prendre (comprendre, etc.)	mis pris	On a mis 2 heures à venir. J'ai pris mon temps, mais j'ai tout compris.
-it	dire écrire	dit écrit	Je t'ai déjà dit que j'ai tout écrit.
-u	boire connaître courir devoir falloir lire plaire pleuvoir pouvoir recevoir savoir tenir (obtenir, etc.) venir (devenir, etc.) voir vouloir	bu connu couru dû fallu lu plu plu pu reçu su tenu venu vu voulu	Il a trop bu. Je l'ai connu au lycée. On a couru vite. J'ai dû attendre. Il a fallu partir. As-tu lu *Les yeux baissés* ? Ce livre m'a beaucoup plu. Il a plu pendant la nuit. On a pu s'expliquer. J'ai reçu ton message. J'ai su la réponse ! Il a obtenu son diplôme. Il est venu chez nous. On n'a rien vu. J'ai voulu partir, mais je n'ai pas pu.

Terminaison du participe passé	Infinitif	Participe passé	Exemple
Exceptions individuelles	avoir être faire mourir naître rire, sourire suivre	eu été fait mort né ri suivi	On a eu peur. On a été surpris. Qu'est-ce que tu as fait ? Il est mort il y a longtemps. Où es-tu né(e) ? On a beaucoup ri. J'ai suivi plusieurs cours de français.

Essayez ! En groupes de deux, exercez-vous à produire le participe passé le plus vite possible, à tour de rôle, dans le désordre, en cachant les deux colonnes de droite du tableau. Donnez la forme « il » pour chaque verbe.

Ex. : apprendre → il a appris ; revenir → il est revenu

III. L'accord du participe passé

- Pour les verbes conjugués avec **avoir**, il n'y a pas d'accord du participe passé, à moins qu'il y ait un objet direct qui précède le verbe. L'accord se fait alors avec l'objet direct.

  On a **lu** des livres. (pas d'accord)
  Quels livres avez-vous **lus** ? (accord avec *livres*, l'objet direct qui précède)
  Vous les avez **aimés** ? (accord avec *les*, pronom d'objet direct qui représente les livres)
  C'est l'histoire que j'ai **préférée**. (accord avec histoire, féminin singulier)

  Mais attention : il n'y a pas d'accord avec le pronom ***en***.

  On a lu plusieurs histoires → On en a **lu** plusieurs.

  Il n'y a pas non plus d'accord avec un objet indirect.

  Il nous a **parlé**. (on parle **à** quelqu'un → *nous* est un objet indirect)

  Comparez : il nous a **vus** (on voit quelqu'un, *nous* est un objet direct, accord) et il nous a **souri** (on sourit **à** quelqu'un, objet indirect, pas d'accord)

- Pour les verbes conjugués avec **être**, le participe passé s'accorde avec le sujet.

  Elle est **sortie** avec des amis ; ils sont **revenus** très tard.

- Lorsque le sujet est **on**, l'accord du participe passé dépend du sens. Si le **on** est synonyme de nous, on fait l'accord. Si le **on** a un sens impersonnel, il n'y a pas d'accord.

  On est **arrivés** tard. (= nous sommes arrivés tard)
  Dans l'histoire de la démocratie, on est **arrivé** à un point où personne n'y croit plus.

- Les verbes pronominaux, qui se conjuguent avec **être**, suivent parfois des règles particulières, que nous étudierons au chapitre 9. Dans la majorité des cas, le participe passé s'accorde avec le sujet.

  Elle s'est **réveillée** très tôt, mais elle ne s'est pas **levée** tout de suite.
  Nous nous sommes **dépêchés** de finir nos devoirs.

Essayez ! Accord ou pas d'accord ? Mettez les verbes au passé composé.

1. Elle passe chez nous, mais nous ne la voyons pas.
2. Nous restons à la maison toute la journée ; nous ne sortons pas.

3. Je vais à la bibliothèque ; voici les livres que je sors.
4. On tombe par terre, mais on n'a pas mal.
5. Elle raconte des histoires farfelues ; nous ne la croyons pas.
6. Quels cours de français suis-tu ? Lesquels te plaisent particulièrement ?
7. Ils ne sont pas satisfaits des notes qu'ils reçoivent.
8. Quelles mesures prends-tu ? Est-ce que tu en considères plusieurs ?
9. C'est une situation que nous ne créons pas, mais nous en devenons responsables.
10. Elles ne retournent jamais dans la ville qu'elles quittent il y a 20 ans.

IV. L'ordre des mots

- **La négation**

  Comme nous l'avons vu au chapitre 6, le **ne** se met toujours devant l'auxiliaire.

  - Pour **ne... pas, ne... plus, ne... jamais** et **ne... rien**, la deuxième partie de la négation se met *entre* l'auxiliaire et le participe passé.

    Nous **n'**avons **rien** fait de spécial ; nous **ne** sommes **jamais** allés en ville.
  - Pour **ne... personne, ne... aucun, ne... ni... ni, ne... nulle part** et **ne... que**, la deuxième partie de la négation se met *après* le participe passé.

    Il **n'**a écouté **personne**, mais il **n'**a fait **aucune** faute.

    On **n'**est allés **nulle part**, on **n'**a joué **ni** au tennis **ni** au golf.

    Les enfants **n'**ont fait **que** des bêtises.

- **L'interrogation**

  Pour l'inversion, il faut se rappeler que le sujet inversé accompagne toujours le verbe conjugué, donc au passé composé, c'est le verbe auxiliaire.

  Sont-ils partis ? **A-t-elle** eu peur ?

- **Les adverbes**
  - Les adverbes courts (qui ne se terminent pas en *-ment*) se mettent entre l'auxiliaire et le participe passé.

    J'ai **déjà** lu cette histoire ; je l'ai **beaucoup** aimée. J'ai **presque** fini de l'analyser.
  - Les adverbes en **-ment** se mettent généralement après le participe passé, sauf si l'on veut mettre un accent affectif sur l'adverbe.

    Il nous a parlé **franchement**, et nous avons répondu **poliment**.

    J'ai **complètement** oublié de faire mes devoirs ! Le professeur l'a **sûrement** remarqué.
  - Les adverbes de temps et de lieu se mettent au début ou à la fin de la phrase, comme d'habitude.

    Il est arrivé **hier soir** ; il n'est pas resté **longtemps**.

    Cet après-midi, quand la pluie s'est arrêtée, les enfants ont joué **dehors**.
  - **Peut-être, sans doute, heureusement**. Quand ces adverbes sont placés au début de la phrase, rappelez-vous qu'il faut ajouter un **que**.

    Heureusement que nous sommes arrivés à temps ! **Peut-être que** c'était un coup de chance.
  - En style très formel, si les adverbes **peut-être, sans doute, aussi** et **à peine** sont placés au début de la phrase, ils entraînent une inversion du pronom sujet et du verbe.

    Sans doute a-t-il eu peur. Il ne comprenait pas ce qui se passait, **aussi** a-t-il fallu qu'on lui explique la situation.

- Quand il y a **une négation** ET **un adverbe**, la négation précède généralement l'adverbe, **sauf** dans le cas de *peut-être, sans doute, probablement, sûrement.*

  Je n'ai **pas bien** compris la question.

  Vous ne l'avez **peut-être pas** écoutée.

  Il n'a **sûrement pas** osé dire cela.

Application

A. La petite bergère marocaine à l'école. *Par écrit*, mettez les verbes en italique au passé composé, en faisant attention au choix de l'auxiliaire, à l'accord du participe passé et à l'ordre des mots. Le contenu de cette activité est inspiré du chapitre 7 de *Les yeux baissés.*

1. Le premier jour, mon père *m'accompagne* à l'école.
2. La brave Mme Simone nous *présente* à la directrice, qui nous *fait* un grand sourire.
3. Puis elle me *prend* par la main et, en quelques minutes, je *passe* dans un autre monde.
4. L'instituteur me *place* dans un groupe de garçons et de filles.
5. À l'école coranique, les garçons et les filles n'*ont* jamais le droit de s'assoir ensemble.
6. L'instituteur *parle* uniquement en français, même quand je lui *pose* une question en berbère.
7. Il *utilise* des cubes pour nous apprendre à compter ; à la fin de la journée, je *mets* trois cubes de couleurs différentes dans mon sac et je les *offre* à ma mère, pour qu'elle y mette ses épices.
8. Mon père *se met* en colère et *m'explique* que je *vole* ces cubes.
9. Le lendemain, je *dois* rapporter les cubes à l'école, et *j'ai* honte.
10. Ce deuxième jour, une Espagnole *prend* mon ardoise sans me demander et je la *mords*, donc je *suis* punie.
11. Le troisième jour, je ne *bouge* pas et *j'apprends* à dire les couleurs en français.
12. Au bout d'un mois, je *peux* écrire mon nom et lire les inscriptions sur les panneaux et sur les affiches dans la rue. Ça *devient* un jeu pour moi.
13. Au milieu de l'année, je *passe* dans la classe au-dessus, où on faisait des phrases. Je *commence* par recopier celles du tableau, puis *j'ajoute* des mots et je *montre* à la maîtresse les phrases que je *crée.*
14. Mon père *m'achète* un dictionnaire pour enfants. Au début, je *dors* avec le dictionnaire sous mon oreiller pour mieux absorber tous ces mots.
15. Une nuit, je *supprime* l'oreiller et je *mets* ma tête directement sur le livre magique, mais *j'ai* du mal à m'endormir.
16. C'est peut-être pour ça que je *fais* un cauchemar où les mots français et les mots berbères *se battent* en une véritable guerre. Il y *a* des blessés, notamment certains mots composés.
17. Je *me réveille* avec une forte migraine. En bâillant, ma mâchoire *se coince* et *j'ai* peur.
18. Ma mère *vient* me consoler, mais je *n'ose* pas lui raconter mon rêve.
19. *J'ouvre* mon dictionnaire pour vérifier l'orthographe de certains mots et je *souris.*
20. Rien ne *bouge* sur les pages, les mots *restent* les mêmes. Quel soulagement !

B. Rentrer, retourner ou revenir ? Ces trois verbes causent un peu de confusion. Rentrer et revenir sont plus ou moins synonymes. On *rentre* chez soi (ou on rentre à la maison), on *revient* à l'endroit d'où on était parti. *Retourner*, c'est aller une autre fois dans un endroit autre que chez soi.

Complétez les phrases avec le verbe approprié au passé composé.

1. La petite bergère ____________________ à son village au sud du Maroc. (ne… jamais)
2. Après cette expérience dans l'église, les souvenirs de son village ____________________ la hanter. (ne… plus)
3. Le premier jour de classe, elle ____________________ de l'école avec des cubes qui ne lui appartenaient pas. Le lendemain, elle les ____________________ à l'école.
4. Je ne sais pas à quelle heure mes colocataires ____________________ hier soir, je n'ai rien entendu.

5. Ma mère a tellement aimé ce film qu'elle ________________ le voir une deuxième fois.
6. Nous ________________ vraiment fatigués de ce long voyage. Avec le décalage horaire, quand nous ________________, il était 19 h chez nous, mais c'était comme le milieu de la nuit pour nous.

C. **Du passé simple au passé composé.** Transposez les verbes du passé simple au passé composé. Pouvez-vous les reconnaître tous ? Le contenu de l'activité est inspiré du chapitre 10 de *Les yeux baissés.*

La brave Mme Simone __________ (eut) du mal à convaincre mon père de me laisser partir en « classe de neige ». Il ne comprenait pas cette histoire d'école en dehors de l'école. Il __________ (crut) que c'était un plan pour quitter la famille. Ma mère ____________ (se renseigna) chez les voisins dont les enfants partaient, eux aussi, en classe de neige. Mes parents ____________ (acceptèrent) à contrecœur.

____________ (Ce fut) à ce moment-là, juste après le camp de neige, que ______________ (survint) le mois du ramadan. Pour la première fois, je devais le faire, je n'étais plus une petite fille. ______________ (J'acceptai) de faire plaisir à mes parents. Je me ______________ (laissai) réveiller, au milieu de la nuit, pour le repas d'avant le lever du soleil. Je me sentais lourde et j'arrivais à l'école à moitié endormie. Le troisième jour, je ____________ (cessai) de faire le jeûne et je ______________ (mangeai) en cachette. Mon père n'en ______________ (sut jamais rien).

Application communicative

Discutez en groupes de deux.

A. **Complétez les phrases de façon personnelle.** Élaborez le plus possible.
   1. Heureusement que je n'ai jamais… parce que…
   2. Peut-être que j'ai eu tort de… parce que…
   3. Je n'ai jamais compris pourquoi…
   4. Personne ne m'a cru quand…
   5. Le cours où j'ai appris le plus, c'est… parce que…
   6. Quelque chose qui m'a fait rire, l'autre jour, c'était… Voilà ce qui s'est passé…

B. **Le week-end dernier.** Avec un nouveau (une nouvelle) partenaire, comparez ce que vous avez fait et ce que vous n'avez pas fait le week-end dernier. Si votre week-end n'était pas très intéressant, inventez des activités et voyez si votre partenaire est capable de repérer ce qui était ou n'était pas vrai. Donnez le plus d'explications possible.
Modèle : Samedi dernier, j'avais une dissertation à écrire, alors je suis allé à la bibliothèque. La bibliothèque était presque vide, mais ça m'a fait du bien d'être dans le calme, loin du stress et du bruit de la semaine. Je me suis assis dans un coin, j'ai ouvert mon ordinateur, et… Malheureusement, au bout de deux heures, une copine m'a vu, alors on a commencé à parler, et puis on a décidé d'aller boire un coup… Etc.

C. **Le premier jour dans une nouvelle école.** Vous avez fait une activité sur le premier jour de la petite bergère marocaine dans une école parisienne. Est-ce que vous vous rappelez votre premier jour dans une nouvelle école ? Était-ce nouveau parce que vous veniez de déménager, ou parce que vous étiez passé de l'école primaire au collège, du collège au lycée, ou du lycée à l'université ? Racontez ce que vous vous rappelez de ce premier jour et comparez vos histoires. Quelles étaient les similarités et les différences ?

ÉCRITURE : Le récit d'une expérience mémorable (I)

PROJET D'ÉCRITURE : DESCRIPTION D'UN ÉPISODE MÉMORABLE DE VOTRE VIE

Le projet d'écriture au chapitre 8 sera une narration et description au passé de 500-700 mots, qui donne les détails et les moments spécifiques d'un épisode mémorable de votre vie. Les activités des chapitres 7 et 8 vous aideront à identifier un souvenir et à évoquer les détails et les moments spécifiques de cet épisode.

I. Les résultats et les causes

Le résultat accompli d'une cause se met au passé composé.

- Elle a été étonnée (résultat) par la foudre (cause).
- Il a été surpris (résultat) de la quantité d'aide humanitaire fournie par les Nations unies (cause).
- Marcel a su la réponse (résultat) quand le professeur la lui a révélée (cause).
- Ma copine a eu une crise cardiaque (résultat) quand elle a vu mes dépenses mensuelles (cause).

- Les expressions **parce que** et **car** donnent une justification neutre de la cause.
  - Elle est rentrée tôt car/parce que son cours a été annulé.
  - Elle est rentrée tôt car/parce que son copain l'attendait.

  Les tournures qui expriment la cause peuvent aussi offrir plus d'informations.
- **Comme**, **puisque** – pour une cause évidente
  - Comme elle s'est cassé le bras, elle n'a pas pu jouer au tennis.
  - Bon, puisqu'elle s'est cassé le bras, on n'ira pas au match de tennis.

  Notez que **comme** est toujours en tête de phrase.
- **Sous prétexte que** – pour une cause douteuse
  - Marie est rentrée tôt, sous prétexte que les enfants sont tombés malades (mais je les ai vus, il y a dix minutes, et ils ne me semblaient pas malades).
- **Étant donné que / vu que / du fait de / en raison de** – pour une cause officielle ou incontestable
  - Étant donné qu'il a plu hier soir, le match de tennis a été reporté.
  - En raison de la pluie d'hier soir, le match a été reporté à la semaine prochaine.

  Notez que l'expression **en raison de** est toujours suivie d'un nom.
- **À cause de** – pour une cause négative
  - Je n'ai pas pu terminer mes devoirs à cause d'une panne d'électricité.
- **Grâce à** – pour une cause positive
  - Elle a gagné le concours de beauté grâce à ses yeux vifs et sa disposition positive.
- **Faute de** – pour un manque
  - Elle est rentrée tôt de ses vacances, faute d'argent.
- **À force de** – pour une cause de répétition ou d'insistance
  - À force d'étudier tous les jours, elle a eu de bonnes notes dans son cours de français.

Une journée épouvantablement terrible et affreuse

Souvent quand une journée commence mal, elle continue de mal en pire. Racontez une journée épouvantable avec au moins sept événements fâcheux, véritables ou imaginaires. Donnez une cause pour chaque événement dans la journée affreuse que vous avez vécue ou que vous inventez. Utilisez aussi les connecteurs du chapitre 2 comme d'abord, ensuite, puis, alors, ainsi, etc.

Modèle :
La semaine dernière j'ai passé une journée affreuse ! **Comme** mon réveil n'a pas sonné, je me suis levée tard. **Du fait que** j'étais pressée, je me suis brûlé la langue avec mon café du matin. Ensuite, **étant donné que** je suis sortie tard de la maison, j'ai raté le bus. **Et vu que** j'ai raté le bus, je suis arrivée en retard à l'université. Ma professeure m'a vue arriver, et elle s'est fâchée **car** je n'avais pas fini mes devoirs, mais c'était **faute de** temps que je ne les avais pas finis…

Avec un(e) partenaire, comparez vos journées épouvantables. Qui a passé la journée la plus affreuse ?

II. Les premières fois

Les premières fois sont des sensations toutes neuves et l'émotion à l'état pur. Essayez de faire revivre cette émotion en décrivant les actions. Choisissez **cinq** des expériences ci-dessous et décrivez-les oralement à un(e) partenaire, mais prenez des notes afin de vous rappeler quels sujets vous intéressent le plus. Vous pouvez revoir les émotions mentionnées aux chapitres 1 et 2.

Modèle : La première fois à bicyclette
→J'avais très peur la première fois que j'ai fait du vélo. Je suis tombé à plusieurs reprises, donc j'étais vraiment embêté. Au bout de nombreuses chutes, mon père m'a enfin aidé à me tenir sur la bicyclette et cela m'a donné confiance. À force de m'entraîner toute la journée, j'ai pu m'y tenir tout seul et par la suite j'ai passé le reste de la semaine à faire du vélo tout seul.

1. Le premier petit ami / la première petite amie
2. La première déception
3. La première réussite inattendue
4. Le premier voyage sans les parents
5. Le premier jour d'école
6. La première activité de montée d'adrénaline (par exemple, le parachutisme, le ski, le *kitesurf*)
7. La première fois que vous avez vu… (la mer, la montagne, la neige, une baleine, etc.)

Quelles histoires s'avèrent les plus intéressantes ou révélatrices ? Laquelle est la plus facile ou la plus difficile à raconter ?

III. Les fêtes, les voyages et les vacances

Parler des fêtes est une autre méthode efficace pour explorer des histoires personnelles à raconter. Ces expériences contiennent souvent des personnes et des actions importantes. Expliquez **cinq** des expériences suivantes de manière détaillée. Nommez les personnages et décrivez-les davantage. Situez l'action, mais narrez aussi le dénouement de l'histoire. Faites cet exercice oralement avec un(e) partenaire, mais prenez des notes afin de vous rappeler quels sujets vous intéressent le plus.

Les fêtes

1. La fête nationale
2. Un anniversaire pas comme les autres
3. La veille ou le jour de Noël ou autre fête religieuse
4. Le Mardi gras
5. Une autre fête que l'on célèbre dans votre famille ou culture

Les voyages et les vacances

6. À l'étranger, domestiques ou à la maison
7. En camping, sur la route, en croisière ou autre
8. En famille, avec des amis ou tout(e) seul(e)

Autres histoires mémorables

9. Le jour où…
10. Lorsque je…

Quelles histoires sont les plus captivantes ? les fêtes ? les premières fois ? les voyages ? les vacances ? Lesquelles sont les plus faciles à raconter ? Prenez des notes pour le projet d'écriture du chapitre 8.

RÉPONSES À L'EXERCICE OÙ EN ÊTES-VOUS ? LE PASSÉ COMPOSÉ

1. L'empereur ***est devenu*** *2. il* ***a fermé*** *les portes 3. le gouverneur* ***les a ouvertes*** *4. les gens de partout* ***se sont précipités*** *dans ce petit village 5. certains* ***y ont couru*** *6. Une jeune femme* ***a pris*** *la décision 7. elle* ***est allée*** *au village 8. elle* ***est restée*** *au bord de la rue 9. Elle* ***a été*** *étonnée par leurs gestes 10. elle* ***n'a jamais pu*** *reproduire leurs manières 11. Cette jeune femme* ***a commencé*** *12. elle* ***n'est pas morte*** *13. elle* ***a dû*** *quitter la ville 14 elle* ***a découvert*** *15. elle* ***est rentrée*** *à quatre pattes*

THÈME 4 : DES SOUVENIRS À RACONTER

Chapitre 8 : L'imparfait et le plus-que-parfait ; la concordance des temps au passé ; le récit d'une expérience mémorable (II)

Où en êtes-vous ? L'imparfait et le plus-que-parfait

Mettez la forme correcte du verbe à l'imparfait OU au plus-que-parfait, selon le sens. Cherchez les réponses à la fin du chapitre et corrigez les fautes.

Chaque été, en famille, nous ________ (1. aller) à la plage en Floride. Notre destination ________ (2. être) toujours le même endroit : St. Augustine. Quelques années auparavant, nous ________ (3. découvrir) un joli appartement qui ________ (4. appartenir) à un couple. C'________ (5. être) un appartement tout près de la mer et on ________ (6. pouvoir) voir la plage. Nous ne/n'________________ (7. ne pas y retourner) depuis que nos enfants ________________ (8. partir) pour l'université, mais l'année dernière ma femme et moi avons décidé de revoir la mer. Avant de partir, nous ________ (9. devoir) tout préparer. Comme je ________ (10. travailler) tard, c'était ma femme qui ________ (11. organiser tout). Elle ________ (12. faire) les valises et elle ________ (13. charger) la voiture parce qu'elle ________ (14. avoir) peur que j'emporte trop d'affaires pour la plage. Elle disait qu'elle ________ (15. prévoir déjà) les activités que nous ________ (16. aller) faire. En fait, elle ________ (17. ne pas savoir) que j'________ (18. aller) la surprendre. Nous sommes donc arrivés à St. Augustine, il ________ (19. faire) beau et chaud, mais la ville ________ (20. changer beaucoup) ; certains commerces ________ (21. disparaître), et d'autres ________ (22. être) nouveaux. Chaque matin, nous ________ (23. marcher) ensemble sur le sable, mais l'après-midi, le vent ________ (24. se lever) tous les jours et je ________ (25. faire) du *kitesurf*, ce qui ________ (26. embêter) ma femme, parce qu'elle ne ________ (27. savoir) pas que j'________ (28. cacher) mon aile de *kite* et ma planche de *kitesurf* dans la voiture avant de partir. Cela fait longtemps que nous sommes mariés… elle aurait dû le savoir, je suis fanatique de *kitesurf*.

Évaluez dans quelle mesure vous maîtrisez la formation et le choix de l'imparfait ou du plus-que-parfait. Mettez un « X » pour représenter votre confiance entre le contrôle partiel (« Je fais pas mal de fautes ») et le contrôle complet (« Je n'ai même pas réfléchi, c'était automatique ! »).

Le contrôle partiel ←————————————→ Le contrôle complet

1 2 3 4 5 6 7 8 9 10

STRUCTURE : L'imparfait et le plus-que-parfait

OBSERVEZ ET DÉDUISEZ

Le passé de la petite bergère marocaine **était** vraiment simple : des journées identiques qui **s'étiraient** comme une corde à trois nœuds, les trois moments où il **se passait** quelque chose. Mais à Paris, la corde du temps **était** une suite de nœuds serrés les uns aux autres. Que **fallait-il** faire pour s'adapter ? Son père **n'avait jamais quitté** le village. Oui, il **travaillait** dans une usine de la région parisienne, mais mentalement, il **n'était jamais parti**. Pourtant, il **était parti** bien avant le reste de la famille, comme presque tous les hommes du village. Il **avait trouvé** ce travail dans une usine, il **avait fait** des économies et il **avait pu** faire venir sa femme et ses enfants. Au village, il n'y **avait** presque plus personne. Les arbres **étaient devenus** comme des fantômes qui **veillaient** sur du sable et des cailloux.

Dans votre étude du français, vous avez déjà vu de nombreux verbes à l'imparfait et au plus-que-parfait. D'après le paragraphe ci-dessus, que remarquez-vous sur :

- la formation de l'imparfait – prenez le verbe avoir, par exemple, quelle forme du présent de l'indicatif est utilisée comme racine de l'imparfait ? La forme *il ? nous ? ils ?*
- la formation du plus-que-parfait – quelles sont les deux composantes de ce temps ? À quel temps met-on l'auxiliaire *avoir* ou *être* ?
- l'emploi des deux temps – lequel est utilisé pour exprimer une action *antérieure* au reste de l'histoire ?

RÉCAPITULATION ET FAUTES COURANTES

I. L'imparfait

Formation

Si on connaît la forme *nous* du présent de l'indicatif, l'imparfait n'est pas difficile à former : on prend la forme *nous* du présent comme racine et on ajoute les terminaisons **-ais, -ais, -ait, -ions, -iez, -aient**. Et il n'y a qu'une seule exception : le verbe *être*, avec la racine *ét-*.

La seule difficulté est de se rappeler que pour les verbes dont la racine se termine par un **-i**, comme *étudier,* pour les formes *nous et vous*, il faut mettre deux **-ii-** de suite, qui se prononcent comme un long i : nous étudiions, vous étudiiez.

Essayez ! Donnez la forme de l'imparfait des verbes suivants.

1. (être) nous ____________ 2. (finir) on ____________
3. (oublier) vous ____________ 4. (venir) je ____________
5. (faire) il ____________ 6. (pouvoir) elles ____________
7. (manger) tu ____________ 8. (prendre) il ____________
9. (lire) je ____________ 10. (rire) nous ____________
11. (boire) on ____________ 12. (écrire) tu ____________
13. (croire) je ____________ 14. (connaître) nous ____________
15. (se plaindre) elle ____________ 16. (mettre) on ____________
17. (choisir) tu ____________ 18. (voir) nous ____________

Usages

L'imparfait répond à la question : « **Comment étaient les choses ?** » C'est le temps du passé qui **décrit** l'état mental ou physique, les circonstances, les habitudes, une action en cours quand quelque chose est arrivé.

Observez : Je **lisais** (action en cours) quand le téléphone a sonné.
Il **faisait** froid, le ciel **était** gris, les gens **portaient** des manteaux. (circonstances)
Elle **partait** pour l'école à 8 h 30 et **revenait** vers 16 h 30. (habitude)
Elle **pensait** souvent à son village. (état mental)

Mais c'est une erreur de penser que les verbes d'état d'esprit, comme penser, croire, aimer, etc., sont toujours à l'imparfait. S'ils indiquent *une réaction*, ils se mettent au passé composé.

Comparez : Je **pensais** à ma mère quand le téléphone a sonné. (état d'esprit)
Quand le téléphone a sonné, **j'ai pensé** que c'était ma mère, mais en fait, c'était quelqu'un d'autre. (réaction à un moment précis)
J'aimais lire quand j'étais jeune. (état d'esprit)
J'ai aimé ce que tu as dit. (réaction à un moment précis)

Essayez ! Expliquez pourquoi on utilise l'imparfait dans les cas suivants.

1. Les enfants **jouaient** dehors quand il a commencé à pleuvoir.
2. Il **pleuvait** souvent en Bretagne.
3. Je **prenais** toujours un parapluie quand je **sortais**.
4. Je **n'aimais pas** la pluie, mais je ne **pouvais** rien y faire.
5. Je **marchais** dans la rue quand je l'ai croisé.

Autres usages

a. Quand le contexte est au passé, **le futur proche (aller + infinitif) et le passé récent (venir de + infinitif)** sont toujours à l'imparfait.
   J'allais te dire quelque chose et puis j'ai oublié.
   Je venais de finir mes devoirs quand il a téléphoné.
b. **Avec depuis** et les expressions de temps qui indiquent la continuation d'une action d'un contexte à un autre.
   - **Continuation du passé au présent** : le verbe est au **présent**.
     Je **suis** à l'université **depuis** deux ans. **Ça fait** deux ans que je **suis** à l'université.
   - **Continuation d'un moment du passé à un autre moment du passé** : le verbe est à **l'imparfait**.
     J'étais à l'université **depuis** deux ans quand j'ai décidé de changer de spécialisation.
     Ça faisait deux ans **que** j'étais à l'université quand…
c. Avec **si** pour exprimer un souhait ou un désir, ou dans une phrase hypothétique, avec le conditionnel (voir ch. 15).
   Et **si on allait** au cinéma ? (*What if… How about…*)
   Si seulement j'avais plus de temps. (*If only…*)
   Si j'avais plus de temps, j'irais au cinéma.
d. Avec l'expression **être en train de + infinitif** pour exprimer une action en cours.
   J'étais en train de manger quand ils sont arrivés.

Application

A. **En groupes de deux, comparez vos réponses** aux questions suivantes.
   1. **(venir de + infinitif)** Qu'est-ce que vous veniez de faire quand ce cours a commencé aujourd'hui ?
   2. **(aller + infinitif)** Qu'est-ce que vous alliez faire quand la pandémie (ou une autre crise) a commencé ?

3. **(Si)** Quelle serait la réaction du monde si… (considérez plusieurs situations possibles)
   a. (une guerre/éclater/entre… et …)
   b. (une attaque terroriste comme celle du 11 septembre/avoir lieu/cette fois-ci à Londres ou à Paris)
   c. (le niveau des océans/monter tellement/que plusieurs îles du Pacifique/disparaître)
   d. (Imaginez une autre situation)
4. **(Des souhaits)** Les idéalistes imaginent toujours des moyens de sauver le monde. Proposez des souhaits idéalistes pour les situations suivantes.
   Modèle : (pour réduire la pollution)→ Et si on interdisait l'énergie fossile ?
   a. (pour réduire les embouteillages dans les grandes villes)
   b. (pour réduire le harcèlement sur les réseaux sociaux)
   c. (pour réduire l'intox, ou la désinformation, dans les médias)
   d. (une autre situation ?)
5. **(Depuis)** Terminez les phrases de façon personnelle.
   a. Je savais depuis longtemps que…
   b. Ça faisait longtemps que… quand…

B. **Alors qu'avant…** Vous retrouvez quelqu'un que vous avez connu à l'école secondaire et vous remarquez que cette personne a beaucoup changé. Résumez vos impressions en terminant vos phrases par des caractéristiques contraires, selon le modèle.
Modèle : Maintenant il a beaucoup d'amis → **alors qu'avant**, il n'avait presque pas d'amis.
1. Maintenant il est plutôt mince…
2. Il dit qu'il travaille beaucoup…
3. Il fait du sport tous les matins…
4. Il est devenu assez bavard…
5. On voit qu'il prend ses études au sérieux…
6. Il dit qu'il ne s'ennuie jamais…

C. **Circonstances et impressions.** Valentine est une étudiante française qui est venue passer un an dans une université américaine. Elle se rappelle son premier jour à l'université. Mettez les phrases à l'imparfait, selon le modèle.
Modèle : C'est au mois d'août. → **C'était** au mois d'août.
1. Je viens d'arriver. 2. Il fait chaud et humide, mais tous les bâtiments sont climatisés, donc ça fait un grand contraste d'aller de l'extérieur à l'intérieur des salles. 3. Je n'ai pas l'habitude de la climatisation, alors je crains d'attraper un rhume. 4. Le campus semble énorme. 5. Je ne connais personne. 6. Certaines salles de classe sont vraiment difficiles à trouver. 7. Les gens sont gentils mais impersonnels. 8. Les profs, par contre, sont plus personnels qu'en France ; dans presque chaque cours, ils nous demandent de nous présenter ! 9. Je partage ma chambre avec une fille qui s'appelle Caroline. 10. Elle est très sympathique, mais elle parle tout le temps. 11. Certains cours se font en ligne. 12. Je me sens à la fois heureuse et triste.

D. **Et vous ?** Est-ce que vous vous rappelez votre premier jour à l'université ? En groupes de deux, comparez les circonstances et les impressions de ce premier jour : la date approximative, le temps qu'il faisait, vos impressions du campus, de votre chambre ou appartement, des gens (étudiants, professeurs, administrateurs), vos sentiments, etc. Organisez d'abord vos idées, puis racontez de façon fluide, sans oublier les mots-liens, pour que ce soit un paragraphe oral et non une suite de phrases.

II. Le plus-que-parfait

Formation

Le plus-que-parfait est un temps composé formé de l'auxiliaire *avoir* ou *être* conjugué à l'imparfait et suivi du participe passé.

Le père **était parti** bien avant le reste de la famille, comme presque tous les hommes du village. Il **avait trouvé** ce travail dans une usine, il **avait fait** des économies et il **avait pu** faire venir sa femme et ses enfants.

Essayez ! Formez le plus-que-parfait des verbes suivants, en vous rappelant les règles d'accord du participe passé et d'ordre des mots qui s'appliquaient au passé composé.

1. (arriver tôt) Elles ______________________.
2. (lire déjà) Les livres ? On les ______________________.
3. (ne rien dire) Tu ______________________, n'est-ce pas ?
4. (se souvenir à temps) Nous ______________________ de ce qu'il fallait faire.
5. (souffrir beaucoup) Ils ______________________.
6. (recevoir bien) On ______________________ le message.
7. (pleuvoir toute la nuit) Il ______________________.
8. (courir) Je/j' ______________________ pour arriver à l'heure.
9. (ne pas pouvoir) On ______________________le convaincre.
10. (ne jamais avoir) Nous ______________________si peur.

Usages

a. Le plus-que-parfait exprime une action **antérieure** au reste de la narration.
Le père **avait quitté** le village bien avant le reste de la famille.
J'avais déjà mangé quand tu es arrivé.

b. Il s'utilise avec **SI**.
- Pour exprimer un regret : Ah, **si j'avais su** !
- Dans une phrase hypothétique avec le conditionnel passé (voir ch. 15)
  Si j'avais eu plus de temps, j'aurais pu finir mes devoirs.

STRUCTURE : La concordance des temps au passé

Les questions magiques

- Le passé composé répond à la question : **« Qu'est-ce qui s'est passé ? »**
  La famille **a émigré** en France.
- L'imparfait répond à la question : **« Comment étaient les choses ? »**
  Il n'y **avait** presque plus personne au village.
- Le plus-que-parfait répond à la question : **« Est-ce que ça s'était passé AVANT ? »**
  La plupart des hommes **étaient déjà partis.**
- **« Est-ce que l'histoire progresse ? »** Seul le passé composé peut faire progresser l'action.
  Ils se sont d'abord installés à Paris, puis ils **ont déménagé** en banlieue.

Essayez ! À quel temps du passé va-t-on mettre les verbes suivants ? Déduisez la réponse, en vous posant les questions « magiques » ci-dessus, puis traduisez.

1. *It was Friday morning.* Comment étaient les choses ou qu'est-ce qui s'est passé ?
2. *I was hurrying to get out of the house.* Comment étaient les choses ou qu'est-ce qui s'est passé ?

3. *But when I got into my car...* Comment étaient les choses ou qu'est-ce qui s'est passé ? Est-ce que l'action commence ?
4. *I realized that...* Comment étaient les choses ou qu'est-ce qui s'est passé ? Est-ce que l'histoire progresse ?
5. *I had left my keys in the kitchen.* Comment étaient les choses, qu'est-ce qui s'est passé ou est-ce que ça s'était passé avant ?
6. *So I had to go back into the house...* Comment étaient les choses ou qu'est-ce qui s'est passé ? Est-ce que l'histoire progresse ?
7. *But the keys were not on the kitchen table...* Comment étaient les choses ou qu'est-ce qui s'est passé ?
8. *Where had I put them?* Comment étaient les choses, qu'est-ce qui s'est passé ou est-ce que ça s'était passé avant ?
9. *I checked my other coat...* Comment étaient les choses, qu'est-ce qui s'est passé ou est-ce que ça s'était passé avant ?
10. *...to see if I had left them in my pocket.* Comment étaient les choses, qu'est-ce qui s'est passé ou est-ce que ça s'était passé avant ?
11. *Sure enough, they were there.* Comment étaient les choses, qu'est-ce qui s'est passé ou est-ce que ça s'était passé avant ?
12. *I was quite relieved.* Comment étaient les choses, qu'est-ce qui s'est passé ou est-ce que ça s'était passé avant ?
13. *By the time I finally left...* Comment étaient les choses, qu'est-ce qui s'est passé ou est-ce que ça s'était passé avant ?
14. *...it was rush hour...* Comment étaient les choses, qu'est-ce qui s'est passé ou est-ce que ça s'était passé avant ?
15. *...I was caught in one traffic jam after another...* Comment étaient les choses, qu'est-ce qui s'est passé ou est-ce que ça s'était passé avant ?
16. *...and when I finally made it to my destination...* Comment étaient les choses, qu'est-ce qui s'est passé ou est-ce que ça s'était passé avant ?
17. *I couldn't find a place to park!* Comment étaient les choses, qu'est-ce qui s'est passé ou est-ce que ça s'était passé avant ?

Application

A. Un accident de voiture. Mettez le texte suivant au passé, en vous posant les questions magiques pour chaque verbe.

1. Ça ________________ (ne pas faire) longtemps que je ________________ (conduire) ; je/j'________________(passer) mon permis cinq ou six mois plus tôt.
2. Ce jour-là, il ________________ (pleuvoir), et je ________________(sortir) d'un virage…
3. … quand tout d'un coup, je/j'________________(voir) une voiture qui ________________(venir) d'en face…
4. … et qui ________________(faire) demi-tour au milieu de la route, juste devant moi.
5. Je ________________ (freiner), bien sûr, mais comme la route ________________(être) glissante…
6. … ma voiture ________________(déraper – *to skid*), et je ________________ (rentrer) dans une autre voiture.
7. Heureusement que je ________________(ne pas rouler) très vite.
8. Personne n'________________(être) blessé, mais il y ________________ (avoir) pas mal de dégâts matériels.
9. Le chauffeur qui ________________(faire) demi-tour devant moi ________________(ne pas se rendre compte) de la condition de la route, et il ________________(aller) trop vite de toute façon.
10. Il ________________ (s'excuser), mais c'________________ (être) sa négligence qui ________________ (causer) l'accident !

B. Et vous ? Est-ce que vous avez déjà eu, ou vu, un accident de voiture ? Était-ce un accident grave ou simplement quelques égratignures (*scratches*) ? Racontez à un(e) camarade de classe l'histoire complète de l'accident : ce que vous faisiez avant, ce qui s'est passé, ce que vous avez fait après, etc.

C. Le permis de conduire. Thierry, un jeune Français de Bordeaux, explique comment il a préparé puis passé son permis de conduire. Reconstituez son histoire au passé, en vous posant les questions magiques pour chaque verbe.

1. Je/j'__________(avoir) 20 ans ; je __________(être) étudiant à la fac de droit, à l'époque.
2. Je __________ (ne pas avoir) le désir de passer mon permis avant, car je __________ (ne pas avoir) de voiture…
3. … et puis je __________ (être traumatisé) par un accident que ma mère __________ (avoir) deux ans auparavant.
4. Comme je __________(être) dans la voiture avec elle, je__________(avoir vraiment peur), même si personne ________________ (être blessé).
5. Mais là, je __________(me dire) qu'il __________(être) temps que j'apprenne à conduire.
6. D'abord, je/j'__________(prendre) des leçons de code ; ces leçons __________(avoir lieu) à l'auto-école, en petits groupes ; certaines leçons __________(se faire) en ligne.
7. Puis, je/j'__________(prendre) des leçons de conduite ; ce/c'__________(être) des leçons individuelles d'une heure, deux fois par semaine.
8. Le jour du permis, je/j'__________(être) assez nerveux, mais l'examinateur __________(me mettre) à l'aise.
9. Il __________(commencer) par me poser des questions sur mes études, puis il __________(raconter) une blague que je/j'__________(entendre déjà).
10. Mon moniteur d'auto-école __________(être assis) derrière ; il __________(ne pas avoir) le droit d'intervenir mais sa présence __________(être) rassurante.
11. L'examinateur __________ (me dire) de rouler. Ce/C'__________ (être) en pleine ville et il y __________ (avoir) beaucoup de circulation.
12. Bien sûr, je/j'__________(devoir) faire un créneau (*parallel park*), ce qui __________(ne pas être) mon point fort.
13. Je/j'__________(s'exercer) à faire des créneaux plusieurs fois avant, mais je/j'__________(ne pas réussir) à les faire tous correctement.
14. Ce jour-là, mon créneau __________(ne pas être parfait), mais l'examinateur __________(ne pas me dire) de le refaire.
15. En tout, ça __________(ne pas durer) plus d'un quart d'heure et je/j'__________(avoir) mon permis du premier coup !

Application communicative

A. Et vous ? Expliquez à un(e) camarade de classe comment vous avez préparé et passé votre permis de conduire. Organisez d'abord vos idées :

- les circonstances (où ? quand ? avec qui ?)
- les leçons de conduite (activités habituelles, activités uniques)
- le jour du permis (ce qui s'était passé avant, comment l'épreuve de conduite s'est déroulée, vos sentiments avant et après)

Puis faites votre récit de façon claire et fluide, sans oublier les mots-liens.

Quels sont les points communs et les différences que vous trouvez dans vos histoires ?

B. Les surprises de la vie. La vie est pleine de surprises : des événements, des rencontres, des échecs, des réussites auxquels on ne s'attendait pas. Pensez à un moment de votre vie où vous avez été agréablement surpris(e). Racontez :

- les circonstances (où ? quand ? avec qui ?)
- ce qui s'était passé avant

- la surprise : qu'est-ce qui s'est passé ? Pourquoi ne vous y attendiez-vous pas ?
- ce qui s'est passé après.

Donnez tous les détails possibles et inventez-en au besoin.

Modèle : *C'était* au mois de septembre, si je me souviens bien. Je *revenais* d'une conférence à Washington D.C. et, à ma grande surprise, la compagnie aérienne *m'avait surclassée.* Je *n'avais jamais voyagé* en classe affaires avant, donc je *me régalais* déjà à l'idée d'avoir un vrai repas au lieu de quelques cacahuètes. Je *voulais* aussi dormir un peu, car je *n'avais pas eu* le temps de me reposer pendant la conférence. Malheureusement (ou heureusement), le monsieur à côté de moi *a commencé* à me parler et il *n'a pas arrêté* de parler pendant les quatre heures que le vol a duré ! D'habitude, je n'aime pas les voisins bavards dans les avions, mais ce monsieur *était* vraiment intéressant et *j'ai découvert* qu'il *était* un écrivain célèbre et que *j'avais même lu* un de ses livres. Alors on *a parlé* de ses autres livres, et il *m'a offert* un exemplaire de son dernier roman, avec une dédicace personnalisée. Après, il *m'a même envoyé* une demande d'amitié sur Facebook. Je *ne m'attendais pas* du tout à ça quand j'*étais montée* dans l'avion !

ÉCRITURE : Le récit d'une expérience mémorable (II)

PROJET D'ÉCRITURE : LES MOMENTS SPÉCIFIQUES D'UN ÉPISODE MÉMORABLE DE VOTRE VIE

Le projet d'écriture dans ce chapitre consiste à rédiger une composition de 500-700 mots qui donne les détails et les moments spécifiques d'un épisode mémorable de votre vie. Les activités du chapitre 8 vous aideront à étoffer et à organiser votre récit.

I. L'ordre des événements

Si on raconte les événements dans l'ordre chronologique, on n'emploie que le passé composé et l'imparfait, mais si on change l'ordre, on a besoin du plus-que-parfait.

Remarquez qu'une histoire racontée chronologiquement manque un peu d'intérêt.

1. Je me suis préparé en faisant un programme de révision qui était rigoureux.
2. J'ai fait tous les exercices pratiques.
3. J'ai passé un examen important à l'école.
4. J'ai relu chaque réponse avant de remettre l'examen.
5. L'alarme incendie a sonné.
6. Personne n'a pu terminer l'examen, parce que nous avons tous dû sortir de l'école et rentrer chez nous.

L'ordre de la présentation des événements peut évoquer du suspense, de la surprise ou de la curiosité. Racontez l'histoire précédente dans l'ordre suivant et utilisez la forme du plus-que-parfait quand il le faut.

A. 3, 1, 2, 4, 5, 6
B. 5, 1, 2, 3, 4, 6
C. 6, 1, 2, 3, 4, 5

En groupe de deux, comparez vos réponses et nommez au moins une émotion produite par les ordres différents. Éprouvez-vous de la curiosité ? de la déception ? de l'inquiétude ? de la frustration ?

II. Le squelette narratif

Un squelette narratif sert de fil conducteur à votre narration et description au passé. Reprenez l'expérience mémorable que vous avez choisie au chapitre précédent et que vous voulez raconter. Répondez aux questions suivantes pour élaborer un plan de votre projet d'écriture de manière générale.

1. **Situation initiale** – On présente la description des circonstances
   - Qui ?
   - Où ?
   - Quand ?
   - Événements antérieurs ?
2. **Élément déclencheur** – Une action qui change la situation initiale
   - Qu'est-ce qui est arrivé ?
3. **Déroulement de l'histoire** – La suite ou l'explication des actions
   - Qu'est-ce qui s'est/s'était passé ?
   - Comment ?
   - Pourquoi ? Y avait-il des causes antérieures ?
   - Ensuite ?
4. **Le résultat des actions**
   - Quelles ont été les actions les plus surprenantes ?
5. **Situation finale**
   - Qui ?
   - Où ?
   - Quoi ?

III. Description d'un épisode mémorable de votre vie

Rédigez une composition de 500-700 mots qui évoque les détails et les moments spécifiques d'un épisode mémorable de votre vie. Utilisez le squelette narratif que vous venez de produire pour organiser votre récit. N'oubliez pas de décrire la scène et de narrer le déroulement de l'événement.

Montrez votre composition à un(e) partenaire afin d'obtenir des conseils pour l'améliorer. Ensuite, révisez votre composition et corrigez les fautes en vous aidant de la liste de contrôle ci-dessous.

Contrôle d'écriture : Vérifier et corriger

- Fautes courantes – À corriger à l'aide d'un dictionnaire ou d'un correcteur en ligne comme bonpatron.com ou cordial.fr.
  - ❑ Accents : é, è, ê, ç, etc.
  - ❑ Orthographe : dessert ou désert ?
  - ❑ Genre : le vase ou la vase ?
  - ❑ Accords : masculin/féminin, singulier/pluriel
  - ❑ Conjugaison des verbes : Ils… -ent
  - ❑ Prépositions : en, sur, à, de, pour, par, dans, etc.

- Élaboration – Relisez. Ajoutez, çà et là, des détails supplémentaires.
  - ❑ Y a-t-il des détails spécifiques ?
  - ❑ Les idées présentées sont-elles bien développées ?
  - ❑ Ai-je de bonnes transitions d'une phrase à l'autre et d'un paragraphe à l'autre ?

- Organisation
  - ❏ Y a-t-il des liens entre idées/événements ?
  - ❏ Est-ce que les phrases progressent logiquement ?
  - ❏ Est-ce que la structure des phrases renforce la cohésion et la cohérence ?

RÉPONSES À L'EXERCICE OÙ EN ÊTES-VOUS ? L'IMPARFAIT ET LE PLUS-QUE-PARFAIT

*1. nous **allions** à la plage 2. Notre destination **était** toujours le même endroit 3. nous **avions découvert** un joli appartement 4. qui **appartenait** à un couple 5. **C'était** un appartement 6. on **pouvait** voir la plage. 7. Nous n'y **étions pas retournés**. 8. depuis que nos enfants **étaient partis** 9. Avant de partir, nous **devions/nous avons dû** tout préparer. 10. Comme je **travaillais** tard 11. c'était ma femme qui **avait** tout **organisé** 12. Elle **avait fait** les valises 13. elle **avait chargé** la voiture 14. elle **avait** peur 15. elle **avait déjà prévu** les activités 16. nous **allions** faire. 17. elle **ne savait pas** 18. **j'allais** la surprendre. 19. il **faisait** beau et chaud 20. la ville **avait beaucoup changé** 21. certains commerces **avaient disparu** 22. d'autres **étaient** nouveaux 23. nous **marchions** ensemble sur le sable 24. le vent **se levait** 25. je **faisais** du kitesurf 26. ce qui **embêtait** ma femme 27. elle ne **savait** pas 28. **j'avais caché** mon aile*

THÈME 5 : VOYAGES ET DÉCOUVERTES

Lecture et conversation : *De quoi t'ennuies-tu, Éveline ?* (Gabrielle Roy)

L'AUTEURE

Gabrielle Roy

Gabrielle Roy est née en 1909 à Saint-Boniface, une petite ville établie au Manitoba par des Canadiens français en quête de meilleurs horizons. Elle était la plus jeune de onze enfants et elle était très attachée à sa mère, qui lui a transmis ses talents de conteuse et qui lui a servi d'inspiration pour un grand nombre de ses personnages féminins, y compris Éveline dans le texte que vous allez lire. La pauvreté, dont Gabrielle Roy a beaucoup parlé dans ses romans, est une chose qu'elle a connue très personnellement dans son enfance. Grâce à une bourse, elle a pu faire des études à l'école normale de Winnipeg ; elle est devenue institutrice et a enseigné pendant huit ans dans des petites écoles rurales. Son rêve, cependant, était d'aller étudier l'art dramatique en France et en Angleterre, un rêve qu'elle a réalisé de 1937 à 1939. La guerre a précipité son retour au Canada, et elle s'est installée à Montréal où elle a collaboré à plusieurs journaux et écrit son premier roman, *Bonheur d'occasion*, qui l'a propulsée vers la gloire. C'était la première fois qu'un auteur canadien recevait le prestigieux prix Femina (1947). Plusieurs autres romans et nouvelles ont suivi, dont *La petite poule d'eau* (1950), *Rue Deschambault* (1955), *Cet été qui chantait* (1972) et son autobiographie, *La détresse et l'enchantement*, une œuvre magistrale qui est parue en 1984, un an après sa mort. Sa préoccupation en tant que romancière était moins l'intrigue (ou l'action) que l'étude psychologique des personnages. Dans la nouvelle *De quoi t'ennuies-tu, Éveline ?*, la dernière œuvre publiée de son vivant (1982), « l'action » est un long voyage en autobus, mais ce qui captive le lecteur, c'est Éveline, une femme assez âgée qui rayonne de bonté, de simplicité et d'enthousiasme.

AVANT DE LIRE

1. *S'ennuyer* n'a pas le sens traditionnel dans ce texte. *S'ennuyer de* quelqu'un ou quelque chose est une expression québécoise qui veut dire que quelqu'un ou quelque chose vous manque, qu'il y a comme un vide dans votre vie. C'est le frère d'Éveline qui a posé cette question à sa sœur, il y a bien longtemps : « De quoi t'ennuies-tu, Éveline ? » Selon vous, pourquoi est-ce qu'un frère poserait cette question à sa sœur, qui était une jeune mère de famille à l'époque ? Et quelles seraient les réponses possibles d'Éveline ? Qu'est-ce qui lui manquait, alors qu'elle était si occupée avec ses jeunes enfants ? Imaginez.
2. La nouvelle que vous allez lire se situe dans trois endroits différents : à Winnipeg, dans un autobus qui va du Manitoba à la Californie, et à Bella Vista, près de San Juan Capistrano, en Californie. Parcourez rapidement le texte pour déterminer l'événement central associé à chaque endroit, et l'état d'esprit d'Éveline.

Où ?	L'événement central	L'état d'esprit d'Éveline
À Winnipeg		
Dans l'autobus		
En Californie		

De quoi t'ennuies-tu, Éveline ? (Gabrielle Roy)

Dans sa vieillesse, quand elle n'attendait plus grande surprise ni pour le cœur ni pour l'esprit, maman eut une aventure. Elle lui arriva par Majorique, le frère qu'elle n'avait jamais cessé de chérir tendrement, peut-être parce qu'il menait la vie qu'elle eût aimée pour elle-même : partir, connaître autant que possible les merveilles de ce monde, traverser la vie en voyageur. Toute sa vie d'adulte, captive de son foyer, de ses devoirs, jamais maman n'avait abdiqué son désir de liberté, et quand la liberté vint enfin, ce fut avec la douleur des séparations. Son mari au cimetière, ses enfants dispersés, elle eut le cœur enchaîné par les souvenirs et le chagrin. [...] Ainsi va la vie sans doute. Et pourtant, c'est alors que maman eut sa récompense. Un jour de janvier, au Manitoba, elle reçut de Californie ce curieux télégramme :

Majorique à la veille du grand départ souhaite revoir Éveline. Argent suit.

– 13 –

Que pouvaient signifier ces mots : *à la veille du grand départ ?* Que Majorique était très malade, sur le point de mourir peut-être ? Ou bien qu'il s'apprêtait à partir pour une autre destination tout simplement ? [...] Le télégramme entre les mains, Éveline restait songeuse, [...] hésitant entre l'inquiétude et l'émerveillement. [...] Mais soudain, Éveline se reprit. [...] Majorique la demandait et, quelle que fût son intention, elle devait accourir sur-le-champ.

Avait-elle seulement idée de la distance entre Winnipeg et ce petit village de Californie où habitait Majorique : Bella Vista ? Probablement pas, car la folie de son frère, pour qui un voyage

– 15 –

de mille milles s'entreprenait aussi facilement qu'une visite à un voisin, cette folie la gagna aussitôt. [...] Merveilleusement, elle ignora qu'elle avait soixante-treize ans [et] que son cœur demandait des ménagements. [...] Enveloppée d'un long manteau à col de fourrure, les pieds chaussés de bottes fourrées, [...] elle s'élança vers la Californie comme si c'était au pôle qu'elle se rendait. [...]

– 16 –

[*Le long voyage de cinq jours en autobus a donc commencé, ainsi que la conversation avec plusieurs personnes assises autour d'elle, et le flot de souvenirs.*]

Et voici [...] que lui revint un souvenir. Un jour — elle était en ce temps-là une jeune femme avec une maisonnée sur les bras, plusieurs enfants tout jeunes et peu de temps pour ruminer ses regrets — un jour Majorique, en passant, s'était arrêté la saluer. Comment avait-il su qu'elle désirait autre chose que tout ce qu'elle possédait, autre chose d'imprécis et pourtant de si exigeant à sa manière ? Il avait pris entre ses mains le visage de sa sœur, scrutant les yeux : « De quoi t'ennuies-tu, Éveline ? » Et elle avait répondu : « Je ne le sais même pas, voilà qui est bien fou, n'est-ce pas, Majorique ? » — « Peut-être de ce que tu n'as pas vu, hein, sœurette ? » Et au même instant, elle avait saisi à quel point c'était vrai. « Oui, de ce que je n'ai pas vu et ne verrai sans doute jamais. » [...] Alors, serrant un peu plus fort son visage entre ses mains, Majorique lui avait promis : « Un jour, je te ferai venir, loin, là où je serai, peut-être en Californie. »

Et voyez comme tournent les choses. Il y a bien plus de merveilles au-devant de nous qu'on le croit. [...]

– 25 –

[*Ses compagnons de voyage, intrigués par l'histoire du télégramme et charmés par la personnalité d'Éveline, se sont liés d'amitié avec elle. Certains voyageurs l'ont même invitée à s'arrêter chez eux au retour.*]

Quelles braves gens, ces Américains, se dit-elle, comme ils ont le cœur sur la main, on dirait des enfants [...] généreux qui voudraient partager tout ce qu'ils ont. Elle en eut les larmes aux yeux. Le plus beau du voyage, de tous les voyages peut-être, pensa-t-elle, ce ne sont pas les sites, les paysages, si nouveaux soient-ils, mais bien l'éternelle ressemblance des hommes, sous tous les cieux, avec leur bonté, leur douceur si touchante. De plus en plus elle avait le sentiment que les humains, que presque tous les humains, au fond, sont nos amis, pourvu qu'on leur en laisse la chance, qu'on se remette entre leurs mains et qu'on leur laisse voir le moindre signe d'amitié. [...]

– 29 –

[*Le chauffeur du bus observait souvent par le rétroviseur « la petite vieille habillée comme pour aller au pôle » (30) et qui, quand elle racontait des histoires, était « tout animée » (29).*]

C'était très étrange ce qui se passait autour d'elle : à l'entendre, à la voir, elle qui était certainement très vieille, tous paraissaient rajeunis, égayés, et non seulement elle les rendait ainsi en restituant aux gens leurs propres souvenirs, mais c'était aussi elle, apparemment, qui leur faisait découvrir la beauté, l'intensité du présent. Lorsqu'on entra dans le Montana, elle s'écria, dressée tout à coup sur le bord de son siège :

— Ah, il faut que je regarde bien ! Le Montana, voilà un État que j'ai toujours désiré connaître [!] On y fait [de] l'élevage des bêtes à cornes, n'est-ce pas ? [...]

– 30 –

[*En traversant le Montana, la nuit est tombée.*]

Et les gens, dans cet autobus aux lumières éteintes, s'étaient mis à songer à leurs vies. [...] Ces collines de nuit rappelèrent à Éveline le visage de sa vieille mère [...]

– 34 –

[et son] attachement [...] pour le petit village montagneux du Québec d'où elle était partie un jour pour le Manitoba. Et ce souvenir [...] mit aussitôt ses compagnons de voyage dans l'état d'esprit qu'il faut accueillir en soi les âmes disparues. De nouveau le fermier du Wyoming parla de son vieux père. Ah, que les récits avaient le don de rassembler les gens, se dit Éveline. [...]

Autant Éveline aimait raconter, autant elle aimait écouter. Cette nuit-là, elle se sentit délicieusement dépaysée, et assez jeune encore pour goûter la richesse qui accompagne le dépay-

– 35 –

-sement. [...] À l'arrière de l'autobus se trouvait aussi un Français, qui jusque-là avait paru distant et ne s'était mêlé à aucune conversation. Mais voici qu'il éprouva à son tour le désir de charmer Éveline. [...] Étienne Denis raconta que tout jeune, il était venu de sa province terminer ses études à Paris [...]. Il décrivit les terrasses de cafés remplies de gens [...], les allées du Luxembourg, les promenades le long des quais de la Seine... Tout allait bien, chacun écoutait avec le plus grand plaisir. Pourquoi osa-t-il déclarer alors que nulle ville au monde ne pouvait se comparer à Paris ? Aussitôt, un autre voyageur [...] protesta : selon lui, la plus belle ville du monde était Vienne. Et voici qu'on cessa de voir les villes en question et d'entendre leur doux murmure. Il n'y eut plus que des voix impérieuses, tranchantes : « Non, c'est New York [...]» «Non, San Francisco...» «Non, Londres... » [...] D'un sourire peiné, Éveline tâcha de faire comprendre au Français qu'il valait mieux abandonner cette discussion. [...] Cela ne donnait rien d'affirmer, ce qui comptait c'était de faire voir, de faire aimer...

– 36 –

[*Quand Éveline est finalement arrivée à sa destination, elle a appris que son frère, Majorique, venait de mourir. Pourquoi avait-il envoyé ce télégramme si étrange ? « Que ma petite sœur Éveline fasse au moins un beau voyage, elle qui a si peu voyagé... Il ne faut jamais, en voyageant, se laisser gâter sa curiosité par l'inquiétude... » (64-65) Les enfants et petits-enfants de Majorique ont accueilli Éveline à bras ouverts, et la famille réunie a accompagné Majorique pour son dernier voyage, sur une colline de sa propriété.*]

Quand ils attaquèrent ensemble la dernière pente de la colline, Éveline pensa que Majorique, en tête du défilé, devait sourire de triomphe. N'avait-il pas réalisé aujourd'hui le plus beau tour de sa vie ?

[...] La montagne verdoyante, les fleurs exquises, ce ciel d'été quand ce devrait être l'hiver, c'en était trop sans doute pour Éveline. Elle pensa un moment : « Majorique n'est pas mort. Il s'amuse à nous réunir de tous les coins du monde pour cette promenade magnifique. » [...]

– 71 –

Alors, levant la tête, Éveline aperçut en bas, très loin, miroitant sous le soleil, une surface calme, brillante et infinie. Qu'était-ce ? Un mirage ? Ayant suivi son regard et lisant sur son visage l'expression du doute et de l'espérance, le petit Edwin [...] chuchota :

— Oui, *Auntie dear*, c'est l'océan.

– 72 –

Extraits de *De quoi t'ennuies-tu,* Éveline ?, de Gabrielle Roy (Éditions du Boréal, 2016), p. 13, 15-16, 25, 29-30, 34-36, 64-65, 71-72

PARLER ET COMPRENDRE

En groupes de deux, répondez aux questions suivantes. Essayez de donner le plus d'explications possible.

1. Pourquoi Éveline chérissait-elle tant son frère Majorique ? Y a-t-il quelqu'un, dans votre enfance, que vous aviez idéalisé et qui vivait la vie dont vous rêviez ? Expliquez.
2. Pourquoi Éveline n'avait-elle jamais voyagé ? Connaissez-vous quelqu'un comme elle ? Était-ce pour les mêmes raisons ?
3. Le télégramme : quelles étaient les interprétations possibles de ce message ? Quelle promesse Majorique lui avait-il faite de nombreuses années avant ?
4. « De quoi t'ennuies-tu, Éveline ? » À l'époque, Éveline ne savait pas, mais Majorique avait deviné. Avez-vous jamais éprouvé ce sentiment de vouloir voir ce que vous n'avez pas vu et ne verrez sans doute jamais ? Quel était cet « ailleurs » que vous vouliez voir ?
5. Qu'est-ce qui était comique dans l'apparence d'Éveline quand elle est partie ? Pourquoi les passagers du bus se sont-ils pris d'affection pour elle ? Qu'est-ce qui était contagieux chez elle ?
6. Suivant l'exemple d'Éveline, les gens ont commencé à raconter des souvenirs. Comment comprenez-vous la phrase « les récits ont le don de rassembler les gens » ?
7. Non seulement Éveline savait « restituer aux gens leurs propres souvenirs », mais elle savait leur faire « découvrir la beauté, l'intensité du présent ». Comment l'exemple du Montana illustre-t-il ce don ? Que faut-il faire pour « découvrir la beauté, l'intensité du présent » dans notre vie ?
8. Pourquoi la discussion sur les villes que les gens avaient visitées a-t-elle soudain dégénéré ? Comment Éveline a-t-elle mis fin au malaise général ?
9. Pourquoi la dernière « promenade » de Majorique était-elle « le plus beau tour de sa vie » ?
10. Que symbolisait l'océan pour Éveline ?

PERSPECTIVES

Discutez en groupes de deux, en donnant le plus d'explications possible.

1. Imaginez que vous devez décrire Éveline à quelqu'un qui n'a pas lu le texte que vous venez de lire. À tour de rôle, décrivez au passé son apparence, ses pensées, ses sentiments, ses actions et réactions, son caractère. Est-ce qu'elle vous rappelle quelqu'un d'autre que vous avez connu ? Qui ? Décrivez cette autre personne.
2. « Il y a bien plus de merveilles au-devant de nous qu'on le croit. » Dans quel contexte Gabrielle Roy a-t-elle dit cela ? Est-ce vrai pour tout le monde ? Expliquez.
3. « Le plus beau du voyage, de tous les voyages peut-être, ce ne sont pas les sites, les paysages, si nouveaux soient-ils, mais bien l'éternelle ressemblance des hommes, sous tous les cieux. » Êtes-vous d'accord ? Pensez à un voyage que vous avez fait. Est-ce que votre expérience personnelle confirme ou réfute cette phrase ? Racontez.
4. « Presque tous les humains, au fond, sont nos amis, pourvu qu'on leur en laisse la chance. » Êtes-vous d'accord ? Que faut-il faire pour « leur en laisser la chance » ? Racontez une expérience personnelle qui confirme ou réfute cette affirmation.
5. Quand les voyageurs ont commencé à comparer les grandes villes du monde pour voir laquelle était la plus belle, les voix sont devenues « tranchantes, impérieuses », et le ton de la discussion a changé. C'est alors qu'Éveline a pensé que « cela ne donnait rien d'affirmer, ce qui comptait c'était de faire voir, de faire aimer ». Quelle différence voyez-vous entre « affirmer » et « faire voir » ? Donnez des illustrations dans le contexte d'un voyage et/ou celui d'une relation avec quelqu'un.

Expansion de vocabulaire

Relevez 12 mots de vocabulaire (verbes, noms, adjectifs, expressions idiomatiques) que vous avez découverts ou revus dans la discussion de ce thème et que vous allez incorporer dans votre vocabulaire actif, puis écrivez une phrase *de votre propre création* pour illustrer chaque mots ou expression. Révisez ces mots régulièrement.

Le mot/l'expression. → Une phrase pour l'illustrer

1. ____________________

   → ____

2. ____________________

   → ____

3. ____________________

   → ____

4. ____________________

   → ____

5. ____________________

   → ____

6. ____________________

   → ____

7. ____________________

→ ____

8. ____________________

→ ____

9. ____________________

→ ____

10. ____________________

→ ____

11. ____________________

→ ____

12. ____________________

→ ____

OÙ ALLONS-NOUS ?

Puisque, pour la grande majorité des apprenants, la narration et la description au passé sont les éléments de la langue française qui ralentissent le plus la progression vers le contrôle complet des fonctions avancées, nous allons encore travailler ces fonctions, pour que la précision (formation des verbes, choix des temps) et le type de discours (le paragraphe oral ou écrit) deviennent automatiques. « Hâtez-vous lentement, et, sans perdre courage, vingt fois sur le métier remettez votre ouvrage », disait l'écrivain français Nicolas Boileau. Il en est de même pour le récit au passé : plus on s'exerce, plus on s'améliore.

Réviser

- Les verbes pronominaux au passé, qui occasionnent beaucoup de fautes, car l'accord des participes passés suit des règles très particulières.
- Les verbes à sens multiples au passé, comme devoir, vouloir, pouvoir, savoir.
- Et encore une fois, la concordance des temps au passé dans des contextes différents, mais toujours dans le cadre d'élaborations claires et précises.

Rédiger

- Utiliser les connecteurs temporels pour structurer un récit au passé.
- Utiliser les verbes attributifs et les verbes actifs pour décrire un état au passé.
- Projet d'écriture : La description d'un événement qui a changé votre point de vue.

Explorer

- Les inventions et les découvertes
- Les moments qui vous ont fait voir le monde différemment

THÈME 5 : VOYAGES ET DÉCOUVERTES

Chapitre 9 : Les verbes pronominaux au passé ; la concordance des temps au passé ; le récit d'un événement qui a changé votre point de vue (I)

Où en êtes-vous ? Les verbes pronominaux au passé

Complétez les phrases suivantes en mettant les verbes au passé (passé composé, imparfait ou plus-que-parfait). Cherchez les réponses à la fin du chapitre et corrigez les fautes.

Une grande acrobate ____ (1. s'engager) dans la présentation d'un spectacle merveilleux. Voici son numéro : les yeux bandés, elle monte sur une plateforme à une hauteur de vingt mètres, elle saute dans le vide, elle fait en l'air un triple saut périlleux, elle retombe sur la tête, au milieu de la scène, elle salue le public qui éclate d'applaudissements. Comme le numéro est très épuisant, elle ne le donne qu'une fois par jour, à l'exception de ce soir-là.

Donc, ce soir-là, elle ____ (2. se bander) les yeux, elle ____ (3. se présenter) sur scène, elle ___(4. grimper) sur sa plateforme, elle ____ (5. se lancer) dans son saut périlleux et elle ___(6. tomber) sur la tête, exactement comme le programme ____ (7. l'annoncer). Elle ___(8. se maintenir) là, debout sur la tête, raide comme un piquet, pendant une bonne minute, mais elle ___(9. s'étonner) du manque d'applaudissements et elle ___ (10. se demander) pourquoi le public ne réagissait pas. Elle ___(11. se fâcher) et, furieuse, elle ___(12. se relever), elle ___(13. remonter) sur sa plateforme, elle ___(14. se jeter encore) dans le vide, mais le public ___(15. ne s'animer toujours pas). Alors, folle de colère, et avant que quiconque ne dise quoi que ce soit, elle ___(16. s'y remettre) une troisième fois, elle ___ (17. se laisser) choir dans le vide, elle ___(18. retomber) sur la tête, et elle ___(19. s'apercevoir) que quelque chose n'allait pas bien, parce que le tonnerre d'applaudissements ___(20. ne jamais se réaliser). C'est à ce moment-là qu'elle ___(21. se rendre compte) que le régisseur lui faisait signe : « Attention, ma chère, on ouvre le rideau à présent ! C'est à toi tout de suite… » et c'est pour cela qu'elle ___(22. s'évanouir) avant le commencement du spectacle.

Évaluez dans quelle mesure vous maîtrisez les verbes pronominaux au passé. Mettez un « X » pour représenter votre confiance entre le contrôle partiel (« Je fais pas mal de fautes ») et le contrôle complet (« Je n'ai même pas réfléchi, c'était automatique ! »).

Le contrôle partiel — Le contrôle complet

1 2 3 4 5 6 7 8 9 10

STRUCTURE : Les verbes pronominaux au passé

OBSERVEZ ET DÉDUISEZ

Eh oui ! Elle allait en Californie, mais elle **s'était habillée** comme si elle allait au pôle Nord ! Toute sa vie, elle **s'était demandé** si elle aurait l'occasion de voir le monde. Elle **s'était mariée** jeune et elle **s'était dit** que la vie, c'était s'occuper de son mari, de ses enfants, de ses voisins qui, eux aussi, souffraient de la pauvreté. La liberté, c'était pour les autres. Elle **s'était réfugiée** dans le devoir et **s'était rendu compte**, après le décès de son mari et le départ de ses enfants, qu'elle **s'était usée** à servir les autres. Elle ne regrettait rien. C'était le prix de l'amour.

- Le participe passé des verbes pronominaux s'accorde parfois, comme dans **elle s'était habillée**, et parfois ne s'accorde pas, comme dans **elle s'était demandé** ou **elle s'était dit**. Pour comprendre pourquoi, il faut analyser la fonction du pronom réfléchi.
  - S'habiller, c'est habiller soi-même, n'est-ce pas ? Donc le pronom réfléchi « se » est un objet direct.
    Bien que les verbes pronominaux se conjuguent avec l'auxiliaire être, ils fonctionnent comme des verbes avec avoir : le participe passé s'accorde avec l'objet direct qui précède → elle s'était **habillée**.
  - Se demander : on demande (quelque chose) **à** quelqu'un, n'est-ce pas ? Donc le « se » est un objet indirect → pas d'accord. Elle s'était **demandé**.
  - Se dire : on dit (quelque chose) **à** quelqu'un → le « se » est un objet indirect → pas d'accord. Elle s'était **dit**.
  - Essayons un autre verbe : *elle se lave.* Raisonnement : elle lave qui ? elle-même. L'objet direct (« se ») précède, donc le participe passé s'accorde → elle s'est **lavée**.

  Maintenant, prenons : *elle se lave les mains.* Raisonnement : elle lave qui ou quoi ? Les mains. L'objet direct suit le verbe, donc pas d'accord du participe passé → elle s'est **lavé** les mains.

- **Pensons ensemble !** Mettons les verbes suivants au passé composé.
  - *Ils se réveillent.* On réveille quelqu'un ou **à** quelqu'un ? On réveille quelqu'un, n'est-ce pas ? → « se » est un objet direct (pas de préposition) → le participe passé s'accorde → ils se sont **réveillés**.
  - *Ils se regardent.* On regarde quelqu'un ou **à** quelqu'un ? Non, il n'y a pas de préposition en français → « se » est un objet direct → accord du participe passé → ils se sont **regardés**.
  - *Ils se parlent.* On parle quelqu'un ou **à** quelqu'un ? On parle à quelqu'un → le « se » est un objet indirect → pas d'accord → ils se sont **parlé**.

Essayez ! Mettez les verbes au passé composé.

1. Quand ils se voient, ils se sourient et se serrent la main.
   Quand ils se sont ______, ils se sont __________ et se sont ________ la main.
2. Elle se brosse les dents puis elle se couche.
   Elle s'est _________ les dents puis elle s'est ___________.

RÉCAPITULATION ET FAUTES COURANTES

Il y a deux catégories de verbes pronominaux : 1) **les verbes réfléchis** (actions qu'on fait sur soi-même) ou **réciproques** (actions entre deux personnes ou plus) et 2) **les verbes idiomatiques** (qui n'existent qu'à la forme pronominale ou qui changent de sens à la forme pronominale).

1. **Les verbes réfléchis ou réciproques**
   C'est pour ces verbes qu'il faut analyser la fonction du pronom réfléchi, comme nous venons de le voir. Il n'est donc pas nécessaire de mémoriser de longues listes de verbes où le pronom réfléchi est un objet direct ou indirect, il suffit de penser.
   Nous nous téléphonons → on téléphone quelqu'un ou à quelqu'un ? **à** quelqu'un → objet indirect, pas d'accord → nous nous sommes **téléphoné**.
   Nous nous rencontrons à la bibliothèque → on rencontre quelqu'un ou à quelqu'un ? on rencontre quelqu'un, objet direct, accord → nous nous sommes **rencontrés**.
   Les enfants se cachent → on cache quelqu'un ou à quelqu'un ? *cacher* est suivi d'un objet direct, donc accord → les enfants se sont **cachés**.

2. **Les verbes idiomatiques**
   Les verbes idiomatiques sont plus faciles, car l'accord avec le sujet est automatique.
   Idiomatique → accord automatique
   Quels sont ces verbes ?
   - **Les verbes qui n'existent qu'à la forme pronominale**. Exemple : se souvenir. Est-ce que le verbe *souvenir* existe ? Non, c'est toujours *se souvenir.*
     Elle se souvient → elle s'est **souvenue** (accord automatique avec le sujet).
     Ces verbes ne sont pas nombreux. Voici les plus communs.

s'assoir (*to sit down*) se dépêcher (*to hurry*) s'écrier (*to exclaim*) s'écrouler (*to collapse*) s'efforcer de (*to strive*) s'enfuir (to *flee*) s'envoler (to *fly away*) s'évanouir (*to faint*)	se fier à (*to trust*), se méfier de (*to beware of*) se moquer de (*to make fun of*) se réfugier (*to find refuge in*) se soucier de (*to worry about*) se souvenir de (*to remember*) se suicider (*to commit suicide*) se taire (*to be quiet*)

   - **Les verbes qui changent de sens à la forme pronominale.** Exemple : entendre (*to hear*) et s'entendre (*to get along*).
     Ils s'entendent bien → ils se sont bien **entendus** (accord automatique avec le sujet).

   Si vous connaissez déjà le verbe à la forme non pronominale, et si vous voyez la différence de sens, vous pouvez en déduire que c'est un verbe idiomatique. En cas de doute, il vaut mieux consulter la liste. Voici les plus communs.

aller (*to go*)	s'en aller (*to leave*)
apercevoir (*to perceive*)	s'apercevoir (*to notice, to realize*)
attendre (*to wait*)	s'attendre à (*to expect*)
douter (*to doubt*)	se douter de (*to suspect*)
ennuyer (*to annoy*)	s'ennuyer (*to be bored*) s'ennuyer de (*to long for*)
marier (*to give in marriage, to perform a marriage*)	se marier (*to get married*)
mettre (*to put*)	se mettre à (*to begin*)
passer (*to pass*)	se passer (*to happen*) se passer de *(to do without*)
plaindre (*to pity*)	se plaindre (*to complain*)
rappeler (*to remind*)	se rappeler (*to remember)*
servir (*to serve*)	se servir de (*to use*)

tromper (*to deceive*)	se tromper (*to be mistaken*) se tromper de (*to get the wrong...*)
trouver (*to find*)	se trouver (*to be located*)

- **Particularités** : le participe passé est invariable avec les verbes suivants.
  Se rendre compte (*to realize*) : Elle s'est **rendu** compte de son erreur.
  Se faire : Elle s'est **fait** de nouveaux amis ; nous nous sommes **fait** vacciner.
  Se rappeler quand le verbe est suivi d'un objet direct : Ils se sont **rappelé** le jour où...

Notez la différence :

On *se souvient DE quelque chose/quelqu'un*, mais on *se rappelle quelque chose/quelqu'un*. [Beaucoup de francophones font la faute et disent *se rappeler de...*]

3. **Un conseil** : quand vous voyez un verbe pronominal, si vous n'êtes pas sûr(e) à quelle catégorie il appartient, posez-vous les questions suivantes :
   - Est-ce une action **réfléchie** (action qu'on fait sur soi-même) ou **réciproque** (entre deux personnes ou plus) ? Si oui, rappelez-vous qu'il faut analyser la fonction du pronom réfléchi. Objet direct (pas de préposition) ? → accord du participe passé ; objet indirect (préposition à) ? → pas d'accord.
   - Est-ce que le verbe existe à la forme non pronominale ?
     - *Exemple 1 : s'habituer.* Est-ce que le verbe *habituer* existe ? Oui, on peut habituer quelqu'un à un nouvel accent, par exemple, donc s'habituer est un verbe réfléchi, où le « se » est un objet direct → elle s'est **habituée**.
     - *Exemple 2 : se fiancer.* Est-ce que le verbe *fiancer* existe ? Non. C'est donc un verbe pronominal idiomatique, accord automatique avec le sujet. Elle s'est **fiancée**.
   - Est-ce que le verbe change de sens à la forme pronominale ? Ex. : *se plaindre*. Même sans consulter la liste, vous savez peut-être qu'il y a une différence de sens entre *Je te plains* (*I feel sorry for you*) et *Je ne me plains jamais ! (I never complain!)*. Vous pouvez donc déduire que *se plaindre* est un verbe idiomatique.

   Essayez ! À quelle catégorie appartiennent les verbes suivants, et est-ce que le participe passé s'accorde ?
   Modèle : Elle s'achète des chaussures → action réfléchie, objet direct suit, pas d'accord → Elle s'est acheté des chaussures.
   1. Ils s'amusent comme des fous.
   2. Ils s'inquiètent de notre bien-être.
   3. Nous nous attendons à des résultats exceptionnels.
   4. Elles s'écrivent souvent.
   5. Elles s'évanouissent !

Application

A. **L'histoire d'un coup de foudre**. Mettez les verbes au passé composé.
   1. La première fois qu'ils se voient, ils s'aiment !
   2. Ils se regardent longuement.
   3. Ils se sourient.
   4. Ils ne se disent rien pendant quelques minutes.
   5. Puis ils se présentent l'un à l'autre.
   6. Ils se demandent s'ils se rencontrent déjà.
   7. Ils se rendent compte qu'ils ne se voient jamais avant.
   8. Ils se parlent pendant des heures.
   9. Puis ils se taisent.
   10. Ils se moquent du temps.
   11. Ils ne se séparent plus.
   12. Plus tard, ils se fiancent !

B. Éveline. Mettez les verbes au plus-que-parfait.

1. Éveline et son mari ____________________ (se connaître) très jeunes.
2. Ils ________________ (se marier) et avaient eu onze enfants.
3. Puisqu'ils étaient pauvres, ils ________________(se passer) de toute dépense superflue.
4. Ils ________________(s'acheter) un bout de terrain derrière la maison, et elle ____________(se mettre) au jardinage, pour économiser de l'argent.
5. Ils ________________ (se sacrifier beaucoup) pour leurs enfants, mais elle ________________ (ne jamais se plaindre).
6. Il y avait eu des épreuves, comme le jour où une des filles ________________(se brûler) gravement la main, ou deux des garçons ________________ (s'enfuir) de l'école.
7. Mais dans l'ensemble, les enfants ________________ (bien s'entendre), ils ________________ (bien s'amuser), ils avaient presque tous fait des études et avaient réussi leur vie.
8. Éveline ________________(se réjouir) de leurs succès.
9. Elle ________________ (se souvenir) de la promesse de son frère, oui, elle ________________ (se rappeler) ce qu'il avait dit quand il avait parlé de voyages.
10. Mais elle ________________ (ne pas s'attendre) à ce qu'il la fasse venir en Californie !

STRUCTURE : La concordance des temps au passé

Pour bien maîtriser la concordance des temps au passé, il faut beaucoup s'exercer. Donc, dans chaque chapitre de cette unité, nous allons nous exercer !

Rappel : Les questions magiques

- Le passé composé répond à la question **« Qu'est-ce qui s'est passé ? »**
  Elle **a reçu** un télégramme de son frère.
- L'imparfait répond à la question **« Comment étaient les choses ? »**
  Il **habitait** en Californie.
- Le plus-que-parfait répond à la question **« Est-ce que ça s'était passé AVANT ? »**
  Elle **n'avait** jamais pu **aller** le voir là-bas.
- **« Est-ce que l'histoire progresse ? »** Seul le passé composé peut faire progresser l'action.
  Elle s'est **décidée** à faire le grand voyage.

Application

A. Gabrielle Roy – enfance et jeunesse. Mettez le texte au passé, en vous posant les questions magiques pour chaque verbe. Parfois, il y aura plusieurs temps possibles, avec une légère différence de sens.

1. Gabrielle Roy ________(venir) d'une famille de cultivateurs québécois qui ________(immigrer) dans l'Ouest canadien au courant du 19e siècle.
2. Ces migrants ________(quitter) le Québec vers 1880, à la recherche de « l'or blond » (le blé).
3. Gabrielle ________(être) la benjamine de onze enfants et elle ________(grandir) dans un foyer où le père ________(être) souvent absent, physiquement et figurativement.
4. Les Roy ________(vivre) parmi d'autres familles canadiennes-françaises catholiques, à une époque où le Manitoba ________(connaître) beaucoup de persécution contre les minorités francophones.

5. En 1915, à l'âge de six ans, Gabrielle _______ (commencer) son éducation à l'Académie Saint-Joseph, une école catholique pour les filles. Mais, accablée par des problèmes de santé, elle _______ (manquer) souvent l'école, au point que son père la/l' _______ (surnommer) « Petite Misère ». À cause de toutes ses absences, elle _______ (ne pas s'intéresser trop) à l'école.
6. En 1916, la loi Thornton _______ (interdire) le français dans les écoles, mais les sœurs de l'Académie Saint-Joseph _______ (réussir), clandestinement, à maintenir l'enseignement du français.
7. À partir de la 7e année, Gabrielle _______ (devenir) une élève modèle ; elle _______ (multiplier) les bonnes notes et _______ (finir) chaque année à la tête de sa classe.
8. Après ses études primaires et secondaires à l'Académie Saint-Joseph, elle _______ (décider) de se consacrer à l'enseignement et _______ (s'inscrire) à l'École normale de Winnipeg.
9. Cette formation _______ (durer) un an, puis elle _______ (obtenir) un poste d'enseignante dans la petite école publique de Saint-Boniface, où elle _______ (enseigner) en anglais, pendant sept ans, dans la classe de première année.
10. Elle _______ (s'attacher beaucoup) à ces tout-petits, qu'elle _______ (décrire) plus tard dans son livre *Ces enfants de ma vie*, publié en 1977.
11. Au milieu de ces enfants, des immigrants qui _______ (venir) de tous les coins du monde, « j'_______ (apprendre) la vie en même temps que je la leur _______ (enseigner) ».
12. C'est à cette époque que Gabrielle Roy _______ (découvrir) de grands auteurs anglophones, comme Edgar Allan Poe, Hemingway et Steinbeck, et qu'elle _______ (publier) ses premiers textes, en anglais et en français, dans des périodiques locaux et nationaux.
13. Cependant sa passion, à l'époque, _______ (ne pas être) l'écriture, mais plutôt le théâtre. Elle _______ (se joindre) au Cercle Molière, une troupe amateur qui la/l' _______ (mener) jusqu'à Ottawa, où elle _______ (remporter) des prix au Festival d'art dramatique.
14. À travers ces expériences, elle _______ (se rendre compte) que « les pauvres milieux culturels qui _______ (exister) dans l'Ouest canadien _______ (être) absolument insuffisants » et « un séjour de l'autre côté de l'Atlantique _______ (devenir) plus qu'un rêve : une hantise ».
15. En 1937, pour se donner les moyens de ses ambitions, Gabrielle Roy _______ (s'engager) comme institutrice à la Petite Poule d'Eau, une région sauvage à plusieurs centaines de kilomètres au nord de Winnipeg ; un an plus tard, elle _______ (s'embarquer) pour l'Europe. Elle _______ (avoir) 28 ans.

B. Gabrielle Roy – le chemin du succès. Mettez au passé.

1. Les deux années que Gabrielle Roy _______ (passer) en France et en Angleterre lui _______ (apprendre) qu'elle _______ (ne pas être) faite pour le théâtre, mais pour l'écriture.
2. De retour au pays, elle _______ (choisir) de s'installer, non pas au Manitoba comme sa mère le/l' _______ (espérer), mais à Montréal, près des cercles littéraires, et c'est comme journaliste qu'elle _______ (se faire) connaître.
3. Ses reportages sur la ville de Montréal et sur les caractéristiques socioéconomiques des diverses régions du Québec _______ (capter) l'attention du grand public, lui _______ (permettre) de vivre plus confortablement et, surtout, de disposer de plus de temps pour écrire un roman.
4. C'_______ (être) un projet qu'elle _______ (nourrir) depuis quelque temps et dont le sujet _______ (germer) deux ans auparavant, lors de ses reportages sur les quartiers pauvres de Montréal. Son premier roman, *Bonheur d'occasion*, _______ (sortir) en 1945 et _______ (connaître) un succès international immédiat. Il _______ (être publié) à New York en 1947, sous le titre *The Tin Flute*.
5. Bien sûr, Gabrielle Roy _______ (se réjouir) de sa célébrité, mais elle _______ (ne pas être habituée) à toute cette agitation et elle _______ (se réfugier) au Manitoba en 1947, pour retrouver le calme auprès de ses sœurs.

6. C'est là qu'elle _______ (rencontrer) Marcel Carbotte, un jeune médecin manitobain, dont elle _______ (tomber) rapidement amoureuse.
7. Ils ________ (se marier) trois mois plus tard et _______ (partir) s'installer en France, où ils _________ (rester) trois ans et où Gabrielle _________ (écrire) son deuxième ouvrage, *La petite poule d'eau*, inspiré des expériences qu'elle _________ (vivre) comme institutrice dans cette région sauvage du Manitoba en 1937.
8. En 1952, le Docteur Carbotte _______ (accepter) un poste dans un hôpital de la ville de Québec, donc le couple _______ (s'installer) dans la capitale du Québec, dans un appartement qui ________ (rester) le domicile principal de Gabrielle Roy jusqu'à la fin de ses jours.
9. Chaque été, ils _______ (s'échapper) à Petite-Rivière-Saint-François, un petit village où ils _______ (s'acheter) un chalet au début de leur mariage. C'est là que Gabrielle Roy ________ (écrire) presque toutes ses œuvres pendant les trente dernières années de sa vie.
10. Elle _______ (mourir) d'une crise cardiaque le 13 juillet 1983, laissant la majorité de ses biens à des organismes d'aide à l'enfance.

Application communicative

Une biographie. Peut-être qu'il n'y a personne de célèbre dans votre famille, mais chaque vie peut être célébrée, car chaque vie illustre, de façon unique, les aspirations, les joies et les chagrins de notre destinée humaine. Pensez à une personne de votre famille – un parent, un grand-parent, un oncle, une tante, un ancêtre réel ou imaginaire – et racontez sa vie. Commencez par prendre des notes dans le tableau ci-dessous, puis en groupes de deux, racontez au passé, avec le plus de détails possible. Cette activité peut aussi se faire sous forme de présentation plus formelle devant la classe.

	Qu'est-ce qui s'est passé ? **Qu'est-ce qui s'était passé avant ?**	**Comment étaient les choses ?**
L'enfance	Des événements particuliers ?	La famille La ville, la maison Les habitudes
L'école primaire et secondaire L'université ?	Des expériences particulières	Où ? Avec qui ?
La vie professionnelle	Le premier travail Des expériences professionnelles	Où ? Avec qui ? Quelles étaient les circonstances ?
La vie personnelle	Comment se sont-ils connus ? Qu'est-ce qui était arrivé avant ? Qu'est-ce qui est arrivé après ? Les enfants Des amis	Où ? Qui ? Dans quelles circonstances ? Les habitudes ? Les lieux d'habitation ? La société à cette époque ?
Des événements particuliers	Des vacances mémorables ? Un voyage particulier ? Une expérience inattendue ?	Où ? Avec qui ? Pourquoi ?

ÉCRITURE : Le récit d'un événement qui a changé votre point de vue (I)

PROJET D'ÉCRITURE : UN ÉVÉNEMENT QUI A CHANGÉ VOTRE POINT DE VUE

Aux chapitres 7 et 8, vous avez exploré des histoires mémorables et vous avez organisé un squelette narratif pour raconter une histoire intéressante. Dans ce chapitre, vous allez trouver un sujet pour une composition de 500-700 mots **qui évoque les détails et les moments particuliers d'un événement qui a changé votre point de vue ou qui vous a fait voir le monde différemment.**

I. Les implications des inventions

Lorsqu'on décrit un événement qui nous permet de voir le monde différemment, on a besoin d'évoquer *la cause du changement, la nature du changement* et *la comparaison* entre le passé et le présent. Voici quelques expressions pour vous aider à mieux exprimer un changement de point de vue.

- **Pour exprimer la cause** : causer, entraîner, provoquer, être responsable de, engendrer, générer, favoriser, produire, créer, occasionner, susciter, déterminer, permettre
  - Les écrits personnels peuvent **entraîner** de nouvelles idées qui **favorisent** l'enrichissement de l'esprit.
  - L'investissement dans l'innovation **permet** l'entrée de nouvelles activités qui **suscitent** de nouvelles attitudes.

- **Pour exprimer un changement** : bouleverser, modifier, améliorer, accroître, s'accentuer, développer, ralentir, s'accélérer, s'atténuer, s'aggraver
  - Mon métier **a été bouleversé** par les nouvelles technologies.
  - La situation **s'est aggravée** lorsque mon budget **a été modifié**. Malheureusement, l'afflux net d'argent **a ralenti** et la croissance de la dette **s'est accélérée**.

- **Pour comparer** : avant, auparavant, hier, jadis, autrefois, il y a longtemps, dès lors, à partir de ce moment-là, depuis, aujourd'hui, maintenant, à présent
  - Il en était ainsi **auparavant**, bien **avant** mon voyage en France, j'avais toujours aimé le pain.
  - **À partir de ce moment-là**, j'ai commencé à faire du yoga pour améliorer mon humeur.
  - Si **jadis**, le passage d'un train constituait un moment de plaisir, **aujourd'hui** on n'y fait plus attention.

Les inventions changent le monde ou, au moins, elles changent notre manière d'agir dans le monde. Pour chacune des catégories suivantes, choisissez une invention et racontez comment elle a transformé l'expérience humaine.

Modèle : L'invention du papier

→ L'invention du papier a changé le monde, parce que le papier a permis l'enregistrement rapide des transactions économiques, du dogme religieux, la littérature et les pensées philosophiques. Jadis, on devait soit tout mémoriser, soit écrire sur des tablettes de pierre, de métal ou de cire, ce qui ne se faisait que difficilement. Le papier a donc pu accélérer l'acquisition et la transmission de connaissances économiques et scientifiques. De nos jours, cependant, on se sert plus des moyens électroniques que du papier pour les communications et pour la préservation des données.

1. **La communication** : l'imprimerie de Gutenberg (1454), les téléphones portables (1973), la création d'Internet (1989), l'émergence des médias sociaux (2003)
2. **Les transports** : l'invention de la roue (2000 av. J.-C.), l'automobile (1889), le premier vol des frères Wright (1903)

3. **L'agriculture** : le moulin à vent (700 av. J.-C.), l'invention de la charrue (300 av. J.-C.), l'invention des engrais (fertilisants) (1840), les premiers systèmes hydroponiques (1930)
4. **L'énergie** : la machine à vapeur (1690), la découverte de l'électricité (1800), l'usage moderne du pétrole (depuis 1900)
5. **La science** : la découverte du chiffre zéro (2000 av. J.-C.), le premier ordinateur (1946), la construction de la station spatiale internationale (2011), les appareils intelligents comme Alexa (2014)
6. **La santé** : la chasse d'eau (1592), la pasteurisation (1865), le contraceptif oral ou la pilule (1955), un vaccin contre la COVID-19 (2020)
7. **Les sports** : le golf (1297), le basket (1891), le foot (le moyen âge), le tennis (1874), le sport électronique (*e-sport*) (1990)
8. **Les armements** : la catapulte (400 av. J.-C.), le canon (1313), la bombe atomique (1945), les cyberarmes (1999)

II. Découvertes et sources d'inspiration

Une découverte qui nous change n'a pas besoin de changer le monde entier. Des expériences personnelles peuvent changer fondamentalement notre manière de penser. Pensez à une expérience qui vous a inspiré(e) dans votre vie. Comment a-t-elle changé votre perspective du monde ? Trouvez un exemple dans votre vie personnelle pour chacune des catégories ci-dessous et écrivez un paragraphe où vous décrivez comment cet événement vous a inspiré(e) à voir le monde différemment.

Modèle : Un livre

→ Le livre qui a complètement changé ma vie, c'est *Le Petit Prince,* de Saint-Exupéry. Avant de lire ce livre, je détestais les livres narratifs ; en fait, je n'aimais pas du tout lire quoi que ce soit. Je préférais regarder des films ou des petites vidéos de YouTube. Lorsque je devais lire un livre pour mon cours de français, je lisais des sommaires en ligne et je parlais à d'autres étudiants pour pouvoir participer à la discussion en classe. Mais, à partir du moment où j'ai compris l'histoire du renard et le sens du terme « apprivoiser » dans le contexte du *Petit Prince*, mon attitude envers la lecture a complètement changé. Au lieu de voir la lecture de ces livres comme un devoir scolaire, j'ai éprouvé le désir de découvrir pour moi-même les personnages et les messages des lectures prescrites. En fait, je n'ai pas seulement découvert « le Petit Prince », j'ai découvert le plaisir de la lecture dans ma vie quotidienne.

1. Les arts (un roman, un poème, une chanson, un film, etc.)
2. La nature (un phénomène naturel, une expérience dans la nature, une photo, etc.)
3. Les lieux (un voyage important, un déménagement dans un nouveau quartier, l'arrivée à l'université, etc.)
4. Les événements (un mariage, une naissance, un divorce, un décès, l'obtention d'un diplôme, etc.)

Faites part d'une des expériences à un(e) partenaire. Est-ce que vous avez eu des expériences semblables ?

III. Connecteurs temporels

Nous avons étudié les connecteurs logiques (p. ex., alors, donc) et les connecteurs causaux (p. ex., puisque, du fait que), et pour bien raconter une histoire, il faut des connecteurs temporels. Voici une liste de connecteurs temporels fréquents.

- Pour parler d'événements simultanés :

  quand, lorsque, en même temps que, pendant que, comme, au fur et à mesure que, au moment où

  Le téléphone a sonné **lorsqu'**elle est entrée.
  Au moment où ils arrivaient, nous partions.
  J'achetais des billets en ligne **pendant qu'**elle commandait un Uber, car nous allions au cinéma ensemble.
  Il écrivait de mieux en mieux **au fur et à mesure que** son cours de français progressait.

- Quand il s'agit d'un temps précis, le pronom relatif est « où », et non « que ».
  Le jour où l'on avait étudié du matin jusqu'au soir...
  L'année où la Russie a envahi l'Ukraine...

- Pour parler d'événements simultanés mais exprimer une opposition :
  alors que, tandis que
  J'ai sauté dans le bus **alors qu**'elle commandait un Uber, car notre rendez-vous s'est mal terminé.
  J'étudiais le soir **tandis que** mon frère jouait aux jeux vidéo.

- Pour parler d'événements simultanés mais répétitifs :
  chaque fois que, toutes les fois que
  Chaque fois que j'entrais dans la pièce, ma mère me demandait de faire une autre tâche ménagère.

- Pour parler d'événements postérieurs :
  après que, depuis que, dès que, aussitôt que, maintenant que
  Mon fils est parti **après que** je lui ai donné les clés de la voiture.
  Depuis que je me suis tordu la cheville, ma camarade de chambre doit m'aider à me déplacer.
  Maintenant que je suis à l'université, je communique plutôt par SMS avec ma famille.
  N.B. Si le sujet ne change pas, on préfère un nom ou l'infinitif passé.
  Je suis malade **depuis** mon arrivée. VS Je suis malade **depuis que** Samuel est arrivé.
  Marc est parti **après** avoir mangé. VS Jason est parti **après que** Marc a fini de manger.

- Pour parler d'événements antérieurs, il faut utiliser le subjonctif (voir le chapitre 17) :
  avant que, jusqu'à ce que, en attendant que
  Heureusement que Marie est arrivée **avant qu**'il ne pleuve.
  J'ai terminé mes devoirs **en attendant que** le prof (ne) revienne.

Avec un(e) partenaire, réécrivez les phrases suivantes en remplaçant le mot **quand** par un connecteur temporel approprié. Lequel convient le mieux pour chaque phrase ?

Modèle : **Quand** j'ai acheté mon premier télescope, j'ai passé des nuits entières à regarder les étoiles.
→ **Après avoir** acheté mon premier télescope, j'ai passé des nuits entières à regarder les étoiles.

1. Je me rappelle **quand** on m'a fait voir les étoiles pour la première fois.
2. J'ai commencé à observer les étoiles **quand** je vivais au Canada.
3. Je sortais mon télescope **quand** le soleil se couchait.
4. **Quand** j'ai mieux compris le positionnement des étoiles, je me suis rendu compte que l'Univers déborde de beauté.
5. Souvent, ma femme m'accompagnait **quand** je montais sur le toit en terrasse pour voir les étoiles.
6. Un soir, il faisait déjà noir **quand** elle est rentrée.
7. Donc, elle est rentrée **quand** j'étais déjà en train de regarder les étoiles et on n'a pas pu dîner ensemble.
8. Même les voisins savaient que **quand** il faisait beau le soir, j'étais toujours dehors en train de regarder le ciel.
9. Parfois, certains voisins se joignaient à ma recherche d'une étoile **quand** ils avaient du mal à dormir.
10. **Quand** j'ai découvert l'astronomie, j'ai voulu partager ma passion avec tout le monde.

Changez de partenaire et comparez vos réponses.

RÉPONSES À L'EXERCICE OÙ EN ÊTES-VOUS ? LES VERBES PRONOMINAUX AU PASSÉ

1. Une grande acrobate **s'était engagée** *2.* **elle s'est bandé** *les yeux 3. elle* **s'est présentée** *sur scène 4. elle* **a grimpé** *5. elle* **s'est lancée** *dans son saut périlleux 6. elle* **est tombée** *sur la tête 7. le programme* **l'avait annoncé/annonçait** *8. Elle* **s'est maintenue** *là 9. elle* **s'est étonnée** *du manque d'applaudissements 10. elle s'***est demandé** *11. Elle* **s'est fâchée** *12. elle* **s'est relevée** *13. elle* **est remontée** *14. elle* **s'est encore jetée** *15. le public* **ne s'est toujours pas animé/ne s'animait toujours pas** *16. elle* **s'y est remise** *17. elle* **s'est laissée** *choir dans le vide 18. elle* **est retombée** *sur la tête 19. elle* **s'est aperçue** *20. mais le tonnerre d'applaudissements* **ne s'est jamais réalisé** *21. elle* **s'est rendu compte** *que le régisseur 22. elle* **s'est évanouie**

THÈME 5 : VOYAGES ET DÉCOUVERTES

Chapitre 10 : Les verbes à sens multiples : devoir, vouloir, pouvoir, savoir ; la concordance des temps au passé ; le récit d'un événement qui a changé votre point de vue (II)

Où en êtes-vous ? Les verbes à sens multiples

Complétez les phrases suivantes en mettant la forme correcte du verbe au passé (l'imparfait, le passé composé ou le plus-que-parfait).

L'occupation allemande de la France pendant la Deuxième Guerre mondiale s'appelait tout simplement « l'Occupation ». Énormément de choses avaient changé pour les Français. On manquait de nourriture, de liberté et des besoins vitaux.

Les citoyens avaient des cartes de rationnement avec lesquelles on ____ (1. pouvoir) se procurer les produits alimentaires. Chaque Français ____ (2. devoir) faire la queue devant les boutiques qui, parfois, ____ (3. devoir) fermer quelques jours par semaine. Les Français ____ (4. pouvoir) aussi aller au marché noir pour acheter des aliments à des prix très élevés. Ceux qui ____ (5. ne pas pouvoir) y aller souffraient de la faim. Certains petits métiers se sont inventés par nécessité – la queutière se faisait payer pour remplacer quelqu'un dans une file d'attente. C'est-à-dire qu'une personne ____ (6. pouvoir) payer quelqu'un pour faire la queue. En plus, les Allemands avaient imposé un couvre-feu sévère que les Français ____ (7. devoir) respecter. Pourtant, l'affluence des cinémas et des activités sportives s'est intensifiée pendant cette période – apparemment, les Français ____ (8. vouloir) oublier la guerre pendant quelques heures de la semaine. Le charbon était aussi très limité, donc ils ____ (9. devoir) l'économiser autant que possible.

À l'école, les enfants ____ (10. devoir) chanter « Maréchal, nous voilà ! » pour honorer le maréchal Pétain. Les institutrices juives ____ (11. devoir) s'enfuir et celles qui ____ (12. ne pas pouvoir) s'enfuir ____ (13. devoir) se cacher pendant l'occupation allemande. Plusieurs Juifs ____ (14. vouloir déjà) s'échapper même avant que la guerre ne commence.

Certes, une vision rétrospective est une vision parfaite ; s'ils ____ (15. savoir) les effets de l'Occupation, ils auraient peut-être agi différemment.

Évaluez dans quelle mesure vous maîtrisez les verbes à sens multiples. Mettez un « X » pour représenter votre confiance entre le contrôle partiel (« Je fais pas mal de fautes ») et le contrôle complet (« Je n'ai même pas réfléchi, c'était automatique ! »).

Le contrôle partiel ←————————————→ Le contrôle complet

1 2 3 4 5 6 7 8 9 10

STRUCTURE : Les verbes à sens multiples

OBSERVEZ ET DÉDUISEZ

Le texte suivant est une paraphrase d'une nouvelle très connue de Gabrielle Roy, intitulée *Petite Misère.*

Petite misère

Parce que j'étais frêle de santé, mon père m'avait baptisée Petite misère. Même quand il me donnait ce nom avec douceur, en caressant mes cheveux, j'en étais irritée. Mais un jour, il m'a jeté ce nom détestable avec colère. Je ne sais même plus ce que j'avais fait pour mériter sa colère. **J'avais dû** désobéir. Et ce jour-là, il a ajouté : « Ah ! Pourquoi ai-je eu des enfants, moi ! » Je **voulais** disparaître. Je me suis enfuie au grenier. Il **a voulu** me suivre dans l'escalier, mais il s'est arrêté. Il **devait** souffrir autant que moi, mais il **ne savait pas** quoi dire, car il **ne pouvait pas** reprendre ces mots qu'il regrettait. Je suis restée des heures au grenier. Puis la voix de ma mère a annoncé : « La table est mise, le souper est prêt. Assez boudé[1], viens manger. » Est-ce qu'elle **avait su** ce qui s'était passé ? J'avais faim, **j'aurais dû** descendre, mais j'ai répondu que je **ne pouvais pas** manger, que jamais plus je ne **pourrais** manger…

1 *Enough pouting.*

Les verbes **devoir, vouloir, pouvoir** et **savoir** changent de sens selon le contexte et le temps qui est utilisé. Dans le petit paragraphe ci-dessus, trouvez les formes qui veulent dire :

- *He tried to* ;
- *I wanted to* ;
- *He didn't know* ;
- *Had she found out* ;
- *I couldn't/I was not able to* ;
- *I couldn't/I wouldn't be able to* ;
- *He couldn't/it was impossible to* ;
- *I must have* ;
- *He must have* ;
- *I should have.*

VÉRIFICATION ET FAUTES COURANTES

A. Le verbe devoir

Quand le verbe **devoir** est suivi d'un nom ou d'un nombre, il a le sens d'une obligation (généralement financière) ou d'une dette.

Il me devait 50 euros. Nous lui devons notre gratitude.

C'est quand il est suivi d'un infinitif qu'il a plusieurs sens.

- **Une obligation**
  - Au présent : Je dois partir (*I have to, I must*)
  - Au passé composé : On a dû partir plus tôt que prévu. (*we had to*)
  - Au plus-que-parfait : On avait dû partir plus tôt que prévu. (*we had had to*)

- À l'imparfait, si c'est une habitude : On devait partir à 8 h tous les jours. (*we repeatedly had to*)
- Au futur : Vous devrez écrire une composition. (*you will have to*)

- **Une probabilité**
  - Au présent : Il doit être malade. (*he probably is, must be*)
  - Au passé composé : Il a dû partir sans qu'on le sache. (*he must have*)
  - Au plus-que-parfait : Elle avait dû pleurer. (*she had probably*)
  - À l'imparfait : Il devait souffrir autant que moi. (*he probably was*)

- **Une intention**
  - Au présent : Elle doit nous téléphoner, mais le fera-t-elle ? (*she is supposed to*)
  - À l'imparfait : Elle devait nous téléphoner, mais elle ne l'a pas fait. (*she was supposed to*)

- **Un conseil, une suggestion**
  - Au conditionnel présent : Tu devrais lui demander pardon. (*you should*)

- **Un regret ou un reproche**
  - Au conditionnel passé : Je n'aurais pas dû dire ça. (*I shouldn't have*)

Essayez !

Quel est le sens du verbe devoir dans les phrases suivantes ? Est-ce l'obligation, la probabilité, l'intention, le conseil ou le regret ?

1. Je ne sais même plus ce que j'avais fait. <u>J'avais dû</u> désobéir.
2. Je n'avais pas eu le choix, <u>j'avais dû</u> dire la vérité.
3. On <u>aurait dû</u> dire la vérité dès le début.
4. Ça ne sert à rien de mentir, tu <u>devrais</u> dire la vérité.
5. Il <u>devait</u> venir, il <u>a dû</u> oublier.
6. Il n'avait aucune excuse, il <u>a dû</u> venir à la réunion.
7. Elle <u>avait dû</u> pleurer, car ses yeux étaient encore tout rouges.
8. Ils <u>devront</u> s'excuser.

B. Le verbe vouloir

Vouloir exprime généralement la volonté, mais il y a une petite différence de sens entre l'imparfait et le passé composé. La traduction anglaise serait peut-être la même dans les trois cas (*he wanted to/he didn't want to*), mais il y a une nuance en français.

Il *voulait* partir = il avait envie de partir.
Il *a voulu* partir = il a essayé de partir (mais n'a pas pu).
Il *n'a pas voulu* partir = il a refusé de partir.

Essayez ! Imparfait, passé composé – lequel est le plus logique dans les cas suivants ?

1. J'ai tout fait pour le convaincre, mais il ne/n' ________________ m'écouter.
2. Il ne/n' ________________ nous faire du mal, mais ses paroles nous ont blessés.
3. Je ________________ conduire, mais il ne/n' ________________ me laisser la voiture.

C. Le verbe pouvoir

Pouvoir exprime généralement la capacité (*I can, I am able*) ou la permission (*may I*? Puis-je… ?), mais ici aussi, il y a une petite différence de sens entre l'imparfait et le passé composé.

Je *pouvais* le faire = j'étais capable de le faire.

J'ai pu le faire = j'ai réussi à le faire.

Je n'ai pas pu le faire = je n'ai pas réussi à le faire, j'ai échoué.

Could/couldn't peut avoir plusieurs sens.

I couldn't come = *a.* Je ne *pouvais* pas venir (je n'en avais pas les moyens).
b. Je *n'ai pas pu* venir (j'aurais bien voulu, mais je n'ai pas réussi).
c. Je *ne pourrais pas* venir (même si tu me le demandais).
d. Si je *ne pouvais pas* venir, que ferais-tu ?

Essayez ! Imparfait, passé composé, conditionnel – lequel est le plus logique dans les cas suivants ? Y a-t-il plusieurs possibilités ?

1. Elle était tellement furieuse qu'elle ________________ à peine parler.
2. L'examen était si difficile qu'on ne/n' ________________ le finir.
3. Tu as fini ? Est-ce que tu ______________ tout faire ?
4. Je savais que tu ________________ le faire !
5. S'ils ________________ s'acheter une voiture neuve, ils prendraient un véhicule électrique. Comme ça, ils ________________ participer à la lutte contre le réchauffement climatique !

D. Le verbe savoir

Je savais veut dire *I knew*, mais au passé composé, **j'ai su** veut dire *I found out*.

Je savais que j'avais raison, ou plutôt je croyais que j'avais raison, mais en fait, **j'ai su** que j'avais tort !

Essayez !

1. ______________-vous qu'ils s'étaient mariés ? Nous ________________ ça hier.
2. On ne/n' ________________ quoi dire quand on ________________ qu'il souffrait d'une maladie grave.

E. Vouloir et savoir avec l'adverbe toujours

Quand l'adverbe **toujours** a le sens de *always*, dans un contexte passé, **vouloir** et **savoir** sont toujours au passé composé ou au plus-que-parfait.

J'ai toujours su que tu irais loin.

Elle *avait toujours voulu* devenir actrice.

Mais quand **toujours** a le sens de *still*, il peut s'utiliser avec l'imparfait.

Malgré les obstacles, elle *voulait toujours* devenir actrice.

Application

Complétez les phrases selon le sens donné entre parenthèses.

Modèle : Les enfants ____________ se taire à table, c'était la règle. (*had to*)
→ Les enfants **devaient** se taire.

1. Où ai-je mis mes clés ? Je/j'______________ (*must have*) les poser quelque part.
2. Je/j'________________ (*should*) toujours les mettre à la même place.
3. Je ________________(*wanted to*) te dire quelque chose et puis j'ai oublié.
4. Je ________________(*knew*) que tu allais dire ça.
5. Je/j'________________ (*always knew*) qu'ils se marieraient.
6. Ils ________________ (*wanted to*) se marier avant, mais ils ne/n'________________ (*couldn't*) à cause de la pandémie.
7. Je ne/n'________________(*couldn't*) t'en parler parce que j'avais juré de ne rien dire.
8. Nous ________________ (*were supposed to*) nous retrouver à la bibliothèque ; pourquoi est-ce qu'ils ne/n'________________(*couldn't*) venir ? Ils ________________ (*should have*) nous téléphoner.

9. Elle ________________(*had always wanted*) vivre en France, mais n'en avait jamais eu les moyens.
10. Pourtant, elle ______________ (*knew*) que si elle ________________(*could*) faire des économies pendant deux ans, elle ________________ (*could*) au moins se payer des vacances là-bas.
11. Quand elle ________________ (*found out*) qu'elle avait obtenu la bourse qu'elle _____________ (*wanted*), elle s'est dit qu'elle ________________ (*could*) finalement réaliser ses rêves.
12. Je _____________ (*knew*) la bonne réponse ! Je ne/n'______________ (*shouldn't have*) faire cette faute. Je/j'_____________ être (*must have been, probably was*) trop fatigué(e)...
13. Comme je ne/n'________________(*couldn't*) rien ajouter d'intelligent à la conversation, je/j'_____________ me taire (*had to*).
14. Je/j'______________ (*always wanted*) aller en Afrique. Si je m'engageais dans le Corps de la Paix, je ______________ (*could*) vivre là-bas pendant deux ans.
15. J'ai connu un volontaire du Corps de la Paix qui ______________(*was able*) occuper un poste dans le domaine de la santé et qui ______________(*found out*), après cette expérience, qu'il ______________(*wanted*) devenir médecin.

Application communicative

En groupes de deux ou trois, terminez les phrases de façon personnelle, en donnant deux ou trois explications pour chaque phrase. Faites part au reste de la classe des conclusions que vous avez en commun.

Modèle : Je n'ai jamais pu... → Je n'ai jamais pu exprimer librement mes émotions, parce que dans ma famille, on ne parlait pas de choses trop personnelles, on évitait les conversations difficiles. C'est quelque chose que j'ai dû apprendre.

1. J'ai toujours su que...
2. En grandissant, je voulais...
3. Depuis que je suis à l'université, j'ai dû...
4. L'autre jour, je devais...
5. Je n'ai jamais pu...
6. Quelque chose que j'ai toujours voulu faire, c'est...
7. Les universités américaines devraient...
8. Le gouvernement américain aurait dû...

STRUCTURE : La concordance des temps au passé

Rappel : Les questions magiques

- Le passé composé répond à la question **« Qu'est-ce qui s'est passé ? »**
  La petite fille **est montée** au grenier.
- L'imparfait répond à la question **« Comment étaient les choses ? »**
  Elle **avait** envie de pleurer.
- Le plus-que-parfait répond à la question **« Est-ce que ça s'était passé AVANT ? »**
  Les paroles de son père lui **avaient fait** mal.
- **« Est-ce que l'histoire progresse ? »** Seul le passé composé peut faire progresser l'action.
  Quand sa mère **l'a appelée**, elle **n'est pas descendue**.

Application

A. La fin de l'histoire. Qu'est-ce qui est arrivé à Petite misère et à son père ? Voici une paraphrase de la fin de l'histoire. Mettez les verbes au temps approprié du passé.

1. « Petite misère » _______________ (rester donc) dans son grenier jusqu'au soir.
2. Qu'avait-elle fait pendant tout ce temps ? Elle _______________ (pleurer beaucoup) ; elle _______________ (regarder) les nuages qui _______________ (passer) dans le ciel en cette journée venteuse de juin comme une procession de moutons blancs, et pendant longtemps, elle _______________ (suivre) des yeux une araignée qui _______________ (filer) sa toile.
3. Puis son frère la/l'_______________ (appeler) du bas de l'escalier, criant qu'il _______________ (s'en aller) à la pêche, est-ce qu'elle _______________ (vouloir) l'accompagner ? Comme elle _______________ (ne pas répondre), il _______________ (partir) tout seul.
4. En fin d'après-midi, ses compagnons de jeu, les petits Gauthier, _______________ (venir) l'appeler, et elle _______________ (devoir) résister au désir de jouer avec eux, mais son chagrin _______________ (être) plus fort que tout.
5. Finalement, la nuit _______________ (tomber).
6. Petite misère _______________ (entendre) des portes qui _______________ (claquer), puis le bruit des pas de sa mère dans ses souliers neufs. C'est vrai, elle _______________ (devoir) aller jouer aux cartes chez des amis ce soir-là.
7. Après un long silence, la porte au bas de l'escalier _______________ (s'ouvrir) et elle _______________ (entendre) son père l'appeler : « Petite ! Misère ! »
8. Comme elle _______________ (ne rien dire), il _______________ (ajouter) : « Tu dois avoir faim. Je/j'_______________ (faire) une tarte à la rhubarbe… Elle est encore chaude… Veux-tu en manger ? »
9. Il _______________ (attendre) au bas de l'escalier, _______________ (pousser) un soupir, puis il _______________ (refermer) la porte.
10. Finalement, elle _______________ (descendre), s'arrêtant à chaque marche.
11. La table de la cuisine _______________ (être) mise comme pour une fête, et sur la nappe blanche, il y _______________ (avoir) la tarte, au centre, et à chaque bout, une assiette.
12. Ils _______________ (prendre) place, sans se regarder. Le père _______________ (pousser) vers sa fille la tarte qu'il _______________ (couper) d'avance en morceaux si gros qu'elle _______________ (se mettre) à pleurer.
13. La mère _______________ (dire) toujours que les tartes du père _______________ (être) de plomb, et celle-ci l'_______________ (être).
14. Mais ils _______________ (se regarder) et ils _______________ (manger).
15. Ce qu'ils _______________ (avaler) si difficilement, c'_______________ (être) l'offrande du pardon.

B. Maria Chapdelaine. Un autre chef-d'œuvre de la littérature canadienne est *Maria Chapdelaine*, un roman de Louis Hémon publié en 1913, qui porte sur les pionniers du Canada français.

1. Ce roman est l'histoire de la fille aînée de la famille Chapdelaine, qui, à l'âge de 18 ans, _______________ (devoir) faire un choix entre trois prétendants.
2. Ces trois choix _______________ (représenter) en fait les trois destins qui _______________ (s'offrir) aux colons français qui _______________ (venir) s'installer au Canada au cours des deux siècles précédents.
3. François Paradis, le premier prétendant, _______________ (être) un aventurier intrépide qui _______________ (choisir) le travail de bûcheron[1] dans les forêts du Grand Nord plutôt que de s'installer dans un village et travailler la terre. Il _______________ (symboliser) la liberté paradisiaque à laquelle _______________ (aspirer) les Canadiens français de l'époque. [Son nom _______________ (ne pas être choisi) au hasard.]
4. Charmée par les histoires de ses aventures, Maria _______________ (tomber) amoureuse de lui et quand il la/l'_______________ (demander) en mariage, elle _______________ (ne pas hésiter).

1 Travailleur qui coupe les arbres pour la production du bois.

5. Mais la veille de Noël, alors que l'hiver _____________ (bloquer) les routes, François _____________ (vouloir) traverser la forêt, malgré les avertissements de ses compagnons et il _____________ (mourir) dans une tempête de neige et de glace.
6. Désespérée, Maria _____________(se tourner) vers un Québécois qui ___________ (vivre) aux États-Unis, Lorenzo Surprenant. Il _____________(représenter) le changement, l'inconnu, le rêve américain.
7. Grâce à ses descriptions, Maria ____________ (pouvoir) imaginer les larges rues illuminées de Boston, les magasins magnifiques et les autres merveilles d'une vie qu'elle _____________ (croire) facile.
8. Mais il y ___________ (avoir) aussi son voisin, Eutrope Gagnon, qui ______________(s'intéresser) à elle. C'__________ (être) un simple paysan qui ne/n'_____________(pouvoir) offrir à Maria que l'existence qu'elle _____________(connaître) depuis toujours.
9. Maria _____________(ne pas savoir) quoi faire. Oui, « ça ___________ (devoir) être beau là-bas », dans les grandes cités américaines, mais « là-bas, c'___________(être) l'étranger : des gens d'une autre race parlant d'autre chose dans une autre langue ».
10. Plus elle _____________ (réfléchir), plus le familier lui _____________(paraître) beau : « l'apparition miraculeuse de la terre au printemps, après les longs mois d'hiver... le sol délivré sur lequel on ___________ (marcher) avec délice... les bourgeons[2]... la paix infinie de la campagne... les mille noms que des paysans pieux venus de France ____________ (donner) aux lacs, aux rivières et aux villages... Lac Saint-Jean... Sainte-Rose-du-Dégel... Saint-André-de-l'Épouvante... »
11. Comment _____________-elle (pouvoir) abandonner son héritage ?
12. Maria ______________ (se rendre compte) que sa décision __________ (être) prise...

Application communicative

Un choix difficile. Avez-vous jamais dû faire un choix difficile ? Organisez d'abord vos idées selon le tableau ci-dessous, puis discutez en groupes de deux, en donnant le plus d'explications possible.

	Qu'est-ce qui s'est passé ? **Qu'est-ce qui s'était passé avant ?**	**Comment étaient les choses ?**
La situation	Quelle situation ou quel événement a occasionné un choix ? Qu'est-ce qui vous avait préparé à cette situation ?	Quelles étaient les possibilités ? Quels étaient les avantages et les inconvénients de chaque choix ? Quels étaient les conseils des autres ? Qu'est-ce que vous vouliez faire ? Était-ce différent de ce que vous deviez faire ?
La décision	Comment êtes-vous arrivé à votre décision ? Qu'est-ce que vous vous êtes dit ? Qu'est-ce que vous avez dû faire ? Comment les autres ont-ils réagi ?	Quels étaient vos sentiments ? Qu'est-ce qui était facile/difficile ?
En regardant en arrière...	Quelles ont été les conséquences de ce choix ? Avez-vous eu des regrets ? Et si votre choix avait été différent ?	Avec du recul, qu'est-ce qui était/n'était pas pour le mieux ?

2 Fleurs ou germes qui apparaissent sur les arbres au printemps.

ÉCRITURE : Le récit d'un événement qui a changé votre point de vue (II)

PROJET D'ÉCRITURE : UN ÉVÉNEMENT QUI A CHANGÉ VOTRE POINT DE VUE

Au chapitre 9, vous avez exploré des exemples d'événements qui ont changé votre point de vue et vous avez trouvé un sujet pour votre projet d'écriture. Dans ce chapitre, vous allez apprendre à mieux utiliser les verbes attributifs et à réduire l'usage des intensificateurs comme « très » au service d'un vocabulaire plus varié. Ensuite vous allez rédiger une composition de **500-700 mots qui évoque les détails et les moments particuliers d'un événement qui vous a fait voir le monde différemment.**

I. Les verbes attributifs

Les journaux n'utilisent le verbe « être » que quand il est absolument nécessaire ou inévitable. La plupart des journalistes préfèrent d'autres verbes attributifs. On les appelle les verbes attributifs, parce qu'ils sont accompagnés d'un groupe de mots qui signale un attribut du sujet.

- Remarquez qu'avec les verbes attributifs, l'adjectif s'accorde toujours avec le sujet.
  paraître, sembler, avoir l'air, devenir, s'avérer, demeurer, rester, passer pour, être considéré comme, se révéler, se montrer
  - Elle était triste. → Elle semblait triste.
  - Même après deux mois, ils **étaient** toujours fâchés. → Ils **restaient** fâchés.
  - Mon avenir **était** moins sombre que je ne le craignais. → Mon avenir **s'est révélé** moins sombre que je ne le craignais.
  - Les autres m'ont ridiculisé, tandis que mes soi-disant amis **étaient** indifférents. → Les autres m'ont ridiculisé, tandis que mes soi-disant amis **sont demeurés** indifférents.
  - Quand l'armée russe a détruit les communications publiques en Ukraine, le recours à d'autres réseaux **s'est avéré** important pour les familles ukrainiennes.

- Certains verbes peuvent être attributifs quand ils sont suivis d'un adjectif.
  vivre, mourir, sortir, revenir, arriver, tomber, partir
  - Ils sont sortis **vainqueurs** du tournoi.
  - Barbara est arrivée **toute mouillée**, car il pleuvait sans cesse sur Brest ce jour-là.
  - Elles vivaient **heureuses** à cette époque.

- Certains verbes nécessitent un objet direct pour être attributifs.
  trouver, nommer, élire, voir, déclarer, appeler, croire
  - Hélène **est** gentille. → Hélène **se considère** comme gentille. [*se* est l'objet direct]
  - Mes amis **ont trouvé** les blagues de l'humoriste drôles OU Ils les **ont trouvées** drôles.
  - Le ministère de la Justice **a déclaré** ce candidat coupable de fraude.

Finalement, on peut éviter les verbes attributifs en utilisant un verbe actif.

- Il **était** heureux à cause de sa fille. → Sa fille le **rendait** heureux.
- Elle **était** un symbole de la révolution. → Elle **symbolisait** la révolution.
- Nous **sommes** plus à l'aise depuis qu'elle nous a posé ses questions. → Ses questions nous **ont mis(es)** plus à l'aise.
- Les soldats ukrainiens **étaient** vaillants. → Ils **personnifiaient** le courage.

Remplacez le mot *être* par un verbe attributif ou par un verbe actif dans les phrases qui décrivent des moments transformateurs dans la vie. Ensuite, comparez vos choix avec ceux d'un(e) partenaire.

Modèle : En dépit des leçons de ses expériences, Marc **était** incapable d'éprouver un changement de cœur.
→ En dépit des leçons de ses expériences, Marc **demeurait** incapable d'éprouver un changement de cœur.

1. Mon premier emploi **était** difficile, mais **c'était** aussi transformateur car j'ai appris à bien travailler. **J'étais** hésitant au début, mais au bout d'un mois **j'étais** bien débrouillard.
2. Lorsque mon frère aîné a déménagé, **j'étais** tout seul à la maison, j'**étais** triste et je n'**étais** pas gentil (selon les autres membres de la famille).
3. Philippe a beaucoup changé depuis la naissance des jumeaux. Avant leur naissance, il **était** calme et de nature insouciante, mais maintenant il **est** inquiet et irritable. Son monde, qui **était** stable, **est** maintenant turbulent.
4. Adeline avait du mal à surmonter ses moments de stress ou de déprime. Elle **était** souvent découragée. Mais après être allée consulter un thérapeute, elle voit plus clair dans les moments éprouvants. Elle **est** moins distraite par les petites choses et elle **est** plus active.
5. Marc a fait un stage en Birmanie pour construire des maisons. Il **était** vraiment anxieux avant de partir. Sa mère, par contre, **était** optimiste et même son père, qui **était** souvent terne, **était** radieux. Après son retour de Birmanie, Marc **était** plus ouvert et plus sûr de lui. Ses parents avaient aussi changé, ils **étaient** plus patients et plus tolérants.

Comparez vos réponses avec celles d'un(e) partenaire. Lesquelles préférez-vous ?

II. Trop de « très »

Bien que le mot « très » soit *très* utile, on peut l'utiliser trop. Voici trois outils pour vous aider à améliorer votre expression sans dépendre de « très » pour intensifier le sens.

- Utilisez d'autres intensificateurs. On peut remplacer le mot « très » par un synonyme, comme *extrêmement, vraiment, tellement, exceptionnellement, extraordinairement, profondément* ou *complètement.*
  Comparez :
  – Le mouvement Black Lives Matter était **très** important.
  – Le mouvement Black Lives Matter était **extrêmement** important.

- Substituez des synonymes. Les synonymes s'avèrent ~~très utiles~~ indispensables pour améliorer la clarté d'une phrase.
  Comparez :
  – L'attaque terroriste contre le journal *Charlie Hebdo* a fait **très** peur aux gens.
  – L'attaque terroriste contre le journal *Charlie Hebdo* a effrayé les gens.

Voici quelques remplaçants courants :

très bon – délicieux, excellent, magnifique, merveilleux, supérieur, extraordinaire
très souvent – fréquemment, régulièrement, constamment
très important – essentiel, nécessaire, fondamental, indispensable, considérable
très intéressant – fascinant, captivant, émouvant, étonnant, choquant
très occupé – surmené, débordé, chargé, accablé, surchargé, inondé

Attention : l'adjectif **occupé** décrit une personne, mais l'adjectif **chargé** décrit une situation (un emploi du temps *chargé*, une semaine *chargée*, un agenda *chargé*, une journée *chargée*). **Accablé** s'utilise presque toujours avec la préposition *de* (*accablé* de soucis, *accablé* de travail, *accablé* de chagrin). **Surchargé** et **inondé** ont plusieurs sens, alors ces adjectifs sont plus clairs avec un complément (*surchargé* de travail, *inondé/surchargé* de détails sans importance, *inondé* de demandes).

Il existe plusieurs sites de synonymes en ligne : synonymo.fr, dictionnaire-synonymes.com, synonymes.fr, crisco2.unicaen.fr/des/.

- Élaborez en utilisant des symboles. Comme nous l'avons vu au chapitre 3, les symboles peuvent évoquer une émotion ou un sentiment pour démontrer plus profondément le sens que l'on veut exprimer.
  Comparez :
  - L'incendie de Notre-Dame était **très** frappant.
  - L'incendie de Notre-Dame a produit *un choc* qui a *déclenché une vague* de soutien dans le monde entier.

Remplacez le mot « très » dans les phrases suivantes. Comme pour l'activité précédente, éliminez le verbe « être » si possible.

Modèle : Même après l'offensive russe, les Ukrainiens **étaient très** tenaces.
→ Même après l'offensive russe, les Ukrainiens **se montraient particulièrement** tenaces.

1. Quand la presse britannique a révélé un plan secret d'invasion de la part de la Russie, c'était **très sérieux.**
2. Au commencement de la guerre en Ukraine, c'était **très difficile** d'envisager un dialogue diplomatique entre la Russie et l'Ukraine.
3. Le président Zelenski a fait **très souvent** appel aux pays européens.
4. L'aide militaire, comme les avions et les munitions, était **très importante** pour la résistance ukrainienne.
5. En Russie, le retrait des compagnies occidentales comme Coca-Cola, McDonald's et KFC était **très surprenant**.
6. Le nombre de réfugiés à la frontière polonaise était **très important**.
7. La réaction de la Chine était **très discrète** et **très circonspecte**.
8. L'esprit national des Ukrainiens était **très fort.**

III. Révisions collaboratives

Dans chacune des phrases suivantes, trouvez et corrigez deux fautes. Essayez d'abord de les identifier seul(e), puis comparez vos réponses avec celles d'un(e) partenaire. **« Je » est une femme.**

1. Lorsque j'avais 22 ans, je décidais de visiter l'Australie, donc j'ai du faire beaucoup de préparatifs.
2. Je ne me suis pas encore mariée, alors j'avais beaucoup de liberté et presque pas de responsabilité.
3. J'avais tout planifié. J'avais peur de ne pas avoir assez d'argent, alors je m'étais passé de petits déjeuners pour six mois pour faire des économies.
4. J'avais contacté tous mes amies en Australie. J'avais prévue de rester chez des amies, parce que je voulais économiser de l'argent.
5. Je m'étais attendu à ce que mes amies partent en vacances, elles aussi, mais j'ai eu de la chance parce que la plupart d'entre elles sont restées chez elles pendant les dates de ma visite.
6. D'abord, je suis allé à Brisbane pour voir une amie que je n'avais pas vu depuis quatre ans.
7. Elle avait quittée la Suisse après avoir rompus avec son petit ami. Apparemment, ils ne s'entendaient pas bien.
8. Voici ce qui s'était passé entre eux : Thomas avait oublié qu'ils étaient un couple exclusif, et par la suite, elle s'était fâché et se méfiait de tout ce qu'il dirait.

9. Donc, ils s'étaient promptement séparé et elle s'étaient envolée pour l'Australie.
10. À l'époque, les deux m'en avaient parlés séparément, mais je m'étais tu parce que je ne voulais pas prendre parti dans leur conflit.
11. Mais au moment qu'on s'est vues à l'aéroport, c'était comme si rien n'avait jamais passé.
12. On s'est passé deux semaines ensemble. On a visité les boîtes de nuit, les plages, la Grande Barrière de Corail – heureusement que j'apportais mon maillot de bain et des vêtements du soir.

Échangez votre composition avec un(e) partenaire. Faites très attention à l'accord des adjectifs et à l'accord des verbes, marquez les fautes et parlez-en avec votre partenaire.

IV. Un événement qui a changé votre point de vue

Rédigez une composition de 500-700 mots où vous décrivez une expérience qui vous a fait voir le monde différemment ou qui vous a fait changer de point de vue. Profitez des outils des chapitres précédents – une structure logique et intéressante, un vocabulaire varié et précis, de l'élaboration – pour enrichir votre récit. Comparez votre perspective auparavant et celle d'aujourd'hui. En quoi êtes-vous différent(e) ? Soyez précis(e) !

Montrer votre composition à un(e) partenaire afin d'obtenir des conseils pour l'améliorer. Ensuite, révisez votre composition et corrigez les fautes en vous aidant de la liste de contrôle ci-dessous.

Contrôle d'écriture : Vérifier et corriger

- Fautes courantes – À corriger à l'aide d'un dictionnaire ou d'un correcteur en ligne, comme bonpatron.com ou cordial.fr.
  - ❑ Accents : é, è, ê, ç, etc.
  - ❑ Orthographe : dessert ou désert ?
  - ❑ Genre : le vase ou la vase ?
  - ❑ Accords : masculin/féminin, singulier/pluriel
  - ❑ Conjugaison des verbes : Ils… -ent
  - ❑ Prépositions : en, sur, à, de, pour, par, dans, etc.

- Élaboration – Relisez. Ajoutez, çà et là, des détails supplémentaires.
  - ❑ Y a-t-il des détails spécifiques ?
  - ❑ Les idées présentées sont-elles bien développées ?
  - ❑ Ai-je de bonnes transitions d'une phrase à l'autre et d'un paragraphe à l'autre ?

- Organisation
  - ❑ Y a-t-il des liens entre idées/événements ?
  - ❑ Est-ce que les phrases progressent logiquement ?
  - ❑ Est-ce que la structure des phrases renforce la cohésion et la cohérence ?

RÉPONSES À L'EXERCICE OÙ EN ÊTES-VOUS ? LES VERBES À SENS MULTIPLES

*1. on **pouvait** 2. Chaque français **devait** 3. les boutiques qui, parfois, **devaient** fermer 4. Les Français **pouvaient** aussi aller au marché noir 5. Ceux qui **ne pouvaient pas** 6. qu'une personne **pouvait** payer quelqu'un 7. les Français **devaient** respecter 8. les*

*Français **voulaient** oublier la guerre 9. ils **devaient** l'économiser 10. les enfants **devaient** chanter 11. les institutrices juives **ont dû/avaient dû** s'enfuir 12. et celles qui **n'avaient pas pu** s'enfuir 13. celles… **ont dû/devaient** se cacher 14. Plusieurs juifs **avaient** déjà **voulu** s'échapper 15. s'ils **avaient su** les résultats*

RÉPONSES À L'ÉCRITURE EXERCICE II. RÉVISIONS COLLABORATIVES

1. *Lorsque j'avais 22 ans, **j'ai décidé** de visiter l'Australie, donc j'ai **dû** faire beaucoup de préparatifs.*
2. *Je ne **m'étais** pas encore mariée, alors j'avais beaucoup de liberté et presque pas de responsabilité**s**.*
3. *J'avais tout planifié. J'avais peur de ne pas avoir assez d'argent, alors je m'étais passé**e** de petits déjeuners **pendant** six mois pour faire des économies.*
4. *J'avais contacté **toutes** mes amies en Australie. J'avais **prévu** de rester chez des amies, parce que je voulais économiser de l'argent.*
5. *Je m'étais attendu**e** à ce que mes amies partent en vacances, elles aussi, mais j'ai eu de la chance parce que la plupart d'entre elles **étaient** restées chez elles pendant les dates de ma visite.*
6. *D'abord, je suis **allée** à Brisbane pour voir une amie que je n'avais pas vu**e** depuis quatre ans.*
7. *Elle avait **quitté** la Suisse après avoir **rompu** avec son petit ami. Apparemment, ils ne s'entendaient pas bien.*
8. *Voici ce qui s'était passé entre eux : Thomas avait oublié qu'ils étaient un couple exclusif, et par la suite, elle s'était **fâchée** et se méfiait de tout ce qu'il **disait**.*
9. *Donc, ils s'étaient promptement **séparés** et elle **s'était** envolée pour l'Australie.*
10. *À l'époque, les deux m'en avaient **parlé** séparément, mais je m'étais **tue** parce que je ne voulais pas prendre parti dans leur conflit.*
11. *Mais au moment **où** on s'est vues à l'aéroport, c'était comme si rien **ne s'était jamais** passé.*
12. *On **a** passé deux semaines ensemble. On a visité les boîtes de nuit, les plages, la Grande Barrière de Corail – heureusement que **j'avais apporté** mon maillot de bain et des vêtements de soirée.*

THÈME 6 : IMMIGRATION ET AUTRES PROBLÈMES SOCIAUX

Lecture et conversation : *Bleu-Blanc-Rouge* (Alain Mabanckou)

L'AUTEUR

Alain Mabanckou

Alain Mabanckou est né en 1966 à Pointe Noire, dans la République du Congo. Sa mère était vendeuse de bananes au marché ; son père, réceptionniste dans un hôtel, lui rapportait des romans policiers que les clients de l'hôtel laissaient dans les chambres – c'est de cette façon que le jeune Alain a découvert la lecture. Après son baccalauréat, il a commencé des études de droit à Brazzaville, puis, à l'âge de 22 ans, a reçu une bourse qui lui a permis de continuer ses études en France, à Nantes puis à Paris, où il a obtenu la nationalité française. Pour gagner sa vie, il a travaillé pendant une dizaine d'années comme conseiller dans une société nationale d'assainissement et de distribution d'eau potable, mais il se consacrait de plus en plus à l'écriture, et son premier roman, *Bleu-Blanc-Rouge*, paru en 1998, a reçu le Grand Prix littéraire d'Afrique noire. Écrivain prolifique, il publie presque chaque année, avec une régularité impressionnante, un nouveau roman, un recueil de poèmes ou des essais. Parmi ses romans, mentionnons *Verre cassé* (2005), *Mémoires de porc-épic* (prix Renaudot, 2006) et *Black Bazar* (2009). Plusieurs de ses romans ont été classés parmi les 20 meilleures ventes de livres en France et ont été traduits dans de nombreuses langues. Depuis 2005, Alain Mabanckou vit aux États-Unis, où il avait d'abord été invité comme écrivain en résidence à l'Université du Michigan, puis il a accepté un poste de professeur titulaire à l'Université de Californie à Los Angeles (2006 jusqu'à ce jour). En 2015-2016, il a été élu au Collège de France à la Chaire de Création artistique, le premier écrivain à occuper ce poste. En 2020, il a publié sa vision de la vie aux États-Unis dans une collection d'essais intitulée *Rumeurs d'Amérique*.

AVANT DE LIRE

Le roman commence en prison. Le protagoniste, Massala-Massala (alias Marcel Bonaventure, alias Éric Jocelyn-George) essaie d'apaiser sa conscience et de « comprendre l'illusion » qui l'a « catapulté jusqu'en ces lieux, à plus de six mille kilomètres de [sa] terre natale ». Après 18 mois de prison, un « charter de la honte » va le ramener au pays, où il sera « la risée[1] du quartier ». La France était le rêve de tous les jeunes, à n'importe quel prix, même le prix de l'illégalité. « Partir » était un rite de passage, une obligation familiale pour sortir de la pauvreté. Ceux qui étaient partis revenaient pendant les vacances, chargés de cadeaux et de mensonges. On croyait qu'ils étaient riches, car ils faisaient construire de belles maisons pour la famille au pays. En fait, à Paris, ils vivaient dans la misère, changeant constamment de nom et de domicile pour échapper à la police. Massala-Massala ne le savait pas. Il avait suivi aveuglément son ami Moki, « le Parisien », un des plus grands menteurs de tous…

1. Le texte que vous allez lire mentionne les rites de passage, c'est-à-dire des événements qui marquent une étape ou un changement de statut dans la vie d'un individu. C'est souvent une cérémonie ou une épreuve qui confirme

1 *Laughing stock.*

son appartenance à un groupe religieux ou social. Des exemples de rites de passage sont le baptême, la bar-mitsva et la bat-mitsva, la quinceañera, etc. Avez-vous jamais participé ou assisté à un rite de passage ? Expliquez.

2. Le texte est divisé en deux parties : le départ et la désillusion. Qu'est-ce que vous anticipez dans chaque partie ? Cochez ce qui vous semble possible et ajoutez d'autres possibilités.

Le départ

____ une cérémonie, comme pour un rite de passage
____ des vêtements traditionnels, comme des pagnes (de beaux tissus africains) et des boubous (tuniques avec des broderies)
____ un grand repas avec beaucoup d'invités
____ une scène à l'aéroport
____ des conseils pour celui qui part
____ des promesses à ceux qui restent
____ des larmes
____ ?

La désillusion

____ une description du logement des immigrés illégaux
____ les conditions de travail des immigrés illégaux
____ des comparaisons culturelles entre « le pays » et la France (climat, nourriture, etc.)
____ la nostalgie du pays, des regrets
____ un message à la famille décrivant la vie à Paris
____ des commentaires sur les différences entre les attentes et la réalité
____ ?

Maintenant, parcourez rapidement le texte pour voir si ce que vous aviez anticipé est réellement mentionné.

Bleu-Blanc-Rouge (Alain Mabanckou)

Le départ

La date du départ était arrivée. Nous allions prendre l'avion vers la fin de la saison sèche. C'était au mois d'octobre. Un dimanche...

Mes parents étaient là. Ma mère, vêtue d'un ensemble neuf de pagnes[1] multicolores. Mon père, lui, était habillé d'un ensemble boubou ouest-africain, avec des broderies étincelantes au niveau des épaules et de la poitrine. Il avait dû batailler pour trouver ces habits. Une semaine plus tôt, il avait fait un tour à Pointe-Noire, au centre-ville, et avait pris à crédit l'ensemble de ma mère et le sien chez un Libanais qui le connaissait. Un vieil ami. Malgré leur amitié, le commerçant avait émis des réserves. La faveur sollicitée, selon lui, dépassait la solvabilité potentielle de mon père. Un ensemble, oui. Deux, ça faisait trop. Mon père l'avait convaincu que la circonstance était exceptionnelle : le départ de son fils aîné, son unique fils, en France. À Paris.

Les yeux du Libanais avaient pétillé d'admiration.

— Paris ? Mais il faut fêter ça, camarade !

1 Tissus.

[...]

L'avion ne partirait pas avant huit heures du soir. Nous étions largement en avance. C'était mon père qui l'avait voulu. Mon oncle nous avait tous entassés en sardines à huile dans sa voiture pour nous déposer vers quatre heures de l'après-midi. Nous avions traversé le quartier, puis le centre-ville de Pointe-Noire. Des amis me saluaient au passage. Nous n'avions aucun bagage lourd à peser.

Mon père me prit par la main.

Je m'y attendais. Nous sortîmes du hall et allâmes vers un endroit moins fréquenté de l'aéroport. Mon père ouvrit son discours par des considérations générales. Il tourna autour du pot[2], plaisanta un peu sur les filles du quartier. Mais d'un coup, il devint sérieux. Il me prévint de me méfier de la vie. Je voyais où il voulait en venir. Ne pas toucher les femmes des Blancs.

— N'épouse pas une Blanche, on m'a dit que ceux qui se marient avec des Blanches renient leur famille. Est-ce cela que tu veux ? [...] Si tu te maries, j'ai le droit de venir chez toi quand je veux et sans prendre un rendez-vous. Ce n'est pas comme ça avec les femmes de là-bas. On me l'a dit. Non, pas ces femmes. Elles préparent la nourriture en ne comptant que le nombre de têtes habitant sous leur toit. Ma mère et ma grand-mère ont toujours cuisiné en prévoyant une visite surprise d'un membre de la famille ou d'un étranger. Ce sont les valeurs qu'elles nous ont transmises et auxquelles nous sommes attachés, mes frères et sœurs, tes oncles et tes tantes. Il ne faudra pas les perdre. Ouvre la porte à celui qui frappe, quel qu'il soit, s'il le fait pour demander à manger ou à boire un verre d'eau. [...] Ce pays des Blancs, je ne sais pas comment il est. Sois prudent, regarde autour de toi et n'agis que lorsque ta conscience à toi, et non pas celle d'un autre, te guide. Ce sera mes dernières paroles, moi ton père, celui qui ne possède rien et qui n'envie rien à personne...

Il regarda autour de nous.

Personne n'errait dans les lieux. Il fouilla dans les poches de son boubou et sortit une feuille de palmier sèche et une motte de terre enveloppée dans un bout de papier.

— Tu ignores bien sûr d'où vient cette terre rouge...

Je fis non de la tête et le sollicitai du regard pour qu'il me dévoile où il l'avait prise. Il m'apprit que c'était la terre de la sépulture de sa mère, ma grand-mère. Il me dit de me mettre à genoux. Je le fis sans hésitation. Il me tint la tête et psalmodia des paroles, les yeux fermés. Il me dit ensuite de m'étendre en long par terre, les yeux clos.

Je m'exécutai.

Il m'enjamba trois fois de suite et me demanda de me relever. Il m'étreignit de toutes ses forces. Je vis des larmes torrentielles ruisseler sur ses joues creuses...

La désillusion

Paris.

Je résidais à Paris depuis quelques mois. Le choc de la réalité me rongeait[3]. Tout s'était passé vite. La réalité nue. L'impossibilité de faire marche arrière. L'obligation de s'intégrer dans un milieu. Le temps qui paraissait rétif[4], suspendu sur les branches de la désillusion.

---

2 Hésiter, parler en termes vagues d'abord.

3 Détruisait mon état mental.

4 Vicieux, comme un ennemi.

[...]

Et notre gîte ?

Je n'y croyais pas. Je ne voulais pas y croire. [Pourtant], il fallait s'y faire. Nous habitions là, métro Alésia, au septième étage, dans une chambre de bonne du quatorzième arrondissement. Rue du Moulin-Vert. Une lucarne donnant vers le ciel répandait une médiocre lumière du jour. Juste une petite lumière qui piaffait la matinée entière avant d'éclairer la pièce, car elle devait contourner les crêtes et les toits en tuile rouge des immeubles voisins. Aucune autre ouverture. Rien.

[...]

Ce qui me frappa dès le premier jour, ce fut cette pancarte à l'entrée de la grande porte cochère sur laquelle on lisait que le bâtiment, le nôtre, était en cours de démolition. Le numéro de l'arrêté municipal était écrit en rouge. On prévoyait des travaux pour une école et une cantine maternelles. Pour juguler mes craintes et ma stupéfaction, Moki [avait dit] :

— Ne te pose pas de questions et contente-toi de réaliser l'objectif qui t'a conduit jusqu'ici. Pour cela, tous les moyens vont être bons. Je dis bien, tous les moyens. [...] Estime-toi donc heureux de ne pas payer de loyer, c'est un bon départ pour les économies.

[...]

Nous n'avions pas d'ascenseur pour arriver jusqu'au septième. L'immeuble n'était pas éclairé et il exhalait la moisissure[5]. Il n'avait pas non plus d'autres occupants que nous.

Nous entendions, depuis la chambre, tous ceux qui montaient ou descendaient. Des amis à Moki que je ne connaissais pas. Nous dormions tous là, chacun ignorant ce que l'autre faisait le jour. Ces amis arrivaient très tard dans la nuit tels des félins, des maîtres dans l'art de poser leurs pas sur les escaliers en bois sans les faire craquer. Dans la pièce, ils chuchotaient. Ils se couchaient vers deux heures du matin pour se lever à cinq heures.

Nous nous réveillions le lendemain les uns sur les autres, tels des cadavres liés par le sort d'une fosse commune. Pour dormir, il fallait faire preuve d'une intelligence suprême et se dispenser de toutes ces positions encombrantes, comme s'étaler en long ou écarter les jambes et les mains. L'espace se monnayait cher, à coups de coude et de genou au besoin. Nous nous couchions à même le sol en déployant de grosses couvertures en laine.

Je n'avais pu dénombrer tous les occupants de la chambre. Ce n'était pas les mêmes. Nous étions plus d'une douzaine de compatriotes à coucher dans cette pièce exiguë[6].

[...]

Nous n'étions plus au pays. Ici, on mangeait debout, on ne fermait qu'un seul œil, les oreilles demeuraient ouvertes le jour comme la nuit. On bougeait sans cesse. On parlait peu mais on se disait beaucoup de choses en peu de temps. On ne se téléphonait pas : on ne sait jamais.

Un autre monde...

Extrait de *Bleu-Blanc-Rouge*, d'Alain Mabanckou (© Presence Africaine Editions, 1998), p. 111-115 et 134-137.

---

5 Une odeur toxique.

6 Toute petite.

PARLER ET COMPRENDRE

Après une lecture plus attentive, discutez les questions suivantes en groupes de deux ou trois.

1. Quel était le rite de passage auquel Massala-Massala devait se soumettre ? Pourquoi ?
2. Qu'est-ce que le père avait dû faire pour obtenir ces beaux vêtements ? Pourquoi le commerçant avait-il des réserves ? Comment cette scène fait-elle partie du rite de passage ?
3. Le jour du départ, entassés comme des sardines dans la voiture de l'oncle, Massala-Massala et sa famille ont traversé le quartier, saluant les amis au passage. Pourquoi était-ce important ?
4. La scène entre Massala-Massala et son père :
   a. Pourquoi le père ne voulait-il pas que son fils épouse une Blanche ? Que découvrons-nous ici sur la culture africaine en matière d'hospitalité ?
   b. Quelles sont les implications de se laisser guider par sa conscience ?
   c. Pourquoi le père n'avait-il rien à envier à personne ?
   d. Pourquoi, à votre avis, a-t-il donné cette petite motte de terre à son fils ?
   e. Massala-Massala n'a pas compris pourquoi son père lui a demandé de s'agenouiller puis de s'allonger par terre, mais il a compris que c'était un rituel pour invoquer la protection des ancêtres et il a pu voir combien son père était ému. Pensez aux rites de passage que vous connaissez : quelles sont les parties de ces rites qui sont les plus riches en émotions ?
5. Paris… Qu'est-ce que les petites phrases courtes ajoutent à la situation de Massala-Massala ? Que peut-on lire entre les lignes ? Décrivez son état d'esprit.
6. Le bâtiment dans lequel les « sans papiers » habitaient :
   a. Pourquoi était-il condamné ? Et pourquoi occupaient-ils seulement une toute petite pièce sous le toit, à votre avis ?
   b. Qui étaient les « colocataires » de Massala-Massala ? Pourquoi est-ce que ce n'étaient jamais les mêmes ? Pourquoi fallait-il « faire preuve d'une intelligence suprême » pour dormir ?
   c. Pourquoi était-il préférable de ne pas poser de questions ? Que peut-on déduire sur la vie de ces hommes ?

PERSPECTIVES

Parmi les sujets suivants, choisissez ceux qui vous intéressent le plus et discutez en groupes de deux ou trois, en donnant le plus d'explications et d'exemples possible, puis présentez vos conclusions au reste de la classe.

1. **Partir.** « Partir » était un rite de passage pour ces jeunes Congolais qui rêvaient d'une vie meilleure. Est-ce que « partir » joue aussi un rôle important dans la vie d'un jeune Nord-Américain ? Faut-il partir pour grandir ? Dans quel sens ? Est-ce quelque chose qui varie selon la culture ? Dans votre vie personnelle, donnez un exemple de moment où vous avez dû partir. Quelles ont été les implications de ce départ ?
2. **Un nom.** Massala-Massala voulait dire, en langue locale, « ce qui reste restera ». C'était le nom de son père, de son grand-père, de son arrière-grand-père. « Je pensais que le nom était éternel, immuable. Oui, je pensais que le nom était sacré. » Mais dans le monde de l'illégalité, Massala-Massala a dû prendre d'autres noms, selon les faux papiers qu'on lui fournissait temporairement, ce qui l'a poussé à dire, au bout de quelques mois : « Je ne sais plus qui je suis. »
   a. Selon vous, quel est le lien entre le nom d'une personne et son identité profonde ?
   b. Dans votre cas personnel, comment est-ce que votre nom a influencé qui vous êtes ?
3. **Les masques**. Dans *Bleu-Blanc-Rouge*, nous voyons des personnages qui changent de visages aussi facilement qu'ils changent de noms – des personnages qui portent des masques pour survivre. Bien sûr, quand on vit en marge de la société, les masques sont une nécessité. Mais même quand on suit les normes de la société, est-il

nécessaire, parfois, de porter des masques, de « faire semblant » ? Pendant des salutations, vous est-il déjà arrivé de répondre que vous alliez bien alors que ça n'allait pas du tout ce jour-là ? Pensez à des situations où les masques sont de rigueur. Quels sont les avantages et les inconvénients de cette pratique de porter des masques dans la société ?

Situation	Avantages	Inconvénients
Pendant les interactions sociales typiques, comme les salutations ou les présentations		
Pendant les interactions entre professeurs et étudiants		
Pendant une première sortie (un rendez-vous) avec quelqu'un		
Les politiciens pendant une campagne électorale		
?		

4. **L'immigration clandestine.** Il s'agit d'un des plus gros problèmes de notre époque. Poussés par l'espoir ou le désespoir, des millions de gens sont prêts à risquer leur vie pour réaliser des rêves souvent impossibles. Le problème est si complexe que les gouvernements ne savent plus quoi faire : donner la citoyenneté aux jeunes qui étaient des enfants quand ils sont entrés dans le pays d'accueil ? Construire des murs ? Fermer totalement les frontières ? Augmenter le nombre d'immigrants légaux qu'un pays accepte ? Pensez aux différentes approches que votre pays a essayées au cours des dernières années. Quelles ont été les conséquences de ces actions ? Qu'en pensez-vous ? Que proposez-vous ? Discutez en groupes de trois ou quatre, et soyez prêts à communiquer vos idées au reste de la classe.

Expansion de vocabulaire

Relevez 12 mots de vocabulaire (verbes, noms, adjectifs, expressions idiomatiques) que vous avez découverts ou revus dans la discussion de ce thème et que vous allez incorporer dans votre vocabulaire actif, puis écrivez une phrase *de votre propre création* pour illustrer chaque mot ou expression. Révisez ces mots régulièrement.

Le mot/l'expression. → Une phrase pour l'illustrer

1. ______________________

   → ____

2. ______________________

   → ____

3. ______________________

   → ____

4. ____________________

→ ____

5. ____________________

→ ____

6. ____________________

→ ____

7. ____________________

→ ____

8. ____________________

→ ____

9. ____________________

→ ____

10. ____________________

→ ____

11. ____________________

→ ____

12. ____________________

→ ____

OÙ ALLONS-NOUS ?

Dans cette dernière partie de l'Unité II, nous passons du contexte personnel au contexte social. Les fonctions sont toujours la description et la narration *au passé*, mais aussi l'opinion, une fonction où l'on est si préoccupé par les idées que les fautes fossilisées tendent à reparaître. N'oubliez pas ce que vous avez appris ou révisé jusqu'à présent ; faites une liste des fautes que vous êtes déterminés à éliminer dans votre expression orale et écrite. Pensez aux trois questions magiques pour vous guider dans le choix des temps du passé. Avez-vous tendance à éviter le plus-que-parfait ? Vos verbes s'accordent-ils toujours avec les sujets ? Pour les structures de ce thème, nous mettrons l'accent sur les fautes courantes que les apprenants continuent à faire, même au niveau avancé.

Suite à la page suivante

Réviser

- Le discours indirect ; les pronoms possessifs et démonstratifs.
- Les pronoms relatifs, qui facilitent l'élaboration.
- La concordance des temps au passé dans des contextes plus complexes.

Rédiger

- La structure d'un récit explicatif.
- Les expressions pour illustrer et donner des exemples.
- Projet d'écriture : Récit d'un événement de l'actualité récente ou de l'histoire et une réaction personnelle.

Explorer

- Des événements historiques qui ont marqué le monde.
- Des événements récents qui vous ont frappés.

THÈME 6 : IMMIGRATION ET AUTRES PROBLÈMES SOCIAUX

Chapitre 11 : Le discours indirect ; les pronoms possessifs et démonstratifs ; récit d'un événement de l'histoire ou de l'actualité récente (I)

Où en êtes-vous ? Le discours indirect

Mettez le dialogue ci-dessous au discours indirect, en mettant les verbes aux temps voulus et en changeant au besoin les expressions temporelles. Cherchez les réponses à la fin du chapitre et corrigez les fautes.

Le dialogue (discours direct)	Le discours indirect
Quelques chirurgiens se sont réunis dans une salle de repos à l'hôpital. Chirurgien 1 — **J'ai dû** opérer un comptable **ce matin. C'était** facile parce que quand je **l'ai ouvert**, tout **était** numéroté correctement à l'intérieur. Chirurgien 2 — Ah, **la semaine dernière** j'**ai opéré** un électricien. Tout **s'est présenté** codé avec des repères en couleur. C'**était** impossible **de me tromper**. Chirurgien 3 — Moi**, si j'avais** le choix, je **préférerais** les bibliothécaires, car les organes **seraient** classés par ordre alphabétique à l'intérieur, n'est-ce pas ? Chirurgien 4 — Moi, je pense que les ouvriers de la construction sont les meilleurs parce qu'ils **comprennent** toujours pourquoi il vous **reste** des morceaux de matériaux à la fin. Chirurgien 5 — Je **trouve** que les plus faciles à opérer **sont** les politiciens. Ils **n'ont pas** de cœur, ils **manquent** de cerveau et ils **ne** possèdent **pas** de colonne vertébrale…	Quelques chirurgiens se sont réunis dans une salle de repos à l'hôpital. Le premier chirurgien a dit qu'il 1. _______ opérer un comptable 2. _______. 3. _______facile parce que quand il 4. _______, tout 5. _______numéroté correctement à l'intérieur. Le deuxième chirurgien a répondu que 6. _______ il 7. _______un électricien. Tout 8. _______codé avec des repères en couleur. 9. C'_______ impossible 10. _______. Ensuite, le troisième chirurgien a constaté que 11. _______ le choix, il 12. _______les bibliothécaires car les organes 13. _______ classés par ordre alphabétique à l'intérieur. C'est à ce moment-là que le quatrième chirurgien a affirmé que les ouvriers de la construction 14. _______les meilleurs parce qu'ils 15. _______ toujours pourquoi il 16. _______des morceaux de matériaux à la fin. Alors, le cinquième chirurgien a fini par dire qu'il 17. _______ que les plus faciles à opérer 18. _______ les politiciens parce qu'ils 19. _______ de cœur, ils 20. _______ de cerveau et ils 21. _______ de colonne vertébrale…

Évaluez dans quelle mesure vous maîtrisez le discours indirect. Mettez un « X » pour représenter votre confiance entre le contrôle partiel (« Je fais pas mal de fautes ») et le contrôle complet (« Je n'ai même pas réfléchi, c'était automatique ! »).

Le contrôle partiel — Le contrôle complet

◄────────────────────────►

1 2 3 4 5 6 7 8 9 10

STRUCTURE : Le discours indirect

OBSERVEZ ET DÉDUISEZ

Les mensonges de Moki	
Le dialogue (discours direct)	**Le discours indirect**
– Alors, tu **connais** bien Paris ? – Paris **est** dans ma poche ! Personne ne **connaît** cette ville mieux que moi. – **C'est** vrai qu'on **peut** dîner sur la tour Eiffel ? – Tout à fait, j'y **vais** souvent le week-end avec des amis. Autrefois, j'**avais** même un grand appartement qui **donnait** sur la tour Eiffel, mais j'en **avais** marre de regarder ce monument en me brossant les dents le matin, donc **j'ai changé** d'appartement. Je **me suis rapproché** de la tour Montparnasse. Peut-être que l'année prochaine je **déménagerai** dans le 16e arrondissement...	Quelqu'un lui a demandé **s'il connaissait** bien Paris. Il a répondu que Paris **était** dans sa poche et que personne ne **connaissait** cette ville mieux que lui. Quelqu'un d'autre a demandé **si c'était** vrai qu'on **pouvait** dîner sur la tour Eiffel. Il a répliqué qu'il y **allait** souvent le week-end avec des amis, et qu'autrefois il **avait** même un grand appartement qui **donnait** sur la tour Eiffel, mais comme il en **avait** marre de regarder ce monument en se brossant les dents le matin, il **avait changé** d'appartement et **s'était rapproché** de la tour Montparnasse. Il a ajouté que peut-être l'année suivante, il **déménagerait** dans le 16e...

Quand le verbe de la proposition principale est au passé (*il a demandé, il a répondu*, etc.), quels changements remarquez-vous au discours indirect ? Complétez le tableau.

Dialogue	Discours indirect
Verbes au présent	→
Verbes à l'imparfait	→
Verbes au passé composé	→
Verbes au futur	→
Questions oui/non	→
« l'année prochaine »	→

RÉCAPITULATION ET FAUTES COURANTES

1. Quand le verbe de la proposition principale est **au présent**, il n'y a pas de changement de temps au discours indirect.

   — Moki, tu connais bien Paris ? Tu as déjà dîné sur la tour Eiffel ?

   → Quelqu'un **veut** savoir si Moki **connaît** bien Paris et s'il **a déjà dîné** sur la tour Eiffel.

2. C'est quand le verbe principal est **au passé** que des changements s'opèrent :

- **dans le temps des verbes** : le présent devient l'imparfait, le passé composé devient le plus-que-parfait et le futur devient le conditionnel. Les autres temps ne changent pas.
- **dans les expressions de temps** :

maintenant, en ce moment	→	à ce moment-là, alors
aujourd'hui	→	ce jour-là
hier	→	la veille
demain	→	le lendemain
la semaine prochaine	→	la semaine suivante
la semaine dernière	→	la semaine précédente
ce matin, cette semaine	→	ce matin-là, cette semaine-là

Si la relation dans le temps n'a pas changé (si *hier* est toujours *hier* au moment où vous parlez), il est parfaitement correct de garder des expressions comme aujourd'hui, hier ou la semaine prochaine. Comparez :

Tu sais ce qu'il m'a dit, ce matin ? Il m'a dit qu'il allait partir la semaine prochaine.
Ce matin-là, il m'avait dit qu'il allait partir la semaine suivante.

3. Au discours indirect, **l'impératif** devient **un infinitif**, introduit par la préposition **de.**

Exaspéré, il nous a dit : « Taisez-vous ! » Puis il nous a rappelé : « Ne faites pas de bruit ! »
Exaspéré, il nous a dit de nous taire. Puis il nous a rappelé de ne pas faire de bruit.

Remarquez que, dans le cas d'un ordre négatif, « ne pas » précède l'infinitif.

4. **Les questions** changent aussi. Comparez.

Type de question	Discours direct	Discours indirect Il m'a demandé…
Oui/non	Tu as faim ?	… **si** j'avais faim.
Qu'est-ce que/Que	Qu'est-ce que tu veux manger ?	… **ce que** je voulais manger.
Qu'est-ce qui	Qu'est-ce qui te fait envie ?	… **ce qui** me faisait envie.
Qui est-ce qui/Qui	Qui est-ce qui t'a parlé de ce restaurant ?	… **qui** m'avait parlé de ce restaurant.
Où, quand, à quelle heure, comment, combien, pourquoi	Où veux-tu manger ? Pourquoi as-tu choisi ce restaurant ?	… **où** je voulais manger. … **pourquoi** j'avais choisi ce restaurant.

Remarquez qu'au discours indirect l'ordre des mots est celui d'une phrase **déclarative**. [C'est une faute courante de vouloir garder l'ordre d'une phrase interrogative.]

5. Pour éviter les répétitions maladroites pour introduire des citations au discours indirect, il est bon de **varier les verbes** de la proposition principale.

Elle a dit que…	→	Elle a expliqué que… Elle a déclaré que… Elle a ajouté que… Elle a remarqué que… Elle a reconnu que… Elle a affirmé que…

Il a répondu que... → Il a répliqué que...

Il a demandé si... → Il a voulu savoir si...

Essayez !
Mettez au discours indirect.

1. « Je ne suis jamais allé à Paris. » Massala-Massala a reconnu...
2. « L'occasion se présentera bientôt. » Moki a affirmé...
3. « Es-tu prêt à y aller à n'importe quel prix ? » Moki lui a demandé...
4. « Qu'est-ce que je vais faire comme travail ? » Massala voulait savoir...
5. « Ne pose pas de questions ! » Moki lui a recommandé...
6. « Je n'ai pas peur. » Massala-Massala a répondu...
7. « Qu'est-ce qui peut être pire que de rester au pays ? » Il se demandait...
8. « Écoute ta conscience. » Son père lui a conseillé...
9. « Je t'ai apporté de la terre qui vient de la tombe de ta grand-mère. » Le père a expliqué à son fils...
10. « N'oublie jamais tes racines... » Le père lui a répété...

Application

A. **Une carte postale**. Quelques semaines après son arrivée à Paris, Massala-Massala a envoyé une carte postale à ses parents. Qu'est-ce qu'il a dit ? Mettez au discours indirect, en ajoutant « il a dit », « il a demandé » ou des verbes équivalents. Qu'est-ce qui est vrai dans les nouvelles qu'il donne ?
« Comment allez-vous ? La santé est bonne ? Ne vous inquiétez pas à mon sujet. Mon installation à Paris s'est bien passée. Nous habitons dans un bel appartement, au 7e étage, avec de grandes fenêtres qui donnent sur l'Arc de Triomphe. J'ai obtenu mon visa de travail assez facilement et j'ai trouvé un bon emploi dans un magasin de vêtements, donc je pourrai vous envoyer de l'argent très bientôt. Comment va la famille ? Je pense à vous. »

B. **Les questions qu'il aurait dû poser**. Massala-Massala faisait entièrement confiance à Moki. Si seulement il avait posé des questions avant de partir... Transformez les questions selon le modèle, en ajoutant « Il aurait dû demander... »
Modèle : Qu'est-ce que je vais faire comme travail ?
→ *Il aurait dû demander* ce qu'il allait faire comme travail.

1. Est-ce que les loyers sont chers ?
2. Avec qui allons-nous habiter ?
3. Comment vais-je obtenir mon visa de travail ?
4. Peut-on commencer à travailler avant d'avoir ses papiers ?
5. Qu'est-ce que tu as fait comme travail quand tu es arrivé à Paris la première fois ?
6. Est-ce que tu t'es déjà fait arrêter par la police ?
7. Combien d'argent as-tu pu économiser la première année ?
8. Tout ce que je vais faire est légal, n'est-ce pas ?

C. **Et pourtant...** Dans son roman *Douceurs du bercail*, la romancière sénégalaise Aminata Sow Fall parle de tous ces jeunes qui sont obsédés par l'idée de « partir ». Voici quelques réflexions de la protagoniste du roman. Mettez-les au discours indirect, en ajoutant des verbes comme « elle a dit », « elle a expliqué » ou d'autres verbes équivalents.

1. « Le paradis n'est pas forcément ailleurs. Il y a des tas de jeunes qui partent, se cassent la figure contre le mirage mais persistent à croire à un bonheur qui leur échappe. Mais le bonheur, au fond, c'est comme le savoir : il n'est pas loin, il faut savoir le trouver. » (p. 201)
2. « Il n'y a pas de fatalité de la pauvreté là où sont des hommes et des femmes déterminés à lutter contre l'adversité sous toutes ses formes. » (p. 59)
3. « Aimons notre terre. Nous l'arroserons de notre sueur et la creuserons de toutes nos forces, avec courage. La lumière de notre espérance nous guidera. Alors seulement nous pourrons emprunter les routes du ciel, de la terre et de l'eau sans être chassés comme des parias. » (p. 88)

Application communicative

Une aventure. Interviewez un(e) de vos camarades de classe : demandez-lui de vous raconter une « aventure » qui lui est arrivée pendant des vacances ou au travail. Posez suffisamment de questions pour « tout » savoir – les circonstances (où ? quand ? avec qui ? pourquoi ?) ; ce qui s'était passé avant l'incident ; un récit détaillé de l'incident ; ses sentiments avant, pendant et après. Prenez des notes pendant l'entrevue, pour ne rien oublier.

Changez de partenaire et racontez au discours indirect l'histoire que vous venez d'entendre – avec la permission de l'auteur, bien sûr !

STRUCTURE : Les pronoms possessifs et démonstratifs

Où en êtes-vous ?

Mettez la forme correcte du pronom possessif (le mien, le tien, etc.) ou démonstratif (celui, celles, etc.). Cherchez les réponses à la fin du chapitre et corrigez les fautes.

En 1984, les États-Unis ont lancé une station spatiale, *Freedom*, et la Russie a lancé ____ (1), *Mir*. En 1992, grâce à un accord de coopération entre le président des États-Unis, George Bush, et ____ (2) de la Russie, Boris Yeltsin, les astronautes américains ont pu effectuer des séjours de longue durée à bord de la station soviétique *Mir*, parce que ____ (3) manquait de nombreuses fonctionnalités, comme la régénération de l'environnement. En 1998, la construction de la station spatiale internationale (SSI) a commencé, surtout grâce aux efforts des États-Unis et à ____ (4) de la Russie. Les Russes ont contribué quatre grands modules et les Américains, qui n'en avaient qu'un seul, ont contribué ____ (5). Au commencement, tout était séparé. Les Américains faisaient leurs recherches et les Russes faisaient ____ (6). Ils ne pouvaient pas se dire : « J'ai perdu mon tournevis, pouvez-vous me prêter ____ (7) ? » Par contre, la philosophie dominante était : « Je m'occupe de mes affaires, et vous vous occupez ____ (8). » Ou bien : « Je ne dis pas de mal de votre travail, ne dites pas de mal ____ (9). » En plus, la nourriture ne se partageait pas du tout. Par exemple, Nicole Stott n'a mangé que sa propre nourriture et Jeff Williams n'a mangé que ____ (10). Petit à petit, les Russes et les Américains ont commencé à partager de plus en plus les équipements. Ils se sont dit : « Tu n'as pas de gants ? Sers-toi ____ (11). » Ou bien : « Ces équipements multiusages nous appartiennent à nous tous, ce sont ____ (12). » Chaque astronaute séjourne environ six mois dans la SSI. Si c'était moi, je penserais souvent à ma famille ; est-ce que tu penserais souvent ____ (13) ?

Évaluez dans quelle mesure vous maîtrisez les pronoms possessifs et démonstratifs. Mettez un « X » pour représenter votre confiance entre le contrôle partiel (« Je fais pas mal de fautes ») et le contrôle complet (« Je n'ai même pas réfléchi, c'était automatique ! »).

Le contrôle partiel — Le contrôle complet

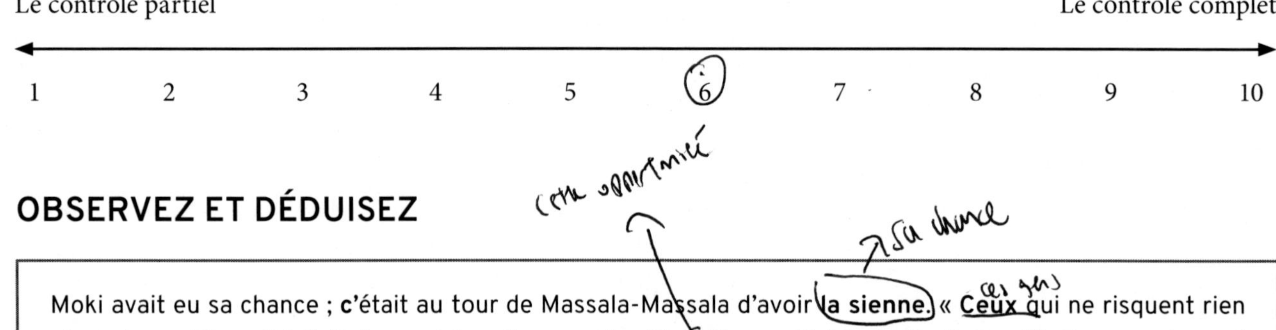

OBSERVEZ ET DÉDUISEZ

> Moki avait eu sa chance ; **c'**était au tour de Massala-Massala d'avoir **la sienne.** « **Ceux** qui ne risquent rien n'ont rien », dit-on. Il fallait donc saisir cette opportunité, **celle** que Moki lui offrait. **Ce** n'était pas seulement pour lui, mais pour son père, **celui** qui avait toujours rêvé d'aller en France mais ne l'avait jamais fait ; **c'**était aussi pour sa mère, **celle** qui vendait des cacahuètes au marché sans jamais se plaindre – elle méritait une meilleure vie. Il leur enverrait de l'argent et **ça** leur permettrait de se reposer. S'il y mettait **du sien,** il pourrait même leur faire construire une maison « en dur », et ils pourraient dire aux voisins : « Eh oui, c'est notre maison, c'est vraiment **la nôtre** ! »

Vous connaissez déjà les adjectifs possessifs (mon, ton, son, ma, ta, sa, notre, votre, leur ; mes, tes, ses, nos, vos, leurs), qui accompagnent un nom. Les pronoms, ou « pro-noms », remplacent un nom. Dans le petit texte ci-dessus, trouvez :

- le pronom possessif qui remplace *sa chance*, et *notre maison*. Pouvez-vous déduire comment former le pronom qui remplacerait : a) son père ; b) ma mère ; c) nos parents ?
- l'expression idiomatique qui veut dire *faire tout son possible*.

Vous connaissez aussi les adjectifs démonstratifs (ce, cet, cette, ces), qui accompagnent un nom. Dans le texte ci-dessus, trouvez :

- Le pronom démonstratif qui remplace *cette opportunité, cet homme, cette femme* et *ces gens*. Pouvez-vous déduire comment former le pronom qui remplacerait *ces femmes* ?
- **Ce/c'** et **ça** sont des pronoms démonstratifs invariables qui ne sont pas interchangeables. Pouvez-vous déduire quand utiliser chacun ?
  - **a.** _____ est vrai, mais _____ ne veut pas dire que _____ te donne le droit de le dire à tout le monde. _____ doit rester confidentiel.
  - **b.** _____ est _____ qu'il voulait, alors _____ n'est pas la peine de critiquer sa décision. _____ ne sert à rien.

Quelle est la règle ?

RÉCAPITULATION ET FAUTES COURANTES

A. Les pronoms possessifs

1. **Les formes**
   Pour récapituler les formes, complétez le tableau.

L'adjectif	Le pronom	L'adjectif	Le pronom
mon problème	→ le mien	ma décision	→ la mienne
ton problème	→ le tien	ta décision	→ la tiene
son problème	→ le sien	sa décision	→ la siene
notre problème	→ le nôtre	notre décision	→ la nôtre
votre problème	→ le vôtre	votre décision	→ la vôtre
leur problème	→ le leur	leur décision	→ la leur
mes problèmes	→ les miens	tes décisions	→ les tiens
vos problèmes	→ les vôtres	leurs décisions	→ les leurs

2. **Expressions idiomatiques** avec des pronoms possessifs
   - *y mettre du sien* = faire tout son possible, faire des efforts
     Si tu veux réussir dans la vie, il faut que tu y mettes du tien !
   - *faire des siennes* = faire des bêtises
     On ne peut pas lui faire confiance, il est toujours en train de faire des siennes.
   - *À la vôtre !* = À votre santé ! (quand on porte un toast à quelqu'un en levant son verre)
     Buvons ensemble – à la vôtre !
   - *être des nôtres* = être avec nous, faire partie de notre groupe
     Nous ferons une petite fête samedi soir – serez-vous des nôtres ?
   - *les miens* = ma famille
     J'aime passer du temps avec les miens.

3. **Fautes courantes**
   - Ne confondez pas *le sien/les siens* et *le leur/les leurs*. Quand il y a plusieurs possesseurs, ou quand le sujet est pluriel, il faut utiliser *le leur/la leur* pour un seul objet possédé, et *les leurs* pour plusieurs objets.
   - Il y a une différence de prononciation entre *notre/votre* et *le nôtre/le vôtre*. L'adjectif se prononce avec un [ɔ] ouvert, tandis que le pronom se prononce avec un [o] fermé.
   - N'oubliez pas les contractions quand une préposition accompagne le pronom possessif.
     Pense à ta famille – pense *aux* tiens.
     Ton téléphone ne fonctionne plus ? Tu as besoin *du* mien ?

Essayez !

Complétez les phrases avec les pronoms possessifs qui conviennent.

1. Il se plaint constamment de ses problèmes, mais il n'y a pas que les siens qui comptent ! Il pourrait *nous* aider à résoudre les nôtres.
2. Chacun a droit à ses propres opinions ; moi, j'ai ~~la nôtre~~ les miennes, tu as les tiennes et les autres ont les leurs.
3. Quel couple ! Lui, il est très conservateur, et elle, elle a des idées très libérales, mais elle respecte ses croyances, et lui respecte les siens. Quand ils vont voter, il dit que le vote de sa femme annule le sien.
4. Vous avez un code Wi-Fi, n'est-ce pas ? Puis-je me servir le vôtre ?
5. Parle à tes parents et moi, je parlerai ~~à les~~ aux miens.
6. Ils ne font pas beaucoup d'efforts. S'ils y mettaient du sien, ils pourraient réaliser leurs rêves.
7. Arrête de faire des bêtises ! À force de faire des siennes, tu vas te faire expulser...

8. À qui sont ces clés ? Mes colocataires disent que ce ne sont pas ______ ; ______ sont dans mon sac, je viens de vérifier. Le voisin est passé chez nous tout à l'heure, je me demande si ce sont ______.

B. Les pronoms démonstratifs

1. Celui, celle, ceux, celles

- Ces pronoms variables peuvent être suivis de la préposition **de** pour indiquer la possession.
  À qui est ce livre ? C'est **celui de** ma colocataire.
- Ils peuvent aussi être suivis **d'un pronom relatif** (voir chapitre 12).
  Ceux qui ne risquent rien n'ont rien.
  Cette lettre n'est pas **celle que** j'ai reçue hier.
- Sous forme composée avec **-ci** ou **-là**, ils désignent ce qui est proche (**-ci**) ou loin (**-là**).
  Quel siège est le vôtre ? **Celui-ci** ou **celui-là** ?

  Cette distinction s'applique aussi à deux personnes ou objets mentionnés dans la même phrase ; celui qui est mentionné d'abord (c'est-à-dire le plus loin de la fin de la phrase) est **celui-là** ; celui qui est le plus près de la fin de la phrase est **celui-ci** (*the former/the latter*).
  La Volvo et la BMW sont des voitures européennes ; **celle-là** est suédoise, **celle-ci** est allemande.
  Mabanckou et Lopes sont deux écrivains congolais, mais celui-ci vient du Congo-Kinshasa, tandis que celui-là vient du Congo-Brazzaville.
- En langage familier, **celui-là** a parfois un sens péjoratif.
  Oh ! **Celui-là**, il me tape sur les nerfs !
  Celles-là, elles sont toujours en train de se plaindre !

2. Ce/c' ou ça

- Comme vous l'avez vu sous « déduisez », on utilise **ce** avec le verbe être, et **ça** avec tous les autres verbes, ou avec le verbe être quand celui-ci est précédé d'un pronom.
  C'est évident que **ça** lui est égal ; est-ce que **ça** te dérange ?
- **Ce** s'utilise aussi avec des pronoms relatifs, quand il n'y a pas d'antécédent précis (voir chapitre 12) et pour remplacer *qu'est-ce que/qu'est-ce qui* au discours indirect.
  C'est **ce que** je pensais. **Ce qui** compte, c'est qu'on se comprenne.
  Il m'a demandé **ce que** je voulais faire.
- En langage familier, on peut utiliser **ça** au lieu de **ce** quand le verbe *être* est négatif.
  Ce n'est pas compliqué/Ça n'est pas compliqué !

  Pour être plus emphatique, on peut aussi utiliser les deux :
  Ça, c'est cool !

3. Ceci, cela

Ceci est une combinaison de ce-ci et désigne une chose plus proche ou ce qu'on va dire.

Cela est une combinaison de ce-là et désigne une chose plus éloignée ou ce qu'on vient de dire. C'est la différence entre *this* (ceci) et *that* (cela).

Écoutez bien **ceci** : ceux qui ne risquent rien n'ont rien.
Cela dit, il y a des limites aux risques qu'on peut prendre…

4. C'est ou il est ?

Rappelez-vous qu'avec *les professions* et *les nationalités* on peut utiliser :

- **c'est** + article + nom :
  C'est un écrivain ; c'est un **C**ongolais (puisque c'est un nom, la nationalité prend la majuscule).
- ou **il est/elle est** + le nom sans article. Dans le cas des nationalités, s'il n'y a pas d'article, c'est l'adjectif qu'on utilise, donc il n'y a pas de majuscule.
  Il est écrivain ; il est congolais.

Mais si le nom est modifié par un adjectif ou une proposition relative, il faut utiliser **c'est**, et non *il est/elle est*. La faute est très courante…

C'est un écrivain très connu. [~~Il est un écrivain très connu~~]

Ils sont **f**rançais ; ce sont des **F**rançais typiques.

Essayez !

C'est/ce sont ou *il est/elle est, ils sont/elles sont ?* Complétez de façon appropriée, en ajoutant des articles au besoin.

1. ________ journaliste ; ________ journaliste canadien ; ________ journaliste qui a fait beaucoup de reportages sur le Moyen-Orient.
2. ________ Sénégalaise très renommée ; ________ sénégalaise ; ________ romancière sénégalaise qui a reçu plusieurs prix littéraires.
3. ________ étudiants ; ________ bons étudiants ; ________ très diligents.

Application

A. Celui, celle, ceux, celles, celui-ci, celui-là, ceci, cela, ce, ça. Complétez de façon appropriée.

1. Mes compositeurs préférés sont Beethoven et Albinoni. ________ était allemand, ________ était italien.
2. J'avais perdu mes gants, alors j'ai emprunté ________ de ma sœur.
3. Il faut se méfier des publicités, surtout ________ qui promettent des miracles.
4. ________ m'inquiète de voir toute cette désinformation dans les médias ; regardez ________ : un article qui dit exactement le contraire de ________ que j'ai lu hier. Quelles sources devons-nous croire ? En tout cas, pas ________ qui ont pour but de polariser l'opinion publique !
5. ________ me ferait plaisir si tu pouvais venir ; on pourrait retourner dans ces petits restaurants, tu sais ________ qu'on avait découverts la dernière fois.
6. S'il faut choisir entre le restaurant mexicain ou le restaurant chinois, je choisis ________ parce que j'adore les fajitas. ________ dit, je veux bien essayer aussi le restaurant chinois.
7. ________ qui caractérise la cuisine française, ________ les sauces ; les meilleures, à mon avis, sont ________ qui contiennent de la crème !
8. Tu n'aimes pas la crème ? — Non, je n'ai pas dit ________.
9. Un steak tartare pour madame, et avec ________, vous faut-il autre chose ?
10. ________ commence bien ! Il a toujours besoin de se faire remarquer, ________ !

B. Un pronom possessif ou un pronom démonstratif ? Complétez de façon logique, sans oublier les prépositions au besoin.

1. Parmi les migrants, il y a ________ qui traversent la Méditerranée dans des embarcations de fortune. Une fois installés dans le pays d'accueil, ils essayent de faire venir ________, c'est-à-dire le reste de la famille.
2. Buvons à votre succès, chers amis. ________ !
3. Est-ce ma faute si ________ s'est mal passé ? Non, ________ n'était pas ________, mais plutôt ________ des organisateurs.
4. Il n'y a pas d'autre façon de réussir, chacun doit y mettre ________.
5. Les gens ont tendance à se plaindre de leurs difficultés, mais elle ne se plaint jamais ________.
6. J'ai déjà pris mon tour, à toi de prendre ________.
7. ________ n'a l'air de rien, mais ________ n'est pas facile à faire. ________ qui persévèrent sont ________ qui réalisent leurs objectifs.
8. Nous avons parlé de nos objectifs, et ils ont parlé ________, qui ne sont pas très différents ________.

Application communicative

En groupes de deux ou trois, complétez les phrases de façon personnelle, en donnant des explications.

1. Chacun a ses forces et ses faiblesses. En matière de forces, une des miennes, c'est que....
   En matière de faiblesses, une des miennes, c'est que...
2. Ce que j'ai du mal à supporter chez un(e) colocataire, c'est... parce que...
3. Ce qui m'intéresse, quand je lis les actualités, c'est surtout celles qui se rapportent à... parce que...
4. Les professeurs qui me motivent le plus sont ceux qui... parce que...
5. Si vous me demandez de donner trois conseils à des étudiants qui vont entrer dans cette université, je vais dire ceci : tout d'abord... ensuite... finalement...

ÉCRITURE : Le récit d'un événement de l'histoire ou de l'actualité récente (I)

PROJET D'ÉCRITURE : RÉCIT D'UN ÉVÉNEMENT DE L'ACTUALITÉ RÉCENTE OU DE L'HISTOIRE ET UNE RÉACTION PERSONNELLE

Le projet d'écriture au chapitre 12 sera un récit au passé d'un événement de l'actualité récente ou de l'histoire, et votre réaction personnelle à cet événement (500-700 mots). Le but de ce chapitre est de vous aider à considérer plusieurs sujets concernant les événements de l'actualité récente et de l'histoire, et à organiser votre description d'une manière logique. La structure que vous définirez ci-dessous vous permettra de rédiger le prochain projet d'écriture.

I. Des exemples dans l'histoire ou dans l'actualité

En groupe de deux ou de trois, faites une liste d'exemples pour chacune des catégories suivantes. Nommez autant d'exemples que possible et donnez d'autres informations si vous le pouvez. Cette activité devrait servir de remue-méninges pour le sujet de votre composition.

Modèle : Guerre récentes
→ L'Ukraine et la Russie (la Russie a envahi l'Ukraine), l'Éthiopie (une guerre civile), la crise libyenne (surnommée *le Printemps arabe*, le dictateur était Mouammar Kadhafi), la guerre en Afghanistan (il s'agissait des talibans), etc.

1. Des catastrophes météorologiques (l'ouragan Katrina en 2005, le tsunami à Fukushima en 2011, les incendies en Californie, etc.)
2. Des inventions révolutionnaires (le téléphone, le cinéma, etc.)
3. Des événements politiques (la chute du mur de Berlin, le débarquement en Normandie, etc.)
4. La création d'entreprises importantes (Microsoft, Facebook, etc.)
5. La construction de bâtiments importants (la pyramide du Louvre, le tunnel sous la Manche, la statue de la Liberté, etc.)

Qui dans votre groupe se considère comme « historien(ne) » ?

II. Une frise chronologique

Connaissez-vous les dates approximatives de ces événements importants ? En groupe de trois, placez les événements suivants par ordre chronologique, du plus ancien au plus récent. Commencez par *les événements historiques.* Les dates précises ne sont pas nécessaires.

Modèle : la chute du mur de Berlin, la prise de la Bastille, la construction de la tour Eiffel

←——— La frise chronologique ———→

La prise de la Bastille | La tour Eiffel | La chute du mur de Berlin

1. Événements historiques
   a. La Renaissance
   b. La peste noire
   c. La révolution industrielle
   d. La Deuxième Guerre mondiale
   e. La Révolution française (la prise de la Bastille)
   f. La guerre civile aux États-Unis
2. Événements récents
   a. Le Brexit
   b. La crise sanitaire mondiale (COVID-19)
   c. La guerre en Ukraine
   d. L'élection de Donald Trump
   e. Le 11 septembre 2001
   f. L'assaut du Capitole du 6 janvier
3. Autres événements
   Quels événements ont marqué le monde, selon vous ? Nommez au moins trois événements qui ne figurent pas dans les listes précédentes.

Choisissez au moins un événement de la liste et faites des recherches pour rédiger un paragraphe qui décrit cet événement. Qu'est-ce qui s'est passé ? Pourquoi et comment cet événement a-t-il marqué le monde ? Quelle est votre réaction personnelle à cet événement ?

Modèle :

La tour Eiffel a été construite pour l'Exposition universelle de 1889, afin de démontrer le savoir-faire technique des architectes français. La date de sa construction était importante, parce qu'elle symbolisait le centenaire de la Révolution française. C'était la première tour de 300 mètres dans le monde et elle est restée la tour la plus haute du monde jusqu'à la construction du Chrysler Building, à New York. Les artistes de l'époque ne l'aimaient pas. En fait, Guy de Maupassant déjeunait souvent dans un restaurant au deuxième étage, parce que c'était le seul endroit de la ville où il ne pouvait pas voir la tour. Après l'exposition de 1899, la curiosité a quasiment disparu jusqu'aux années 1960, où le tourisme international a commencé à se développer. Aujourd'hui, la tour Eiffel est l'un des monuments les plus visités de Paris.

J'ai été surpris d'apprendre que la tour Eiffel n'a pas été bien reçue lors de sa construction. Avant de faire des recherches, j'avais imaginé une bonne réception dès le début. Pourtant, la tour Eiffel évoque, pour moi, la culture française, car je l'ai toujours associée à d'autres symboles culturels comme la baguette, les marchés en plein air et les panneaux « Métropolitain ».

III. La structure du texte

Comme la narration d'un récit personnel, la description d'un événement de l'actualité ou de l'histoire maintient une structure logique. Remplissez le tableau suivant en répondant aux questions clés. Choisissez un événement des sujets des activités précédentes ou un autre événement qui vous intéresse. Vous allez sans aucun doute devoir faire des recherches pour repérer des détails importants. Pour le tableau ci-dessous, essayez d'élaborer le plus possible, car il sera plus facile d'éliminer des idées que de refaire des recherches pour trouver plus de détails.

Titre de l'événement : ____________________

La situation initiale	Qui ? Quoi ? Où ? Quand ?
Les actions	Qu'est-ce qui est arrivé ? Comment ? Qu'est-ce qui a provoqué ces actions ? Qu'est-ce qui a changé ?
Les implications	Quelle était l'importance de cet événement ? Comment a-t-il marqué le monde ? Quelles en ont été les implications à l'époque ? Quelles en sont les implications aujourd'hui ?
Votre réaction personnelle	Quelle a été votre réaction quand vous avez appris ou étudié cet événement ? Pourquoi ?

Présentez la structure que vous avez créée à un(e) partenaire. Si possible, aidez votre partenaire à élaborer les détails d'au moins une des catégories.

RÉPONSES À L'EXERCICE OÙ EN ÊTES-VOUS ? LE DISCOURS INDIRECT

*1. qu'il **avait dû** opérer 2. **ce matin-là**. 3. C'**était** facile 4. il l'**avait ouvert** 5. tout **était** numéroté correctement 6. **la semaine précédente** 7. il **avait opéré** un électricien. 8. Tout **s'était présenté** codé 9. C'**était** impossible 10. de **se tromper/qu'il se trompe**. 11. s'il **avait** le choix 12. il **préférerait** les bibliothécaires 13. les organes **seraient** classés par ordre alphabétique 14. que les ouvriers de la construction **étaient** les meilleurs 15. ils **comprenaient** 16. il **leur restait** des morceaux à la fin 17. qu'il **trouvait** que 18. les plus faciles à opérer **étaient** les politiciens 19. ils **n'avaient pas** de cœur 20. ils **manquaient** de cerveau 21. ils **ne possédaient** pas de colonne vertébrale*

RÉPONSES À L'EXERCICE OÙ EN ÊTES-VOUS ? LES PRONOMS POSSESSIFS ET DÉMONSTRATIFS

*1. la Russie a lancé **la sienne** 2. et **celui** de la Russie, Boris Yeltsin 3. parce que **la leur/celle des Américains/celle-là** manquait de nombreuses fonctionnalités 4. **ceux** de la Russie 5. les Américains, qui n'en avait qu'un seul, ont contribué **le leur** 6. les Russes faisaient **les leurs** 7. pouvez-vous me prêter **le vôtre** 8. vous vous occupez **des vôtres** 9. ne dites pas mal **du mien** 10. Jeff Williams n'a mangé que **la sienne** 11. Sers-toi **des miens** 12. ce sont **les nôtres** 13. est-ce que tu penserais souvent **aux tiens/à la tienne***

RÉPONSES À L'ÉCRITURE EXERCICE II. UNE FRISE CHRONOLOGIQUE

1. *Événements historiques*
   a. *La Renaissance (14e-16e siècles), b. La peste noire (1346-1353), c. La révolution industrielle (1760-1914), d. La Deuxième Guerre mondiale (1939-1945), e. La Révolution française (1780-1799) (prise de la Bastille), f. La guerre civile aux États-Unis (1861-1865)*
2. *Événements récents*
   a. *Le Brexit (2020), b. La crise sanitaire mondiale (COVID19) (2019), c. La guerre en Ukraine (2022), d. L'élection de Donald Trump (2016), e. Le 11 septembre 2001, f. L'assaut du Capitole du 6 janvier (2021)*

THÈME 6 : IMMIGRATION ET AUTRES PROBLÈMES SOCIAUX

Chapitre 12 : Les pronoms relatifs ; recyclage de la narration et description au passé ; récit d'un événement de l'histoire ou de l'actualité récente (II)

Où en êtes-vous ? Les pronoms relatifs

Mettez la forme correcte des pronoms relatifs (que, qui, dont, lequel, duquel, etc.). Cherchez les réponses à la fin du chapitre et corrigez les fautes.

Les Marseillais sont connus pour leur tendance à exagérer, mais un dicton _____ (1) renforce cette impression vient de l'histoire véritable _____ (2) un navire a bouché le port de Marseille. C'est une histoire _____ (3) la majorité des Marseillais connaissent. On dit qu' « une sardine a bouché le port de Marseille », mais *la sardine* _____ (4) on parle est, en vérité, une frégate _____ (5) s'appelait le « Sartine ». Le Sartine était bateau de guerre _____ (6) la mission était de ramener des prisonniers français de l'Amérique.

En 1790, le Sartine passait par le cap Saint-Vincent _____ (7) il s'est fait intercepter par un navire britannique, le *HMS Romney*, c'est là _____ (8) le Sartine a perdu son capitaine. Un malentendu à cause _____ (9) le Romney a ouvert le feu a amené la mort prématurée du capitaine. Après la mort du capitaine, le second, _____ (10) s'appelait M. Roubaud, a essayé d'entrer dans le port de Marseille, _____ (11) l'entrée était très serrée pour un gros vaisseau comme le Sartine. Le jour _____ (12) le Sartine s'est approché du port, il faisait beau mais la voie _____ (13) M. Roubaud a tenté l'entrée n'a pas marché. Il a fait tout _____ (14) il pouvait pour naviguer l'entrée, mais il n'a pas pu effectuer les manœuvres nécessaires. Donc, le Sartine s'est fait prendre par les rochers, et le passage _____ (15) les bateaux sortaient et entraient est resté bouché pendant plusieurs semaines. Cette histoire a fait un grand bruit, car c'étaient des circonstances _____ (16) les Marseillais ne s'étaient jamais attendus. Les Marseillais ont gardé le côté humoristique et ils ont déformé le nom de la frégate de *Sartine* en *Sardine*. Voilà la raison _____ (17) on dit que « la sardine a bouché le port de Marseille ».

Évaluez dans quelle mesure vous maîtrisez les pronoms relatifs. Mettez un « X » pour représenter votre confiance entre le contrôle partiel (« Je fais pas mal de fautes ») et le contrôle complet (« Je n'ai même pas réfléchi, c'était automatique ! »).

Le contrôle partiel | Le contrôle complet

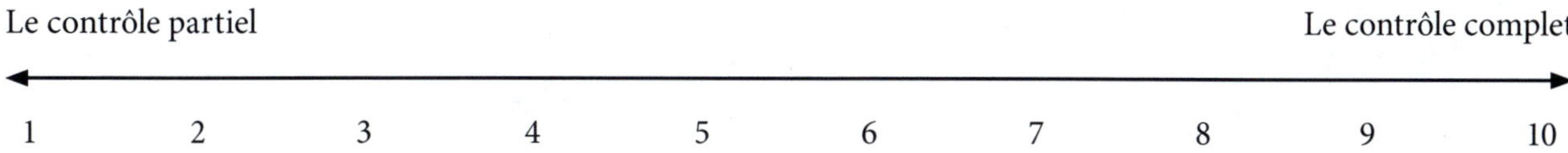

1 2 3 4 5 6 7 8 9 10

STRUCTURE : Les pronoms relatifs

OBSERVEZ ET DÉDUISEZ

Migrations africaines

La représentation d'un « exode » africain **qu'**on voit dans les médias est en fait inexacte. D'une part, les migrants **qui** viennent d'Afrique représentent moins de 10 % des migrants de la planète, loin derrière ceux **qui** viennent d'Asie ou d'Amérique latine. D'autre part, et c'est quelque chose **dont** les médias ne parlent pas, les migrations africaines sont d'abord intracontinentales. Les pays **où** la croissance économique est faible et **où** les conflits politiques sont fréquents voient la plus grande mobilité, avec des migrants **qui** se réfugient dans les pays voisins, pour échapper à la violence, à la sécheresse ou aux autres fléaux[1] **auxquels** l'Afrique fait face.

1 Grandes difficultés.

Les pronoms relatifs *relient* deux parties d'une phrase entre elles. Une proposition relative explique ou ajoute des informations sur un nom qu'on appelle un antécédent. Par exemple, la première phrase du petit texte ci-dessus peut être divisée en deux propositions *(clauses)* : (1) La représentation d'un exode africain est en fait inexacte ; (2) on voit cette représentation dans les médias. Pour intégrer les deux parties de la phrase et éviter la répétition du mot *représentation*, on utilise le pronom relatif *que*.

- Dans le texte ci-dessus, trouvez l'antécédent (ou le nom que le pronom relatif représente) pour tous les pronoms en caractères gras.
  Ex. : Les migrants qui viennent d'Afrique → **qui** représente *les migrants*.
- Quel est le pronom relatif qui est suivi directement d'un verbe, et qui est *le sujet* de ce verbe ?
- Quel est le pronom relatif qui représente *l'objet direct* du verbe ? Où est ce verbe ?
- Quel est le pronom relatif qui remplace un nom introduit par la préposition *de* ? Quel est le verbe qui se construit avec la préposition *de* ?
- Quel est le pronom relatif qu'on utilise pour représenter *un lieu* ?
- Dans le cas du pronom « auxquels », qui est la combinaison de *à* + *lesquels*, où se trouve le verbe qui se construit avec la préposition *à* ?

RÉCAPITULATION ET FAUTES COURANTES

- En anglais, les pronoms relatifs existent, bien sûr (*who, whom, that, which, whose, where*), mais on peut parfois les laisser tomber.
  Ex. : *The thing I don't understand... The problem I was thinking about...*
  En français, on ne peut pas les laisser tomber !
  Ex. : La chose **que** je ne comprends pas... Le problème **auquel** je pensais...
- Quand il n'y a pas d'antécédent spécifique, ou que l'antécédent est toute une phrase, il faut utiliser le pronom démonstratif **ce** (voir chapitre 11).
  L'Afrique compte plus de 4 millions de réfugiés et de personnes déplacées, **ce qui** est surprenant.
  Avec le pronom ***tout***, il faut aussi utiliser un **ce**.
  C'est **tout ce que** je sais !

- **Qui** est le pronom *sujet*, suivi directement d'un verbe.

  Les migrants **qui** viennent d'Afrique…

  C'est un sujet **qui** m'intéresse.

  Ce qui m'étonne le plus, c'est la mobilité intra-africaine.

- **Que** remplace un *objet direct.*

  L'image **que** les médias nous donnent est inexacte.

  Le sujet **que** nous abordons ici est l'émigration.

  Ce que je ne savais pas, c'est que les migrants africains sont très minoritaires.

  Puisque **que** remplace un objet direct, ce pronom entraîne souvent l'accord du participe passé.

  La pomme que j'ai **mangée** n'avait pas de goût.

  Les gens qu'on a **vus** étaient bizarres.

- **Dont** remplace un nom introduit par la préposition **de**.

  C'est quelque chose **dont** les médias ne parlent pas. (parler *de*)

  La stabilité économique et sociale, c'est **ce dont** les gens ont besoin. (avoir besoin *de*)

  Attention : **dont** est toujours suivi de l'ordre normal de la phrase, c'est-à-dire sujet + verbe + complément, contrairement à l'anglais.

  He's the gentleman *whose wife we saw* yesterday.

  C'est le monsieur **dont** on a vu *la* femme hier. (Remarquez qu'après *dont* on utilise l'article défini, et non un adjectif possessif.)

- **Où** remplace un nom qui indique un lieu, un moment dans le temps ou une situation.

  Les pays **où** il y a des conflits…

  L'année **où** la crise a commencé…

  Une faute commune est de vouloir utiliser *quand* dans le cas d'un moment dans le temps, mais *quand* n'est pas un pronom, et il faut utiliser **où**.

  Il paraît qu'il y a eu une grosse tempête de neige le jour **où** je suis né.

  Attention : quand le lieu ou le moment est accompagné d'un déterminant démonstratif, **où** devient **que**.

  C'est dans *cette* ville **que** je suis né ; c'est *là* **que** j'habite ; c'est *ce jour-là* **qu'**il est arrivé.

- **D'où, par où**

  Je connais bien la ville **d'où** il vient.

  Tu es sûr que c'est la rue **par où** on est passés hier ?

- **Lequel, laquelle, lesquels, lesquelles**

  Ces pronoms relatifs variables (qui s'accordent) remplacent un nom introduit par une préposition autre que *de*.

  C'est le problème **auquel** je pensais. (Penser *à* quelque chose ; rappelez-vous qu'avec la contraction, à + lequel = auquel ; à + lesquelles = auxquelles)

  Tu connais l'entreprise **pour laquelle** il travaille ?

  Les conditions **dans lesquelles** il travaille ne sont pas idéales.

  Rappel : si la préposition est **de**, le pronom relatif est **dont**, à moins que le *de* fasse partie d'une expression prépositionnelle plus longue, comme *en face de, à côté de.*

  C'est le bâtiment **à côté duquel** j'ai garé ma voiture.

- **Quoi.** Quand il n'y a pas d'antécédent spécifique et qu'on utilise **ce**, avec la préposition **à**, *lequel* devient **quoi**.

  C'est **ce à quoi** je pensais.

  Quoi s'utilise aussi avec la préposition **sans**.

  Il m'a prêté de l'argent, **sans quoi** je n'aurais pas pu payer mon loyer.

- Certains pronoms relatifs sont identiques aux pronoms interrogatifs, mais leur fonction est différente.

Pronom interrogatif	Pronom relatif
Qui a téléphoné ?	Tu connais la personne **qui** a téléphoné ?
Que fais-tu ? Il m'a demandé **ce que** je faisais.	Je n'ai pas compris la question **qu'**il a posée. Je n'ai pas compris **ce qu'**il a dit.
Où est-il né ?	C'est la ville **où** il est né.
Lequel de ces restaurants préfères-tu ? **Duquel** parlais-tu ?	C'est le restaurant **auquel** je pensais. C'est celui **dont** je t'ai parlé.

Application

A. Des spécialités gastronomiques françaises. Complétez les phrases à l'aide de pronoms relatifs.

1. Il y a des gens ______ n'ont jamais mangé d'escargots, ______ n'est pas étonnant, étant donné qu'il n'y a pas beaucoup de restaurants ______ en servent.
2. Je connais un magasin ______ on trouve des escargots importés de France.
3. C'est le magasin ______ je t'ai déjà parlé ; c'est là ______ j'achète mes fromages.
4. Les escargots ______ on a mangés l'autre jour étaient délicieux, n'est-ce pas ?
5. Une autre chose ______ me manque et ______ je pensais l'autre jour, c'est le foie gras.
6. Le meilleur foie gras ______ j'ai jamais mangé était à Sarlat, une ville du Périgord ______ on peut déguster des spécialités de canard et d'oie[1].
7. Le sud-ouest de la France est la région ______ est la plus connue pour l'élevage des canards et des oies. J'y ai visité une ferme, ______ j'ai oublié le nom, ______ il y avait des centaines de canards ______ on préparait pour la production de foie gras.
8. Le jour ______ j'ai mangé dans ce restaurant de Sarlat, le chef proposait un menu spécial avec quatre spécialités de canard : des toasts de foie gras pour commencer, puis du confit de canard (des cuisses de canard ______ ont cuit pendant des heures dans de la graisse de canard), du foie gras frais poêlé aux pommes (un délice ______ fond[2] dans la bouche !) et finalement, du magret de canard, c'est-à-dire un filet de canard ______ avait été coupé en fines tranches et servi avec une sauce au poivre vert ! C'était un repas ______ je n'oublierai jamais !
9. Quelles sont les spécialités ______ tu rêves quand tu penses à la cuisine française ? (on rêve *à* quelque chose)
10. Ne me dis pas que tout ______ tu connais de la gastronomie française, c'est la crêpe au Nutella !

B. Bleu-Blanc-Rouge. Pourquoi les jeunes comme Massala-Massala veulent-ils partir en France ? Complétez les phrases à l'aide de pronoms relatifs, en ajoutant des prépositions au besoin.

1. Les conditions ______ ils vivent au Congo sont difficiles, car le taux de chômage ______ les jeunes font face est de plus de 40 %.
2. Même ceux ______ ont des diplômes n'arrivent pas à trouver d'emploi stable.
3. La façon ______ ils arrivent à gagner un peu d'argent, c'est dans le secteur informel, surtout la vente d'objets importés de Chine.
4. ______ ils rêvent, c'est un emploi stable, sans ______ on ne peut pas subvenir aux besoins d'une famille.
5. Un autre problème est que l'image ______ ils ont de la France est une image idéalisée.
6. Ils s'imaginent que c'est un pays ______ on vit comme dans les films.
7. Et puis quand des compatriotes comme Moki reviennent au pays avec des télés, des voitures et toutes sortes de choses ______ les gens ont envie, c'est un style de vie ______ on aspire.

---

1 *Goose.*

2 Melts.

8. Ça devient comme un rite de passage _____ fait partie de « la réussite ».
9. Le passé colonial est un autre facteur _____ il faut considérer : la langue _____ on enseigne dans les écoles est le français ; le pays _____ viennent les manuels scolaires, c'est la France ; la langue _____ on utilise dans les milieux administratifs et professionnels, c'est le français ; tout _____ est « prestigieux » vient du pays _____ le drapeau est bleu-blanc-rouge.
10. C'est _____ Massala-Massala et sa famille pensaient quand il est parti…

C. Un safari. Reliez les deux propositions par un pronom relatif, selon le modèle. Le mot en italique dans la deuxième proposition sera remplacé par le pronom relatif. Attention à l'ordre des mots dans la phrase.

Modèle : Le Kenya est un pays d'Afrique de l'Est ; *ce pays* est connu pour ses safaris.
→ Le Kenya est un pays d'Afrique de l'Est **qui** est connu pour ses safaris.

1. Le premier parc national est Amboseli ; nous avons visité *ce parc.*
2. Amboseli se trouve au pied du mont Kilimandjaro ; nous avons vu beaucoup de troupeaux d'éléphants *à Amboseli.*
3. Le mont Kilimandjaro est la plus haute montagne d'Afrique ; le sommet **du** *mont Kilimandjaro* est presque toujours dans les nuages.
4. C'est dans ce parc. Hemingway a écrit son roman « Les Neiges du Kilimandjaro » dans *ce parc.*
5. La réserve du Masaï Mara est immense ; *cette réserve* est un prolongement du parc Serengeti en Tanzanie.
6. Le Masaï Mara abrite les « cinq grands » (lions, éléphants, rhinocéros, buffles, léopards) ; le nom **de** *Masaï Mara* vient de la tribu nomade, les Masaï.
7. Si vous y allez pendant la saison des grandes migrations, vous verrez des millions d'animaux qui traversent les plaines ; je *le* recommande.
8. Un peu plus au nord, vous verrez le parc national du lac Nakuru ; vous pourrez *y* observer 350 espèces d'oiseaux.
9. Les plus belles girafes se trouvent au parc national de Samburu, au nord du Kenya ; nous avons vu *ces girafes.*
10. Nous avons vu un tas d'autres animaux ; leur nom m'échappe maintenant. (Notez que *leur* remplace *le nom* **de** *ces animaux.*)

Application communicative

En groupes de deux ou trois, complétez les phrases de façon personnelle.

A. Quant à moi

1. J'aime aller dans des restaurants où…
2. Ce dont j'ai envie maintenant…
3. J'attends avec impatience le jour où…
4. Ce qui m'intéresse le plus sur les réseaux sociaux, c'est…
5. Quand je regarde le monde autour de moi, quelque chose que je n'arrive pas à comprendre, c'est…

B. Un peu de sagesse. En groupes de deux ou trois, complétez de façon originale en utilisant des propositions relatives, après quoi (une bonne expression avec un pronom relatif !) vous pourrez transmettre votre sagesse au reste de la classe.

Modèle : Dans la vie, on fait…
→ Dans la vie, on fait des choses **qu'**on regrette après, mais c'est comme ça qu'on apprend, n'est-ce pas ?

1. Ce dont le monde a le plus besoin, de nos jours…

2. Une des clés du bonheur…
3. Il serait bon de savoir tout…
4. Avec l'accélération du réchauffement climatique…
5. Les raisons pour lesquelles personne n'arrive à résoudre le problème de l'immigration illégale…

STRUCTURE : Recyclage de la narration et description au passé

Rappels

A. Les questions magiques

- Le passé composé répond à la question **« Qu'est-ce qui s'est passé ? »**
  Nous **sommes arrivés** à l'aéroport bien à l'avance.
- L'imparfait répond à la question **« Comment étaient les choses ? »**
  Mes parents **portaient** des habits neufs.
- Le plus-que-parfait répond à la question **« Est-ce que ça s'était passé AVANT ? »**
  Mon père **avait acheté** ces habits à crédit.
- **« Est-ce que l'histoire progresse ? »** Seul le passé composé peut faire progresser l'action.
  Il **a fouillé** dans sa poche et en **a sorti** une motte de terre.

B. Les déclencheurs – la plupart du temps !

- Actions définies dans le temps (ce jour-là, vers midi, pendant deux heures, trois fois, etc.) → passé composé.
  Ce jour-là, il ne *m'a pas téléphoné*…
- Actions rapides ou soudaines, réactions (soudain, tout à coup, du coup, etc.) → passé composé.
  Soudain, le téléphone *a sonné* et *du coup*, *j'ai pensé* que c'était lui.
- Actions répétées un nombre indéterminé de fois (chaque fois, tous les lundis, etc.) → imparfait.
  Chaque fois que le téléphone *sonnait*, je *pensais* que c'était lui.
- Habitudes (souvent, pendant que, etc.) → imparfait.
  On *se téléphonait souvent*.
- Des actions qui précèdent le moment de la narration (avant ça, auparavant, déjà, pas encore, la veille, etc.) → plus-que-parfait.
  On *s'était déjà parlé* ce jour-là, mais *je ne lui avais pas encore expliqué* le problème, alors on a pris rendez-vous pour en parler en personne.

Application

A. Une aventure au Cameroun. Mettez les verbes au passé, en vous posant les questions magiques pour chaque verbe. Attention à l'accord des participes passés. Parfois, plusieurs temps seront possibles, avec une légère différence de sens.

1. C'est l'histoire qu'une de mes amies me/m'________________ (raconter).
2. Elle _____________ (être) à Yaoundé pour son travail et elle ________________ (descendre) dans un bel hôtel sur le mont Fébé, d'où on ________________ (pouvoir) voir toute la ville.
3. Elle ________________ (connaître déjà) plusieurs pays d'Afrique, mais elle ________________ (ne jamais venir) au Cameroun avant.

4. Un soir, elle ________________ (être invitée) à passer la soirée chez des amis camerounais qu'elle ________________(connaître) plusieurs années plus tôt à Paris.
5. Ils ________________(venir) la chercher en taxi et ils ________________(devoir) traverser toute la ville pour arriver chez eux. Vers la fin du trajet, les rues ________________ (ne pas être) goudronnées et il ________________ (falloir) faire attention pour éviter les grands trous que la pluie ________________ (creuser) dans la terre rouge pendant la saison des pluies.
6. La soirée ________________ (bien se passer). On lui ________________ (servir) toutes sortes de spécialités camerounaises qu'elle ________________ (ne jamais goûter) avant, et on lui ________________ (offrir même) du beau tissu africain, aux couleurs très vives.
7. Vers neuf heures du soir, mon amie ________________(se dire) qu'il ________________ (être) temps de retourner à l'hôtel. Ses hôtes ________________(insister) pour l'accompagner et ________________ (appeler) un taxi.
8. Il ________________ (ne pas y avoir) pas de lumières dans les rues de la ville, mais une fois arrivés au centre-ville, ils ________________ (se trouver) coincés dans une série d'embouteillages.
9. À un moment donné, la rue ________________(descendre) à pic, et le taxi ________________ (avancer) très lentement. Sur le côté droit de la rue, il ________________(sembler) y avoir un ravin.
10. Tout d'un coup, la porte du taxi ________________(s'ouvrir) et un homme ________________ (attraper) le sac de mon amie. Elle ________________ (essayer) de protéger son sac, mais quand elle ________________ (voir) son couteau, elle ________________ (ne pas résister).
11. L'homme ________________(remarquer sans doute), pendant que la voiture ________________ (descendre) lentement la rue, qu'il ________________(y avoir) une femme blanche dans le taxi et il ________________ (se dire) qu'elle ________________(avoir) sûrement des choses de valeur sur elle.
12. En fait, l'homme ________________(ne pas être) seul. Il ________________ (lancer) le sac à un complice qui ________________ (attendre) en haut du ravin, puis à un autre complice au fond du ravin.
13. Tout ________________(se passer) si vite que personne ________________ (avoir) le temps de réagir.
14. Mon amie et ses amis ________________ (sortir) du taxi en criant, mais ça ________________(ne servir à rien) car les bandits ________________(disparaître) dans la nuit.
15. Heureusement que mon amie ________________ (sortir) son passeport de son sac avant de quitter l'hôtel ! Elle ________________ (perdu) son iPhone et son portefeuille, mais au moins, elle ________________(ne pas être blessée) !

B. Le chemin de la rédemption. Dans *Douceurs du bercail*[3], le roman d'Aminata Sow Fall mentionné au chapitre 11, Asta, la protagoniste, raconte ce qu'elle a fait pour retrouver l'espoir après avoir été arrêtée injustement à l'aéroport de Paris. Mettez le texte au passé.

1. Quand Asta ________________ (rentrer) au Sénégal, elle ________________ (acheter) un bout de terre à la campagne avec des économies qu'elle ________________ (faire) au fil des ans.
2. Elle ________________(rêver toujours) de vivre à la campagne, et ce terrain ________________(ne pas coûter) cher, il ________________ (falloir) seulement qu'elle le développe.
3. En attendant d'être rapatriée dans un de ces charters de la honte, Asta ________________ (rencontrer) d'autres Sénégalais qui ________________ (être arrêtés), eux aussi, pour diverses raisons. Ils ________________(se lier) d'amitié, et ça les ________________ (intéresser) d'aider Asta à développer son terrain.
4. Ils ________________ (ne pas avoir) de moyens matériels, mais ils ________________ (avoir) « la foi, des idées, la volonté et l'espérance ».
5. Les paysans du coin ________________ (se méfier) de ces gens de la ville qui ________________ (ne pas connaître) la terre, mais en les voyant travailler, ils ________________(changer) d'avis.

---

3 *Douceurs du bercail* veut dire *Home, sweet home.*

6. Un jour, un des amis d'Asta ________________ (remarquer) sur leur terrain une vieille femme qui ______________ (arracher) des herbes et ________________ (ramasser) des boules noires attachées aux racines de ces herbes.
7. Ils ________________ (se rendre compte) que c'__________ (être) du *guewê*, qui sert à faire de l'encens. Ils ________________ (ne pas savoir) que cette plante ______________ (pousser) sur leur terrain !
8. Ils ______________ (se dire) qu'ils ______________ (être) peut-être assis sur une mine d'or et que ces herbes insignifiantes ______________ (cacher) peut-être un trésor.
9. Ils ______________ (découvrir) que c'__________ (être) une variété très rare de *guewê*, et ils ______________ (se mettre) à l'œuvre pour exploiter leur trésor, ce qui leur ______________ (permettre) d'acheter des outils. Ils ______________ (pouvoir même) payer des ouvriers expérimentés pour creuser un canal et irriguer le terrain.
10. Ils ______________ (consulter) des experts pour savoir quelles parties du terrain ____________ (être) les mieux adaptées à telle ou telle culture, ils ______________ (planter) du mil, du coton, des arachides, du maïs et, au fil du temps, ils ______________ (connaître) la prospérité.
11. Cela ______________ (se faire) petit à petit, et il y ______________ (avoir) des joies mais aussi des angoisses, comme dans toute œuvre humaine.
12. Mais le *guewê* ______________ (devenir) un symbole : l'Afrique ______________ (être assis) sur des trésors, qu'il ______________ (ne pas falloir) aller chercher ailleurs, car avec la foi, l'espérance et la détermination, « le bonheur, au fond, c'est comme le savoir : il n'est pas loin, il faut savoir le trouver ».

Application communicative

À discuter en groupes de deux ou trois, avec le plus de détails possible.

Dans les sections d'écriture, vous avez considéré une variété de sujets empruntés à l'actualité ou à l'histoire – des événements qui se sont produits et ont laissé une marque indélébile sur le monde. Reprenez deux ou trois de ces sujets, autres que celui que vous avez choisi pour votre composition, et racontez-les au passé. Qu'est-ce qui s'est passé ? Pourquoi et comment ces événements ont-ils marqué le monde ? Discutez les implications. Vous pouvez utiliser le tableau à la fin du chapitre 11 pour organiser et élaborer votre discussion.

ÉCRITURE : Le récit d'un événement de l'histoire ou de l'actualité récente (II)

PROJET D'ÉCRITURE : RÉCIT D'UN ÉVÉNEMENT DE L'ACTUALITÉ RÉCENTE OU DE L'HISTOIRE ET UNE RÉACTION PERSONNELLE

Vous avez déjà énuméré plusieurs sujets au chapitre 11. Ensuite, avec le sujet que vous avez choisi, vous avez formulé une structure logique pour présenter votre événement. Le projet d'écriture au chapitre 12 est une narration et description au passé d'un événement de l'actualité récente ou de l'histoire. Les exercices ci-dessous vous aideront à rédiger votre description, à améliorer vos illustrations et à trouver et éliminer les fautes grammaticales.

I. Un événement de l'actualité récente ou de l'histoire et une réaction personnelle

Utilisez la structure que vous avez développée au chapitre précédent pour rédiger un récit de 500-700 mots où vous décrivez un événement de l'actualité récente ou de l'histoire. Cette composition sera un récit au passé, mais aussi une analyse des implications mondiales. C'est-à-dire pourquoi était-ce un événement important ? Quelle a été votre réaction personnelle quand vous avez appris ou étudié cet événement ? Pourquoi ? Profitez des outils des chapitres précédents – une structure logique et intéressante, un vocabulaire varié et précis, de l'élaboration – pour esquisser votre composition. Ensuite, étoffez votre récit en ajoutant des illustrations, selon les exemples présentés dans l'exercice suivant.

II. Donner des exemples d'évolution

Une illustration sert à créer une meilleure image de votre description. En bref, on utilise ces expressions pour donner un exemple ou pour spécifier ce dont on parle.

On utilise souvent les connecteurs logiques pour introduire des exemples.

- Pour donner un exemple simple
  Par exemple, comme, tel/telle/tels/telles que
  - Des moments majeurs du XXe siècle, **comme** la chute du mur de Berlin, conduisent à...
  - Ils ont participé aux réunions, **telles que** la table ronde de Berlin qui ...

- Pour accentuer un exemple
  Notamment, entre autres, en particulier, surtout, y compris
  - La population allemande, **notamment** berlinoise, a beaucoup souffert...
  - Berlin, **surtout** Berlin-Ouest, symbolisait ce que la coopération et le dialogue...

  Les expressions verbales sont utiles pour tirer la conclusion d'un exemple.
  C'est-à-dire, considérons/comparons/prenons le cas de..., le cas précédent illustre/confirme/démontre, autrement dit, en d'autres termes, tel est le cas de
  - **Tel était le cas** lors de la chute du mur de Berlin, les gouvernements...
  - **Considérons le cas hypothétique** d'un jeune enfant qui est né en...
  - La situation à Berlin est **un exemple parfait qui nous confirme** l'importance du dialogue constructif...

Les événements importants changent souvent notre point de vue et ils influencent notre manière d'agir dans la société. Complétez les phrases suivantes en donnant des exemples qui illustrent l'évolution indiquée. Utilisez les expressions précédentes.

Modèle : Les compétitions nationales unifient les Français.
→ Les compétitions nationales, *par exemple,* la coupe du monde, unissent les Français, *notamment* les jeunes des cités qui se réunissent pour les regarder ensemble.

1. La technologie a modifié notre manière de communiquer.
2. Internet a changé notre façon d'acheter des produits.
3. Les plateformes de vidéos en ligne ont transformé notre manière de regarder les films.
4. La popularisation des cryptomonnaies a eu des effets profonds sur le système financier.
5. La crise sanitaire de COVID-19 a transformé notre mode de vie.
6. L'invasion de l'Ukraine a provoqué des réactions variées dans le monde.
7. Aux États-Unis, on a fait du progrès en ce qui concerne l'égalité et la tolérance.
8. Aux États-Unis, on n'a pas fait beaucoup de progrès en ce qui concerne l'égalité et la tolérance.

III. Révisions collaboratives

Dans chacune des phrases suivantes, trouvez et corrigez deux fautes. Essayez d'abord de les identifier tout(e) seul(e), ensuite comparez vos réponses avec celles d'un(e) partenaire.

1. En 1883, l'éruption du volcan Krakatoa, qui avait tué plus de 360 000 personnes, était la plus catastrophique dont le monde ait jamais enregistré.
2. L'éruption explosive du Krakatoa a provoqué le bruit le plus puissant entendu sur la terre. On entendait cette explosion à Ayers Rock, en Australie, sur l'île Rodrigues de la république de Maurice, et à Bangkok au Thaïlande.
3. Le capitaine d'un navire de guerre où se trouvait à 64 kilomètres de l'archipel du Krakatoa a estimé que plus de la moitié de ses marins sont devenus sourds grâce à son violent de l'éruption.
4. Le volcan a jeté des cendres jusqu'à 80 kilomètre dans l'atmosphère et ensuite ces particules bloquaient le soleil et ont abaissé la température du monde entier.
5. Cette explosion a fait monter des nuages à une telle altitude où on les a vus en Europe. Ces nuages, lesquels s'appellent *les nuages noctulescents,* sont les nuages qu'Edvard Munch a peints dans son tableau *Le Cri.*
6. La force de l'explosion du Krakatoa était 10 000 fois supérieure à ceux d'une bombe atomique, et les ondes de choc ont parcourus le monde plusieurs fois.
7. L'île volcanique de Krakatoa, que se composait de trois montagnes avant l'éruption du volcan, n'avait plus qu'un seul sommet depuis ce jour-là.
8. L'explosion a jeté 20 km3 de terre dans l'atmosphère et l'effondrement de la moitié de l'île a provoqué d'énormes vagues aussi haut que des phares de la région, soit 40 m. Ce sont, en fait, les tsunamis provoqués par l'éruption qui a tué la majorité des victimes.
9. Les tsunamis ont détruit, balayé et emporté plus de 200 villes indonésiennes, au point que rien n'indiquait plus aucun signe de vie. En plus, on enregistrait des vagues anormales dans la Manche et dans la baie de Gascogne, en France.
10. Comme dans le cas des autres catastrophes naturelles, il y a eu des effets bénéfiques pour la flore et la faune. Des régions quasiment stériles avant l'explosion sont devenu très fertiles. On a attribué la survie du rhinocéros de Java à la catastrophe de Krakatoa.

Échangez votre composition avec un(e) partenaire. Faites très attention à l'accord des adjectifs et l'accord des verbes, marquez les fautes, et parlez-en avec votre partenaire.

Montrez votre composition à un(e) partenaire afin d'obtenir des conseils pour l'améliorer. Ensuite, révisez votre composition et corrigez les fautes en vous aidant de la liste de contrôle ci-dessous.

Contrôle d'écriture : Vérifier et corriger

- Fautes courantes – À corriger à l'aide d'un dictionnaire ou d'un correcteur en ligne comme bonpatron.com ou cordial.fr.
  - ❑ Accents : é, è, ê, ç, etc.
  - ❑ Orthographe : dessert ou désert ?
  - ❑ Genre : le vase ou la vase ?
  - ❑ Accords : masculin/féminin, singulier/pluriel
  - ❑ Conjugaison des verbes : Ils… -ent
  - ❑ Prépositions : en, sur, à, de, pour, par, dans, etc.

- Élaboration – Relisez. Ajoutez, çà et là, des détails supplémentaires.
  - ❑ Y a-t-il des détails spécifiques ?
  - ❑ Les idées présentées sont-elles bien développées ?
  - ❑ Ai-je de bonnes transitions d'une phrase à l'autre et d'un paragraphe à l'autre ?

- Organisation
  - ❑ Y a-t-il des liens entre idées/événements ?
  - ❑ Est-ce que les phrases progressent logiquement ?
  - ❑ Est-ce que la structure des phrases renforce la cohésion et la cohérence ?

RÉPONSES À L'EXERCICE OÙ EN ÊTES-VOUS ? LES PRONOMS RELATIFS

*1. un dicton **qui** renforce cette impression 2. l'histoire véritable **où** un navire a bouché le port 3. c'est une histoire **que** la majorité des Marseillais connaissent 4. la sardine **dont** on parle 5. une frégate **qui** s'appelait 6. bateau de guerre **dont** la mission était de ramener des prisonniers 7. **où** il s'est fait intercepter 8. c'est là **que** le Sartine a perdu son capitaine 9. Un malentendu à cause **duquel** le Romney a ouvert le feu a amené la mort 10. le second, **qui** s'appelait M. Roubaud 11. le port de Marseille, **dont** l'entrée était très serrée 12. Le jour **où** le Sartine s'est approché du port 13. la voie **par laquelle/par où** M. Roubaud a tenté l'entrée 14. Il a fait tout **ce qu**'il pouvait 15. le passage **par lequel** les bateaux sortaient 16. c'étaient des circonstances **auxquelles** les Marseillais ne s'étaient jamais attendus. 17. Voilà la raison **pour laquelle***

RÉPONSES À L'ÉCRITURE EXERCICE III. RÉVISIONS COLLABORATIVES

1. *En 1883, l'éruption du volcan Krakatoa, qui **a tué** plus de 360 000 personnes, était la plus catastrophique **que** le monde ait jamais enregistrée.*
2. *L'éruption explosive du Krakatoa a provoqué le bruit le plus puissant entendu sur la terre. On **a entendu** cette explosion à Ayers Rock, en Australie, sur l'île Rodrigues de la République de Maurice, et à Bangkok **en** Thaïlande.*
3. *Le capitaine d'un navire de guerre **qui** se trouvait à 64 kilomètres de l'archipel du Krakatoa a estimé que plus de la moitié de ses marins sont devenus sourds **à cause du** son violent de l'éruption.*
4. *Le volcan a jeté des cendres jusqu'à 80 kilomètre**s** dans l'atmosphère, et ensuite ces particules **ont bloqué** le soleil et ont abaissé la température du monde entier.*
5. *Cette explosion a fait monter des nuages à une telle altitude **qu'**on les a vus en Europe. Ces nuages, qui s'appellent les nuages noctulescents, sont les nuages qu'Edvard Munch a peints dans son tableau Le Cri.*
6. *La force de l'explosion du Krakatoa était 10 000 fois supérieure à **celle** d'une bombe atomique, et les ondes de choc ont **parcouru** le monde plusieurs fois.*
7. *L'île volcanique de Krakatoa, **qui** se composait de trois montagnes avant l'éruption du volcan, n'**a** plus qu'un seul sommet depuis ce jour-là.*
8. *L'explosion a jeté 20 km3 de terre dans l'atmosphère, et l'effondrement de la moitié de l'île a provoqué d'énormes vagues aussi **hautes** que des phares de la région, soit 40 m. Ce sont, en fait, les tsunamis provoqués par l'éruption qui **ont tué** la majorité des victimes.*
9. *Les tsunamis ont détruit, balayé et emporté plus de 200 villes indonésiennes, au point que rien n'indiquait plus **aucun** signe de vie. En plus, on **a enregistré** des vagues anormales dans la Manche et dans la baie de Gascogne, en France.*
10. *Comme dans le cas **d'autres** catastrophes naturelles, il y a eu des effets bénéfiques pour la flore et la faune. Des régions quasiment stériles avant l'explosion sont **devenues** très fertiles. On a attribué la survie du rhinocéros de Java à la catastrophe du Krakatoa.*

UNITÉ III

LA NARRATION AU FUTUR, L'OPINION ET L'HYPOTHÈSE

THÈME 7 : LE MONDE DE DEMAIN

Lecture et conversation : *Globalia* (Jean-Christophe Rufin)

L'AUTEUR

Jean-Christophe Rufin est né à Bourges, au centre de la France, en 1952. Abandonné par son père, il a été élevé par ses grands-parents et, comme son grand-père, est devenu docteur en médecine. Comme son grand-père aussi, qui avait été déporté dans un camp de concentration pour avoir soigné et caché des résistants pendant la Seconde Guerre mondiale, Rufin s'est engagé dans le travail humanitaire au sein de plusieurs ONG : Médecins sans frontières (MSF), dont il a été le vice-président, Action contre la faim (ACF), dont il a été le président, et la Croix-Rouge française. Il a dirigé de nombreuses missions, parfois très dangereuses, en Afrique de l'Est (Érythrée, Éthiopie), en Amérique centrale (Nicaragua, Panama, Costa Rica), au Pakistan, en Afghanistan, aux Philippines et dans les Balkans (Kosovo, Bosnie). C'est d'ailleurs pour examiner le rôle des ONG dans les situations de conflit qu'il s'est lancé dans l'écriture, avec un essai intitulé *Le piège humanitaire* (1986). Son parcours l'a ensuite mené vers la diplomatie, où il s'est distingué dans divers postes : attaché culturel au Brésil à deux reprises (1989-1990 et 1995), conseiller spécialisé dans la réflexion stratégique sur les relations Nord-Sud au ministère de la Défense (1993-1995), directeur de recherche à l'Institut de relations internationales et stratégiques (1996-1999), ambassadeur de France au Sénégal et en Gambie (2007-2010). Comme si cela ne suffisait pas, il a aussi occupé d'autres fonctions, notamment maître de conférences à l'Institut d'études politiques de Paris, membre du conseil d'administration de l'Institut Pasteur et de France Télévisions – et bien sûr, écrivain. Son premier roman, *L'Abyssin*, publié en 1997, a reçu le prestigieux prix Goncourt et a été traduit en 19 langues. Rufin est l'un des rares auteurs à avoir été reconnu à deux reprises par l'Académie Goncourt, car ce prix lui a de nouveau été décerné en 2001, pour son roman *Rouge Brésil*. Parmi ses autres romans, mentionnons *Les causes perdues* (prix Interallié, 1999), *Globalia* (2003), *Le grand Cœur* (2012) et *Le collier rouge* (prix Maurice Genevoix, 2014), qui a été adapté au cinéma en 2018. Avec 14 romans à son actif, des récits, des nouvelles et de nombreux essais, Jean-Christophe Rufin est l'un des écrivains les plus prolifiques de notre époque. En 2008, il a été élu à l'Académie française.

Jean-Christophe Rufin

Globalia est un roman d'aventures et d'amour, mais surtout une fable futuriste sur la mondialisation. Selon l'auteur lui-même, le roman « repose sur deux idées principales : d'abord imaginer l'évolution possible des rapports Nord-Sud, ou entre pays riches et pays pauvres. Ensuite, explorer l'inattendu des démocraties, qui, après avoir triomphé dans les années 1990, commencent à révéler de plus en plus un caractère sinon totalitaire, du moins pas si paradisiaque qu'on le prétend. »

AVANT DE LIRE

Nous sommes donc dans le futur. Le monde est divisé entre Globalia, « la démocratie universelle », et « les non-zones », c'est-à-dire les pays du tiers monde où règnent la pauvreté, les guerres et la famine. Globalia, qui inclut principalement des pays de l'hémisphère Nord (Amérique du Nord, Europe, Russie, Chine, etc.), est entourée d'une grande verrière (ou bulle de verre) pour protéger ses habitants d'attaques terroristes et de toute explosion toxique. Le personnage principal, Baïkal, est un jeune homme de 20 ans, d'origine russe, qui vit à Seattle.

Imaginez que vous avez grandi dans une bulle, menant une vie très protégée, avec tout le confort possible et imaginable. Votre inclination personnelle sera-t-elle de :

a. vouloir quitter la sécurité de votre pays pour explorer un monde extérieur pauvre et violent ?
b. rester dans le confort de votre pays ?

Donnez des raisons possibles pour chaque décision.

Baïkal, notre héros, décide de profiter d'un trou dans la verrière pour fuir Globalia, entraînant dans sa fuite sa petite amie Kate, qui n'a pas vraiment envie de partir. Parcourez la première partie du texte pour voir si les raisons données par Baïkal et Kate correspondent à celles que vous aviez imaginées.

Globalia (Jean-Christophe Rufin)

Kate approcha de Baïkal [...]

— Maintenant, murmura-t-elle, dis-moi vraiment où nous allons.

Baïkal fit mine un instant de se crisper, de recomposer un visage d'autorité. Puis, tandis qu'elle n'ôtait pas ses yeux des siens, il céda :

— Je n'en sais rien, voilà !

Il était si désemparé qu'elle le prit dans ses bras. Ils s'étreignirent un long moment.

— Explique-moi enfin, chuchota-t-elle.

— Je t'ai toujours dit, j'étouffe. Je ne peux plus vivre comme cela. Je veux aller ailleurs.

— Je suis bien d'accord. Seattle est une ville impossible. Mais je t'avais proposé d'aller à Oulan-Bator voir ma grand-mère ou de venir au Zimbabwe cet été dans le ranch de mes cousins.

— Tu ne comprends pas, Kate. Ce sera partout la même chose. Partout nous serons en Globalia. Partout, nous retrouverons cette civilisation que je déteste.

— Évidemment, puisqu'il n'y en a qu'une ! Et c'est heureux. Aurais-tu la nostalgie du temps où il y avait des nations différentes qui n'arrêtaient pas de se faire la guerre ?

— Bien sûr que non, Kate. Tu me récites la propagande que tu as apprise, comme nous tous. Globalia, c'est la liberté ! Globalia, c'est la sécurité ! Globalia, c'est le bonheur !

Kate prit l'air vexé. Le mot propagande était blessant.

— Tu ne peux tout de même pas nier qu'on peut aller partout. Ouvre ton multifonction, sélectionne une agence de voyages et tu pars demain dans n'importe quel endroit du monde...

— Oui, concéda Baïkal, tu peux aller partout, mais seulement dans les zones sécurisées, c'est-à-dire là où on nous autorise à aller, là où tout est pareil.

— Mais tout Globalia est sécurisé ! L'Europe, l'Amérique, la Chine... Le reste, c'est le vide, ce sont les non-zones.

Baïkal reprit un ton passionné et s'écria :

— Moi, je continue à croire qu'existe un ailleurs.

Kate soupira.

— C'est ce que tu m'as expliqué et c'est pour cela que je t'ai suivi. Mais rends-toi à l'évidence. L'ailleurs est dans tes rêves, mon amour. [...] Rentrons maintenant. Nous raconterons que nous nous sommes perdus, que la porte était ouverte, que nous avons voulu être seuls dans la montagne. Cela n'ira pas bien loin. Une amende peut-être.

— Non, dit Baïkal en secouant la tête. Je ne retournerai pas là-bas. Ce monde est une prison.

— Nous n'avons plus rien à manger. Personne ne passe par ici. On a peur, l'air pue, rien ne nous dit qu'il n'y a pas des pièges ou des mines. Où est la prison, à ton avis ?

[Kate décide de retourner chez elle. Baïkal est arrêté et ramené en Globalia, où il est mis en prison. Un psychologue essaie de le raisonner.]

« Globalia, où nous avons la chance de vivre, proclamait le psychologue, est une démocratie idéale. Chacun y est libre de ses actes. Or, la tendance naturelle des êtres humains est d'abuser de leur liberté, c'est-à-dire d'empiéter sur celle des autres. La plus grande menace sur la liberté, c'est la liberté elle-même. Comment défendre la liberté contre elle-même ? En garantissant à tous la sécurité. La sécurité, c'est la liberté. La sécurité, c'est la protection. La protection, c'est la surveillance. La surveillance, c'est la liberté. »

— Arrêtez, gémit Baïkal.

Il avait déjà entendu cette présentation, jusqu'à la nausée. Elle était accompagnée d'une animation en images de synthèse représentant un être humain virtuel, souriant béatement chaque fois qu'était prononcé le mot « liberté ».

« La protection, ce sont les limites. Les limites, c'est la liberté. »

L'animation montrait, en vue plongeante depuis le ciel, un immense continuum de zones sécurisées, avec leurs gratte-ciel, leurs jardins monumentaux, leurs espaces commerciaux, leurs portions de fleuves, de rivages maritimes, tout cela représenté comme une maquette animée, ordonnée, paisible. Puis tout à coup, le spectateur plongeait vers des confins obscurs. Une végétation désordonnée jetait son ombre sur le sol. On devinait un grouillement de formes, des images subliminales instillaient de troublantes impressions de feu, d'explosion. Et au moment où l'effroi commençait à s'insinuer, un rideau protecteur, une verrière épaisse et légère à la fois venait interposer son rassurant reflet entre les invisibles démons de l'ombre et la paix du dedans, entre le monde ordonné de Globalia et la violence anarchique des non-zones.

[Toujours en prison, Baïkal regarde les bulletins d'information.]

Une large place était toujours consacrée à la lutte contre le terrorisme. Le Président annonçait parfois lui-même de nouveaux bombardements, déplorait un nouvel attentat ou dévoilait le nom d'un nouvel ennemi dont le complot venait d'être démasqué. [...] Ces derniers jours, l'attentat de Seattle avait remis la question au premier plan, au point même de lui faire supplanter les résultats de basket. Les écrans passaient et repassaient d'insoutenables images de blessés et de destruction. On en était au stade émotionnel : les victimes et les familles venaient livrer de bouleversants témoignages qui étaient diffusés en boucle. Les officiels de la Protection sociale se bornaient à déclarer que les indices orientaient les recherches vers trois individus bruns. Et bien sûr, tout le monde comprenait que les autorités ne pouvaient pas en dire plus.

[Baïkal va être libéré par un des dirigeants de Globalia et son vœu de vivre en non-zone va être exaucé, mais dans le but politique de créer en Baïkal l'image d'un ennemi. « Je cherchais la liberté et vous m'offrez l'exil », dira

Baïkal. Après de nombreuses intrigues politiques, Baïkal et Kate finiront par se retrouver libres, en non-zone, en Amérique du Sud. Là, leurs aventures vont se multiplier et leurs priorités vont changer.]

POSTFACE DE L'AUTEUR SUR *GLOBALIA*

Depuis que je me suis engagé dans le mouvement « Sans Frontières », je n'ai eu de cesse que de défendre notre devoir de lucidité politique. [...] Je me suis efforcé de saisir les mutations du tiers monde pendant ces décennies de guerres et de convulsions. À partir de ce point d'observation décalé, on voit nos sociétés autrement. C'est ainsi que j'ai été amené à remettre en question la prétendue fragilité de la civilisation démocratique. [...]

Dans le monde de Globalia, qui n'est autre que celui d'une démocratie poussée aux limites de ses dangers, je n'aurais, moi aussi, qu'un désir : m'évader. [...] C'est ainsi que, dédoublé, je suis devenu Kate et Baïkal, transfuges d'un monde auquel ils ne peuvent se soumettre. [...]

S'agissant du futur, un roman peut tout au plus contribuer à ce que le lecteur conserve une défiance légitime. Les avenirs radieux, quels qu'ils soient, même quand ils viennent à nous sous les dehors de l'individualisme démocratique, sont à accueillir la tête froide. [...]

Comme le dit en substance Lawrence Ferlinghetti, le vieux poète *beat* de San Francisco : il est bon d'avoir l'esprit ouvert mais pas au point que le cerveau tombe par terre...

Extrait de *Globalia*, de Jean-Christophe Ruffin
(© Éditions Gallimard, 2004), p. 47-49, 66-67, 70-71, 493-496.

PARLER ET COMPRENDRE

En groupes de deux, répondez aux questions suivantes. Essayez de donner le plus d'explications possible.

1. « J'étouffe », dit Baïkal. Pourquoi a-t-il l'impression d'étouffer ou d'être en prison ? Y a-t-il, dans le monde actuel, des circonstances politiques ou sociales qui vous donnent cette impression ? Expliquez.
2. Kate était prête pour une aventure avec Baïkal, mais quand elle a compris qu'il ne savait pas vraiment où ils iraient, et vu le danger de cette aventure, elle a commencé à changer d'avis. Avant de prendre une décision majeure dans la vie, est-il nécessaire, selon vous, de savoir où l'on va et pourquoi ? Ou faut-il parfois se lancer dans l'inconnu ? Donnez des arguments pour chaque côté, et des illustrations personnelles si vous en avez.
3. Quels sont les avantages de Globalia, selon Kate ? Qu'est-ce qui est une prison pour elle ?
4. Globalia promet la liberté, la sécurité et le bonheur. La devise de la France promet la liberté, l'égalité et la fraternité. La devise des États-Unis promet une nation unie avec la liberté et la justice pour tous. Ces devises sont-elles réalistes, selon vous ? Dans quel sens s'agit-il de « propagande » ?
5. Selon le psychologue – et la propagande « globalienne » – quelle est la meilleure façon de préserver la démocratie ? Êtes-vous d'accord ? Expliquez.
6. Quelles images la propagande « globalienne » utilise-t-elle pour représenter les zones sécurisées et les non-zones ? Est-ce que les médias utilisent les mêmes techniques aujourd'hui ? À quelles fins ?
7. De quoi les bulletins d'information parlent-ils toujours ? Qui fait même son apparition de temps en temps à la télévision pour en parler ?
8. Depuis l'attaque de Seattle, qu'est-ce qui passe et repasse sans cesse aux actualités, « au point même de supplanter les résultats de basket » ? Qui accuse-t-on implicitement ?
9. Dans la postface, comment Rufin définit-il Globalia ?
10. Pourquoi recommande-t-il la défiance ?

PERSPECTIVES

Discutez en groupes de deux ou trois, en donnant le plus d'explications possible.

1. La vision que Rufin donne du monde futur est-elle de la pure fiction, ou y a-t-il des éléments qui risquent de se réaliser ? Comment imaginez-vous le monde dans 50 ans ? Quelles prédictions ne se réaliseront jamais et lesquelles seront peut-être réalité ? Y en a-t-il qui sont déjà réalité ? Faites deux listes, puis présentez vos listes à toute la classe.

Pure fiction	**Réalité**

2. « La plus grande menace sur la liberté, c'est la liberté », dit le psychologue. Peut-on être trop libre, à votre avis ? Est-il vrai que « la sécurité, c'est la liberté, et donc, la surveillance, c'est la liberté » ? À quelles pratiques de certains gouvernements actuels cette phrase vous fait-elle penser ? Expliquez.
3. La lutte contre le terrorisme sera-t-elle la plus grande préoccupation du monde futur, selon vous ? Comment voyez-vous l'évolution de cette lutte ?
4. Il n'y avait pas de frontières à l'intérieur de la bulle de Globalia. L'Union européenne est un exemple de tentative d'éliminer les frontières. Quels sont les avantages et les inconvénients de ne pas avoir de frontières ? Faites deux listes, puis présentez vos arguments au reste de la classe.
5. Analysez le symbolisme de la verrière, cette bulle qui entoure Globalia. Existe-t-elle déjà ? Sous quelle forme ?
6. Rufin parle des dangers de la démocratie. Quels sont ces dangers ? Êtes-vous d'accord ? Comment peut-on avoir l'esprit ouvert sans perdre la tête ?
7. La mondialisation (ou globalisation) désigne le libre-échange, à l'échelle mondiale, non seulement des marchandises, des capitaux et des services, mais aussi des idées, des techniques et de l'information. Faut-il se réjouir de ce processus de mondialisation ou le redouter ? Certains estiment que la mondialisation aggrave les inégalités, pénalise les travailleurs des pays avancés, accentue le retard des pays les plus pauvres et entraîne une perte d'identité culturelle. Êtes-vous d'accord ? Y a-t-il d'autres inconvénients, selon vous ? En groupes de trois ou quatre, considérez les avantages et les inconvénients de la mondialisation. Faites deux listes, puis présentez vos arguments au reste de la classe.

Expansion de vocabulaire

Relevez 12 mots de vocabulaire (verbes, noms, adjectifs, expressions idiomatiques) que vous avez découverts ou revus dans la discussion de ce thème et que vous allez incorporer dans votre vocabulaire actif, puis écrivez une phrase *de votre propre création* pour illustrer chaque mot ou expression. Révisez ces mots régulièrement.

Le mot/l'expression. → Une phrase pour l'illustrer

1. ____________________

→____

2. ____________________

→ ____

3. ____________________

→ ____

4. ____________________

→ ____

5. ____________________

→ ____

6. ____________________

→ ____

7. ____________________

→ ____

8. ____________________

→ ____

9. ____________________

→ ____

10. ____________________

→ ____

11. ____________________

→ ____

12. ____________________

→ ____

OÙ ALLONS-NOUS ?

Dans cette première partie de l'Unité III, nous abordons la narration et la description au futur, et des spéculations sur le monde de demain : qu'est-ce qui aura ou n'aura pas changé dans 20 ans ? dans 50 ans ? Les valeurs démocratiques auront-elles pris le chemin du non-retour, comme le suggère Jean-Christophe Rufin ? Bien que la narration et la description au futur soient relativement plus faciles que ces mêmes fonctions au passé, de nombreux défis continuent à causer des fautes, surtout quand il s'agit du futur antérieur et de

Suite à la page suivante

l'usage du futur avec les conjonctions de temps (quand, lorsque, etc.). Un autre grand défi de la langue française est l'usage des prépositions : quand utilise-t-on *de* ou *à* devant un infinitif, ou quelle est la différence entre *un verre d'eau* et *un verre à eau* ? Nous allons élucider tous ces mystères, en alliant narration, description et opinions.

Réviser

- Les temps du futur.
- Les prépositions avec un infinitif et avec des noms.

Rédiger

- Exprimer la certitude et la probabilité des prédictions.
- Organiser une description explicative au futur.
- Projet d'écriture : Une description d'un phénomène dans le monde dans 20 ans.

Explorer

- Une vision de l'avenir.
- Les conséquences des actions d'aujourd'hui.

THÈME 7 : LE MONDE DE DEMAIN

Chapitre 13 : Les temps du futur ; stratégies pour des spéculations au futur (I)

Où en êtes-vous ? Les temps du futur

Le texte suivant est une parodie du célèbre poème de Jacques Prévert, *Déjeuner du matin*. Mettez les verbes au futur simple ou au futur antérieur, selon le sens. Cherchez les réponses à la fin du chapitre et corrigez les fautes.

DÉJEUNER DU LENDEMAIN

Après-demain, je ______ (1. aller) dans un café pour rencontrer mon âme sœur*, et voici la scène que j'imagine.

Il ______ (2. mettre) du café
Dans deux tasses
Il ______ (2. mettre) du lait et du sucre
Dans le café
Il me ______ (3. regarder)
Nous ______ (4. être) seuls dans l'établissement
Il ______ (5. vouloir) mieux me connaître
Il ______ (6. venir) à la table
Il me ______ (7. dire) que je suis belle
Nous ______ (8. s'asseoir) ensemble
Nous ______ (9. parler) pendant des heures
De tout et de rien
Nous ______ (10. boire) ensemble
Nous ______ (11. rêver)
d'un avenir commun
Il me dira qu'il ______ (12. mourir) sans moi
Et moi, je ______ (13. tenir) à lui
Il ______ (14. s'appuyer) sur moi
Tout au long de la vie
Notre amour ne ______ (15. céder) devant rien
Et moi, je ______ (16. prendre)

Ma tête dans ma main
Et je ______ (17. pleurer) de joie
Je ______ (18. rentrer) chez moi
j'______ (19. écrire) un poème
en espérant que mes prédictions ______ (20. se réaliser).

* âme sœur = *soul mate*

Évaluez dans quelle mesure vous maîtrisez les verbes au futur. Mettez un « X » pour représenter votre confiance entre le contrôle partiel (« Je fais pas mal de fautes ») et le contrôle complet (« Je n'ai même pas réfléchi, c'était automatique ! »).

Le contrôle partiel — Le contrôle complet

◄────────────────────────────────────►

1 2 3 4 5 6 7 8 9 10

STRUCTURE : Les temps du futur

OBSERVEZ ET DÉDUISEZ

Le monde de demain

Dans 30 ans ou 50 ans, comment **sera** le monde ? Est-ce qu'il **sera divisé** en zones sécurisées et non-zones, comme l'imagine Rufin dans son roman *Globalia* ? Ou la division **se fera**-t-elle plutôt entre les démocraties et les autocraties du monde, comme certains le prédisent ? À quoi **mènera** la mondialisation ? Qu'est-ce qui **aura changé** dans la technologie ? Est-ce que le réchauffement climatique **aura causé** des catastrophes irréversibles ? Qu'est-ce qui **sera** différent dans le domaine de l'éducation ? L'enseignement **sera-t-il devenu** strictement virtuel ? Et qu'est-ce qui **n'aura pas changé** ? Quand nous **vivrons** dans un monde de plus en plus automatisé, les sources du bonheur humain **resteront-elles** les mêmes qu'aujourd'hui ?

- La formation du futur simple : quelle est la consonne présente dans toutes les terminaisons du futur ? Si la racine du futur, pour la plupart des verbes, est l'infinitif, et que les terminaisons sont le présent du verbe avoir, pouvez-vous déduire les formes du futur simple pour les verbes suivants ? Complétez le tableau.

infinitif	je	tu	il/elle/on	nous	vous	ils/elles
remercier	remercierai					
préparer		prépareras				
créer			créera			

grandir				grandirons		
conclure					conclurez	
craindre						craindront

- Dans le petit paragraphe ci-dessus, vous avez plusieurs exemples de futur antérieur. Comment le forme-t-on et quand l'utilise-t-on ? Essayez !

Futur simple	Futur antérieur
Beaucoup de choses changeront.	Beaucoup de choses ____________________.
Elle partira toute seule.	Elle ______________ avant qu'on arrive.

Futur simple ou futur antérieur ?

a. Venez vers 20 h, on ______________(manger) ensemble.

b. Nous avons l'habitude de manger plus tôt que cela ; si vous venez à 20 h, on ________________ (manger déjà).

- Quand une phrase est au futur, quel temps utilise-t-on avec la conjonction *quand* ? Quel temps utilise-t-on en anglais ? Complétez la phrase suivante :
  Je mangerai quand j'__________ faim.

RÉCAPITULATION ET FAUTES COURANTES

Le futur proche, comme dans *je vais partir*, continue d'être une façon très correcte et très commune d'exprimer des actions ou des états futurs, mais le futur proche appartient surtout au langage oral ou informel. Dans un langage plus soutenu, on utilise le futur simple et le futur antérieur.

I. Le futur simple

La difficulté principale de ce temps en français, c'est de se rappeler les formes des verbes irréguliers au futur simple.

Formation

A. Les verbes à radical variable : observez et complétez au futur.

Verbes comme acheter	Tu achèteras *(accent grave devant syllabe muette)*	mener Où nous ____________ la mondialisation ?
Verbes comme préférer	Nous préfèrerons *(accent grave devant syllabe muette)*	suggérer Qu'est-ce que vous ______________ ?

Suite à la page suivante

Verbes comme appeler et jeter	Je t'appellerai. On ne jettera rien. *(doublement de la consonne devant syllabe muette)*	rappeler/rejeter Nous vous ______________ que nous ne ______________ aucune solution.
Verbes comme nettoyer, essuyer	Qui nettoiera la cuisine et qui essuiera la vaisselle ? *(y devient i devant e muet)*	s'ennuyer Avec tout ce que j'ai à faire, je ne ______________ pas !
Verbes en -ayer (essayer, payer)	C'est moi qui paierai/payerai l'addition. *(deux formes possibles)*	balayer C'est toi qui _____________ l'entrée ?

B. Les verbes irréguliers les plus communs : observez et complétez au futur.

Infinitif	je	Autres formes
aller	J'irai	On ___________ se promener.
avoir	J'aurai	Tu ____________ raison de te plaindre.
courir, mourir	Je courrai ; je mourrai *(se prononcent avec un long /r/)*	Nous _____________ pour ne pas arriver en retard. Après tout ce temps sans manger, on ___________ de faim !
devoir	Je devrai	Ils _____________ nous faire des excuses.
envoyer, voir	J'enverrai, je verrai *(le e se prononce /e/ et non pas comme un e muet.)*	Tu m'____________ un SMS ? On se ___________ ce soir ?
être	Je serai	Vous __________ fatigués.
savoir	Je saurai *(ne pas confondre la prononciation de serai/saurai)*	Ils ne ___________ pas quoi dire.
faire	Je ferai	Elle ___________ de son mieux pour tout finir à temps.
falloir, valoir	Il faudra, il vaudra	Il nous ___________ plus de temps ; il ___________ mieux attendre.
pouvoir	Je pourrai	___________-tu m'aider ?
vouloir	Je voudrai	Il ne _____________ peut-être pas rester.
recevoir	Je recevrai	Elle nous _____________ dans le grand salon.
tenir, venir	Je tiendrai, je viendrai	Nous ____________ parole, nous ____________ vous chercher.
s'assoir	Je m'assoirai/m'assiérai	Tu__________/__________où tu voudras.

* La différence de conjugaison pour « s'assoir » est dialectale. Les Québécois favorisent les nouvelles formes « assié- », les pays africains préfèrent les anciennes formes « assoi- », et les Français, en général, pratiquent l'alternance entre les deux : « Il s'assoira »/« Vous vous assiérez ».

Usages

Le futur simple s'utilise :

- pour indiquer **une action ou un état** futur ;

  On *arrivera* assez tard, et on *sera* fatigués !
- pour donner des ordres de façon plus polie ;

  Tu *éteindras* toutes les lumières, n'est-ce pas ?

  Vous me *direz* combien je vous dois.
- dans une phrase conditionnelle avec **si** + **présent** ;

  Si vous avez faim, je vous *ferai* à manger.

  * Ne pas confondre le **si** conditionnel (suivi du présent) et le **si** de l'interrogation indirecte, qui est très souvent suivi du futur.

  Je me demande *s'il viendra.*
- avec **les conjonctions de temps** : *quand, lorsque ; dès que, aussitôt que ; pendant que ; tant que.* Si le reste de la phrase est au futur, ou si c'est un impératif avec un sens futur, le verbe qui suit ces conjonctions doit être au futur en français, contrairement à l'anglais. C'est ici que les anglophones font beaucoup de fautes… Regardez les exemples et complétez les autres phrases.

  a. *Dès que* la pluie *s'arrêtera*, nous irons nous promener.

  b. *Tant que* nous *n'aurons pas* toutes les données, nous ne pourrons pas prendre de décision.

  c. Fais-moi signe quand tu *sauras* quelque chose.

  d. Je regarderai les actualités *pendant que* je ____________ (faire) la cuisine.

  e. *Lorsque* nous ___________ (être) prêts à signer le contrat, nous vous le dirons.

  f. Nous irons manger *aussitôt que* nous _____________ (pouvoir) nous libérer.

  g. Ne dites rien *tant que* la nouvelle ne ____________ (être) pas officielle.

II. Le futur antérieur

Formation : futur de l'auxiliaire avoir ou être + participe passé

Observez et complétez.

Infinitif	Futur simple	Futur antérieur
s'amuser	Ils s'amuseront	Ils se seront amusés
finir	On finira	On aura fini
avouer	Tu _____________	Tu _____________
descendre en ville	Elle _____________	Elle _____________
envoyer	Je t'__________ un courriel.	Je t'__________ un courriel.
se plaindre	Elles _____________	Elles _____________

Usages

- Le futur antérieur exprime une action future qui aura lieu *avant* une autre action future. Ce temps est très commun avec les conjonctions de temps que nous venons de voir + *après que.*

  Je mangerai *après que* **j'aurai fini** mes devoirs.

  Il mourra de rire *quand* il **se sera rendu compte** que c'était une blague.

  Envoie-moi ta réponse *dès que* tu **auras eu** le temps d'y penser.

- Le futur antérieur peut aussi indiquer qu'une action sera accomplie à un certain moment à venir.
  J'aurai tout fini avant 19 h.
  Nous serons déjà partis à cette heure-là.

Application

A. Présent, futur simple, futur antérieur ? Complétez de façon logique.

1. Si tu _______________(se dépêcher), tu pourras peut-être arriver à l'heure.
2. Quand tu _____________(entrer) dans la salle, assieds-toi derrière, pour ne déranger personne.
3. Dès que l'intervenant principal _______________ (finir) son discours, je retournerai à mon bureau.
4. Je ne sais pas si on ______________ (avoir) le temps de manger ensemble ce soir.
5. Je ne pourrai rien planifier tant que je _________________ (ne pas terminer) ce projet.
6. Si tu _________________ (s'ennuyer), va au cinéma !
7. Les enfants ont passé l'après-midi au parc, j'espère qu'ils _________________ (bien s'amuser).
8. Et peut-être qu'après tout cet exercice, ils ________________(se coucher) tôt ce soir !
9. Après qu'elle _________________(réfléchir), je suis sûr qu'elle comprendra ma position.
10. Tant que je _________________(ne pas le voir) de mes propres yeux, je n'y croirai pas.
11. Je me demande s'il ______________(essayer) de nous convaincre.
12. Lorsque vous _________________(ne plus avoir) besoin de ces papiers, jetez-les.
13. Tu _______________(venir) me chercher demain, n'est-ce pas ?
14. Pendant que tu ______________(faire) la queue au rayon fromages, j'irai chercher des tablettes de chocolat.
15. Je te dirai si ce chocolat est bon après que je le/l'________________ (goûter) !

B. L'arrivée à Paris. Mettez les verbes au futur simple ou au futur antérieur, selon le modèle.
Modèle : Notre vol arrive tôt le matin. → Notre vol arrivera tôt le matin.
Après que nous avons passé la douane, nous récupérons nos valises. → Après que nous aurons passé la douane, nous récupérerons nos valises.

1. Nous vous appelons dès que nous atterrissons.
2. Lorsque nous sortons de l'aéroport, nous prenons un taxi.
3. Quand nous arrivons à l'hôtel, nous sommes trop fatigués pour manger.
4. D'ailleurs, nous avons déjà mangé dans l'avion.
5. Après une petite sieste, nous allons au musée d'Orsay.
6. Quand nous sommes au musée, nous voyons les collections impressionnistes.
7. Après que nous avons quitté le musée d'Orsay, nous nous promenons le long des quais de la Seine.
8. Nous pouvons vous retrouver dans mon restaurant préféré, rue Mouffetard.
9. Nous vous donnons les nouvelles de la famille pendant que nous mangeons.
10. J'espère qu'il fait beau ce premier jour à Paris !

Application communicative

A. Ce que veulent les Français pour leurs enfants. Voici quelques résultats d'une enquête menée par le magazine *Challenges* en 2021, auprès de 10 000 personnes représentatives de la population française, jeunes et vieux, de Paris et de province, de toutes les classes sociales. Est-ce que vous avez les mêmes aspirations pour vos enfants ? Et est-ce que vos enfants auront les mêmes aspirations pour leurs enfants ? Donnez vos réactions et expliquez votre raisonnement. Imaginons que cette enquête soit menée dans votre région : les résultats seront-ils les mêmes ? Qu'est-ce qui sera différent ?

1. La famille restera la priorité numéro 1 pour 69 % de la population, devant la santé (61 %).
2. L'équilibre entre le travail et la vie privée, le temps pour sa famille et ses amis, sera plus important que la rémunération et le succès financier.
3. Le métier idéal sera avant tout un métier qui permet de vivre de sa passion (31 %), qui est utile à la société (23 %), qui permet de bien gagner sa vie (17 %), qui offre la sécurité de l'emploi et de la retraite (14 %), qui vous laisse du temps libre (7 %) ou qui n'est pas stressant (7 %). Les priorités seront-elles les mêmes en Amérique du Nord ?
4. Les dix métiers les plus prisés seront, dans l'ordre : ingénieur (81 %), médecin (79 %), vétérinaire (79 %), professions scientifiques [chercheur, etc.] (79 %), architecte (77 %), expert du numérique [informaticien, intelligence artificielle, etc.] (73 %), chef d'entreprise (73 %), manager, chef de projet (71 %), paysagiste, jardinier, fleuriste (70 %) et dessinateur, graphiste, designer (69 %). Qu'est-ce qui vous surprend dans cette liste ? Pourquoi ?
5. « La religion du travail pour le travail, sans plus se poser de questions, c'est fini. Aujourd'hui, pour 70 % des Français, un travail digne de ce nom doit d'abord avoir du sens. Le consulting et la finance, qui absorbaient jadis des bataillons de jeunes diplômés d'école de commerce, ont désormais une image dégradée. » Verrons-nous le même phénomène en Amérique du Nord ? Quelle sera la définition d'un travail « qui a du sens » pour vos enfants ?
6. « Le système éducatif décroche. » Pour les deux tiers des personnes interrogées, le déclin du système éducatif est une indication du déclin de la nation. Voyez-vous un déclin du système éducatif dans votre pays ? Si ce déclin continue, à quoi pourra-t-on l'attribuer ?

B. **Le monde de demain.** Les questions que Rufin pose dans son roman *Globalia* méritent plus de considération. En groupes de deux, imaginez… Pour chaque question, donnez le plus possible d'hypothèses au futur.

1. Même si le monde n'est pas divisé en zones sécurisées et en non-zones, comment sera-t-il divisé ? Expliquez votre raisonnement.
2. À quoi mènera la mondialisation ? Comment voyez-vous l'intégration des systèmes économiques, politiques, culturels et sociaux dans 30 ou 50 ans ? Verrons-nous un retour vers l'isolationnisme dans certaines parties du monde ?
3. Qu'est-ce qui aura changé dans la technologie ? Dans 30 ou 50 ans, comment seront les ordinateurs, les téléphones, les moyens de transport, etc. ? Auront-ils été remplacés par des inventions qui n'existent pas encore aujourd'hui ? Donnez libre cours à votre imagination !
4. Les réseaux sociaux dans 30 ou 50 ans : comment fonctionneront-ils ? Y aura-t-il plus ou moins de désinformation dans le monde ? Expliquez.
5. Le réchauffement climatique : quelles sortes de catastrophes dues au réchauffement climatique le monde aura-t-il vues dans 30 ou 50 ans ? Le comportement humain vis-à-vis de la nature aura-t-il changé ? Comment ?
6. L'éducation : qu'est-ce qui sera différent dans nos écoles primaires et secondaires ? et dans l'enseignement supérieur ? Y aura-t-il moins de diplômes traditionnels, plus de programmes de formation professionnelle ? Les cours de ce que l'on appelle aujourd'hui « l'éducation générale » occuperont-ils encore une place importante dans les programmes universitaires ? Et quelle sera la place de l'enseignement des langues dans le monde de demain ?
7. Le bonheur : où trouverons-nous la joie dans le monde de demain ? Le rôle de la famille aura-t-il changé ? Nos loisirs seront-ils différents ? Quels sont les éléments de la nature humaine qui ne changeront jamais, selon vous ? Expliquez.

ÉCRITURE : Stratégies pour des spéculations au futur (I)

PROJET D'ÉCRITURE : UNE DESCRIPTION D'UN PHÉNOMÈNE DANS LE MONDE DANS 20 ANS

Vous venez de rédiger un texte narratif au passé. Le projet d'écriture au chapitre 14 sera une composition de 500-700 mots où vous décrivez une vision du monde tel que vous l'imaginez dans 20 ans. Les activités des chapitres 13 et 14 vous aideront à imaginer, organiser et articuler votre image de l'avenir.

I. Créer une vision de l'avenir et du futur

Les anglophones confondent souvent les mots « avenir » et « futur ». **L'avenir** désigne une époque que connaîtront ceux et celles qui vivent aujourd'hui, tandis que **le futur** appartient aux générations qui nous suivront.

On dit : *Je serai plus attentif à l'avenir* et non pas *je serai plus attentif dans le futur.*
On dit : *L'énergie renouvelable sera indispensable dans le futur.*
En groupe de trois ou quatre, créez une image de l'avenir en écrivant une liste de prédictions pour les catégories suivantes. Faites au moins trois prédictions pour chaque catégorie. Utilisez des expressions comme *parce que*, *car*, *étant donné que*, *vu que* et *puisque* pour justifier vos prédictions.

Modèle : *L'éducation*
→ Dans l'avenir, on ira moins à l'école parce qu'on utilisera plus les technologies habilitantes pour la distanciation sociale. Nous aurons des cours obligatoires sur les façons d'utiliser les appareils intelligents pour trouver des solutions, puisqu'il sera plus important de savoir chercher les réponses que de les mémoriser. Les autodidactes seront mieux acceptés, parce que…

1. L'éducation
2. Le travail
3. La famille
4. Les transports
5. Les vêtements
6. La nourriture
7. La communication
8. L'économie
9. D'autres catégories ?

Pour les mêmes catégories, produisez une liste de prédictions pour le monde dans 100 ans. Qu'est-ce que vous imaginez ?

II. La certitude et la probabilité

Les anglophones comprennent souvent la différence entre le futur proche et le futur simple en tant qu'opposition entre des événements proches ou lointains, mais plusieurs facteurs entrent en jeu. Par exemple, **à l'écrit, on utilise surtout le futur simple, à l'oral le futur proche.**

- Certaines normes gouvernent l'usage du futur proche et du futur simple.
  « Je vais téléphoner à ma mère, tu veux lui parler ? » – **Le futur proche est obligatoire, puisque l'énoncé est lié aux actions actuelles.**

« Quand je téléphonerai à ma mère, je lui dirai… » – **Le futur simple est obligatoire après certaines expressions (quand, lorsque, un jour).**
« Ce week-end, je téléphonerai/vais téléphoner à ma mère. » – Dans beaucoup de cas, on peut se servir des deux sans remarquer de différence.

- Parfois, le futur simple et le futur proche sont tous les deux acceptables, mais communiquent un sens différent. **Le futur simple communique des nuances hypothétiques, tandis que le futur proche projette un sentiment plus certain.**
  « Je vais lire le livre » – parce que je te l'ai promis, parce qu'il y a un examen demain, parce que j'en ai la certitude, parce que c'est ce que j'ai à faire ce soir, parce qu'il ne peut pas en être autrement…
  « Je lirai le livre » – si j'ai le temps, si tout se passe bien, s'il m'arrive de réserver du temps libre dans mon emploi du temps, si je n'arrive pas à m'endormir…

- Finalement, dans les deux phrases suivantes, il ne s'agit pas d'opposer des événements proches ou lointains. Il ne s'agit pas non plus de certitude. La différence se voit au niveau de l'abstraction et du registre. **Le futur simple s'utilise pour des concepts plus abstraits, et le futur proche s'utilise pour des concepts plus concrets.**
  « La fin du monde va arriver, j'en suis certain », parce que nous sommes en train de détruire la terre et que les habitants s'entretuent…
  « La fin du monde arrivera, c'est une certitude », parce que tout ce qui a un début a une fin.
  Sommaire des usages du futur simple et du futur proche

Futur simple	Futur proche
À l'écrit/registre formel	À l'oral/registre informel
Après certaines expressions : quand, lorsque, si + présent, un jour, etc.	Quand l'énoncé est ancré dans le présent
Nuances hypothétiques	Nuances plus certaines
Sens abstrait	Sens concret

Vous pouvez indiquer le degré de certitude de vos prédictions de l'avenir avec des expressions adverbiales. Voici quelques expressions pour indiquer la certitude de vos descriptions.

Certitude : sans aucun doute, sûrement, assurément, certainement, de toute évidence, il est évident que, il est clair que, il va de soi que
Probabilité : sans doute, peut-être, probablement, éventuellement, possiblement, hypothétiquement, potentiellement
Complétez les phrases suivantes au futur et indiquez votre certitude en utilisant les expressions appropriées.

Modèle : Demain, je/mon prof de français
→ *De toute évidence*, il fera beau demain, donc j'irai *certainement* faire du ski, alors que mon professeur de français restera enfermé dans son bureau où il corrigera *sans doute* cet examen diabolique qu'il nous a donné ce matin.

a. Ce week-end, je/mes amis…
b. Dans quelques semaines, ma famille/mes amis…

c. Dans six mois, le gouvernement/le peuple…
d. L'année prochaine, l'économie globale/les réfugiés…
e. Dans cinq ans, le marché de l'emploi/je…
f. Dans dix ans, la technologie/les pays en développement…
g. Dans vingt ans, les voitures/les transports en commun…
h. Dans trente ans, l'enseignement primaire / l'enseignement universitaire
i. En 2100, l'exploration spatiale/la terre…
j. Dans cent ans, les besoins humains de base/la maladie…

Comparez vos prédictions avec celles d'un(e) partenaire et écrivez ensemble une autre prédiction pour chaque phrase.

III. Les objectifs du développement durable

L'Organisation des Nations unies (l'ONU) a défini des objectifs de développement durable afin de promouvoir la prospérité et protéger la planète. Pour chacun des objectifs ci-dessous, faites des prédictions sur le progrès que nous aurons accompli en 2050, et sur ce que nous ferons après pour atteindre ces buts. Utilisez le futur antérieur.

Modèle : L'ONU veut préserver la diversité génétique des semences et des animaux.
→ **En 2050,** nous aurons appauvri génétiquement toutes les semences. Nous aurons créé un système de monocultures, mais ayant reconnu la folie de nos actions, nous commencerons à modifier les semences pour diversifier de nouveau le choix de semences. J'espère que nous aurons catalogué la séquence des gènes des semences d'aujourd'hui !

1. L'Organisation des Nations unies tâche de renforcer la lutte antitabac et d'amplifier la prévention et le traitement de l'abus des substances psychoactives.
2. Elle vise à éliminer toutes les formes de violence faite aux femmes et aux filles.
3. Elle cherche à garantir un cycle d'enseignement primaire et secondaire gratuit et de qualité pour tous les enfants, filles et garçons.
4. Elle tient à assurer pour tous l'accès à des services de soins de santé sexuelle et procréative.
5. Elle désire assurer l'accès universel et équitable à l'eau potable, à un coût abordable.
6. Elle a pour but d'accroître l'investissement en faveur de l'infrastructure rurale.
7. Elle veut réduire la production de déchets et limiter la pollution de l'air, de l'eau et du sol.

Comparez vos prédictions avec celles d'un(e) partenaire. Est-ce que vous êtes d'accord sur les succès et les échecs ?

IV. Élaborer des scénarios

Décrire l'avenir n'est pas simplement produire une liste de phrases plus ou moins connectées ; il faut plutôt décrire les interactions entre les composantes. Mais quelles composantes ? Élaborez des scénarios pour **deux** concepts dans la liste ci-dessous, en suivant l'exemple. Qu'est-ce qui sera touché par les progrès techniques dans une vingtaine d'années ? Nommez autant de composantes affectées que possible.

Modèle : Véhicules autonomes

a. **Le secteur automobile** : les concessionnaires, les producteurs, les ateliers de réparation
b. **L'infrastructure routière** : les routes, les transports publics, la signalisation, la réglementation, les stations de recharge
c. **La confidentialité et la sécurité des données** : les capteurs de vitesse, la vie privée des passagers, la localisation, le piratage informatique, les accidents
d. **Les services** : la livraison par drones autonomes, les robotaxis, le chômage des chauffeurs, les frais de livraison autonome

1. La médecine et la santé
2. L'agroalimentaire
3. L'urbanisation
4. La surpopulation
5. L'éducation
6. L'exploration spatiale
7. Les énergies alternatives
8. Le climat
9. L'égalité (entre les sexes, économique, etc.)
10. La technologie

V. Choix d'un sujet

Dans ce chapitre, vous avez considéré des sujets possibles pour votre prochain projet d'écriture. Sur une autre feuille de papier, écrivez votre sujet et au moins quatre composantes reliées. Échangez avec un(e) partenaire pour trouver d'autres idées.

RÉPONSES À L'EXERCICE OÙ EN ÊTES-VOUS ? LES TEMPS DU FUTUR

*1. **j'irai** dans un café 2. Il **mettra/aura mis** du café/du lait 3. Il me **regardera** 4. nous **serons** seuls 5. Il **voudra** mieux me connaître 6. Il **viendra** à la table 7. Il me **dira** que je suis belle 8. Nous nous **assoirons/assiérons** ensemble 9. Nous **parlerons** 10. Nous **boirons** ensemble 11. Nous **rêverons** d'un avenir 12. il **mourra** sans moi 13. je **tiendrai** à lui 14. Il **s'appuiera** sur moi 15. Notre amour ne **cèdera** devant rien 16. je **prendrai** ma tête dans ma main 17. je **pleurerai** de joie 18. Je **rentrerai** 19. j'**écrirai** un poème 20. que mes prédictions **se seront réalisées**.*

THÈME 7 : LE MONDE DE DEMAIN

Chapitre 14 : Les prépositions ; stratégies pour des spéculations au futur (II)

Où en êtes-vous ? Les prépositions

Complétez le paragraphe suivant en mettant la préposition appropriée, **si une préposition est nécessaire**. Cherchez les réponses à la fin du chapitre et corrigez les fautes.

Mon frère et moi sommes différents l'un ____ (1) l'autre. En bref, je suis beaucoup moins impressionnant que lui. La semaine prochaine, je rentrerai ____ (2) la maison et l'événement du jour sera que j'irai ____ (3) le coiffeur ____ (4) une nouvelle coupe, tandis que mon frère fera un stage ____ (5) Sud-Soudan et il commencera ____ (6) poursuivre ____ (7) des études de master ____ (8) sciences de l'eau. Cet été, je chercherai ____ (9) mes clés, pendant que mon frère cherchera ____ (10) résoudre ____ (11) les problèmes ____ (12) Afrique subsaharienne, où le besoin ____ (13) eau potable augmente chaque année. Il travaillera ____ (14) des microbes qui ne sont visibles que/qu'____ (15) microscope. Moi, par contre, je travaillerai ____ (16) un bistro et je porterai une cravate orange ____ (17) pois qui se verra ____ (18) loin. Chaque jour, les gens se dirigeront ____ (19) sa station d'eau potable et le remercieront ____ (20) être venu, et moi… je rêverai quotidiennement ____ (21) aller ____ (22) Bahamas.

Évaluez dans quelle mesure vous maîtrisez les prépositions. Mettez un « X » pour représenter votre confiance entre le contrôle partiel (« Je fais pas mal de fautes ») et le contrôle complet (« Je n'ai même pas réfléchi, c'était automatique ! »).

Le contrôle partiel									Le contrôle complet
1	2	3	4	5	6	7	8	9	10

STRUCTURE : Les prépositions avec un infinitif

OBSERVEZ ET DÉDUISEZ

Ailleurs

Baïkal **voulait partir** ailleurs, il **continuait à** croire qu'existait un ailleurs, où on ne serait pas **obligés de** vivre dans une bulle. Kate, elle, pensait qu'on **pouvait aller** ailleurs à l'intérieur de Globalia ; il **suffisait de** choisir des destinations où l'on était **autorisé à** voyager. À quoi est-ce que ça **servait de** regretter un monde « où il y avait des nations différentes qui **n'arrêtaient pas de** se faire la guerre » ?

Comme vous le savez depuis que vous avez **commencé à** étudier le français, il y a deux choses qui **peuvent sembler** arbitraires dans la langue de Molière : le genre des noms et les prépositions ! Pourquoi dit-on *commencer à*, mais *arrêter de* ? Pourquoi certains verbes, comme *vouloir* et *pouvoir*, sont-ils suivis directement d'un infinitif, sans préposition ? Malheureusement, comme pour le genre des noms, il y a des choses à apprendre par cœur, et avec l'usage, elles deviennent (plus ou moins) automatiques… Une petite note d'espoir :

- Quelle est la préposition qui suit les verbes indiquant un commencement, comme *commencer, se mettre, se préparer* ?
- Quelle est la préposition qui suit les verbes indiquant une fin, comme *finir, terminer, arrêter, s'arrêter, achever, cesser* ?
- Quelle est la préposition qui suit les expressions d'émotions, comme *être content, être satisfait, être ravi, être triste, être heureux/malheureux, être curieux, être fatigué, être fâché, regretter, avoir envie, avoir honte, avoir peur* ?

RÉCAPITULATION ET FAUTES COURANTES

Pour mieux retenir les différentes catégories de verbes, complétez les tableaux des verbes les plus courants en ajoutant des infinitifs de votre choix. L'usage d'un infinitif présuppose que le sujet des deux verbes est le même.

Modèle : Aimer → j'aime apprendre ; aider → aide-moi à comprendre ; décider → j'ai décidé d'étudier.

I. Verbes sans préposition

Infinitif	Exemple	Infinitif	Exemple
aimer	J'aime ___________	partir/sortir	Il est parti faire des courses.
aller	Je vais ___________	penser (avoir l'intention)	Je pense ___________
compter	Je compte ________		
croire	Il croit tout savoir.	pouvoir	Je ne peux pas _________
désirer	Je désire _________	préférer	Je préfère ___________
détester	Je déteste attendre.	prétendre (*to claim*)	Il prétend être un expert.
devoir	On doit étudier.		
écouter	Je les écoute chanter.	se rappeler	Je me rappelle avoir vu ça.
entendre	J'ai entendu dire que…	regarder/voir	Je les ai vus partir.
espérer	J'espère _________	rentrer/revenir	Je rentre ___________
être censé	Il est censé savoir ça.	savoir	Je sais ___________
faillir	J'ai failli tomber.	sembler	Il semble être fâché.
faire	Je te ferai savoir que…	souhaiter	Nous souhaitons _______
falloir	Il faut _________	valoir mieux	Il vaut mieux se taire.
laisser	On le laisse faire.	venir*	Je viendrai vous prévenir.
oser	J'ai osé _________	vouloir	Je ne veux pas _________

* Ne pas confondre venir + infinitif (*to come to do something*) avec venir de + infinitif (*to have just*).

Il *est venu nous dire* qu'il *venait d'apprendre* la nouvelle.

II. Verbes avec la préposition à

Infinitif	Exemple	Infinitif	Exemple
aider	Aide-moi ___________	s'habituer	Je m'habitue ___________
s'amuser	Je m'amuse à ne rien faire.	hésiter	J'hésite ______________
apprendre	J'apprends __________	inviter	Je t'invite ____________
arriver	Je n'arrive pas à tout faire.	se mettre	On s'est mis ___________
avoir	Je n'ai rien à faire.	mettre/passer/	J'ai mis une heure ________;
s'attendre	Je m'attends à réussir.	perdre (du temps)	je n'aime pas perdre mon temps ________
autoriser	On nous autorise ______		
chercher	Je cherche à comprendre.	persister	Je persiste à croire que...
commencer	Je commence ________	pousser	Les profs nous poussent ____
consister	Ce travail consiste ______	se préparer	Je me prépare ___________
continuer*	Je continue __________	renoncer	Je renonce à comprendre !
encourager	Je vous encourage _____	réussir	J'ai réussi _____________
s'engager	Je m'engage _________	servir	Un couteau sert à couper.
enseigner	Ma mère m'a enseigné ___	tenir	Je tenais à vous prévenir.
s'exercer	Je m'exerce __________		
forcer/obliger**	Les profs nous obligent ___		

* *Continuer* peut aussi se construire avec **de**. Nous continuerons d'y penser.
** À la voix active, *forcer et obliger* sont suivis de **à**, mais à la voix passive, la préposition est **de**.

On nous oblige **à** arriver à l'heure ; nous sommes obligés **d'**arriver à l'heure.

III. Verbes avec la préposition de

Infinitif	Exemple	Infinitif	Exemple
accepter	J'accepte___________	menacer	Le prof menace de nous donner une interro.
accuser	Ne m'accusez pas d'avoir oublié.	mériter	On mérite __________
s'agir (il)	Il s'agit de se mettre au courant.	négliger	Vous avez négligé ______
		s'occuper	Occupe-toi de finir tes devoirs.
arrêter/s'arrêter	Arrête de parler !		
avoir besoin, l'air, envie, le temps, raison, tort, etc.	Tu as eu raison de te plaindre.	offrir	Elle a offert de nous aider.
	Ils ont l'air de s'amuser.	oublier	J'ai oublié ___________
conseiller	Je te conseille _______	pardonner	Pardonne-moi de t'avoir offensé.

craindre	Je craignais _________	permettre	On ne nous permet pas _____________
décider	J'ai décidé __________		
défendre/interdire	Il est interdit de fumer ici.	persuader	Il m'a persuadé de rester.
demander	Je vous demande _____	se plaindre	Elles se plaignent d'avoir trop chaud.
se dépêcher	Dépêche-toi ________		
dire	On nous a dit _______	prier	Je vous prie _________
écrire	Écris-lui ___________	promettre	J'ai promis _________
s'efforcer	Je m'efforce ________	proposer	Je vous propose _______
empêcher	On nous empêche _____	rappeler	Je vous rappelle de venir à l'heure.
essayer	J'essaye ___________	refuser	Je refuse ___________
éviter	Évitez de faire du bruit.	regretter	Je regrette de vous décevoir.
s'excuser	Excusez-moi de vous déranger...	remercier	Je vous remercie d'avoir accepté de venir.
faire exprès	J'ai fait exprès de faire une faute.	reprocher	On me reproche _______
		risquer	On risque __________
faire semblant	Des fois, je fais semblant _____________	se souvenir	Je ne me souviens pas d'avoir dit ça.
finir, cesser	On n'a pas fini _______	suggérer	Je suggère _________
jurer	Je jure de dire la vérité.		

Remarquez que certains verbes sont souvent suivis d'un **infinitif passé**, indiquant que l'action de l'infinitif est antérieure à celle du verbe conjugué :

Je me souviens d'avoir vu ce film ; je vous remercie d'être venu ; je regrette de vous avoir offensé ; je m'excuse de vous avoir interrompus ; il me reproche d'avoir pris trop de risques.

IV. Autres prépositions et nuances de sens

- *Commencer à* ou *commencer* ***par*** ? *Finir de* ou *finir* ***par*** ?
  Commencer à indique le début d'une action : Je commence à comprendre.
  Commencer par indique la première action dans une série : Nous commencerons par faire l'appel, puis nous aborderons les questions du jour.
  Finir de est synonyme de *cesser de* : Tu as fini de manger ?
  Finir par est synonyme de *réussir* : On a fini par trouver la bonne adresse.
- *Décider de* ou *se décider à* ?
  Décider de indique une décision toute simple : J'ai décidé de faire un régime.
  Se décider à indique un processus plus laborieux, une résolution : Quand est-ce que tu vas te décider à déménager ?
- *Passer/mettre du temps à, avoir le temps de*
  On *passe* du temps ou on *met* du temps **à** faire quelque chose : J'ai mis trois heures à écrire ma composition.
  On *a* le temps **de** faire quelque chose : Je n'ai pas eu le temps de manger ce matin.

- *Rappeler, se rappeler, se souvenir de*

  On *rappelle* à quelqu'un *de* faire quelque chose = donner un rappel

  Je vous rappelle de venir à 8 h demain.

  Se rappeler ne prend pas de préposition (bien que beaucoup de francophones fassent la faute et ajoutent un *de*).

  Je me rappelle avoir vu ce film.

  Se souvenir prend la préposition *de*.

  Je me souviens d'avoir vu ce film.

Application

A. C'est en s'exerçant que ça devient automatique ! Ajoutez les prépositions au besoin.

1. Je n'ose pas _____vous demander _____ m'aider _____ faire la vaisselle, mais pourquoi pas, après tout ?
2. Nous avons décidé _____ commencer _____travailler, alors, s'il vous plaît, évitez _____ faire du bruit ; nous ne tenons pas _____ être dérangés.
3. J'hésite _____ vous permettre _____partir sans escorte.
4. Vous avez eu raison _____ insister ; il a accepté _____venir, il a même dit qu'il serait très heureux _____ nous parler.
5. Je n'arrive pas _____ faire cet exercice, mais je vais _____ continuer _____ essayer _____ comprendre, car je ne renonce jamais _____comprendre !
6. J'ai honte _____l'admettre, mais j'ai complètement oublié _____ faire mes devoirs…
7. Je déteste _____attendre ; dépêchez-vous _____ finir _____ manger.
8. Je regrette _____avoir négligé mes leçons de piano ; quand on s'exerce _____ jouer régulièrement, on finit _____ bien jouer.
9. Je compte _____inviter les Dupont _____ passer la soirée chez nous.
10. La maîtresse interdit aux enfants _____bâiller en classe, mais peut-on vraiment _____ s'empêcher _____ le faire ? Ce qu'il faut _____ faire, c'est leur apprendre _____ mettre la main devant la bouche quand ils bâillent.
11. Je ne pense pas _____ pouvoir _____ arriver à l'heure à la réunion, donc il vaut mieux _____commencer sans moi ; commencez _____demander aux participants _____poser leurs questions.
12. On était censés _____partir à 10 h, mais on a dû _____attendre que tout le monde soit là. Ils ont mis une heure _____ venir, à cause des embouteillages.
13. Quand on a peur _____ avoir l'air bête, on fait semblant _____ comprendre alors qu'en fait, on devrait _____ avouer qu'on ne comprend pas.
14. Il prétend _____savoir ce qu'il fait, mais ce qu'il s'est engagé _____faire est au-delà de ses compétences.
15. Je vous conseille _____réfléchir davantage avant de vous décider _____donner votre démission.
16. Sa politique consiste _____ forcer les gens _____ faire ce qu'il veut.
17. Ils ont fait exprès _____nous faire mal ; je ne sais pas si je pourrai un jour leur pardonner _____ avoir dit une chose pareille.
18. Personne ne peut _____te reprocher _____ne pas avoir fait assez, tu mérites _____ être applaudie.
19. J'ai été obligé _____ dire ce que je savais, parce que j'avais juré _____ « dire la vérité, toute la vérité et rien que la vérité ».
20. Je m'excuse _____vous avoir fait _____attendre ; je vous remercie _____avoir été si patients.

B. **Infinitif présent ou infinitif passé ?** Si la deuxième action est antérieure à l'action principale, rappelez-vous que c'est l'infinitif passé.

Modèle : Elle a eu tort/elle s'est inquiétée → les deux actions sont simultanées, car elles sont toutes les deux au passé composé → infinitif présent → Elle a eu tort de s'inquiéter.

Elle regrette/elle s'est inquiétée pour rien → la deuxième action (au passé composé) est antérieure à « elle regrette », qui est au présent→ infinitif passé → Elle regrette de s'être inquiétée pour rien.

1. Je m'excuse/je suis arrivée en retard.
2. Je vous prie/ne vous inquiétez pas.
3. Elle a peur/elle a fait une grosse bêtise.
4. Elles ont eu raison/elles se sont plaintes.
5. J'ai honte/j'ai fait des fautes bêtes.

Application communicative

Terminez les phrases de façon personnelle, en ajoutant **des infinitifs.**

1. Avant de venir à l'université, je voulais… parce que…
2. Ma première semaine ici, je craignais… parce que…
3. Dans mes cours, j'évite… parce que…
4. En ce qui concerne ma vie sociale à l'université, je regrette… parce que…
5. Après avoir fini mes études, je compte… parce que…
6. En ce qui concerne le port du masque pendant une pandémie, j'estime qu'on est/n'est pas obligés… parce que…
7. Mes parents m'ont toujours appris… parce que…
8. Je me suis toujours efforcé(e)… parce que…
9. J'encouragerai la prochaine génération… parce que…
10. J'espère que le monde de demain réussira… parce que…

STRUCTURE : Les prépositions avec des noms

OBSERVEZ ET DÉDUISEZ

Jean-Christophe Ruffin

L'auteur de *Globalia* a beaucoup voyagé pour son travail avec Médecins sans frontières. Il a dirigé des missions **en** Éthiopie, **au** Pakistan, **en** Afghanistan, **aux** Philippines, **au** Nicaragua, **en** Bosnie et **dans** beaucoup d'autres pays du monde, **pendant** plus de 20 ans. Son parcours l'a ensuite mené **vers** la diplomatie, où il a exercé une variété de fonctions : attaché culturel **au** Brésil **à** deux reprises, conseiller spécialisé **dans** la réflexion stratégique **sur** les relations Nord-Sud **au** ministère de la Défense, et ambassadeur **de** France **au** Sénégal et **en** Gambie. Passionné de montagne, il réside **depuis** quelques années **à** Saint-Nicolas-de-Véroce, une petite ville **dans** les Alpes, mais il continue à mener des missions humanitaires **à travers** le monde.

- Les prépositions avec les noms géographiques : sachant que les noms de pays se terminant par un *e* sont considérés comme féminins et que les autres sont automatiquement masculins, quelle est la préposition qu'on utilise a) avec les pays féminins ? b) avec les pays masculins commençant par une consonne ? c) avec les pays masculins commençant par une voyelle ? d) avec les pays dont le nom est pluriel ? e) avec les noms de villes ?
- Dans ce petit paragraphe, trouvez a) trois prépositions qui indiquent le temps, b) une préposition qui indique la direction, c) une préposition qui veut dire *across*, d) une préposition qui veut dire *about*.

RÉCAPITULATION ET FAUTES COURANTES

Il faudrait plusieurs chapitres pour traiter toutes les prépositions et leur usage dans la langue française. *Avant, après, devant, derrière, sous, au-dessus de, dans, avec, sans, chez, près de, loin de, pour, contre*, etc. Nous ciblerons ici les prépositions ou certains usages qui causent souvent des fautes.

I. Les prépositions avec les noms géographiques

Comment sait-on si un pays (ou continent, état ou région) a un nom féminin ou masculin ? Rappelez-vous les clés données sous « Observez et déduisez ». Deux exceptions : *Le Mexique* et *le Cambodge*, qui se terminent pourtant par un e, sont masculins.

Complétez le tableau selon ce que vous observez.

Catégorie	Je visite...	Je vais/j'habite...	Je viens/reviens... (provenance)
Pays, région ou État féminin			
France	**la** France	**en** France	**de** France
Asie	____________	____________	____________
Californie	____________	____________	____________
Pays, région ou État masculin commençant par une consonne			
Canada	**le** Canada	**au** Canada	**du** Canada
Moyen-Orient	____________	____________	____________
Texas	____________	____________	____________
Pays, région, État masculin commençant par une voyelle			
Afghanistan	**l'**Afghanistan	**en** Afghanistan	**d'/de l'**Afghanistan
Ontario	____________	____________	____________
Utah	____________	____________	____________
Pays, région, état pluriel			
États-Unis	**les** États-Unis	**aux** États-Unis	**des** États-Unis
Antilles	____________	____________	____________
Pays-Bas	____________	____________	____________

Ville ou île (sauf îles qui se terminent par e)			
Paris	Paris	**à** Paris	**de** Paris
Los Angeles	___________	___________	___________
Madagascar	___________	___________	___________
Cuba	___________	___________	___________
Martinique	**la** Martinique	**en** Martinique	**de/de la** Martinique

Cas particuliers

- Pour les états masculins commençant par une consonne, autres que le Texas, on peut dire *au* ou *dans le* : *au/dans le Michigan, au/dans le Vermont.* Dans le cas de Washington, pour ne pas confondre l'État et la ville, on dit généralement *dans l'État de Washington* (et *à Washington* pour la ville).
- États américains qui ont un nom féminin : *Californie, Caroline du Nord/du Sud, Floride, Géorgie, Louisiane, Pennsylvanie, Virginie.*
- Pays qui ne prennent pas d'article : *Israël, Haïti.* On a visité Israël/On est allé en Israël ; Haïti est une île/on est allé à/en Haïti.
- Si le nom de la ville inclut un article, il faut faire la contraction : *Le Havre/il habite au Havre ; Le Caire/on est allé au Caire.*

Application

A. Connaissez-vous votre géographie ? En groupes de deux ou en deux équipes, dites dans quel pays, quel État ou quelle région vous serez quand vous arriverez dans telle ou telle ville. Choisissez parmi les pays donnés. Pour un défi supplémentaire, ajoutez deux ou trois pays et villes supplémentaires !

Choix de pays, États ou régions

Alberta – Allemagne – Argentine – Australie – Brésil – Chili – Chine – Égypte – Espagne – Floride – Ghana – Hawaï – Illinois – Inde – Italie – Israël – Japon – Liban – Mali – Maroc – Mexique – Pennsylvanie – Portugal – Québec – Royaume-Uni – Russie – Sénégal – Suisse – Tahiti – Thaïlande – Turquie – Ukraine – Virginie

Modèle : Berlin → Quand j'arriverai **à** Berlin, je serai **en** Allemagne.

1. Rio de Janeiro	2. Honolulu	3. Buenos Aires	4. Philadelphie
5. Istanbul	6. Calgary	7. Bangkok	8. Bamako
9. Montréal	10. Dakar	11. Genève	12. Moscou
13. Sydney	14. Londres	15. Casablanca	16. Madrid
17. Miami	18. Santiago	19. Accra	20. Le Caire
21. Kyiv	22. Beyrouth	23. Papeete	24. Lisbonne
25. Rome	26. Pékin	27. Jérusalem	28. Chicago
29. Richmond	30. Acapulco	31. Tokyo	32. Bombay

B. Complétez en ajoutant les prépositions nécessaires.

1. _____Arabie Saoudite se trouve _____Moyen-Orient. Es-tu déjà allé _____Arabie Saoudite ? _____Israël est le seul pays que j'ai visité dans cette région.
2. Vos ancêtres viennent _____Pologne, n'est-ce pas ? _____Pologne et d'autres pays _____Europe de l'Est ont accueilli beaucoup de réfugiés qui venaient _____ Ukraine.

3. _____ Séoul est la capitale de _____Corée du Sud. J'ai des amis qui habitent _____ Corée, et mes voisins viennent ____Viêt-Nam.
4. _____ Cameroun était une colonie française, tandis que _____ Rwanda était une colonie belge. J'ai déjà voyagé _____Yaoundé, _____Cameroun, mais je ne suis jamais allée _____Rwanda.
5. Il paraît qu'on peut faire de belles croisières _____Scandinavie, avec des escales ____Norvège, ____ Finlande, _____ Suède et _____ Danemark.

II. Usages particuliers des prépositions *à*, *en*, *par* et *de*

- Avec *les expressions de temps* :

  à l'heure (*on time*), **à temps** (*in time*), **par moments** (*at times*)
  une limite de vitesse de 130 km **à l'heure**
  de mon temps (*in my day, back in the day*) ; **de nos jours** (*in our day and age*)
  à plusieurs reprises (*on several occasions*), **en ce moment** (= maintenant)
  au vingt-et-unième siècle ; **au** mois de mars/**en** mars ; **en** hiver/**au** printemps.
  Mais attention, il n'y a pas de préposition avec les moments de la journée quand ils n'accompagnent pas une heure précise :

  Je me lève à 9 h du matin, car je n'aime pas me lever tôt **le matin**, et je me couche tard **le soir**.
- Avec *les moyens de transport* :

  En voiture, **en** bus, **en** avion, **en** train/**par le** train, **en** bateau, **en** taxi, **à** bicyclette, **à** vélo, **à** moto, **à** cheval, **à** pied.
  Note : Les Français disent souvent *en vélo* et *en moto*, mais l'Académie française dit que la préposition *en* est réservée aux véhicules dans lesquels on peut s'installer !
- Pour parler de *la matière* : **en** (ou **de**)

  Une statue **en** marbre, une table **en** bois, un couteau **en** acier inoxydable, une montre **en** or, une chaise **en** plastique
  Une robe **en** coton, un foulard **en** soie, un manteau **de** fourrure, un sac **en** cuir
  Mais s'il s'agit de ce qu'il y a *sur* le tissu, ou d'autres caractéristiques d'un vêtement, on utilise la préposition **à :**
  Une robe **à** fleurs, **à** pois, **à** rayures, **à** carreaux ; une chemise **à** manches longues.
  [Attention ! Si vous dites une robe de fleurs, cela veut dire que la robe est fabriquée avec des fleurs, et il ne serait pas conseillé de s'assoir avec une robe aussi fragile !]
- Un verre **à** eau ou un verre **d'**eau ?

  Un verre *à eau* est fait pour servir de l'eau ; un verre *d'eau* est un verre qui contient de l'eau.
  Pour parler de l'usage, la préposition est **à** ; pour le contenu, la préposition est **de.**
  Une cuillère *à soupe* (*soup spoon*), mais une cuillerée (*spoonful*) *de sucre* ; une assiette *à* dessert, mais une assiette *de* petits gâteaux ; un couteau *à beurre*, un moule *à gâteau*, une poêle *à frire*.
- Pour parler de *la manière* : **de**

  Elle m'a regardé **d'**un drôle d'air ; il marchait **d'**une façon bizarre.
- *Par* a une variété de sens :

  On passe **par** une certaine rue pour arriver quelque part, ou on passe **par** une période difficile.
  On jette quelque chose **par** la fenêtre ; on sort **par** la porte.
  On fait quelque chose **par** gentillesse ou **par** méchanceté. (*out of kindness/out of spite*)
  On gagne une certaine somme **par** jour, **par** semaine, **par** mois.
  On parle aux enfants **un par un**.

On tombe **par terre**.

Ne confondez pas : **par hasard** (*by chance*) et **au hasard** (*at random*)

- Avec le verbe *jouer* :

  Jouer ***à*** + sport ou jeu. On joue au basket, au foot, aux échecs.

  Jouer ***de*** + instrument de musique. On joue du piano, de la guitare.

  Attention : *to play sports* = faire du sport (et non pas jouer aux sports)

- Avec le verbe **manquer** :

  Manquer ***de*** = ne pas avoir assez de. Ils manquent de temps et d'argent ; nous ne manquons de rien en ce moment.

  Manquer ***à*** = *to miss*, mais attention, la construction est complètement différente en français !

  I miss my friends = Mes amis me manquent.

  My friends miss me = Je manque à mes amis.

  Manquer sans préposition

  J'ai manqué le bus = J'ai raté le bus.

  Qui manque aujourd'hui ? = Qui est absent ?

- *Penser à* ou *penser de ?*

  Penser ***de*** ne s'utilise que dans des questions, pour demander une opinion.

  Que pensez-vous de cette situation ?

  Dans TOUS les autres cas, *penser* est suivi de la préposition **à**.

  Je pense souvent à ma famille, car ma famille me manque.

III. Autres prépositions

- *À cause de* ou *parce que ?*

  À cause de + nom ; parce que + sujet, verbe

  C'est à cause de lui que j'ai manqué mon bus.

  C'est parce qu'il m'a retardé que j'ai manqué mon bus.

- *À cause de* ou *grâce à ?*

  Contrairement à l'anglais où *because of* peut s'employer dans un sens positif aussi bien que négatif, en français, *à cause de* a des implications négatives. Dans le sens positif, il faut utiliser *grâce à*.

  C'est **grâce à** vous que j'ai pu tout finir à temps.

  C'est **à cause de** lui qu'on n'a pas pu finir à temps.

- *Avant* ou *devant ?*

  Avant s'utilise pour le temps ; *devant* pour un lieu.

  Attends-moi **devant** l'église ; j'arriverai **avant** midi.

- *Avec* et *sans*

  Rappelez-vous qu'il n'y a généralement pas d'article après ces prépositions.

  Ils nous ont toujours traités **avec** respect, **sans** arrogance.

- *Chez* ou *à/au ?*

  Est-ce qu'on va au dentiste ? Non, parce que le dentiste est une personne.

  On va **chez** le dentiste ou on prend rendez-vous **chez** le docteur.

  Mais on va **au** supermarché, **à la** boulangerie, **au** café du coin.

- *Dans* ou *en* + expression de temps ?

  Je partirai **dans** une demi-heure. (Sous-entendu : à partir de maintenant.)

  J'ai pu tout faire **en** une demi-heure. (*within*)

- *Dans* ou *sur* + rue, route, etc. ?
  On marche **dans la rue** et **dans l'avenue**.
  On roule **sur la route** et **sur le boulevard**.
- *Pour* ou *pendant ?*
  Pour ne s'utilise avec une expression de temps qu'avec les verbes *aller, venir* et *partir.*
  Dans tous les autres cas, on utilise *pendant* ou on n'utilise pas de préposition du tout.
  Nous partons en France *pour* un mois. MAIS : L'été dernier, on a voyagé à travers la France **pendant** un mois.
  Nous sommes restés une semaine sur la Côte d'Azur.
- *Sur* ou *au-dessus de ? Sous* ou *au-dessous de ?*
  Sur = *on* ; au-dessus de = *above* ; sous = *under* ; au-dessous de = *below.*
  Remets le dictionnaire **sur** l'étagère, **au-dessus de** mon bureau.
  Sous le pont Mirabeau, coule la Seine…
  Il fait 10 degrés **au-dessous de** zéro (ou **sous** zéro).
- *Vers* ou *envers ?*
  Vers indique la direction physique ou une approximation de temps :
  Je viendrai **vers** midi ; je me dirige **vers** la station de métro.
  Envers indique des sentiments/attitudes vis-à-vis d'une personne.
  Il a été très gentil **envers** nous.

IV. Quelques expressions idiomatiques

C'est gentil à vous = c'est gentil de votre part.
C'est gentil à vous d'être venu nous aider.
À toute vitesse = aussi vite que possible
Je me suis habillé à toute vitesse pour ne pas être en retard.
Prendre quelqu'un pour (un imbécile, un génie, etc.)
Pour qui me prends-tu ? Un génie de l'électronique ?

V. D'une langue à l'autre

La plupart des verbes suivis d'un nom ou d'un pronom se construisent de la même façon en anglais et en français.
On mange quelque chose (pas de préposition), on va/on est *à* l'université (*to, at* = *à*), etc.

Les verbes qui causent le plus de fautes sont ceux qui se construisent différemment en anglais et en français. En voici quelques exemples. Pour une liste plus complète et un grand nombre d'exercices supplémentaires sur **Le verbe et ses prépositions**, consulter le document suivant : https://oraprdnt.uqtr.uquebec.ca/pls/public/docs/GSC2213/F1659301352_Les_pr_positions_et_les_verbes_avanc__2e__dition.pdf

Préposition en anglais, pas en français	**Préposition en français, pas en anglais**	**Préposition différente**
attendre (*to wait* ***for***) J'attends M. Godot. baisser (*to turn* ***down***) Baisse le son ! chercher (*to look* ***for***) Je cherche la télécommande. écouter (*to listen* ***to***) J'écoutais ma chanson préférée. regarder (*to look* ***at***) Regarde-les jouer.	s'attendre à (*to expect*) Je m'attendais *au* pire. ressembler (*to resemble*) Tu ressembles *à* ta mère. se fier à (*to trust*) Je ne me fie pas à lui.	dépendre de Ça dépend *de* vous. s'intéresser à Je ne me suis jamais intéressé à ça.

Application

Complétez de façon appropriée.

1. Elle dit toujours qu'elle n'a rien _____ se mettre, pourtant elle ne manque pas _____ vêtements ; regardez cette jolie robe _____ fleurs et cette belle veste _____cuir !
2. Je dois aller _____dentiste ; je reviendrai _____ une heure ou deux.
3. Tout est arrivé _________lui, c'était vraiment sa faute. Il nous a pris _____ des imbéciles.
4. __________à l'aide de tout le monde, j'ai réussi ______tout finir _____ temps !
5. Je me dirigeais _____ la boulangerie quand je l'ai rencontré, tout à fait _____ hasard ; il m'a regardé _____ un drôle d'air.
6. Elle est toujours très aimable ______ nous ; elle a fait ça ______gentillesse.
7. Tu étudies mieux _____ matin ou _____ soir ? Moi, je me lève à 6 h _____ matin pour étudier.
8. Pour venir ______moi, passe ______l'avenue Pasteur, c'est plus court. S'il n'y a pas de place pour te garer ______ ma rue, il y en aura sans doute _____ le boulevard Voltaire.
9. Demain, nous allons partir en vacances ______deux semaines ; nous allons ______Espagne et ______Portugal cette année.
10. Vous préférez voyager ______train ou ______avion ?
11. Les voleurs ont dû entrer ______la fenêtre ; ils ont pris la statue ______bronze qui se trouvait _____ la cheminée.
12. C'est un drone qui vole ________ ma maison ? De loin, je l'avais pris ______un oiseau.
13. Depuis qu'il a quitté ______Louisiane pour faire ses études _____ Boston, il manque ______sa famille.
14. Pour les examens oraux, la prof nous fait venir un _____ un dans son bureau, et elle nous fait parler _______ une dizaine de minutes.
15. Pour cette recette, il faut commencer _____ mettre une cuillerée _____ soupe _____ huile d'olive dans une poêle _____ frire, puis on fait revenir les oignons.
16. Pourquoi est-il si froid _______ nous ? Je l'ai remarqué _____ plusieurs reprises.
17. Cette cravate _____ soie ira très bien avec ta chemise _____ rayures.
18. Samedi, on va faire _____ sport : _____ matin, on va faire une balade _____ vélo et _____ après-midi, on va jouer _____ golf.
19. Vous seriez fous _____ lui faire confiance ; elle jette son argent _____ les fenêtres.
20. Comme c'est gentil _____ vous de m'avoir aidé ! C'est _________vous que j'ai pu repeindre ma cuisine ______un jour.
21. Nous nous reverrons ______huit jours, n'est-ce pas ? Je te ferai visiter _____ Versailles.
22. André est amoureux ______ la belle Françoise. Je serais curieux _____ savoir si le sentiment est réciproque.

23. Ils sont originaires _____ Texas et ils y retournent une fois ____an.
24. Elle a répondu tout de suite, ______hésitation. Qu'avez-vous pensé _____ sa réponse ?
25. Ça me fait un peu peur de penser _____ prépositions, mais je finirai bien ________maîtriser la langue française !

Application communicative

A. **Complétez de façon personnelle,** en donnant le plus d'explications possible.
   1. Quand je pense à mon enfance, les personnes qui *me manquent* le plus sont… parce que…
   2. Je suis qui je suis et où je suis *grâce à*… parce que…
   3. Je n'éprouve pas beaucoup de sympathie *envers* les gens qui… parce que…
   4. La dernière fois que j'ai eu du mal à finir un projet *à temps*, c'était… parce que…
   5. Le plus grand changement qui aura lieu dans le monde *dans* les cinq prochaines années, à mon avis, ce sera… parce que…

B. **Des points communs ?** En groupes de cinq ou six, voyons si vous avez des points géographiques communs. Comparez 1) où vous êtes nés ; 2) d'où viennent vos ancêtres ; 3) dans quels États ou pays vous avez habité ; 4) quels États ou pays vous avez visités ; 5) les pays que vous aimeriez visiter, et pourquoi. Prenez des notes pour pouvoir faire un rapport à la classe sur vos points communs.

C. **Un jeu de rôle**
   En groupes de deux, jouez la situation suivante.
   Étudiant(e) A : Vous voulez abandonner vos études pendant deux ans pour travailler comme volontaire pour le Corps de la Paix dans un pays en développement.
   Étudiant(e) B : Vous êtes le parent inquiet qui pense à tous les inconvénients de cette idée.
   Commencez par faire une liste des arguments que vous pouvez utiliser, puis discutez le pour et le contre. Posez des questions, imaginez plusieurs scénarios. Qui saura être le plus convaincant ?

Note : Puisque la maîtrise des prépositions demande beaucoup de révision, nous les recyclerons dans plusieurs chapitres.

ÉCRITURE : Stratégies pour des spéculations au futur (II)

PROJET D'ÉCRITURE : UNE DESCRIPTION D'UN PHÉNOMÈNE DANS LE MONDE DANS 20 ANS

Puisque vous avez considéré plusieurs sujets concernant l'avenir au chapitre 13 et que vous en avez choisi un, les exercices suivants vous aideront à élaborer vos idées, à articuler une vision cohérente et à organiser votre description de manière logique. Le projet d'écriture de ce chapitre consiste à décrire un aspect du monde dans 20 ans.

I. Des exemples positifs et négatifs

On peut imaginer un avenir utopien ou dystopique. Pour cet exercice, il faut imaginer le pire aussi bien que le meilleur. Certes, on aura plus de tout, plus de voitures, plus de maisons, plus de nourriture, mais aussi plus d'habitants sur la terre. Par ailleurs, on aura fait des progrès en matière de technologie, de constructions, de transports, et de nouvelles inventions auront révolutionné notre monde. Mais est-ce que ce progrès sera au service du bien public ou au service de l'industrie ? Écrivez deux paragraphes, l'un où vous décrivez les choses négatives, l'autre où vous décrivez les choses positives qui arriveront dans vingt ans. Concentrez-vous sur le sujet que vous avez choisi au dernier chapitre.

- **Termes positifs** : le meilleur, l'essor, la croissance, le développement, un triomphe, une victoire, un succès, une réussite, la résilience
- **Termes négatifs** : le pire, la perte, la surpopulation, la dissolution, la diminution, la ruine, une catastrophe, un échec, un désastre, un malheur, une débâcle, une calamité, une crise
- **Exemple négatif** : Dans vingt ans, il n'y aura que les riches et les pauvres, car la classe moyenne aura disparu. On assistera au déclin de la démocratie, à la dissolution des Nations unies et de l'OTAN, et, pire encore, à l'aggravation des restrictions sur les droits fondamentaux. Cette perte de libertés humaines et la disparition de la classe moyenne seront dues au fait que...
- **Exemple positif** : Au fil du temps, nous aurons inventé un réacteur de fusion nucléaire qui produira plus d'électricité qu'il n'en consomme. Le développement de ces réacteurs sera porteur d'énormes avantages pour la planète. Cette abondance d'électricité donnera un essor à de nombreuses compagnies de transport, aussi bien aérien que routier et maritime. La disponibilité de l'électricité promouvra aussi...

II. La cohérence du texte

La cohérence du texte est l'une des différences notables entre une description au niveau intermédiaire et une description au niveau avancé. Une description au niveau intermédiaire ressemble à une collection de phrases, au lieu d'un paragraphe bien formé. En effet, nous avons tous écrit des paragraphes du style « Madame La Voyante » :

> « Dans 20 ans, vous serez marié. Vous aurez 5 enfants. Vous vivrez dans une belle maison. Vous travaillerez dans une banque. Vous irez en vacances tous les étés. Vous écrirez des phrases banales et déconnectées... »

Remarquez que le texte ci-dessus n'est pas vraiment « un paragraphe », mais plutôt une collection de « phrases ». Voici quelques expressions qui vous aideront à transformer une liste de phrases en plusieurs paragraphes cohérents.

	Cause	Conséquence
Connecteurs	parce que, puisque, comme, car, vu que, du fait que, étant donné que... effectivement, certes, en effet...	donc, au point que, de façon (à ce) que, de sorte que, si bien que, à tel point que, c'est pourquoi, de manière (à ce) que, par conséquent, ainsi, alors, de même que
Verbes	provenir, résulter, découler, être à l'origine de	causer, entraîner, provoquer, engendrer, influencer, générer, déclencher, amener, occasionner, arriver, résulter, suivre, s'ensuivre, découler, venir, dériver, expliquer, produire, impliquer
Noms	la cause, le motif, l'origine, la raison, la source, le facteur, l'explication, le principe	un résultat, un effet, une conséquence, une répercussion, une réaction, une séquelle, une retombée, un impact, un contrecoup
Prépositions	à cause de, grâce à, étant donné, en raison de, compte tenu de, à la suite de	au point de, jusqu'à, en conséquence de

Parmi les huit sujets présentés ci-dessous, choisissez-en **trois** et utilisez les expressions précédentes pour élaborer et améliorer la cohérence des phrases que vous avez choisies.

Modèle : Les robots auront pris les emplois des êtres humains.

→Dans 20 ans, des machines autonomes auront remplacé la majorité des travailleurs dans le secteur agricole. **D'abord**, les fermiers prépareront la terre et planteront les semences à l'aide de tracteurs sans pilotes, et d'autres robots élimineront les mauvaises herbes tout au long de l'été. **Ensuite**, des capteurs mesureront la couleur et la taille des fruits pour indiquer lesquels sont prêts pour la récolte. Des machines feront la récolte en même temps que l'emballage des fruits. Dans le domaine de l'élevage, les robots permettront **non seulement** la traite automatique des animaux, **mais aussi** le lavage et l'alimentation. **Effectivement**, la majorité du travail agricole sera automatisée, grâce à des capteurs et à l'intelligence artificielle…

1. L'éducation incorporera la technologie, et tous les cours universitaires auront adopté une structure hybride.
2. Les habitations coûteront très cher, à un point tel que très peu de gens pourront en acheter une.
3. À l'avenir, nous utiliserons des appareils intelligents pour enregistrer tous nos propos et toutes nos actions.
4. On aura accompli une transition énergétique de la combustion des énergies fossiles aux énergies renouvelables.
5. Très peu de gens feront les courses au supermarché, car ils achèteront leurs aliments en ligne ou par abonnement.
6. La mode incorporera dans les vêtements des capteurs pour surveiller les signes vitaux, la localisation et le confort corporel de la personne qui les porte.
7. La télémédecine sera devenue le système le plus courant pour les traitements non urgents.
8. Les États insulaires comme Tuvalu ou les Maldives auront disparu à cause de la hausse du niveau de la mer.

Partagez vos paragraphes avec un(e) partenaire. Qu'est-ce que vous ajouteriez ?

III. L'organisation du texte

Une description de l'avenir diffère d'une description du passé, car une description des événements passés s'associe souvent à la forme narrative que l'on voit dans les romans et les histoires, tandis qu'une description des événements futurs s'associe souvent à la forme explicative, comme on le voit dans les journaux et les rapports d'entreprise.

Un mode d'organisation pour les textes explicatifs consiste à nommer plusieurs causes, puis des conséquences positives et négatives afin de répondre à la question initiale. On l'appelle « l'addition des causes ».

La structure selon l'« addition des causes » :

- Introduction
- Cause 1
  - conséquence
  - conséquence
  - conséquence
- Cause 2
  - conséquence
  - conséquence
  - conséquence
- Cause 3
- …
- Conclusion : votre opinion

Voici un exemple :

Addition des causes : La mondialisation

- Les gens interagiront différemment suite à la mondialisation économique, culturelle et géographique.
- Dans vingt ans, **les compagnies transnationales auront plus de pouvoir** que les gouvernements. Ces entreprises forceront le libre-échange dans le monde, mais elles auront aussi le pouvoir d'interrompre le commerce de nations ciblées, parce que…
- De plus, **la mondialisation culturelle rendra la diversité culturelle internationale accessible à toute la planète,** mais paradoxalement, cette culture mondiale s'imposera et par conséquent fera disparaître, ou au moins homogénéisera, les cultures locales, car…
- **La mondialisation géographique entraînera une nouvelle hiérarchisation des régions du monde.** On se déplacera librement d'un pays ou d'une région à l'autre. Par ailleurs, on ne sera plus obligé de vivre près de son travail, parce qu'avec la technologie…
- …*Conclusion*

Utilisez le sujet que vous avez choisi au chapitre 13 pour écrire un plan qui ressemble à ceux que vous voyez ci-dessus. Montrez votre plan à un(e) partenaire. Dites une chose que vous aimez dans son plan et une chose que vous changeriez/ajouteriez.

IV. Une description de l'avenir

Utilisez la structure que vous avez développée pour écrire un récit de 500-700 mots où vous décrivez un phénomène dans le monde dans 20 ans. Profitez des outils des chapitres précédents – une structure logique et intéressante, un vocabulaire varié et précis, de l'élaboration – pour enrichir votre description. Servez-vous aussi des révisions collaboratives pour peaufiner la grammaire et la qualité de la langue.

Montrez votre composition à un(e) partenaire afin d'obtenir des conseils pour l'améliorer. Ensuite, révisez votre composition et corrigez les fautes en vous aidant du contrôle ci-dessous.

Contrôle d'écriture : Vérifier et corriger

- Fautes courantes– À corriger à l'aide d'un dictionnaire ou d'un correcteur en ligne comme bonpatron.com ou cordial.fr.
  - ❏ Accents : é, è, ê, ç, etc.
  - ❏ Orthographe : dessert ou désert ?
  - ❏ Genre : le vase ou la vase ?
  - ❏ Accords : masculin/féminin, singulier/pluriel
  - ❏ Conjugaison des verbes : Ils… -ent
  - ❏ Prépositions : en, sur, à, de, pour, par, dans, etc.

- Élaboration – Relisez. Ajoutez, çà et là, des détails supplémentaires.
  - ❏ Y a-t-il des détails spécifiques ?
  - ❏ Les idées présentées sont-elles bien développées ?
  - ❏ Ai-je de bonnes transitions d'une phrase à l'autre et d'un paragraphe à l'autre ?

- Organisation
  - ❏ Y a-t-il des liens entre idées/événements ?
  - ❏ Est-ce que les phrases progressent logiquement ?
  - ❏ Est-ce que la structure des phrases renforce la cohésion et la cohérence ?

RÉPONSES À L'EXERCICE OÙ EN ÊTES-VOUS ? LES PRÉPOSITIONS

*1. sommes différents l'un **de** l'autre 2. je rentrerai **à** la maison 3. j'irai **chez** le coiffeur 4. **pour** une nouvelle coupe 5. mon frère fera un stage **au** Sud-Soudan 6. il commencera **à/de (rarement)** poursuivre 7. poursuivre (**rien**) une maîtrise 8. une maîtrise **en** sciences de l'eau 9. je chercherai **(rien)** mes clés 10. mon frère cherchera **à** résoudre 11. résoudre **(rien)** les problèmes 12. les problèmes **en/de l'**Afrique subsaharienne 13. les besoins **d'**eau potable 14. Il travaillera **sur** des microbes 14. qui ne sont visibles qu'**au** microscope 16. je travaillerai **dans** un bistro 17. une cravate orange **à** pois 18. qui se verra **de** loin 19. les gens se dirigeront **vers** sa station 20. (ils) le remercieront **d'**être venu 21. je rêverai quotidiennement **d'**aller 22. **aux** Bahamas*

THÈME 8 : DE LA RÉALITÉ AUX POSSIBILITÉS

Lecture et conversation : *Les Catilinaires* (Amélie Nothomb)

L'AUTEURE

Amélie Nothomb

Amélie Nothomb est le nom de plume de Fabienne Nothomb, fille d'un diplomate qui a représenté la Belgique dans de nombreux pays du monde, y compris la Chine et le Japon. Amélie est d'ailleurs née au Japon, en 1967, et est restée très attachée à l'Extrême-Orient, où elle a passé une grande partie de son enfance. Depuis 1992, date à laquelle elle a publié son premier roman, *Hygiène de l'assassin*, elle publie systématiquement un roman par an, donc 30 romans entre 1992 et 2022, dont 11 ont reçu des prix littéraires, y compris le Grand Prix du roman de l'Académie française en 1999 pour *Stupeur et tremblements,* et le prix Renaudot en 2021 pour *Premier sang*, un hommage à son père, dont elle était très proche. Ses romans, qui figurent chaque année au nombre des best-sellers, oscillent entre le fictionnel et l'autobiographique. Comment arrive-t-elle à être une écrivaine aussi prolifique ? « Je ne serais jamais arrivée là, dit-elle, si je n'avais pas été insomniaque de naissance. » Chaque jour, elle se lève à 4 h du matin, avale un demi-litre de thé noir et se jette dans l'écriture. Elle est connue pour son style mordant, son authenticité et son audace. Elle ose dire ce qui ne se dit pas, avec un humour satirique sans pitié. Chacun de ses romans est une aventure, souvent accompagnée de suspense, dans les coins les plus cachés de la nature humaine.

Membre de l'Académie royale de langue et de littérature françaises de Belgique depuis 2015, Amélie Nothomb vit à Bruxelles.

AVANT DE LIRE

Les Catilinaires, dont le texte suivant est extrait, a été publié en 1995. Intitulé *The Stranger Next Door* dans sa traduction anglaise, ce roman porte un titre énigmatique en français. Les « catilinaires » sont des discours de Cicéron dénonçant les actions de Catilina, un homme politique romain qui s'est opposé au sénat de Rome, au premier siècle avant Jésus-Christ. Comme les *Catilinaires* de Cicéron, ce roman de Nothomb est-il une dénonciation ? De qui ? De quoi ? Le personnage principal, le narrateur, s'appelle Émile Hazel. Professeur de lettres classiques à la retraite, il n'aspire qu'à une vie simple et calme à la campagne, avec son épouse bien-aimée Juliette. Un voisin un peu bizarre va venir troubler ce calme…

Anticipation

- Selon votre expérience personnelle ou votre imagination, qu'est-ce qu'un(e) voisin(e) peut faire – ou ne pas faire – pour troubler le calme des autres ? Faites une liste de toutes les possibilités qui vous viennent à l'esprit.
- Ensuite, parcourez le texte depuis « Une semaine après notre arrivée… » jusqu'à « … dans ce fauteuil qu'il tenait pour le sien ». Les actions de M. Bernardin figuraient-elles dans votre liste ?
- Si vous aviez un voisin comme M. Bernardin, qu'est-ce que vous auriez envie de faire ? Est-ce que vous donneriez libre cours à vos émotions ou bien est-ce que vous essaieriez de réprimer ces désirs cachés ? Expliquez.

Les Catilinaires (Amélie Nothomb)

On ne sait rien de soi. On croit s'habituer à être soi, c'est le contraire. Plus les années passent et moins on comprend qui est cette personne au nom de laquelle on dit et fait les choses.

Cette étrangeté ordinaire ne m'aurait jamais gêné s'il n'y avait pas eu – quoi ? je ne vois pas comment dire – si je n'avais pas rencontré monsieur Bernardin.

Tout a débuté il y a un an. À l'approche de mes soixante-cinq ans, Juliette et moi cherchions quelque chose à la campagne. Nous avons vu cette maison et aussitôt nous avons su que ce serait la maison. Malgré mon dédain des majuscules, je me dois d'écrire la Maison, car ce serait celle que nous ne quitterions plus, celle qui nous attendait, celle que nous attendions depuis toujours.

Si nous avions osé imaginer cet endroit délicieux, nous l'aurions imaginé comme cette clairière, près de la rivière, avec cette maison qui était la Maison, jolie, invisible, escaladée d'une glycine.

À quatre kilomètres de là, il y a Mauves, le village, où nous trouvons tout ce dont nous avons besoin. De l'autre côté de la rivière, une autre maison indiscernable. Le propriétaire nous avait dit qu'elle était habitée par un médecin.

Une semaine après notre arrivée, vers 4 heures, quelqu'un frappa à la porte. J'allai ouvrir. C'était un gros monsieur qui semblait plus âgé que moi.

— Je suis monsieur Bernardin. Votre voisin.

Qu'un voisin vienne faire la connaissance de nouveaux arrivants, a fortiori dans une clairière bâtie de deux maisons en tout et pour tout, quoi de plus normal ?

Quand il fut au salon, j'allai chercher Juliette.

Monsieur Bernardin serra la main de ma femme puis s'assit. Il accepta une tasse de café. Je lui demandai s'il habitait la maison voisine depuis longtemps.

— Depuis quarante ans, répondit-il.

Je m'extasiai :

— Quarante ans ici ! Comme vous avez dû être heureux !

Il ne dit rien. J'en conclus qu'il n'avait pas été heureux, et je n'insistai pas.

Pendant deux heures, immobile dans le fauteuil, il répondit à mes questions anodines. Il mettait du temps à parler, comme s'il lui fallait réfléchir, même quand je l'interrogeais sur le climat.

Au bout de ces deux heures pathétiques, il finit par se lever, enfila son manteau, prit congé et sortit. Quand il fut à distance, je dis à Juliette :

— Pauvre monsieur Bernardin ! Comme sa visite de courtoisie lui a pesé !

— Il n'a pas beaucoup de conversation.

— Quelle chance ! Voici un voisin qui ne nous dérangera pas.

[Erreur ! Chaque jour, de 16 h à 18 h, monsieur Bernardin revient, sans raison apparente, s'installe dans le fauteuil du salon, attend son café et met ses hôtes mal à l'aise en ne répondant à leurs questions que par des oui et des non – ou un silence pesant.]

Il restait assis, ne regardant rien, l'air abruti et mécontent à la fois. Était-il conscient de la grossièreté de son attitude ? Comment le savoir ? Je ne peux pas dire à quel point ces deux heures nous paraissaient interminables. Affronter un bavard est une épreuve, certes. Mais que faire de celui qui vous envahit pour vous imposer son mutisme ?

[Finalement, le narrateur et sa femme décident de s'absenter de 16 h à 18 h. Le lendemain, ils se demandent « s'il » va venir.]

— Au fond, Émile, sommes-nous obligés de lui ouvrir ?

— La loi ne nous force pas à lui ouvrir la porte. C'est la politesse qui nous y contraint.

— Sommes-nous obligés d'être polis ?

— Personne n'est obligé d'être poli.

— Alors ?

— Le problème, Juliette, ne tient pas à notre devoir, mais à notre pouvoir.

— Je ne comprends pas.

— Quand on a soixante-cinq années de politesse derrière soi, est-on capable d'en faire fi[1] ?

— Avons-nous toujours été polis ?

— Le simple fait que tu poses cette question prouve à quel point nos manières sont enracinées en nous. Nous sommes si polis que notre politesse est devenue inconsciente. On ne lutte pas contre l'inconscient.

— Ne pourrait-on pas essayer ?

— Comment ?

— S'il frappe à la porte et que tu es en haut, il est normal que tu ne l'entendes pas. Il n'y a rien d'impoli à être en haut.

Je sentais qu'elle avait raison.

À 4 heures, on frappa à la porte.

— Juliette, je l'entends !

— Il n'en sait rien. Tu pourrais ne pas l'entendre.

Je commençais à me sentir mal. J'avais la gorge nouée. Ma femme me prit la main comme pour me donner du courage.

— Il va bientôt arrêter.

En quoi elle se trompait. Non seulement il n'arrêtait pas, mais il frappait de plus en plus fort. Les minutes passaient. Monsieur Bernardin en était arrivé à tambouriner sur notre porte comme un dément.

— Il va la casser.

---

1 De l'oublier.

— Il est fou.

Puis ce fut le comble : il se mit à frapper sans discontinuer, à intervalles de moins d'une seconde. Je n'aurais pas cru qu'il avait une telle force. Juliette était devenue livide. Je dévalai l'escalier et j'ouvris la porte. Le tortionnaire avait le visage tuméfié[2] de colère. J'avais si peur que je fus incapable d'articuler un son. Je me dérobai pour le laisser entrer. Il enleva son manteau et alla s'assoir dans ce fauteuil qu'il tenait pour le sien.

[Les visites continuent donc, de plus en plus désagréables. Comment se débarrasser de ce voisin qui s'installe chez vous et impose son silence tous les jours de 16 h à 18 h ? Le narrateur essaie de comprendre cet homme étrange, et le meilleur adjectif qu'il trouve pour le décrire est le mot « vide ».]

Les pouvoirs du vide sont terrifiants. Il est régi par des lois implacables. Par exemple, le vide refuse le bien : il lui barre la route avec obstination. En revanche, le vide ne demande qu'à se laisser envahir par le mal, comme s'il entretenait avec lui des relations anciennes, comme si l'un et l'autre éprouvaient du plaisir à se retrouver pour raconter des souvenirs communs.

Certes, il y aura toujours des gens pour dire que le bien et le mal n'existent pas : ce sont ceux qui n'ont jamais eu affaire au vrai mal. Le bien est beaucoup moins convaincant que le mal : c'est parce que leur structure chimique est différente.

Comme l'or, le bien ne se rencontre jamais à l'état pur dans la nature : il est donc normal de ne pas le trouver impressionnant. Il a la fâcheuse habitude de ne rien faire : il préfère se donner en spectacle.

Le mal, lui, s'apparente à un gaz : il n'est pas facile à voir, mais il est repérable à l'odeur. Il est le plus souvent stagnant ; on le croit d'abord inoffensif – et puis on le voit à l'œuvre, on se rend compte du terrain qu'il a gagné, du travail qu'il a accompli – et on est terrassé parce que, à ce moment-là, il est déjà trop tard. Le gaz, ça ne s'expulse pas.

Monsieur Bernardin n'était pas le mal, il était une grande outre[3] vide où sommeillait le gaz maléfique. Je l'avais d'abord cru inactif parce qu'il restait des heures à ne rien faire. Ce n'était qu'une apparence : en réalité, il était en train de me détruire.

Extrait de *Les Catilinaires*, d'Amélie Nothomb (© Albin Michel, 1995).

PARLER ET COMPRENDRE

Après une lecture plus attentive du texte, discutez des questions suivantes en groupes de deux ou trois.

1. À cause de la situation avec son voisin, le narrateur a découvert un aspect de sa propre personnalité qu'il ne se connaissait pas. De quoi s'est-il rendu compte ? Pouvez-vous penser à une situation personnelle où vous avez découvert quelque chose de nouveau, que ce soit bon ou mauvais, sur votre personnalité ? Racontez.
2. « Si nous avions osé imaginer cet endroit délicieux, nous l'aurions imaginé comme cette clairière près de la rivière, avec cette maison qui était la Maison… » Avez-vous jamais pensé à la Maison de vos rêves ? Où serait-elle située ? En ville ? À la campagne ? Imaginez et décrivez cette maison, ainsi que les alentours.
3. La première visite de M. Bernardin : qu'est-ce qui semblait normal et qu'est-ce qui ne l'était pas ? Pourquoi le narrateur pensait-il que c'était une chance d'avoir un voisin pareil ? Avez-vous jamais eu la visite de quelqu'un qui vous mettait mal à l'aise ? Racontez.

2 Déformé.

3 Un sac pour transporter de l'eau.

4. Qu'est-ce qui était « grossier » dans l'attitude de M. Bernardin ? S'il était votre voisin, que feriez-vous après plusieurs de ces visites douloureuses ?
5. Qu'est-ce que le narrateur et sa femme ont finalement décidé de faire ? Pourquoi était-ce difficile ? Comment ont-ils rationalisé leur décision ?
6. Pourquoi est-ce que leur stratégie n'a pas marché ? Si vous aviez été le voisin de M. Bernardin, est-ce que vous auriez ouvert la porte ? Qu'est-ce que vous auriez fait ?
7. Le mot qui décrit le mieux M. Bernardin, selon le narrateur, est l'adjectif « vide ». Qu'est-ce qu'une personne « vide », selon vous ? Qu'est-ce qu'une personne « vide » fait ou ne fait pas ? Connaissez-vous de tels individus ? Pensez à une personne qui vous a mis(e) mal à l'aise : quels adjectifs utiliseriez-vous pour décrire cette personne ?
8. « Il y aura toujours des gens pour dire que le bien et le mal n'existent pas. » Faites-vous partie de ces personnes ? Justifiez votre réponse.
9. Comment le narrateur décrit-il le bien et le mal ? Êtes-vous d'accord avec ces définitions ? Expliquez. Quelle est la différence entre être le mal soi-même et être un réceptacle pour le mal ?
10. Comment M. Bernardin était-il en train de détruire le narrateur ?

PERSPECTIVES

Parmi les sujets suivants, choisissez ceux qui vous intéressent le plus et discutez en groupes de deux ou trois, en donnant le plus d'explications et d'exemples possible.

1. À votre avis, pourquoi M. Bernardin se comportait-il de cette façon ? Voulait-il rendre le narrateur et sa femme malheureux, ou était-il si malheureux lui-même qu'il ne voyait pas les effets de ses actions ? Il nous arrive à tous parfois de nous comporter de façon négative, ou même destructive. Quelles sont les raisons de ce comportement ? Donnez des exemples de ce genre de comportement dans l'actualité, l'histoire, la littérature ou le cinéma. Partagez vos exemples avec le reste de la classe.
2. Le narrateur et sa femme, qui ont été conditionnés par toute une vie de règles de politesse, n'arrivent pas à comprendre le manque de manières de leur voisin. Pour sa part, M. Bernardin, qui n'a pas l'air gêné d'imposer sa présence et son silence, semble vivre selon des règles complètement différentes. Quand vous voyez quelqu'un qui semble vivre selon des valeurs complètement différentes des vôtres, quelle est votre réaction ? Donnez une illustration personnelle.
3. « Le bien est beaucoup moins convaincant que le mal. » Pourquoi le narrateur dit-il cela, selon vous ? Êtes-vous d'accord ? Les comparaisons du bien à l'or (qui ne se trouve pas à l'état pur dans la nature) et du mal à un gaz (qui nous envahit sans qu'on s'en rende compte) sont-elles appropriées, à votre avis ? Quelles autres images utiliseriez-vous pour décrire le bien et le mal ? Comparez vos idées avec celles du reste de la classe.
4. La fin de l'histoire : comment imaginez-vous la fin de cette histoire ? Le narrateur et sa femme feront-ils appel à la police ? Seront-ils obligés de déménager ? Un terrible accident se produira-t-il ? Donnez libre cours à votre imagination, puis comparez vos hypothèses avec celles du reste de la classe.
5. « On ne sait rien de soi. » Au fur et à mesure que la torture des visites de M. Bernardin s'intensifie, le narrateur apprend beaucoup de choses sur lui-même : les frustrations et les colères, les pensées meurtrières même, éveillées par M. Bernardin, lui étaient inconnues. Comme quoi, il y a un moi caché en chacun de nous. Vous arrive-t-il de découvrir un moi caché en vous ou en des personnes qui vous sont proches ? Quelles sortes de circonstances font sortir ce moi caché ?

Expansion de vocabulaire

Relevez 12 mots de vocabulaire (verbes, noms, adjectifs, expressions idiomatiques) que vous avez découverts ou revus dans la discussion de ce thème et que vous allez incorporer dans votre vocabulaire actif, puis écrivez une phrase *de votre propre création* pour illustrer chaque mot ou expression. Révisez ces mots régulièrement.

Le mot/l'expression. → Une phrase pour l'illustrer

1. ____________________

→ ____

2. ____________________

→ ____

3. ____________________

→ ____

4. ____________________

→ ____

5. ____________________

→ ____

6. ____________________

→ ____

7. ____________________

→ ____

8. ____________________

→ ____

9. ____________________

→ ____

10. ____________________

→ ____

11. ____________________

→ ____

12. ____________________

→ ____

OÙ ALLONS-NOUS ?

Dans cette deuxième partie de l'Unité III, nous abordons l'hypothèse, une des fonctions principales du niveau supérieur de la compétence linguistique, et souvent le plus grand défi des apprenants qui essaient d'atteindre ce niveau. Qu'est-ce qui *arriverait* SI telle ou telle chose *se passait* ? Qu'est-ce qui *serait arrivé* SI telle ou telle chose *ne s'était pas passée* ? Vous aurez désormais tous les outils nécessaires pour explorer des possibilités autres que la réalité dans le développement de vos argumentations. Un autre défi de la langue française est l'usage des pronoms personnels (« le » vs « lui », « eux » vs « leur », etc.) pour éviter les répétitions maladroites dans vos élaborations. Finalement, nous allons aborder ici les différentes approches à la rédaction d'une dissertation : le plan thématique (ou l'analyse d'un thème/sujet), dans les chapitres 15 et 16, sera modifié pour inclure des éléments d'opinion et d'hypothèse. Il sera suivi du plan dialectique (thèse, antithèse, synthèse) et du plan causes-conséquences-solutions dans des chapitres ultérieurs. Cette approche progressive à la défense d'opinion vous permettra d'atteindre plus facilement le contrôle partiel (ou complet dans certains cas) des fonctions supérieures.

Réviser

- L'hypothèse : les temps du conditionnel et les phrases hypothétiques ; recyclage des prépositions.
- Les pronoms compléments.

Rédiger

- Identifier trois thèmes à présenter.
- Organiser et écrire une dissertation selon le plan thématique.
- Projet d'écriture : Dissertation selon le plan thématique.

Explorer

- Analyser des sujets abstraits de plusieurs points de vue.
- Formuler et partager une opinion et des hypothèses à propos de sujets variés.

THÈME 8 : DE LA RÉALITÉ AUX POSSIBILITÉS

Chapitre 15 : L'hypothèse ; stratégies pour une dissertation selon le plan thématique

---

Où en êtes-vous ? Le conditionnel

Complétez le paragraphe suivant en mettant la forme appropriée du verbe (présent, passé, futur, conditionnel, etc.). Cherchez les réponses à la fin du chapitre et corrigez les fautes.

Julie — Bonjour, Carole, ça va ?

Carole — Eh bien… mon oncle est mort.

Julie — Quelle horreur ! Alors ça va mal ?!

Carole — Non, parce que si je ne lui avais pas survécu, il _____(1. ne pas me laisser) un gros héritage.

Julie — Alors ça va bien ?

Carole — Ben non, parce que je ______ (2. perdre) la moitié de cet argent au casino de Monaco. Si je n'avais pas hérité d'une somme si considérable, je _____ (3. ne pas aller) à Monaco en vacances et je _____ (4. ne pas gaspiller) mon argent.

Julie — Alors ça va mal ?

Carole — Ah non, parce que je _____ (5. s'acheter) un magasin avec le reste, et si je n'avais pas perdu cet argent, je _____ (6. ne jamais se rendre compte) des dangers que présentent les jeux de hasard.

Julie — Alors ça va bien ?

Carole — Ben non, parce que mon magasin a été cambriolé. Si je n'avais pas acheté ce magasin, on ______ (7. ne rien me voler).

Julie — Alors ça va mal ?

Carole — Non, parce que le magasin était assuré au-dessus de la valeur des marchandises. Alors, si le magasin n'avait pas été cambriolé, je/j'_____ (8. devoir) travailler tout le reste de ma vie mais avec tout cet argent, j'ai décidé que dorénavant je _____ (9. ne pas avoir) besoin de travailler.

Julie — Alors ça va bien ?

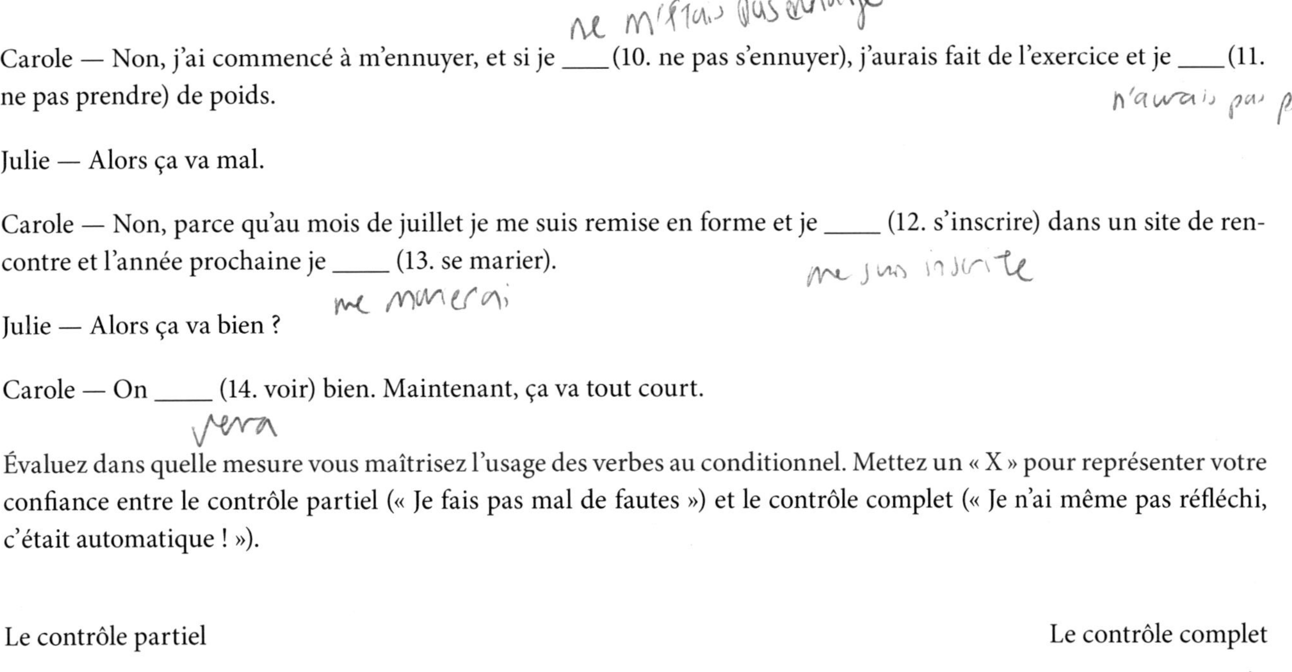

Carole — Non, j'ai commencé à m'ennuyer, et si je ____(10. ne pas s'ennuyer), j'aurais fait de l'exercice et je ____(11. ne pas prendre) de poids.

Julie — Alors ça va mal.

Carole — Non, parce qu'au mois de juillet je me suis remise en forme et je _____ (12. s'inscrire) dans un site de rencontre et l'année prochaine je _____ (13. se marier).

Julie — Alors ça va bien ?

Carole — On _____ (14. voir) bien. Maintenant, ça va tout court.

Évaluez dans quelle mesure vous maîtrisez l'usage des verbes au conditionnel. Mettez un « X » pour représenter votre confiance entre le contrôle partiel (« Je fais pas mal de fautes ») et le contrôle complet (« Je n'ai même pas réfléchi, c'était automatique ! »).

Le contrôle partiel ⟵⟶ Le contrôle complet

1 2 3 4 5 6 7 8 9 10

STRUCTURE : L'hypothèse : les temps du conditionnel et les phrases hypothétiques

OBSERVEZ ET DÉDUISEZ

- « **Si** nous **avions osé** imaginer cet endroit délicieux, nous **l'aurions imaginé** comme cette clairière près de la rivière, avec cette maison qui était la Maison… » Avez-vous jamais pensé à la Maison de vos rêves ? Où **serait-elle** située ? Comment **serait-elle** ?
- **Si** M. Bernardin **était** votre voisin, après plusieurs de ces visites douloureuses, **appelleriez-vous** la police ? Mais cela **empoisonnerait** votre relation avec votre seul voisin, n'est-ce pas ? Alors que **feriez**-vous ?
- **Si** M. Bernardin **avait été** votre voisin, comment **auriez-vous réagi** le jour où il a failli défoncer la porte d'entrée ?

- Dans les exemples ci-dessus, trouvez les verbes au conditionnel présent et les verbes au conditionnel passé.
- Comme pour le futur, quelle est la consonne qui est toujours présente devant la terminaison d'un verbe au conditionnel ?
- Pour les hypothèses au conditionnel présent, quel temps est utilisé avec *si* pour exprimer la condition ?
- Pour les hypothèses au conditionnel passé, quel temps est utilisé pour exprimer la condition ?

RÉCAPITULATION ET FAUTES COURANTES

I. Les temps du conditionnel

Si vous connaissez le futur du verbe, vous connaissez le conditionnel. Il suffit d'ajouter les terminaisons de l'imparfait à la racine du futur. Pour le conditionnel passé, il suffit de mettre l'auxiliaire au conditionnel présent. Complétez le tableau suivant.

Infinitif/sujet	Futur	Conditionnel présent	Conditionnel passé
avoir/je	j'aurai	j'aurais	j'aurais eu
être/tu	tu seras		
aller/elle			elle serait allée
faire/on		on ferait	
pouvoir/nous			nous aurions pu
vouloir/vous	vous voudrez		
venir/ils			ils seraient venus
appeler/tu	tu appelleras		
s'ennuyer/elles		elles s'ennuieraient	
s'assoir/elle	elle s'assoira/s'assiéra		
acheter/je			j'aurais acheté
préférer/on		on préfèrerait	
essayer/tu	tu essaieras/essayeras		

II. Les phrases hypothétiques

Les phrases hypothétiques sont des phrases avec SI. Elles expriment une condition et une conséquence.

A. Les cas les plus courants

Type d'hypothèse	La condition	La conséquence
Le plan	S'il fait beau, **Présent**	on sortira. **Futur**
La possibilité	S'il faisait beau, **Imparfait**	on sortirait. **Conditionnel présent**
Le rêve impossible (c'est trop tard...)	S'il avait fait beau, **Plus-que-parfait**	on serait sortis. **Conditionnel passé**

B. Cas particuliers

- *présent/présent*, pour exprimer une généralisation ou une habitude :
  S'il fait beau, on sort.
- *présent/impératif*, pour exprimer un ordre ou une suggestion :
  S'il fait beau, sortons.
- *passé composé/futur ou futur antérieur*, pour exprimer un fait accompli et sa conséquence :
  Si vous avez déjà pris votre décision, vous n'aurez plus besoin d'y penser.

- *passé composé/impératif*, pour exprimer un fait accompli et un ordre ou une suggestion :
  Si vous n'avez pas compris, levez la main.
- *imparfait/conditionnel passé*, pour exprimer une condition qui dure toujours mais une conséquence passée :
  Si le climat était plus agréable, on aurait pu sortir.
- *plus-que-parfait/conditionnel présent*, pour exprimer une condition passée mais une conséquence qui dure toujours.
  S'il était sorti (hier), il se sentirait mieux (aujourd'hui).

C. Des fautes courantes

- *If I would have known…* Bien qu'on l'entende de plus en plus en anglais, c'est une faute en français de mettre un verbe au futur ou au conditionnel après un SI.
  Si *j'avais su…*
  À l'école primaire, les enfants français apprennent que « les SI n'aiment pas les ré », une référence aux notes de musique do, *ré*, mi, fa, sol, la, *si*, do. Cela veut dire qu'on ne peut pas utiliser un verbe avec une terminaison en -ré, c'est-à-dire un futur ou un conditionnel, avec un SI.
  * Ne pas confondre avec le *si* d'une interrogation indirecte, qui peut être suivi d'un futur ou d'un conditionnel :
  Je me demande s'ils viendront ; on se demandait s'ils viendraient.
- *If I knew, I wouldn't have done it* (au lieu de *If I had known, I wouldn't have done it*). Si cet usage semble de plus en plus courant en anglais, en français, c'est une faute !
  Si *j'avais su*, je ne l'aurais pas fait.
  (On ne peut pas dire : Si je ~~savais~~, je ne l'aurais pas fait.)

III. Autres usages du conditionnel

- Pour être plus poli.
  Pourriez-vous me passer le sel ?
  Je voudrais vous parler.
- Avec la locution *au cas où*.
  Prends ton parapluie, au cas où il pleuvrait.
- Pour rapporter un fait douteux, ou faire des suppositions.
  Je ne le vois pas ; serait-il malade ?
  Ces *fake news* proviendraient de Russie ; elles auraient touché plus de 100 millions d'utilisateurs de Facebook.
- Les verbes *devoir, pouvoir* et *vouloir* ont un sens spécial au conditionnel.
  Je *devrais* me dépêcher = *I should* hurry up.
  J'aurais dû me dépêcher = I *should have* hurried.
  J'aurais voulu arriver à l'heure = I *would have* liked to arrive on time.
  J'aurais pu arriver à l'heure = I *could have* arrived on time…

Application

A. De la réalité aux hypothèses. Transformez les phrases en hypothèses, selon le modèle. Remarquez que si la réalité est négative, l'hypothèse est positive.

Modèle : La réalité : Il n'a pas faim – il ne mange pas.
Hypothèse #1 : S'il a faim, il mangera.
Hypothèse #2 : S'il avait faim, il mangerait.
Hypothèse #3 : S'il avait eu faim, il aurait mangé.

1. Elles n'ont pas le temps – elles ne viennent pas nous voir.
2. Tu n'étudies pas – tu n'as pas de bonnes notes.

3. Je n'ai pas assez d'argent – je ne peux pas voyager.
4. Nous n'avons pas un voisin comme M. Bernardin – nous ne devenons pas fous.
5. M. Bernardin n'est pas une personne « normale » – il n'arrête pas d'embêter ses voisins.

B. Place à l'imagination. Choisissez le temps approprié, en fonction des autres temps de la phrase.

1. Si j'avais grandi à la campagne, mon enfance ______ (être) complètement différente. Je/j' ______ (connaître) tous mes camarades de classe, je/j' ______ (avoir sans doute) des animaux, mes loisirs ______ (être) plus simples. Peut-être que je/j' ______ (devenir) vétérinaire !
2. Si nous ______ (pouvoir) construire la maison de nos rêves, ce serait dans une petite ville ; nous ______ (avoir) de l'espace, mais aussi la proximité des magasins et des restaurants.
3. Si le télétravail ______ (devenir) la norme, comment est-ce que cela changerait le profil urbain ? Est-ce que plus de gens ______ (déménager) hors des villes ? Quelles ______ (être) les implications pour les transports en commun ?
4. Si nous ______ (ne pas devenir) esclaves de l'énergie fossile, il y a plusieurs décennies, le réchauffement climatique serait-il aussi alarmant aujourd'hui ?
5. Si les voitures électriques avaient fait leur apparition il y a 20 ans, est-ce que nous ______ (conduire) tous ce genre de véhicule aujourd'hui ?
6. Si nous ______ (ne pas avoir) besoin de pétrole, est-ce que la guerre en Irak aurait eu lieu ?
7. Est-ce que le Moyen-Orient ______ (jouer) un rôle différent si le monde avait été moins dépendant de son pétrole ?
8. Je me tiens au courant des actualités, au cas où certains événements ______ (mériter) des actions de ma part.

C. Les choses. Dans son roman intitulé *Les choses*, Georges Pérec décrit un jeune couple qui vivait dans un appartement minuscule et qui rêvait d'une autre réalité. « Ils aimaient la richesse avant d'aimer la vie. » Une grande partie du roman est écrite presque exclusivement au conditionnel. Mettez les verbes au même temps que le premier verbe du passage.

1. Ils *auraient aimé* être riches. Ils croyaient qu'ils ______ (savoir) s'habiller, regarder, sourire comme des gens riches. Ils ______ (oublier) leur richesse, ils ______ (savoir) ne pas l'étaler. Leurs plaisirs ______ (être) intenses. Ils ______ (aimer) vivre.
   Ils imaginaient la maison de leurs rêves jusque dans ses moindres détails.
2. La salle de séjour *serait* longue de sept mètres, large de trois. À gauche, un gros divan de cuir noir ______ (occuper) une sorte d'alcôve, flanquée de deux bibliothèques où des livres ______ (s'entasser) pêle-mêle.
3. De la fenêtre, on ______ (découvrir) quelques arbres, un parc minuscule, un bout de rue. Tout ______ (être) brun, ocre, jaune : un univers de couleurs un peu passées, au milieu desquelles ______ (surprendre) quelques taches plus claires, comme l'orange vif d'un coussin.
4. La vie, là, ______ (être) facile. Toutes les obligations, tous les problèmes qu'implique la vie matérielle ______ (trouver) une solution naturelle. Une femme de ménage ______ (venir) chaque matin. Il y ______ (avoir) une cuisine vaste et claire, avec des carreaux bleus, des placards partout, une belle table de bois blanc au centre. Ils ______ (s'y assoir) chaque matin, après une douche. Il y ______ (avoir) sur la table des pots de confiture, du miel, des toasts, des pamplemousses coupés en deux.
5. Ils ______ (ouvrir) les journaux, puis ils ______ (sortir). Leur travail ______ (ne les retenir) que quelques heures, le matin. Ils ______ (se retrouver) pour déjeuner ; ils ______ (prendre) un café à une terrasse, puis ______ (rentrer) chez eux, à pied, lentement.
6. Il leur ______ (sembler) qu'une vie entière ______ (pouvoir) s'écouler harmonieusement entre ces murs couverts de livres. Ils ______ (ne pas connaître) l'amertume ni l'envie. Ils ______ (appeler) cet équilibre bonheur.

Application communicative

A. **Les choses de votre vie**. Quelles seraient « les choses » de votre vie, si vous n'aviez aucun souci financier ? Comment serait votre maison, votre salon, votre chambre, votre cuisine ? Quels seraient les objets qui seraient importants pour vous ? À quoi ressemblerait votre journée typique, du matin jusqu'au soir ? Comment définiriez-vous votre bonheur ?

B. **Des inquiétudes**. Pensez à votre vie après vos études. Si les situations suivantes se présentaient, que feriez-vous ? Donnez une réponse personnelle.

1. Si vous ne pouviez pas trouver de travail dans votre domaine de spécialisation.
2. Si votre travail payait bien, mais ne vous plaisait pas.
3. Si votre travail vous plaisait beaucoup, mais ne payait pas assez pour subvenir aux besoins de votre famille.
4. Si votre conjoint ou partenaire ne pouvait pas trouver de travail dans la même ville que vous.
5. Si vous deviez choisir entre un poste temporaire très intéressant ou un poste permanent moins intéressant.

C. **Des situations peu probables, mais... on ne sait jamais.** Si les conditions suivantes se présentaient, que feriez-vous ? Choisissez trois situations et comparez ce que vous feriez.

1. S'il y avait le feu dans votre maison ou appartement et si vous n'aviez que quelques minutes pour prendre quelques objets, qu'est-ce que vous emporteriez ? Pourquoi ?
2. Si vous pouviez devenir invisible, où iriez-vous ? Que feriez-vous ? Pourquoi ?
3. Si vous pouviez changer d'identité, qui seriez-vous ? Pourquoi ? Comment votre vie serait-elle différente ?
4. Si vous pouviez vivre à une autre époque, quelle époque choisiriez-vous ? Pourquoi ? Comment votre vie serait-elle différente ?

D. **Un monde sans le mal.** Dans le texte d'Amélie Nothomb, le narrateur compare le mal à un gaz qui s'infiltre partout. Imaginez un monde sans le mal. Serait-ce un monde heureux ? Envisagez comment serait un monde sans le mal :

- sur le plan personnel ;
- sur le plan familial ;
- dans le contexte scolaire ;
- dans le contexte professionnel ;
- pour le monde en général.

Finalement, donnez votre conclusion : un monde sans le mal serait-il un monde heureux, ou avons-nous besoin d'opposition dans notre vie pour apprécier le bien ?

E. **Des regrets ?** En groupes de deux ou trois, discutez de ce que vous auriez fait différemment :

1. si la situation économique de votre famille avait été différente pendant votre enfance ;
2. si vous aviez été enfant unique, ou au contraire, si vous aviez eu plus de frères et sœurs ;
3. si, quand vous étiez au lycée, vous aviez su ce que vous savez maintenant.

F. **« Je ne serais pas arrivé(e) là** (c'est-à-dire une auteure célèbre)... » La réponse d'Amélie Nothomb ? « ... si je n'avais pas été insomniaque de naissance. » Quelle est votre réponse ? Qui sont les personnes et quels sont les événements qui ont influencé le cours de votre vie ?
Je ne serais pas arrivé(e) au point où j'en suis dans ma vie, si...

G. **Si j'avais été à sa place...** Changez de partenaire et identifiez ensemble deux personnages de l'histoire ou de l'actualité politique, dont vous pourrez dire : « Si j'avais été à sa place dans telle ou telle situation, j'aurais fait comme lui/elle, parce que... » ou « je n'aurais pas fait la même chose, parce que... » Après votre discussion, soyez prêts à présenter vos conclusions au reste de la classe.

H. **M. Bernardin.** En fait, le monsieur Bernardin des *Catilinaires* était un homme très malheureux qui a fini par se suicider. Par la suite, Émile et Juliette ont essayé d'apporter un peu de joie à Mme Bernardin, une personne avec un handicap physique et mental qui ne sortait jamais de la maison, et qui a commencé à s'épanouir. Si vous aviez su cela, en quoi votre opinion de M. Bernardin aurait-elle été différente ? Si vous aviez été son voisin/sa voisine, qu'auriez-vous fait différemment ?

I. **Recyclage des prépositions**

Chose promise, chose due. Voici un petit exercice pour recycler les prépositions. Complétez de façon appropriée.

1. Si je pouvais voyager n'importe où, je crois que je commencerais _____ retourner _____France, car si je connais bien _____ Bretagne et _____ Provence, je n'ai pas passé beaucoup de temps _____ Bourgogne ou _____ Alsace.
2. J'essaierais aussi d'aller _____ Sarlat, une vieille ville _____ Périgord, connue _____ sa cuisine et ses élevages _____ canard. Je me souviens _____ être restée dans un airbnb _____ centre-ville _____ Sarlat, qui ressemblait _____ un château. Et nous avions trouvé, tout à fait _____ hasard, un restaurant qui offrait toutes les spécialités de canard possibles et imaginables, _____ des prix très raisonnables. Un vrai délice !
3. Si vous vouliez que je vous serve _____ guide, je vous emmènerais aussi _____ Sénégal, car je connais bien _____ Sénégal. On irait _____ l'île de Gorée, où se trouve la Maison des esclaves, un musée qui vous aide _____ comprendre cette horrible période de l'histoire de l'humanité. On irait aussi _____ Saint-Louis, la première capitale des colons français _____ Afrique de l'Ouest. Je vous ferais goûter du thiof grillé ou du thiéboudienne _____ un petit restaurant que je connais. Vous tomberiez amoureux _____ Sénégal !
4. Si vous aviez plus de temps _____ passer _____le continent africain, on pourrait aller _____ Côte d'Ivoire. Abidjan est la plus grande ville _____ Côte d'Ivoire, mais c'est _____ Yamoussoukro que le président Houphouët-Boigny a installé la capitale administrative et a fait construire la plus grande basilique _____monde. C'est une copie de la basilique Saint-Pierre _____Rome, mais elle est encore plus grande, et cette énorme basilique a été construite _____trois ans, _____ 15 000 ouvriers. Elle a été inaugurée _____ septembre 1990 _____ le pape Jean-Paul II.
5. Finalement, si vous aviez _____ temps _____ prolonger ce grand voyage, je vous emmènerais _____Bora-Bora, _____Polynésie française. C'est une petite île _____ une beauté extraordinaire _____nord-ouest _____ Tahiti. Formée _____ un volcan éteint recouvert _____ verdure, et entourée _____ un lagon turquoise qui abonde _____ poissons multicolores, Bora-Bora vous invite _____jouir _____ses plages et ses hôtels de luxe. Surnommée « la perle du Pacifique », Bora-Bora est un véritable paradis _____les amateurs de plongée sous-marine.
6. Est-ce que ce petit exercice a réussi _____ vous donner envie _____ explorer le monde francophone ?

ÉCRITURE : Développement d'un plan thématique

PROJET D'ÉCRITURE : DISSERTATION SELON LE PLAN THÉMATIQUE

Au chapitre 16, vous écrirez une dissertation de 500-700 mots selon le plan thématique. On l'appelle *thématique* parce qu'il permet d'exposer différents aspects d'un thème. Le but du plan thématique est d'**explorer** une notion en l'examinant de plusieurs angles d'analyse et en l'étayant avec des arguments et des exemples pertinents. Cet exercice ne nécessite pas de recherches intensives, car vous répondrez de manière générale avec des connaissances personnelles. Ce chapitre vise à vous guider pour formuler les aspects d'un thème et à organiser les points que vous présenterez dans une dissertation thématique.

I. Trois catégories

Une dissertation selon un plan thématique dépend d'exemples et d'illustrations, afin de démontrer les différents côtés d'un concept. Le plan thématique comporte, en général, trois parties ; on traite donc les trois aspects du sujet les plus importants. Donnez des exemples pour les questions suivantes. De quoi est-ce qu'on peut parler ? Quels thèmes vous viennent à l'esprit ? Notez au moins trois points pour chaque question.

Modèle : Quels sont les avantages et les inconvénients d'une éducation universitaire ?
Point 1 : Nécessaire pour une profession future ? Pour son épanouissement intellectuel ?
Point 2 : Coûts (argent, temps, sacrifices)
Point 3 : Expériences universitaires (amis, autonomie, réseaux sociaux)

1. Comment les détecteurs de métal dans les écoles protègent-ils vraiment les enfants ?
2. Dans quelle mesure les examens normalisés servent-ils à mesurer les aptitudes scolaires ?
3. Quelle est la relation entre le nombre d'étudiants dans un cours et la qualité de l'apprentissage ?
4. Quels sont les avantages de l'apprentissage en ligne ?
5. Quels sont les risques liés à une omniprésence des écrans ?

Comparez vos réponses avec celles d'un(e) partenaire. Qu'est-ce que vous changeriez ?

II. Définir la question

Le contenu d'une dissertation selon le plan thématique est construit autour de points qui illustrent le thème. Ces points sont définis par la question posée ; il faut donc une question *ouverte*, car la question *fermée* fait appel au plan dialectique que nous étudierons aux chapitres 17 et 18.

En général, les questions fermées font appel à une réponse oui/non, tandis que les questions ouvertes exigent des explications.

Exemples de questions fermées :
Est-ce que la médecine privatisée est supérieure à la médecine socialisée ?
Est-ce que l'on devrait supprimer le financement de la police ?

Exemples de questions ouvertes :
Quelle est la place de la femme dans l'organisation sociale des pays en développement ?
Quel est le rôle de la police ?

Remarquez que les *questions fermées* nécessitent que vous preniez une position et que vous la défendiez. Par contre, les *questions ouvertes* demandent le développement de catégories thématiques : aspects individuels, sociologiques, psychologiques, sanitaires, économiques, culturels, religieux, familiaux, juridiques, environnementaux, etc. Pour le plan thématique, il suffit de choisir trois catégories.

Certains sujets mènent à la question « Quelles en sont les causes et les conséquences ? » : la pollution, la pauvreté, le réchauffement de la terre, les désastres naturels, les guerres, l'analphabétisme, etc. Le plan causes-conséquences-solutions, que nous étudierons aux chapitres 19 et 20, est la meilleure façon de traiter ce genre de questions. Pour le moment, il suffit d'analyser trois aspects d'un problème et d'y ajouter un peu d'opinion et d'hypothèse.

Pour chacun des sujets suivants, posez une question ouverte et définissez trois thèmes que l'on pourrait traiter.

Modèle : Immigration
→ Quelles difficultés les réfugiés rencontrent-ils en immigrant ?
a. Enjeux politiques
b. Enjeux économiques
c. Enjeux culturels

1. L'éducation
2. La mondialisation
3. La politique nationale

4. La santé
5. L'art
6. L'environnement

Comparez vos réponses avec celles de deux partenaires. Quels sont les thèmes les plus révélateurs ?

III. Perspectives

Une bonne stratégie consiste à terminer votre dissertation par une ou deux hypothèses. Reprenez les questions qui vous inspirent le plus dans les exercices I et II, développez-les selon l'organisation thématique, et terminez vos arguments par des hypothèses. Choisissez au moins quatre questions à développer.

Modèle : Pourquoi l'apathie religieuse augmente-t-elle dans les pays dits riches ?
Point 1 : Le rôle de la religion dans les pays en développement : le contexte africain et autres parties du monde
Point 2 : Le rôle de la religion dans les pays développés : le contexte européen et nord-américain
Point 3 : Différences importantes : statut économique, âge, éducation, optimisme
Hypothèse(s) : Si la religion occupait une place plus importante dans les pays dits riches, quelles seraient les implications pour ces pays et pour le monde ?

IV. Organiser le plan thématique

Comme nous l'avons dit auparavant, une dissertation selon le plan thématique répond à une question ouverte, mais elle précise le sujet de façon exploratoire. On utilise le plan thématique lorsqu'on veut exposer un thème sous différents aspects et donner son opinion sans devoir la défendre.

Choisissez un sujet qui vous intéresse et organisez la discussion selon les questions ci-dessous.

1. L'introduction : décrivez le sujet. Délimitez les paramètres de la discussion. De quoi parle-t-on ? Quelle est la problématique ? Pourquoi cette problématique existe-t-elle ? Quel est le contexte de base ?
2. Annoncez votre plan : quels thèmes traiterez-vous ? Comment est-ce que vous allez étayer la description du phénomène ?
   a. Point A
   b. Point B
   c. Point C
3. Point A : élaborations, exemples, opinion
4. Point B : élaborations, exemples, opinion
5. Point C : élaborations, exemples, opinion
6. Conclusion : résumez la problématique, posez d'autres questions pertinentes et offrez des hypothèses.

Montrez votre plan à un(e) partenaire. Dites une chose que vous aimez dans son plan et une chose que vous changeriez/ajouteriez.

RÉPONSES À L'EXERCICE OÙ EN ÊTES-VOUS ? LE CONDITIONNEL

*1. **il ne m'aurait pas laissé** un gros héritage 2. **j'ai perdu** la moitié 3. **je ne serais pas allée** à Monaco 4. **je n'aurais pas gaspillé** mon argent 5. **je me suis acheté** un magasin 6. **je ne me serais jamais rendu** compte des dangers 7. **on** ne **m'aurait rien volé** 8. **j'aurais dû travailler** 9. dorénavant je n'**aurai** pas 10. si **je ne m'étais pas ennuyée** 11. **je n'aurais pas pris** de poids 12. **je me suis inscrite** dans un site de rencontre 13. **je me marierai/vais me marier** 14. **On verra** bien !*

THÈME 8 : DE LA RÉALITÉ AUX POSSIBILITÉS

Chapitre 16 : Les pronoms compléments ; une dissertation selon le plan thématique

Où en êtes-vous ? Les pronoms compléments

Complétez le paragraphe suivant en mettant le pronom approprié parmi la liste suivante : *me* (*m'*), *moi*, *te*, *toi*, *le*, *la*, *les*, *lui*, *leur*, *eux*, *y* et *en*, et faites les accords des participes passés nécessaires. Cherchez les réponses à la fin du chapitre et corrigez les fautes.

Deux frères se parlent entre _____ (1) :

Marc — Voilà ma bibliothèque de romans français. Je/j'_____ (2) ai lu la moitié.

Mike — _____, (3) je/j'_____ (4) ai tous lus, alors je vais _____ (5) acheter d'autres à la librairie universitaire, tu viens ?

Marc — Cela fait longtemps que je ne/n'_____ (6) suis pas allé. En fait, c'est _____ (7) qui m'as dit qu'il fallait un abonnement comme l'offre Amazon, alors je me/m'_____ (8) suis abonné, il y a deux mois.

Mike — Oui, mais j'ai aussi besoin d'acheter des fournitures d'art, _____ (9) compris des stylos graphiques.

Marc — Je/j'_____ (10) ai aussi besoin. J'ai promis à Giselle de lui donner mes stylos, mais je ne _____ (11) _____ (12) ai pas encore donnés.

Mike — Ah oui, je _____ (13) _____ (14) ai parlé et elle m'a dit qu'elle _____ (15) avait déjà achetés, parce qu'elle _____ (16) avait marre d'attendre.

Marc — Zut ! Est-ce qu'elle _____ (17) _____ (18) veut ?

Mike — Je ne/n'_____ (19) sais rien.

Évaluez dans quelle mesure vous maîtrisez les pronoms. Mettez un « X » pour représenter votre confiance entre le contrôle partiel (« Je fais pas mal de fautes ») et le contrôle complet (« Je n'ai même pas réfléchi, c'était automatique ! »).

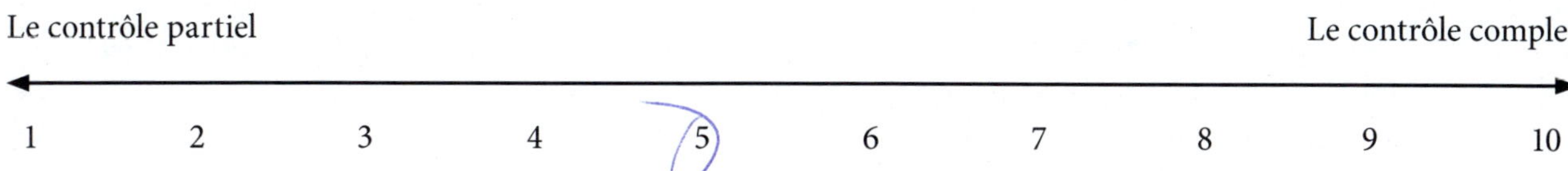

STRUCTURE : Les pronoms compléments

OBSERVEZ ET DÉDUISEZ

La Maison

Une maison couverte de glycine, près d'une rivière, dans un nid de verdure. La première fois que nous l'avons vue, cette maison, nous avons su qu'elle **nous** attendait, que nous l'attendions, et que nous **y** passerions le reste de notre vie. Nous **en** avions rêvé sans le savoir. Mais le voisin – que fallait-il penser de **lui** ? Lors de sa première visite, nous avons essayé d'engager une conversation polie avec **lui**, nous **lui** avons posé des questions, mais comme il n'**y** répondait pas, nous n'avons pas insisté. Nous **nous** sommes dit que ce voisin ne **nous** dérangerait pas beaucoup. Comme quoi, les apparences sont trompeuses et il ne faut pas s'**y** fier. Si les anciens propriétaires **nous** avaient prévenus, est-ce que nous **les** aurions crus ? Est-ce que les questions supplémentaires que nous **leur** aurions posées sur ce voisin auraient changé notre décision ? Est-ce que nous nous serions fiés à **eux** ? Aurions-nous compris qu'au bout de plusieurs visites de ce voisin nous **n'en pourrions plus** ?

- Trouvez dans ce texte les pronoms **l'** et **les** : qu'est-ce qu'ils remplacent – un objet direct ou un objet indirect ? (Un objet direct est un objet qui suit directement le verbe, sans préposition ; un objet indirect est précédé d'une préposition.) Qu'est-ce que vous remarquez quand ces pronoms sont suivis d'un verbe composé (auxiliaire + participe passé) – quel changement voyez-vous au participe passé ?
- Quand le verbe se construit avec la préposition **à** (comme répondre à, poser des questions à), quels pronoms sont utilisés pour représenter une personne ? et pour représenter une chose ?
- Quel pronom est utilisé pour remplacer une chose quand le verbe se construit avec la préposition **de**, comme rêver de ?
- Quel pronom est utilisé pour indiquer un lieu ?
- Se fier à (faire confiance) : pourquoi est-ce le pronom **y** qui est utilisé la première fois et **à eux** la deuxième fois ?
- Le pronom **nous** : analysez les exemples du pronom **nous** dans ce texte : quand est-il un pronom d'objet direct et quand est-ce un objet indirect ?
- Quel exemple d'expression idiomatique avec **en** voyez-vous dans ce texte ? Qu'est-ce qu'elle veut dire ?

RÉCAPITULATION ET FAUTES COURANTES

I. Pour remplacer un objet direct

- **Le, la, les, l'** et **me, te, se, nous, vous** remplacent un objet direct représentant une personne, un animal ou une chose, *si cet objet direct est introduit par un article défini, un adjectif possessif ou un adjectif démonstratif.*

  Quand nous avons vu la maison → Quand nous **l'**avons vue…

  Si les anciens propriétaires **nous** avaient prévenus, est-ce que nous **les** aurions crus ?

  Remarquez que le participe passé des verbes s'accorde avec l'objet direct qui précède :

  Nous l'avons vu**e** ; s'ils nous avaient prévenu**s**, nous les aurions cru**s**.

  Comme nous l'avons vu au chapitre 9, pour les verbes pronominaux, le pronom réfléchi peut être un pronom d'objet direct ou un objet indirect. Il faut donc analyser la fonction du pronom réfléchi pour savoir s'il faut ou non faire l'accord du participe passé.

  Nous **nous** sommes dit → on dit quelque chose **à** quelqu'un → *nous* est un objet indirect, donc pas d'accord.

  Nous **nous** sommes rencontré**s** → on rencontre quelqu'un → *nous* est un objet direct, donc le participe passé s'accorde avec l'objet direct.

- *Si l'objet direct est introduit par un article indéfini, un article partitif ou une expression de quantité*, on utilise le pronom adverbial **en**. Rappelez-vous qu'avec *un/une* ou une expression de quantité, il faut répéter l'expression de quantité. *D'autres* est considéré comme une expression de quantité.

  Je connais **des** gens qui sont comme M. Bernardin. → J'**en** connais qui…

  Nous avons eu **de la** chance. → Nous **en** avons eu.

  Nous avons eu **quelques** voisins difficiles. → Nous **en** avons eu **quelques-uns**.

  J'ai eu **un** voisin, en particulier, qui… → J'**en** ai eu **un** qui…

  * Remarquez qu'il n'y jamais d'accord du participe passé avec **en**.

- **Un autre/d'autres** vs **tout** – remarquez la différence :

  J'ai un autre problème. → J'**en** ai **un autre**.

  Nous avons vu d'autres maisons. → Nous **en** avons vu **d'autres**.

  Mais : Tu comprends toute la question ? → Tu **la** comprends **toute** ?

  On a résolu tous les problèmes. → On **les** a **tous** résolus.

  Règles à retenir

  – **Autre** fonctionne comme une expression de quantité : pronom **en** + répétition de l'adjectif.

  – **Tout** : on utilise le pronom **le/la/les** pour remplacer un nom accompagné de l'adjectif **tout, toute, tous, toutes**, et on répète l'adjectif ; avec un verbe simple, **tout** se place après le verbe ; avec un verbe composé, on le met entre l'auxiliaire et le participe, et le participe passé s'accorde. En position isolée, le **s** de **tous** se prononce (pronom-prononce !)

  On a mangé tous les bonbons. (le s de tous ne se prononce pas)

  On les a **tous** mangés. (le **s** de tous se prononce)

- Le pronom se place toujours **devant** le verbe auquel il se rapporte, que ce soit le verbe conjugué ou un infinitif.

  Des maisons ? Nous **en** avons vu **une dizaine** avant de trouver celle-ci. Quand nous **l'**avons vue, nous n'avons même pas posé de questions sur les voisins. Si nous **en** avions posé, est-ce que cela aurait changé notre décision ? Les voisins ? Nous n'allions quand même pas **les** laisser déterminer notre choix !

- Ne pas confondre les articles **le, la, l', les**, qui précèdent toujours un nom, avec les pronoms d'objet direct **le, la, l', les**, qui précèdent un verbe.

Application

Le, la, les ou **en ?** Remplacez les noms soulignés par des pronoms et faites les autres changements nécessaires.

1. Tout a commencé quand on a rencontré <u>M. Bernardin</u>.
2. Les anciens propriétaires n'avaient pas mentionné <u>M. et Mme Bernardin</u>.
3. D'ailleurs, nous n'avons jamais vu <u>Mme Bernardin</u> la première année que nous habitions là.
4. M. Bernardin n'avait pas l'air d'avoir <u>d'autres personnes</u> dans sa vie.
5. S'il y avait eu <u>plusieurs maisons</u> dans cette clairière, peut-être que nous aurions été épargnés…
6. Si nous avions pu communiquer avec lui, nous aurions réglé <u>tous nos problèmes</u>.

II. Pour remplacer un objet indirect introduit par la préposition à

- **à** + **personne ou animal** → **lui, leur** et **me, te, se, nous, vous**

  Nous avons posé des questions **à** M. Bernardin. → Nous **lui** avons posé des questions.

  Nous aurions demandé **aux** anciens propriétaires… → Nous leur aurions demandé…

  Nous **nous** sommes parlé.

  Tu as donné à manger **au** chien ? → Oui, je **lui** ai donné ses croquettes.

Comme nous venons de le voir, il n'y a pas d'accord du participe passé avec un objet *indirect* qui précède.

Ne pas confondre le pronom d'objet indirect **leur**, qui ne prend jamais de s, avec l'adjectif ou pronom possessif qui peut prendre un s.

Ce sont *leurs* livres ? Oui, je *leur* ai déjà donné *les leurs*.

- **à + chose ou proposition → y**

  Il n'a pas répondu **à** nos questions. → Il n'**y** a pas répondu.
  Je n'avais pas pensé **à** cela. → Je n'y avais pas pensé.
  Je ne m'attendais pas **à** ce que l'examen soit si difficile. → Je ne m'**y** attendais pas.

  * Remarquez que le pronom adverbial **y** s'utilise aussi pour remplacer un adverbe de lieu (ici, là-bas) ou un nom de lieu introduit par n'importe quelle préposition *sauf de*.

  Quand es-tu allé là-bas ? J'**y** suis allé l'été dernier.
  J'ai posé les clés *sur la table*. → Je les **y** ai posées.
  Mon portefeuille est *dans le tiroir*. → Il **y** est.
  Nous allons *en France* chaque année. → Nous **y** allons chaque année.

- **Cas particuliers** : avec **à + personne,** certains verbes utilisent un pronom disjoint : **moi, toi, lui, elle, soi, nous, vous, eux, elles**. Ces verbes ne sont pas nombreux et il est conseillé d'apprendre les plus communs.

> penser (réfléchir, songer) à – se fier à (*to trust*) – se confier à (*to confide in*) – faire attention à – s'adresser à – s'intéresser à – se présenter à – être à

Ce livre est **à toi** ? Non, il est **à elle**.
Tu te fies à ces gens-là ? Non, je ne me fie pas **à eux**.
Mais : Je ne leur fais pas confiance.
Tu pensais à tes voisins ? Oui, je pensais **à eux**.
Elle s'est confiée à sa meilleure amie ? Oui, elle s'est confiée **à elle**.
Adressez-vous au patron. → Adressez-vous **à lui**.
On s'est présentés aux nouvelles étudiantes. → On s'est présentés **à elles**.
Il ne faut pas trop penser **à soi**. (sujet impersonnel)

Application

Lui, leur, y ou **pronom disjoint ?** Remplacez les noms soulignés par un pronom.

1. Plus je réfléchis à M. Bernardin, plus je me demande si j'ai bien fait d'ouvrir la porte à ce voisin bizarre.
2. Aurions-nous pu vivre dans cette clairière sans jamais parler à nos voisins ?
3. Pouvions-nous nous attendre à ce qu'un voisin vienne détruire notre vie ?
4. Si nous nous étions adressés aux autorités municipales, qu'auraient-elles fait ?
5. Le mal s'est introduit dans notre vie comme un gaz maléfique.

III. Pour remplacer des noms introduits par d'autres prépositions

- **De + chose → en**

  Tu as besoin **d'**aide ? Oui, j'**en** ai besoin.
  Vous avez parlé **de** ce problème ? → Oui, nous **en** avons parlé.
  Ils sont revenus **de** Paris ? Non, ils **en** reviennent demain.

- **De ou autre préposition + personne ou animal → pronom disjoint (moi, toi, lui, elle, soi, nous, vous, eux, elles)**

  Je vous ai parlé **de** Mme Letort, n'est-ce pas ? C'est **grâce à** cette dame que nous avons pu prendre rendez-vous **avec** le directeur de l'agence. Nous n'aurions pu rien faire **sans** cette dame. → Je vous ai parlé **d'elle**, n'est-ce pas ? C'est **grâce à elle** que nous avons pu prendre rendez-vous **avec lui**. Nous n'aurions pu rien faire **sans elle**.
  Mes grands-parents m'ont beaucoup aidé dans ma vie ; j'ai beaucoup de gratitude **envers eux**.

IV. Autres usages des pronoms disjoints

Les pronoms disjoints (qu'on appelle aussi des pronoms toniques) s'utilisent aussi…

- en position isolée : Qui a fait ça ? **Moi** !
- avec c'est/ce sont : **C'est toi** qui **as** fait ça ?
  * Faute courante ! Remarquez que le verbe s'accorde avec le pronom disjoint : **c'est moi** qui **ai** fait la cuisine ; c'est **nous** qui **avons** mis le couvert ; ce sont **eux** qui **ont** fait la vaisselle.
  * Remarquez aussi que *c'est* devient *ce sont* seulement avec la 3e personne du pluriel.
    C'est vous qui avez fait ça ? Non, *ce sont* eux qui l'ont fait.
- pour mettre l'accent sur un pronom sujet : **Toi, tu** m'impressionnes.
- avec le mot *seul* : **Lui seul** est capable de le faire.
- avec des sujets multiples : **Vous et moi**, nous ferons la vaisselle.
  * Attention, ce n'est pas poli de mettre le **moi** en premier ! Ce n'est pas « moi et ma famille », mais « **ma famille et moi** ».
- avec *ni… ni* : **Ni eux ni moi** n'avions été prévenus.
- avec *ne… que* : Il n'y a plus que **lui** à prendre la parole.
- dans une comparaison : Elle a 10 ans de moins **que moi**.
- avec *-même* : On fait tout **soi-même** ici. (sujet impersonnel ; *soi* ne s'utilise qu'avec un sujet impersonnel)
  On fait tout **nous-mêmes**. (*on* = *nous* dans ce cas, sujet personnel)
  Ils ont fait ça **eux-mêmes** ?

Application

En ou **pronom disjoint ?** Complétez les phrases en ajoutant les pronoms appropriés.

1. « Chacun pour _____ et Dieu pour tous ! »
2. Ce n'est pas _____ qui vais faire ça.
3. _____ seul es capable de le faire.
4. _____ ? Je ne/n'_____ suis pas capable !
5. Mais si, tu te débrouilles toujours très bien. Je suis fier de _____.
6. Où sont les étudiantes ? Cinq d'entre _____ sont absentes.
7. M. Hazel, le prof de latin, tu te souviens de/d'_____ ?
8. Oui, il nous avait parlé de cette maison magnifique que sa femme et _____ avaient trouvée. Il n'arrêtait pas de/d'_____ vanter les qualités. Ils avaient discuté longuement avec les anciens propriétaires, et selon _____, ils n'auraient aucun problème avec les voisins. Les avantages de la campagne et la proximité de la ville _____ faisaient l'endroit idéal.

V. Ordre des pronoms

C'est quand il y a plusieurs pronoms dans la même phrase que les fautes les plus courantes se produisent. Des astuces pour se rappeler l'ordre des pronoms : toujours l'objet direct (le, la, les) avant l'objet indirect (lui, leur) ; toujours la personne (le, la, les, lui, leur) avant la chose (y, en) ; y/en toujours à la fin, comme la queue d'un âne qui fait « hi han » !

	me				
	te	**le**	**lui**		
sujet + (ne) + se		**+ la**	**+ leur**	**+ y**	**+ en + verbe (+ pas)**
	nous	**les**			
	vous				

Le raisonnement suivant vous sera utile :

- Nous avons raconté l'histoire aux enfants.
  - **a.** L'histoire : objet direct ou indirect ? masculin ou féminin ? singulier ou pluriel ? → **la**
  - **b.** Aux enfants : à + personne, et pluriel, n'est-ce pas ? → **leur**.
  - **c.** Ordre des pronoms : **la** avant **leur**. Nous la leur…
  - **d.** Accord du participe passé ? Oui, **la**, objet direct, précède le verbe :
    → Nous **la leur** avons racont**ée**.
- Nous avons raconté une histoire à la petite fille.
  - **a.** Une histoire : objet direct, mais introduit par *une*, article indéfini → **en** et il faut répéter *une* (règle des expressions de quantité)
  - **b.** À la petite fille : objet indirect, singulier → **lui**
  - **c.** Ordre des pronoms : **lui** avant **en** → Nous **lui en**…
  - **d.** Jamais d'accord du participe passé avec **en**.
    → Nous **lui en** avons raconté **une**.
- J'avais mis mes clés dans ma poche.
  - **a.** Mes clés : objet direct, féminin pluriel → **les**
  - **b.** Dans ma poche : complément de lieu → **y**
  - **c.** Ordre des pronoms : **les** avant **y**
  - **d.** Accord du participe passé avec les → **mises**
    → Je **les y** avais mis**es**.

L'ordre des pronoms change avec un impératif affirmatif :

			moi toi					
Verbe +	le la les	+	lui nous vous leur	+	y	+	en	

moi + en = m'en
toi + en = t'en

Pose-moi tes questions → Pose-les-moi. [Mais : Ne me les pose pas.]
Va au bureau → Vas-y*. [Mais : N'y va pas.]
Parle de tes problèmes → Parles-en*. [Mais : N'en parle pas.]
Parle-moi de tes problèmes → Parle-m'en. [Mais : Ne m'en parle pas.]
Faute que font certains francophones à l'oral : « Parle-moi-z'en. »

*Remarquez qu'il faut ajouter un **s** à la forme **tu** de l'impératif devant **y** et **en** quand le verbe se termine par une voyelle. Remarquez aussi les traits d'union qui sont obligatoires entre un verbe à l'impératif affirmatif et les pronoms qui le suivent.

Ces bonbons ? Donne-les-moi.
Des bonbons ? Donne-leur-en plusieurs.

Application

Remplacez les noms soulignés par des pronoms si possible.

1. Mes parents ? Oui, je pensais à mes parents, alors j'ai appelé mes parents ; comme ils ne répondaient pas, j'ai envoyé un texto à mes parents.
2. La dernière question ? Le prof n'aurait pas dû poser cette question à ses étudiants, car lui-même ne savait pas répondre à la question.
3. Tes copains veulent aller au ciné ? Oui, va au cinéma avec tes copains, ça te changera les idées.
4. Les bonbons ? Ne prends pas tous les bonbons, il faut qu'il reste au moins quelques bonbons pour les enfants.
5. On dit que ce n'est pas bon de se mêler des affaires des autres. Occupe-toi donc de tes affaires et laisse-moi résoudre mes problèmes.
6. Ah, mon enfance en Bretagne… Est-ce que je t'ai déjà parlé de mon enfance ?
7. Tes souvenirs ? Oui, tu m'as raconté tes souvenirs d'école primaire.
8. J'ai beaucoup de souvenirs de cette époque. Je ne t'ai pas raconté tous mes souvenirs, mais je te raconterai d'autres souvenirs quand on aura plus de temps.
9. Mes cousins ? Est-ce que je t'ai parlé de mes cousins ?
10. Quant aux parents, ils n'obéissaient jamais à leurs parents ; ils étaient toujours en train de faire des bêtises.
11. Moi, je n'osais pas participer à leurs jeux, par crainte de me faire punir par mon père.
12. Une photo ? Tiens, j'ai une photo de mes cousins ici. Tu as déjà vu cette photo ?
13. Non, montre-moi la photo. Il faudra que tu me présentes à ce beau cousin un de ces jours…
14. Mais je ne vois pas ta mère, c'est ta mère qui a pris toutes ces photos ?
15. Cette dame ? Je ne me fie pas à cette dame ; d'ailleurs, personne ne fait confiance à cette dame.
16. Une boisson ? Offrez une autre boisson aux invités, s'il vous plaît.
17. La clé ? Prends cette clé, au cas où quelqu'un aurait fermé toutes les portes à clé.
18. Des questions ? Pose-moi quelques questions pour voir si j'ai compris toutes les implications.

VI. Quelques expressions idiomatiques avec y et en

Expressions avec Y	Exemples
Vas-y ! Allez-y ! (*go ahead!*)	N'aie pas peur, vas-y !
Ça y est ? (êtes-vous prêt ?) **Ça y est** (c'est fait !)	Ça y est ? On peut commencer ? Ça y est, j'ai fini.
S'y connaître en (être un expert en)	Je ne m'y connais pas en informatique, j'aurai besoin de ton aide.
S'y faire (s'habituer à)	Le climat est très humide ici, je n'arrive pas à m'y faire.
Y tenir (vouloir vraiment, être attaché à)	Ne jette pas ces vieilles chaussures, j'y tiens. Tu veux vraiment que je vienne ? Tu y tiens ?
Y compris	Faites tous les exercices, y compris le dernier.
N'y être pour rien (ne pas être responsable de quelque chose)	Vos devoirs ont disparu ? Mon chien n'y était pour rien.
N'y pouvoir rien	J'aimerais vous aider, mais je n'y peux rien.

Expressions avec EN	Exemples
En avoir assez (de)/en avoir marre (de)/en avoir ras le bol (de) [familier]	J'en ai assez de te répéter toujours la même chose. Est-ce que vous en avez marre de la grammaire française ?! Oui, on en a ras le bol !
En être à	Où en étions-nous ? Ah oui, nous en étions à la phrase numéro 5, n'est-ce pas ?
En vouloir à (avoir de la rancune envers)	Depuis qu'on s'est disputés, il m'en veut. Arrivera-t-il un jour à me pardonner ?
Ne plus en pouvoir (être à bout de force)	Je suis trop fatigué, je n'en peux plus.
S'en faire (se faire du souci, s'inquiéter)	Ne t'en fais pas, tout va s'arranger.
S'en ficher [familier] (ne pas être intéressé par, se moquer de, ne pas prendre au sérieux)	Fais ce que tu veux, je m'en fiche ! (Ça m'est égal)
S'en aller (partir)	J'en ai marre d'attendre – je m'en vais !

Application

A. Complétez avec y ou en.

1. Cette coutume est vraiment bizarre, je n'arrive pas à m'____ faire.
2. Ça n'a aucune importance, ne t'____ fais pas !
3. Tu ne m'____ veux pas d'avoir dit la vérité, n'est-ce pas ?
4. Nous ____ avons ras le bol de toute cette désinformation !
5. Je veux lui parler au plus tôt. J'____ tiens absolument.
6. Il y a eu tellement d'interruptions que je ne sais plus où j'____ suis.
7. Ça ____ est ? Tu as fini de te plaindre ?

B. Remplacez les expressions soulignées par des expressions idiomatiques avec y ou en.

1. Nous <u>ne sommes pas du tout experts</u> en peinture abstraite…
2. Il <u>avait de la rancune envers moi</u> depuis des années et je ne le savais même pas !
3. Après une semaine où elle a dû travailler jour et nuit, elle <u>est à bout de force</u>.
4. Ce n'est pas la peine de <u>vous inquiéter</u>.
5. Elle dit que <u>ça lui est égal</u>, mais je sais que ce n'est pas vrai.

C. **La citronnade.** L'auteur du passage suivant est conscient de son style très lourd. Pouvez-vous l'aider en remplaçant toutes les répétitions inutiles par les pronoms appropriés ?

Quand je bois de la citronnade fraîche, je pense à ma grand-mère. Quand j'étais petite, je passais mes étés chez ma grand-mère. J'aimais beaucoup ma grand-mère et j'étais très proche de ma grand-mère. C'était amusant de faire la cuisine avec ma grand-mère. Une de mes responsabilités, avant chaque repas, était de préparer la citronnade. Je choisissais bien soigneusement les citrons : je prenais deux ou trois citrons, je lavais les citrons, je pressais les citrons à la main, je mettais le jus dans le pichet, et puis j'ajoutais l'eau et le sucre au jus de citron. Quand la citronnade était prête, je montrais la citronnade à ma grand-mère. Je demandais toujours à ma grand-mère de goûter la citronnade, pour voir s'il fallait ajouter du sucre à la citronnade. Ce n'était pas difficile de faire plaisir à ma grand-mère. Et maintenant, ce n'est pas difficile de penser à ma grand-mère : il suffit d'un simple verre de citronnade pour que je me souvienne de ma grand-mère.

Application communicative

A. **Les Catilinaires**. Donnez des explications comme si vous étiez un des personnages du texte d'Amélie Nothomb.

Modèle : « Je n'arrive pas à m'y faire. » → C'est le narrateur qui parle, parce qu'il n'arrive pas à s'habituer aux visites et aux silences de son voisin, M. Bernardin.

1. « Quelle chance ! Voilà quelqu'un qui ne nous dérangera pas. »
2. « C'est la politesse qui nous y contraint. »
3. « Si tu es en haut, il est normal que tu ne l'entendes pas. Il n'y a rien d'impoli à être en haut. »
4. « Il en était arrivé à tambouriner sur notre porte comme un fou. »
5. « Comme l'or, on ne le rencontre jamais à l'état pur. »
6. « On le croit d'abord inoffensif, et puis on le voit à l'œuvre, et quand on s'en rend compte, il est déjà trop tard. »

B. **Contexte et explications**. Dans quel contexte diriez-vous les phrases suivantes ? Donnez toutes les explications possibles.

Contextes à considérer :

1. Le système scolaire ou universitaire ;
2. Les relations personnelles ou familiales ;
3. Votre passé ou votre avenir ;
4. Le monde politique actuel ;
5. (Autre contexte de votre choix).
   a. « Je n'arriverai jamais à m'y faire. »
   b. « On commence à en avoir marre. »
   c. « Je m'en souviens comme si c'était hier. »
   d. « On devrait s'y préparer. »
   e. « Si j'y avais réfléchi davantage, je ne l'aurais pas fait. »

ÉCRITURE : une dissertation selon le plan thématique

PROJET D'ÉCRITURE : DISSERTATION SELON LE PLAN THÉMATIQUE

Dans ce chapitre, vous allez utiliser le plan que vous avez élaboré au chapitre 15 pour écrire une petite dissertation selon le plan thématique. On l'appelle « thématique » parce qu'il permet d'exposer un thème et de le développer selon plusieurs points de vue. Il ne s'agit pas d'opposer le pour et le contre, mais d'explorer une notion et de l'étayer avec des exemples. Nous proposons ici d'y ajouter un peu d'opinion et d'hypothèse.

I. J'aime, je n'aime pas

Avant d'articuler son opinion, il faut en former une. Pour les concepts suivants, indiquez votre préférence et exprimez votre point de vue avec au moins **trois** phrases. Notez que, pour cet exercice, il faut décrire votre préférence au lieu de critiquer la position opposée.

Modèle : Le lever du soleil ou le coucher du soleil

→Je préfère le lever du soleil, parce que le lever du soleil est à la fois moins spectaculaire et plus apaisant que le coucher du soleil. Les couleurs du lever de soleil sont plus douces et rassurantes. Par ailleurs, le lever du soleil symbolise un nouveau commencement, de nouveaux espoirs.

Les préférences : qu'est-ce que vous préférez ?

1. Les chiens ou les chats ?
2. Le thé, le café ou l'eau ?
3. L'été, l'automne, l'hiver ou le printemps ?
4. Voyager en avion, en voiture, en bus, en train, à pied ?

Les valeurs : qu'est-ce qui est mieux ?

5. L'argent ou l'amour ?
6. Les livres ou les films ?
7. La santé ou le bonheur ?
8. Être occupé(e) ou s'ennuyer ?
9. Le cœur ou la raison ?

La politique : qu'est-ce que nous devrions faire ?

10. Quant aux toxicomanes, les prisons ou les centres de réadaptation obligatoires ?
11. L'immigration limitée ou les frontières ouvertes ?
12. Un système de soins de santé socialisé ou privatisé ?

II. Formuler des avis éclairés

Pour chaque thème, on peut articuler des opinions de préférence, de valeur et de politique. En général, les opinions de préférence commencent par « j'aime » ou « je préfère », car elles viennent d'un désir émotionnel. Les opinions de valeur comparent souvent deux choses (p. ex., ceci est plus coûteux que cela). Finalement, les opinions de politique commencent souvent par « on devrait » ou « en termes de politique, les implications sont… », où l'on propose une conduite ou une solution préférable. Pour les catégories suivantes, écrivez une opinion de **préférence**, une opinion de **valeur** et une opinion de **politique**. Terminez chaque opinion par une phrase de justification.

Modèle : Les élections

- Je préfère le vote postal, parce qu'il est plus pratique et coûte moins cher que les bureaux de scrutin.
- Le vote postal peut être moins sûr que le vote en personne, parce que la sécurité des bureaux de scrutin est supérieure à celle de la poste.
- Nous ne devrions pas limiter le vote postal, parce que de telles restrictions affectent plus les communautés pauvres qui ne peuvent pas facilement s'absenter du travail pour aller voter.

1. Le sport
2. La famille
3. L'éducation
4. La culture (p. ex., la musique, la mode, les arts)
5. L'environnement
6. La religion
7. Les médias sociaux
8. Les vacances

Comparez vos opinions avec celles d'un(e) partenaire. Pouvez-vous articuler des opinions opposées ?

III. Les qualificateurs substantifs

Parfois, nos énoncés peuvent paraître trop forts sans qualificateurs. Les qualificateurs adoucissent les déclarations de « tout ou rien » en des phrases plus faciles à défendre.
Comparez les phrases suivantes :

- Aux États-Unis, les systèmes de transport public sont inadéquats.
- Aux États-Unis, la plupart des systèmes de transport public sont inadéquats.
- Les médias sociaux normalisent la violence.
- De nombreux médias sociaux normalisent la violence.

Rappelez-vous qu'avec le terme « beaucoup », l'accord se fait avec le nom qui le suit :

- Beaucoup de gens **pensent** que…
- Beaucoup de temps **s'est écoulé** depuis…
- Beaucoup de femmes **sont parties**.
- Beaucoup d'eau **sera gaspillée**.

En général, les expressions collectives et de quantité (la plupart, plusieurs, peu, un grand nombre, certains), en l'absence de tout complément, sont suivies du masculin pluriel.

- Certains ont économisé l'argent nécessaire pour le voyage.
- En janvier, les forces policières compteront 2000 policiers, dont la plupart iront servir dans des petites communautés.
- Les Parisiens peuvent choisir leur fournisseur d'électricité, mais trop peu le savent.
- Beaucoup d'entre nous croient aux complots.

On écrit rarement « beaucoup d'entre nous **croyons** aux complots ».

Certains termes comme la majorité, la moitié, une multitude de, un maximum/minimum de, une douzaine de s'accordent selon le sens :

- Certes, la majorité des Anglais a voté pour le Brexit. (On insiste sur la majorité.)
- Pourtant, la majorité des Anglais étaient contre le Brexit. (On insiste sur les Anglais.)

Les noms de fraction ou de pourcentage s'accordent ainsi :

1. Lorsqu'un nom de fraction ou de pourcentage est suivi d'un complément, le verbe s'accorde :
   - **avec le nom de fraction ou de pourcentage**, si l'on souhaite insister sur la proportion précise ;
   - **avec le complément, en genre et en nombre**, si l'on souhaite insister sur l'ensemble exprimé.
     - **Un tiers** de la cagnotte **a été volé**. (= expression d'une proportion précise)
     - **Un quart des étudiants n'ont pas obtenu** la moyenne aux partiels. (= mise en valeur de l'ensemble)
     - L'institut de sondage a annoncé que **20 %** des électeurs **s'abstiendraient** de voter. (= mise en valeur de l'ensemble)
2. Si le nom de fraction ou de pourcentage est précédé d'un article ou d'un adjectif au pluriel, **le verbe s'accorde obligatoirement au pluriel**.
   - **Les deux tiers** de l'équipe **seront soumis** à un contrôle de dopage.
   - **Ces 20 %** de terre **sont cultivés** sans pesticides.
3. Lorsque les expressions *plus de la moitié* et *plus du quart* sont suivies **d'un complément**, l'accord du verbe se fait **avec celui-ci, en genre et en nombre**.
   - Plus du tiers des journalistes **ont pu** poser de questions à la conférence de presse.
   - La moitié des femmes **ont décidé** de faire la grève, donc nous allons les soutenir.

D'autres termes pour éviter des phrases absolues :

presque toujours, presque jamais, rarement, parfois, le plus souvent, normalement, souvent, pas toujours, à quelques exceptions près, sans doute, peut-être, quelques, assez, en général, dans une certaine mesure, environ

Utilisez des qualificateurs pour adoucir les énoncés suivants.

Modèle : Les Américains croient que l'immigration apporte une contribution positive à l'économie des États-Unis.
→ *Plus de la moitié* des Américains croient que l'immigration apporte *le plus souvent* une contribution positive à l'économie des États-Unis.

1. L'usage des émojis n'améliore pas la communication.
2. Les repas dans les écoles publiques sont immangeables.
3. Les livres électroniques sont supérieurs aux livres papier.
4. Les voitures modernes sont plus sûres que les voitures d'il y a 30 ans.
5. L'entraînement militaire forge le caractère.
6. Les salaires des athlètes professionnels sont excessifs.
7. Les végétariens mangent plus sain que les carnivores.
8. La seule façon d'influencer les États dictateurs est d'employer une tactique d'intimidation.
9. Les poulets produits industriellement sont moins sains et moins savoureux que ceux de l'élevage traditionnel.
10. Le recyclage devrait être obligatoire dans le monde.
11. On peut interdire la déforestation.
12. La réussite sportive dépend d'une bonne alimentation.

Reprenez les phrases précédentes et justifiez votre opinion avec au moins une phrase « parce que... »

IV. Une dissertation selon le plan thématique

Le plan thématique demande qu'une simple question soit étayée sous divers aspects, c'est-à-dire une description, une définition ou l'approfondissement de la question. Utilisez le plan que vous avez formulé au chapitre 15 pour rédiger une dissertation de 500-700 mots selon le plan thématique. Utilisez les outils des chapitres précédents – la définition du sujet, les illustrations, l'organisation thématique, les connecteurs logiques et les révisions collaboratives – pour enrichir votre composition. N'oubliez pas d'offrir quelques éléments d'opinion pour chaque aspect du thème, ainsi que des hypothèses dans votre conclusion.

Montrez votre composition à un(e) partenaire afin d'obtenir des conseils pour l'améliorer. Ensuite, révisez votre composition et corrigez les fautes en vous aidant de la liste de contrôle ci-dessous.

Contrôle d'écriture : Vérifier et corriger

- Fautes courantes – À corriger à l'aide d'un dictionnaire ou d'un correcteur en ligne comme bonpatron.com ou cordial.fr.
  - ❏ Accents : é, è, ê, ç, etc.
  - ❏ Orthographe : dessert ou désert ?
  - ❏ Genre : le vase ou la vase ?
  - ❏ Accords : masculin/féminin, singulier/pluriel
  - ❏ Conjugaison des verbes : Ils… -ent
  - ❏ Prépositions : en, sur, à, de, pour, par, dans, etc.

- Élaboration – Relisez. Ajoutez, çà et là, des détails supplémentaires.
  - ❏ Y a-t-il des détails spécifiques ?
  - ❏ Les idées présentées sont-elles bien développées ?
  - ❏ Ai-je de bonnes transitions d'une phrase à l'autre et d'un paragraphe à l'autre ?

- Organisation
  - ❏ Y a-t-il des liens entre idées/événements ?
  - ❏ Est-ce que les phrases progressent logiquement ?
  - ❏ Est-ce que la structure des phrases renforce la cohésion et la cohérence ?

RÉPONSES À L'EXERCICE OÙ EN ÊTES-VOUS ? LES PRONOMS COMPLÉMENTS

*1. se parlent entre **eux** 2. J'**en** ai **lu** la moitié 3. **Moi**, je 4. je **les** ai tous lu**s** 5. je vais **en** acheter d'autres 6. je n'**y** suis pas allé 7. c'est **toi** qui m'as dit 8. je m'**y** suis abonné 9. **y** compris des stylos graphiques 10. j'**en** ai aussi besoin 11. je ne **les** lui ai pas encore donné**s** 12. je ne les **lui** ai pas encore donnés 13. je **lui** en ai parlé 14. je lui **en** ai parlé 15. elle m'a dit qu'elle **les** avait déjà acheté**s** 16. elle **en** avait marre d'attendre 17. Est-ce qu'elle **m'**en veut ? 18. est-ce qu'elle m'**en** veut ? 19. Je n'**en** sais rien.*

THÈME 9 : LES AMBIGUÏTÉS DE LA VIE

Lecture et conversation : *L'Aventure ambiguë* (Cheikh Hamidou Kane)

L'AUTEUR

Cheikh Hamidou Kane

Cheikh Hamidou Kane est né en 1928 à Matam, au nord-est du Sénégal, dans une grande famille peule, une ethnie présente dans plusieurs pays d'Afrique de l'Ouest, et dont les chefs ont été parmi les premiers en Afrique à se convertir à l'islam au 10e siècle. Destiné par son père à devenir marabout (un guide religieux), il a d'abord été confié aux soins d'un maître coranique très strict ; puis, quand il avait neuf ans, sa famille a décidé de le mettre à « l'école nouvelle », c'est-à-dire l'école coloniale française, où il s'est vite distingué par ses aptitudes intellectuelles. À l'époque, les lycées étaient réservés aux fils de colons blancs, mais Cheikh a appris tout seul le programme de seconde et, au grand dépit des autorités coloniales, a réussi le concours d'entrée en première. Après son baccalauréat, en 1951, il est allé à Paris faire des études de droit et de philosophie, puis il a obtenu un diplôme de l'École nationale de la France d'Outre-Mer, où l'un de ses professeurs était Léopold Sédar Senghor, le grand poète qui deviendrait le premier président du Sénégal. Pendant ses études à Paris, Cheikh était très engagé dans les activités politiques des étudiants noirs qui ont créé le Mouvement de Libération Nationale.

Dès son retour au Sénégal, en 1958, il a été nommé ministre de l'Économie, du Plan et du Développement dans l'administration coloniale, un poste qu'il a gardé quand le Sénégal a déclaré son indépendance, en avril 1960. Mais en 1963, à la suite de différences d'opinions avec le président Senghor, Cheikh Hamidou Kane a refusé l'offre de devenir vice-président du Sénégal. Plutôt que de compromettre ses principes, il a choisi l'exil, un exil qui a duré 14 ans. Pendant cette période, Kane a vécu au Nigéria et en Côte d'Ivoire en tant que directeur de l'UNICEF pour l'Afrique subsaharienne, puis il a passé deux ans au Canada, comme vice-président du Centre de recherche pour le développement international, une fonction qui l'a fait voyager à travers le monde.

De 1978 à 1988, Cheikh Hamidou Kane a de nouveau occupé le poste de ministre du Développement. Mais après trente ans de service public, il a demandé à être relevé de ses fonctions, pour se consacrer à l'écriture et à plusieurs ONG à vocation culturelle ou caritative, dont il est le président. Son premier roman, *L'Aventure ambiguë*, publié en 1961, avait été un succès fulgurant et avait reçu le premier Grand Prix littéraire d'Afrique noire. Son deuxième roman, *Les gardiens du temple*, publié en 1995, illustre l'importance de résoudre l'ambiguïté en gardant « le temple » des valeurs ancestrales au cœur de la modernité.

AVANT DE LIRE

Le héros de *L'Aventure ambiguë* est Samba Diallo. Les traditions de son enfance, au sein du « pays des Diallobé », parlaient de sécurité, de foi, d'identité ethnique, de communion avec Dieu et avec le monde. Les enseignements de « l'école nouvelle » vont glorifier le doute, le rationalisme, la science, la modernité, créant un déchirement identitaire, une aventure ambiguë.

- Imaginez que vous avez la responsabilité de décider de l'avenir de votre communauté, une communauté qui, malgré la présence coloniale, a su garder ses valeurs traditionnelles et religieuses. Si les enfants fréquentent l'école des

Blancs, qu'est-ce qui va arriver ? Vont-ils perdre leur culture et leur foi ? Mais s'ils n'y vont pas, quelles seront les conséquences ? Les Diallobé pourront-ils survivre dans le monde moderne sans avoir les mêmes connaissances que les Blancs ? Faites une liste de trois ou quatre arguments contre l'école nouvelle, et trois ou quatre arguments pour.

- Maintenant, imaginez la définition du bonheur a) pour une personne qui a une foi profonde en Dieu et qui est habituée à une vie simple, et b) pour une personne qui préfère la raison à la foi et qui est habituée au rythme effréné de la vie dans le monde moderne. Comparez vos définitions.

L'Aventure ambiguë (Cheikh Hamidou Kane)

[Le village des Diallobé doit donc prendre une décision : faut-il envoyer les enfants à « l'école nouvelle » ou les laisser au « foyer ardent », l'école coranique. Le maître de l'école coranique et le chef du village pèsent le pour et le contre et n'arrivent pas à se décider.]

— Si je leur dis d'aller à l'école nouvelle, ils iront en masse. Ils y apprendront toutes les façons de lier le bois au bois[1] que nous ne savons pas. Mais, apprenant, ils oublieront aussi. Ce qu'ils apprendront vaut-il ce qu'ils oublieront ? Peut-on apprendre ceci sans oublier cela, et ce qu'on apprend vaut-il ce qu'on oublie ?

— Au foyer, ce que nous apprenons aux enfants, c'est Dieu. Ce qu'ils oublient, c'est eux-mêmes. Ainsi ce qu'ils apprennent vaut infiniment mieux que ce qu'ils oublient.

— Mais si je ne dis pas aux Diallobé d'aller à l'école nouvelle, ils n'iront pas. Leurs demeures tomberont en ruine. La misère s'installera chez eux et leurs cœurs seront pleins de ressentiments...

[La sœur du chef, que tout le monde appelle la Grande Royale, intervient. Son raisonnement est le suivant.]

— Il y a cent ans, notre grand-père, en même temps que tous les habitants de ce pays, a été réveillé un matin par une clameur qui montait du fleuve. Il a pris son fusil et, suivi de toute l'élite, s'est précipité sur les nouveaux venus. Son cœur était intrépide et il attachait plus de prix à la liberté qu'à la vie. Notre grand-père, ainsi que son élite, ont été défaits. Pourquoi ? Comment ? Les nouveaux venus seuls le savent. Il faut le leur demander ; il faut aller apprendre chez eux l'art de vaincre sans avoir raison. Au surplus, le combat n'a pas cessé encore. L'école étrangère est la forme nouvelle de la guerre que nous font ceux qui sont venus, et il faut y envoyer notre élite.

[Convaincue que l'indécision ne peut pas durer et que, si rien ne change, « bientôt il ne restera plus rien ni personne dans le pays », la Grande Royale convoque tout le village.]

— Moi, Grande Royale, je n'aime pas l'école étrangère. Je la déteste. Mon avis est qu'il faut y envoyer nos enfants cependant. [...] L'école où je pousse nos enfants tuera en eux ce qu'aujourd'hui nous aimons et conservons avec soin, à juste titre. Peut-être notre souvenir lui-même mourra-t-il en eux. Quand ils nous reviendront de l'école, il en est qui ne nous reconnaîtront pas. Ce que je propose c'est que nous acceptions de mourir en nos enfants et que les étrangers qui nous ont défaits prennent en eux toute la place que nous aurons laissée libre. [...] Mon avis à moi, Grande Royale, c'est que nos meilleures graines et nos champs les plus chers, ce sont nos enfants. Quelqu'un veut-il parler ?

Nul ne répondit.

1 Lier le bois au bois : une métaphore pour les techniques de construction modernes, ou la sécurité économique.

— Alors, la paix soit avec vous, gens des Diallobé, conclut la Grande Royale.

[Samba Diallo, le fils du chevalier et neveu du chef, va donc aller à l'école nouvelle. Quand le chevalier apprend la nouvelle, mille et une pensées se bousculent dans sa tête.]

Une lettre avait annoncé au chevalier que les aînés de la famille des Diallobé avaient décidé de lui renvoyer Samba Diallo afin qu'il le mît à l'école nouvelle. En recevant cette lettre, le chevalier sentit comme un coup dans son cœur. Ainsi, la victoire des étrangers serait totale ! Voici que les Diallobé, voici que sa propre famille s'agenouillait devant l'éclat d'un feu d'artifice. Éclat solaire, il est vrai, éclat méridien d'une civilisation exaspérée. Que ne comprennent-ils pas, tous ceux-là, jusque dans sa famille, que leur course est un suicide, leur soleil un mirage !

« En vérité, ce n'est pas d'un regain d'accélération que le monde a besoin : en ce midi de sa recherche, c'est un lit qu'il lui faut, un lit sur lequel, s'allongeant, son âme décidera une trêve. Au nom de son salut ! Est-il de civilisation hors l'équilibre de l'homme et sa disponibilité ? L'homme civilisé, n'est-ce pas l'homme disponible ? Disponible pour aimer son semblable, pour aimer Dieu surtout. Mais, lui objectera une voix en lui-même, l'homme est entouré de problèmes qui empêchent cette quiétude. Il naît dans une forêt de questions. La matière, dont il participe par son corps, le harcèle d'une cacophonie de demandes auxquelles il faut qu'il réponde : "Je dois manger, fais-moi manger", ordonne l'estomac. "Nous reposerons-nous enfin ? Reposons-nous, veux-tu ?" lui susurrent les membres. À l'estomac et aux membres, l'homme répond les réponses qu'il faut, et cet homme est heureux. "Je suis seule, j'ai peur d'être seule, je ne suffis pas, seule... cherche-moi qui aimer", implore une voix. "J'ai peur, j'ai peur. Quel est mon pays d'origine ? Où me mène-t-on ?" interroge cette voix particulièrement plaintive, qui se lamente jour et nuit. L'homme se lève et va chercher l'homme. Puis, il s'isole et prie. Cet homme est en paix. Il faut que l'homme réponde à toutes les questions. Toi, tu veux en ignorer quelques-unes... Non, objecta le chevalier pour lui-même. Non ! Je veux seulement l'harmonie. Les voix les plus criardes tentent de couvrir les autres. Cela est-il bon ? La civilisation est une architecture de réponses. Sa perfection, comme celle de toute demeure, se mesure au confort que l'homme y éprouve, à l'appoint de liberté qu'elle lui procure. Mais précisément, les Diallobé ne sont pas libres, et tu voudrais maintenir cela ? Non, ce n'est pas ce que je veux. Mais l'esclavage de l'homme parmi une forêt de solutions vaut-il mieux aussi ? »

Le chevalier tournait et retournait toutes ces pensées de mille façons, dans son esprit.

« Le bonheur n'est pas fonction de la masse des réponses, mais de leur répartition. Il faut équilibrer... Mais l'Occident est possédé et le monde s'occidentalise. Loin que les hommes résistent, le temps qu'il faut, à la folie de l'Occident, loin qu'ils se dérobent au délire d'occidentalisation, le temps qu'il faut, pour trier et choisir, assimiler ou rejeter, on les voit au contraire, sous toutes les latitudes, trembler de convoitise, puis se métamorphoser en l'espace d'une génération, sous l'action de ce nouveau mal que l'Occident répand. »

À ce moment de ses réflexions, le chevalier ferma les yeux. Vivre dans l'ombre. Vivre humblement et paisiblement, au cœur obscur du monde, de sa substance et de sa sagesse...

Extraits de *L'Aventure ambiguë*, de Cheikh Hamidou Kane
(Editions Julliard, Paris, 1961), p. 44-45, 56-57, 79-82.

PARLER ET COMPRENDRE

Discutez en groupes de deux ou trois.

1. Comparez les arguments du chef et du maître coranique avec ceux que vous aviez imaginés dans l'activité de prélecture. Avec quels arguments du chef et du maître êtes-vous d'accord ou pas d'accord ? Expliquez.

2. La Grande Royale dit qu'il faut aller apprendre chez les Blancs « l'art de vaincre sans avoir raison ». En quoi la colonisation était-elle une conquête injustifiée ? Quelles sont les caractéristiques de cet art qu'il faut aller apprendre chez les Blancs ? Pourquoi ?
3. « L'école étrangère est la forme nouvelle de la guerre que nous font ceux qui sont venus. » Dans quel sens l'école est-elle plus puissante que les armes pour conquérir un peuple ? Qu'est-ce que l'école fait que les armes ne peuvent pas faire ? Quelles sont les formes de conquête qu'on voit dans le monde d'hier et d'aujourd'hui ?
4. La Grande Royale « déteste l'école étrangère », mais décrète « qu'il faut y envoyer nos enfants cependant ». Pouvez-vous penser à des situations où il est nécessaire de faire des choses qu'on déteste ? Donnez des exemples personnels, ainsi que des exemples pris dans l'histoire ou les actualités.
5. La Grande Royale est consciente des risques que l'éducation occidentale présente pour son peuple. Quels sont ces risques ? De quelle sorte de mort parle-t-elle ? Est-ce une exagération, selon vous ? Expliquez.
6. Le père de Samba Diallo, qui travaillait dans l'administration coloniale, espérait que son fils ne suivrait pas son chemin. Pourquoi ? Quelles raisons possibles aurait-il de croire que la civilisation occidentale était comme un feu d'artifice, c'est-à-dire une lumière étincelante mais qui ne dure pas, ou même une lumière illusoire, un mirage ? Donnez des exemples de choses qui « brillent » dans les cultures occidentales, mais qui s'avèrent superficielles, inutiles ou même nocives.
7. Le chevalier définit la civilisation comme étant « l'équilibre de l'homme et sa disponibilité. [...] Disponible pour aimer son semblable, pour aimer Dieu surtout. »
   - Comment le monde moderne définit-il la civilisation ?
   - Comment comprenez-vous la définition du chevalier ?
   - Quelle est votre définition d'une personne civilisée ?
8. « Mais l'homme naît dans une forêt de questions » qui l'empêchent de trouver la paix. Selon le chevalier, quels sont ces besoins et problèmes qui demandent constamment l'attention de l'homme ? Pensez à votre propre liste de voix qui demandent votre attention : quelles sont ces voix et que faites-vous quand il y en a trop ? Quelle solution le chevalier propose-t-il ?
9. « Le bonheur n'est pas fonction de la masse des réponses, mais de leur répartition. Il faut équilibrer... » Comment comprenez-vous cette définition du bonheur ? Comment le monde d'aujourd'hui définit-il le bonheur ? Quelle est *votre* définition ?
10. « Vivre dans l'ombre. Vivre humblement, paisiblement, au cœur obscur du monde, de sa substance et de sa sagesse... » C'est le vœu du chevalier. Plus tard dans le roman, dans une conversation avec le directeur de l'école (un Blanc), il définit la lumière occidentale comme étant la raison, la science, mais il ajoute que le monde a aussi besoin d'ombre, c'est-à-dire les choses qu'on ne peut pas prouver par la raison, comme la foi. La lumière sans l'ombre, explique-t-il, mène au désespoir. Pensez-vous que la lumière ET l'ombre, ainsi définies, soient nécessaires au bonheur humain ? Expliquez.

PERSPECTIVES

Parmi les sujets suivants, choisissez ceux qui vous intéressent le plus et discutez en groupes de deux ou trois, en donnant le plus d'explications et d'exemples possible, puis présentez vos conclusions au reste de la classe.

1. L'éducation change notre façon de penser, ou même notre identité. Pensez à la perception que vous aviez de vous-même et de la vie quand vous étiez à l'école secondaire. Comment cette perception a-t-elle changé ? Dans quelle mesure ce changement est-il le résultat de vos études ? Considérez les aspects positifs (et peut-être aussi négatifs) de la métamorphose engendrée par l'éducation. Comparez vos réponses.
2. La Grande Royale était prête à sacrifier les traditions ancestrales au nom du progrès. Est-ce que le progrès est toujours bon pour l'humanité ? Donnez des exemples positifs et négatifs.

3. Le chevalier affirme que ce monde a besoin non pas d'accélération, mais d'un lit ! Pourquoi ? Avez-vous l'impression d'être toujours en train de courir ? Qu'est-ce qui fait que le rythme de la vie semble être de plus en plus rapide ? Si vous pouviez ralentir le rythme de la vie, qu'est-ce que vous changeriez et quelles seraient les conséquences ? Considérez la vie d'un(e) étudiant(e), puis la vie d'une personne qui travaille dans un domaine professionnel où la norme est de travailler de 10 à 12 heures par jour. Quelles mesures prendriez-vous pour vous assurer une meilleure qualité de vie ?
4. Selon le chevalier, trop de questions peuvent détruire la paix, mais trop de réponses peuvent aussi être une forme d'esclavage. En cet âge de surabondance d'information, que peut-on faire pour trouver un équilibre personnel ? Proposez une recette pour cette « architecture de réponses » suggérée par le chevalier.
5. La foi et la religion jouent un rôle très important dans ce roman. C'est l'ombre dont parle le chevalier, une ombre plus forte que les évidences de la science, une ombre qui apporte la paix. (Voir question 10 ci-dessus.)
   - Comment serait le monde si les religions n'existaient pas ? Développez au moins cinq hypothèses.
   - Certaines sociétés interdisent de pratiquer une religion. Est-ce que ce genre d'interdiction élimine le besoin fondamental de croire en des réalités qu'on ne peut pas prouver par la raison ? Quelles différences voyez-vous entre la foi et la religion ?
   - L'apathie religieuse ne cesse d'augmenter dans les pays dits riches. À quoi peut-on attribuer ce phénomène ? Quelles en seront les conséquences, selon vous ?
   - Dans quelle mesure nos valeurs morales et sociétales sont-elles influencées par la religion ? Donnez plusieurs exemples.
   - Une civilisation sans religions peut-elle exister à long terme ? Donnez des exemples de civilisations à travers l'histoire. Quel rôle la religion a-t-elle joué dans ces civilisations ? Quelles leçons peut-on en tirer ? Comparez vos réponses.
6. La rencontre de deux cultures peut créer une fusion harmonieuse ou, selon les termes utilisés par Cheikh Hamidou Kane, « une métamorphose inachevée », « une nature hybride en détresse de n'être pas deux ».
   - À votre avis, qu'est-ce qui fait la différence ? Faut-il que les deux cultures soient similaires pour qu'il y ait fusion ? Quels sont les éléments d'une culture les plus difficiles à fusionner ?
   - La Grande Royale avait prédit ce phénomène : « Quand ils nous reviendront de l'école, il en est qui ne nous reconnaîtront pas. » Comment devient-on un étranger dans sa propre culture ? Expliquez.

Expansion de vocabulaire

Relevez 12 mots de vocabulaire (verbes, noms, adjectifs, expressions idiomatiques) que vous avez découverts ou revus dans la discussion de ce thème et que vous allez incorporer dans votre vocabulaire actif, puis écrivez une phrase *de votre propre création* pour illustrer chaque mot ou expression. Révisez ces mots régulièrement.

Le mot/l'expression. → Une phrase pour l'illustrer

1. ______________________

   → ____

2. ______________________

   → ____

3. ______________________

   → ____

4. ____________________

→ ____

5. ____________________

→ ____

6. ____________________

→ ____

7. ____________________

→ ____

8. ____________________

→ ____

9. ____________________

→ ____

10. ____________________

→ ____

11. ____________________

→ ____

12. ____________________

→ ____

OÙ ALLONS-NOUS ?

Dans cette dernière partie de l'Unité III, nous abordons la défense d'opinion, qui va plus loin qu'une simple opinion, car il faut présenter le pour (la thèse), le contre (l'antithèse), puis faire une synthèse personnelle des deux positions. Que ce soit à l'oral et à l'écrit, l'expression d'une telle argumentation demande l'usage du subjonctif, de mots indéfinis et l'organisation du plan dialectique, où la synthèse inclut souvent des hypothèses. Cette approche approfondie de la défense d'opinion vous permettra de solidifier votre contrôle des fonctions supérieures.

Réviser

- Le subjonctif : temps et usages.
- Les mots indéfinis, comme quiconque, quel que soit, quoi qu'on fasse, etc.

Rédiger

- Une argumentation dialectique.
- Un plan dialectique détaillé.

Explorer

- Le pour et le contre de nombreuses questions sociales, comme le végétarisme, l'immigration, etc.
- Les avantages et les inconvénients des valeurs d'une société.

THÈME 9 : LES AMBIGUÏTÉS DE LA VIE

Chapitre 17 : Le subjonctif ; développement d'un plan dialectique (thèse, antithèse, synthèse)

Où en êtes-vous ? Le subjonctif

Complétez le paragraphe suivant en mettant la forme appropriée du verbe. Cherchez les réponses à la fin du chapitre et corrigez les fautes.

Alice — Est-ce que tu crois que les parents ______ (1. pouvoir) enseigner suffisamment à leurs enfants à la maison... c'est-à-dire sans qu'ils ______ (2. aller) à l'école, que ce ________ (3. être) une école publique ou privée ?

Anne — Je crois que ni les parents ni les enseignants ne ______ (4. être) en mesure, à eux seuls, de transmettre toutes les connaissances et les valeurs nécessaires pour qu'un jeune ______ (5. s'intégrer) à la société. Pour moi, la question est de savoir « quand » il faut que les enfants ______ (6. aller) à l'école publique.

Alice — Moi aussi ! Si on les envoie trop jeunes à l'école, j'______ (7. avoir) peur qu'ils ______ (8. apprendre) à faire des choses que je ne veux pas qu'ils ______ (9. faire). Mais si on les envoie trop tard, ils ______ (10. avoir) du mal à s'y habituer.

Anne — J'ai dû promettre à ma grand-mère que je/j' ______ (11. envoyer) mes enfants à l'école uniquement à condition qu'ils y ______ (12. développer) un système de valeurs et d'attitudes en harmonie avec celui de notre famille.

Alice — Je suis d'accord, il n'y a personne qui ______ (13. connaître) mes enfants mieux que moi, alors je veux bien qu'ils _________ (14. aller) à l'école après qu'on leur ______ (15. apprendre) certaines bases intellectuelles et émotionnelles. Néanmoins, j'ai peur que cela ______ (16. devenir) de plus en plus difficile, dans une société en proie à des bouleversements qui affectent la famille. Il me semble que la famille et l'école ______ (17. être) de plus en plus exposées à des facteurs externes, tels que les médias, les amis et la communauté.

Anne — Mais réfléchis à ce que tu ______ (18. venir) de dire ! Que nous ______ (19. poursuivre) une éducation dispensée par l'État ou que nous ______ (20. obtenir) cette éducation au foyer, nous ______ (21. devoir) tout de même faire face à la société et à ses facteurs externes.

Alice — J'espère que nous ______ (22. réussir) tous à prendre la bonne décision en ce qui concerne l'enseignement préscolaire.

Évaluez dans quelle mesure vous maîtrisez le subjonctif. Mettez un « X » pour représenter votre confiance entre le contrôle partiel (« Je fais pas mal de fautes ») et le contrôle complet (« Je n'ai même pas réfléchi, c'était automatique ! »).

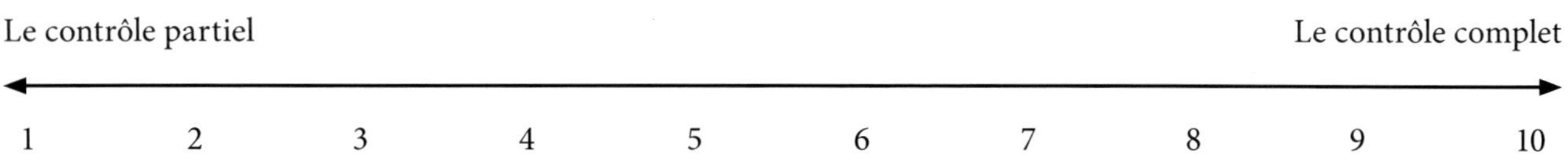

STRUCTURE : Le subjonctif, temps et usages

OBSERVEZ ET DÉDUISEZ

Une décision difficile

Qu'est-ce qui arriverait si les enfants des Diallobé n'allaient pas à l'école nouvelle ? Le chef avait peur que la misère **fasse** des ravages parmi les Diallobé et que leurs cœurs **soient** pleins de ressentiments. Le maître, lui, craignait que les enfants **n'aient** plus besoin de Dieu. La Grande Royale, voyant qu'il était nécessaire que quelqu'un **prenne** une décision, a proposé que tous les fils des Diallobé **aillent** à l'école nouvelle, pour y apprendre l'art de vaincre sans avoir raison. Car, bien que les colons européens **n'aient pas eu** raison, ils avaient bel et bien conquis l'Afrique, sans que les populations locales **aient pu** se défendre. Il se pourrait fort bien que le souvenir des traditions ancestrales **meure** en ces enfants, mais il fallait que le peuple **soit** disposé à accepter ce sacrifice, pour que le passé ne **se reproduise** pas.

Le présent, le passé et le futur sont des temps de *l'indicatif*, car ils *indiquent* des faits. Le *subjonctif*, par contre, s'utilise le plus souvent pour une opinion *subjective*, introduite par des verbes qui expriment un doute, un sentiment, un jugement, un désir, un ordre, une éventualité.
Comparez :

> Le chef **sait que** la pauvreté **fera** des ravages. (*indique* une certitude → *indicatif*)
> Il **a peur que** la pauvreté **fasse** des ravages. (*subjectif* → *subjonctif*)

- Dans le petit texte ci-dessus, trouvez les expressions ou les verbes qui sont suivis du subjonctif.
  1. Le chef *avait peur que* la misère *fasse* des ravages.
  2. Le maître __________ que les enfants n'________plus besoin de Dieu.
  3. … voyant que/qu'_____________que quelqu'un ___________une décision…
  4. … elle ______________ que les fils des Diallobé _____________à l'école.
  5. Car, __________* les colons européens n'___________ raison, ils avaient bel et bien conquis l'Afrique, __________* les populations locales ___________ se défendre.
  6. Il ______________ que le souvenir des traditions __________ en eux.
  7. Mais _____________ que le peuple _________ disposé à accepter ce sacrifice, ___________* le passé ne ____________ pas.

  * Les exemples accompagnés d'un astérisque n'ont rien de particulièrement subjectif, ce sont tout simplement des conjonctions, et beaucoup de conjonctions sont suivies du subjonctif en français.

- Formation du subjonctif présent : regardez les verbes *prendre* et *mourir* dans les exemples ci-dessus. Quelle forme du présent de l'indicatif est utilisée comme racine du subjonctif ? a) la 1re personne du pluriel (nous) ou b) la 3e personne du pluriel (ils/elles) ?
  Application : déduisez le subjonctif présent des verbes suivants.
  1. Finir → qu'il ____________ ; **2.** Partir → qu'il ____________.
- Seulement sept verbes courants ont une racine irrégulière au subjonctif. Repérez quatre de ces sept verbes dans le petit texte et donnez l'infinitif.
- Formation du subjonctif passé : identifiez les deux exemples de subjonctif passé dans ce texte. Comment se forme-t-il ? Déduisez le subjonctif passé des verbes suivants.
  1. Finir → qu'il ____________; **2.** Partir → qu'ils ____________.

RÉCAPITULATION ET FAUTES COURANTES

I. Formation du subjonctif présent

Pour la grande majorité des verbes, on forme donc le subjonctif présent en prenant la racine de la 3e personne du pluriel du présent de l'indicatif, et en y ajoutant les terminaisons **-e, -es, -e, -ions, -iez** et **-ent.** Déduisez les formes des verbes suivants.

Infinitif	Racine (présent de l'indicatif)	Subjonctif
aimer	ils aiment → aim-	que tu ____________ que nous ____________
réfléchir	ils réfléchissent → réfléchiss-	que je ____________
attendre	ils attendent → attend-	qu'on ____________
dormir	ils dorment → dorm-	que vous ____________
mettre	ils mettent → mett-	qu'elles ____________
lire	ils lisent → lis-	que tu ____________
étudier	ils étudient → étudi-	que nous ____________
écrire	ils écrivent → écriv-	que j'____________

Pour les verbes à radical variable, les mêmes changements orthographiques s'appliquent au subjonctif. Il faut regarder si la syllabe suivante est muette ou prononcée.

Infinitf	Devant syllabe muette	Devant syllabe prononcée
acheter mener	que tu ach**è**tes qu'ils ____________	que nous ach**e**tions que vous ____________
préférer	que je préf**è**re	que nous ____________
nettoyer s'ennuyer	qu'il netto**i**e qu'on s'____________	que vous netto**y**iez que nous ____________
jeter appeler	qu'ils je**tt**ent qu'elle ____________	que vous ____________ que nous appe**l**ions

Pour les verbes qui ont deux radicaux au présent (ex : je b**oi**s/nous b**uv**ons) les mêmes changements s'appliquent également au subjonctif. Les formes *nous* et *vous* sont identiques à l'imparfait. Complétez le tableau.

infinitif	Sujets autres que nous et vous	Nous et vous
devoir	que je doive	que nous devions
venir	qu'il vienne	que vous ______________
recevoir	que tu ______________	que nous recevions
comprendre	qu'ils ______________	que vous ______________
voir	que je voie	que nous ______________

Il y a donc sept verbes qui ont une formation irrégulière au subjonctif. Déduisez les formes des verbes suivants.

Infinitif	Racine	exemples
avoir	ai-/ay-	que tu aies/qu'il ait/que nous ayons
être	soi-/soy-	que je sois/qu'il __________/que vous soyez
faire	fass-	qu'ils __________/que nous __________
savoir	sach-	que je __________/que nous __________
pouvoir	puiss-	que tu __________/que vous __________
vouloir	veuill-/voul-	qu'elle __________/que vous __________/ qu'ils veuillent
aller	aill-/all-	que j'__________/que nous __________/ qu'elles aillent

À ces verbes, il faut ajouter trois verbes impersonnels : (falloir) il faut → je doute qu'il *faille*… ; (valoir) il vaut mieux/ça vaut la peine → je doute que ça *vaille* la peine… ; (pleuvoir) il pleut → il se peut qu'il *pleuve*.

II. Formation du subjonctif passé

Le subjonctif passé est facile à former : verbe auxiliaire au subjonctif présent + participe passé. Complétez le tableau.

Infinitif	Subjonctif passé	Infinitif	Subjonctif passé
être	que tu aies été	avoir	qu'on ait eu
mettre	qu'il ______________	tenir	qu'ils ______________
sortir	que nous ______________	aller	que vous ______________
s'assoir	qu'elle ______________	s'apercevoir	que je ______________
se plaindre	qu'elles ______________	boire	que tu ______________
répondre	que nous ______________	ressentir	que vous ______________

Il existe deux autres temps du subjonctif (l'imparfait et le plus-que-parfait du subjonctif), que vous avez sans doute vus dans vos lectures, mais ce sont des temps littéraires qui ne sont pratiquement jamais utilisés en langue courante, et que nous n'étudierons pas.

III. Usages principaux du subjonctif

Le subjonctif est rare en anglais. On le voit dans des phrases comme « *They asked that we* **be** *on time* » ou « *Her mother had insisted that she* **do** *her homework.* »

En français, le subjonctif est beaucoup plus fréquent, et il faut donc apprendre *quand* l'utiliser.

- **Subjonctif-subjectif.** Comme nous l'avons vu au début de ce chapitre, le subjonctif s'utilise le plus souvent pour formuler une opinion *subjective*, introduite par des verbes qui expriment un doute, un sentiment, un jugement, un désir, un ordre ou une éventualité.

Catégorie	Verbes	Exemples
Doute et opinion	**douter/il est douteux** **penser/croire/trouver** *à la forme négative ou interrogative quand le doute est impliqué* **Il est peu probable**	Je doute qu'ils viennent. Croyez-vous vraiment qu'ils nous aient voulu du mal ? Je ne trouve pas que cette robe soit trop courte. Il est peu probable que ça finisse bien.
Sentiments	**être heureux, triste, déçu, fâché, ravi, désolé, etc.** **aimer mieux, préférer** **regretter** **craindre, avoir peur**	Nous sommes désolés que vous ayez raté cette occasion. Je préfère que tu ne dises rien. Il regrette que nous ne puissions pas venir. Il avait peur que ce soit le cas.
Désir, recommandation	**vouloir, désirer, proposer, recommander, suggérer, souhaiter, exiger, s'attendre (à), s'opposer (à), tenir (à), refuser, interdire**	Nous voudrions que vous soyez satisfaits. Je suggère que tu fasses ça en premier. Elle exige que nous soyons à l'heure. On s'attendait à ce que l'examen soit plus facile.
Jugement, éventualité	**il faut, il est nécessaire, il vaut mieux, il est bon, ce n'est pas la peine, il est temps, il suffit, il se peut, il est possible/impossible, c'est dommage, c'est important, il est préférable, il est regrettable, il est essentiel, ce n'est pas juste**	Ce n'est pas la peine que tu viennes. Il est temps qu'on parte. Il se peut que j'aie tort. C'est dommage qu'on n'ait pas pu sortir. Ce n'est pas juste qu'il y ait tant de discrimination dans le monde.

Attention !

– **Espérer** n'est PAS suivi du subjonctif !
  J'espère que vous *pourrez* venir. J'espère qu'il *n'est* pas malade.
– **Penser, croire, trouver,** et d'autres verbes de pensée comme **être persuadé, être convaincu,** ne sont PAS suivis du subjonctif à la forme déclarative.
  Je pense qu'il *a* raison. Je suis convaincu que *c'est* vrai.
  À la forme négative ou interrogative, ces verbes de pensée sont suivis du subjonctif seulement quand on veut indiquer que c'est une opinion purement subjective. Comparez :
  Je ne crois pas qu'il *est* malade. (Tout le monde le dit, mais je n'y crois pas.)
  Je ne crois pas qu'il *soit* malade. (Je ne sais pas, c'est mon opinion.)
  Je ne suis pas persuadé que ce soit/que c'est la vérité.

– **Il semble** peut se construire avec les deux modes, selon le degré de doute que l'on veut impliquer.

Il semble que c'est une option./Il semble que ce soit une option.

– **Il me semble, il est probable** : à la forme affirmative, ces expressions impersonnelles ne sont PAS suivies du subjonctif.

Il me semble que tu *as* raison.

Il est probable qu'il *a* raison. Mais : Il est peu probable qu'il *ait* raison.

– **Il paraît** ne veut PAS dire *it appears/it seems*, mais plutôt *I've heard/we've heard*. Cette expression n'est jamais suivie du subjonctif.

Il paraît que tu vas te marier – c'est vrai ?

– Quand un verbe se construit avec la préposition **à**, il faut ajouter **ce que**.

Je tiens **à ce que** tu viennes ; ne vous attendez pas **à ce qu'**elle soit à l'heure ; sa famille s'est toujours opposée **à ce qu'**il abandonne ses études.

Avec certaines conjonctions. Le subjonctif s'utilise aussi avec un certain nombre de conjonctions.

Conjonctions	Exemples
avant que, jusqu'à ce que	Je finirai mes devoirs **avant que** tu (ne*) viennes. Ils attendront ici **jusqu'à ce qu'**on finisse.
afin que/pour que/de façon à ce que	Je laisserai la porte ouverte **pour que** tu puisses entrer.
à moins que, sans que	Nous mangerons dehors **à moins qu'**il (ne*) pleuve. Il est parti **sans qu'**on le sache.
bien que/quoique/malgré que	Il répète toujours la même chose, **bien que** personne ne l'écoute.
à condition que/pourvu que	Nous ferons un pique-nique, **pourvu qu'**il fasse beau.
De peur que	Prends ton parapluie, **de peur qu'**il (ne*) pleuve.

* Le *ne* explétif : en style formel, un *ne* qui n'a aucune valeur négative peut s'utiliser avec les verbes de crainte (*avoir peur, craindre*) ou avec les conjonctions *avant que, à moins que, de peur que*, mais en langue courante, il devient de plus en plus rare, même à l'écrit.

* **Après que** : bien que beaucoup de francophones fassent la faute, la conjonction *après que* n'est PAS suivie du subjonctif.

On en reparlera après que tu *auras réfléchi.*

Il a fermé les portes à clé après que tout le monde *est parti.*

Application

A. L'école nouvelle. Complétez de façon appropriée en gardant l'indicatif ou en mettant le verbe au subjonctif présent, selon le modèle.

Modèle : Les enfants perdront leur foi.

- Le maître a peur → Le maître a peur que les enfants perdent leur foi.
- Le maître croit → Le maître croit que les enfants perdront leur foi.

1. Les enfants apprendront les techniques de l'Occident.
   a. Tout le monde dit
   b. Il est temps
   c. Il est bon
   d. Le chef espère
   e. Le chef ne s'oppose pas
   f. Il sait

2. Les enfants iront à l'école nouvelle.
   a. La Grande Royale propose
   b. Elle veut
   c. Il vaut mieux
   d. C'est important
   e. Les colons sont sûrs
   f. Il est probable
3. Ils oublieront Dieu.
   a. Le maître craint
   b. Il est possible
   c. Il ne faut pas
   d. Certains pensent
   e. D'autres s'attendent
   f. Il serait regrettable
4. L'école tuera certaines traditions.
   a. La Grande Royale sait
   b. Elle s'attend
   c. Elle ne s'oppose pas
   d. Il est probable
   e. C'est dommage
   f. Personne ne veut vraiment
5. Le pays ne tombera pas en ruine.
   a. Il faut accepter le changement de façon à
   b. Les Diallobé espèrent
   c. La Grande Royale prend cette décision pour
   d. Il est essentiel
   e. Tout le monde souhaite
   f. Le sacrifice est justifié, à condition

B. **Le point de vue du directeur**. Le directeur de l'école nouvelle réfléchit au dilemme des Diallobé. Transformez les phrases selon le modèle.
Modèle : Le chef a peur de prendre une décision. (Je vois)
→ Je vois que le chef *a peur* de prendre une décision.

1. Le chef comprend la situation. (Je ne crois pas)
2. Le maître voudra envoyer les enfants à l'école. (Je doute)
3. La sœur du chef prendra la décision. (Ils hésiteront jusqu'à)
4. Elle aura le courage de le faire. (J'espère)
5. La nouvelle génération pourra survivre sans l'école. (Ce n'est pas possible)
6. Ils choisiront le progrès. (Ce village mourra à moins)
7. Il y aura des sacrifices à faire. (Ce sera pour le mieux, bien que)
8. Leurs traditions sont un obstacle au progrès. (Ils ne comprennent pas)
9. Rien ne changera. (Pourquoi tiennent-ils)
10. L'Occident connaît les secrets du progrès ! (Il est évident)

C. **Les méditations du chevalier**. Combinez les phrases, comme dans l'exercice précédent.
1. La civilisation occidentale est comme un feu d'artifice. (Il se dit)

2. La lumière peut durer. (Il doute)
3. La course au progrès est un suicide. (Il se peut)
4. L'homme prend le temps de ralentir. (Il est essentiel)
5. L'homme fait attention aux besoins physiques. (Le corps exige)
6. L'homme entend les questions de son âme. (Encore faut-il)
7. On devient esclave d'une surabondance d'information. (Est-il possible)
8. Le bonheur est une question d'équilibre. (Se rend-on compte)
9. L'homme ne sait plus trouver la paix. (Le chevalier regrette)
10. L'ombre détient le secret de la paix. (Le chevalier est persuadé)

IV. Subjonctif présent ou subjonctif passé ?

C'est *la relation* entre le verbe de la proposition subordonnée et le verbe de la proposition principale qui détermine s'il faut utiliser le subjonctif présent ou le subjonctif passé. Est-ce que l'action de la proposition subordonnée s'est passée *en même temps, avant* ou *après* l'action de la proposition principale ? Les exemples vont tout expliquer.

Action principale	Action subordonnée	Avec le subjonctif
Je doute	Ils vont à l'école. *Les deux actions sont simultanées → subjonctif présent.*	Je doute qu'ils aillent à l'école.
Je doute	Ils iront à l'école. *Action postérieure (future) par rapport à « je doute » → subjonctif présent.*	Je doute qu'ils aillent à l'école.
Je doute	Ils sont allés à l'école. *Action antérieure (passée) par rapport à « je doute » → subjonctif passé.*	Je doute qu'ils soient allés à l'école.
Je doutais	Ils iraient à l'école. *Action postérieure par rapport à « je doutais » → subjonctif présent.*	Je doutais qu'ils aillent à l'école.
Je doutais	Ils étaient allés à l'école. *Le plus-que-parfait est antérieur à l'imparfait de « je doutais » → subjonctif passé.*	Je doutais qu'ils soient allés à l'école.

Application

A. Action antérieure, simultanée ou postérieure ? Complétez le tableau selon le modèle.

Action principale	Action subordonnée	Antérieure ?	Simultanée ou postérieure ?	Avec le subjonctif
Nous regrettons	Vous n'êtes pas venus.	√		Nous regrettons que vous ne soyez pas venus.
Il se peut	Les enfants s'ennuieront.		√	Il se peut que les enfants s'ennuient.

Suite à la page suivante

J'ai bien peur	Les enfants se sont ennuyés.			
J'avais peur	Tu t'ennuyais.			
J'avais peur	Tu t'ennuierais.			
Je suis désolée	Ils ont été malades.			
J'étais désolée	Ils ne se sentaient pas bien.			
Elle s'oppose	Nous ferons ce voyage.			
On ne s'attendait pas	Vous êtes déjà partis.			

B. **Croyez-vous ?** Complétez selon le modèle, avec beaucoup de scepticisme.

Modèle : Les enfants d'autrefois/avoir moins de stress

→ *Croyez-vous* que les enfants d'autrefois aient eu moins de stress ?

Les enfants d'aujourd'hui/être plus heureux ?

→ *Croyez-vous* que les enfants d'aujourd'hui soient plus heureux ?

1. La vie d'autrefois/être plus simple ?
2. Les écoles coloniales des années 1950/savoir adapter l'éducation à la culture locale ?
3. Les enfants de l'époque/pouvoir apprendre « l'art de vaincre sans avoir raison » ?
4. Les enfants d'aujourd'hui/savoir mieux comprendre la vie ?
5. Les enfants d'autrefois/souffrir de leur ignorance ?
6. Les enfants d'aujourd'hui/être esclaves de la technologie ?
7. L'éducation de demain/se faire totalement en ligne ?
8. Les Diallobé d'autrefois/avoir raison de craindre le progrès ?
9. Le bonheur/être une question d'équilibre ?
10. Le monde de demain/reconnaître le besoin d'ombre dans la vie ?

V. Subjonctif ou infinitif ?

Quand le sujet est le même dans la proposition principale et la proposition subordonnée, avec tous les verbes normalement suivis du subjonctif sauf un, on doit substituer un infinitif.

Comparez :

Je regrette/**Tu** es obligé de partir. → Je regrette que tu sois obligé de partir.
Je regrette/**Je** suis obligé de partir. → Je regrette **d'être obligé** de partir.
J'ai peur/**Il** fera une bêtise. → J'ai peur qu'il fasse une bêtise.
J'ai peur/**Je** ferai une bêtise. → J'ai peur **de faire** une bêtise.

La seule exception : le verbe **douter**.

Je doute que **je** puisse venir.

Dans le cas des conjonctions suivantes, s'il y a une préposition correspondante, la substitution infinitive est aussi obligatoire quand le sujet est le même.

Conjonction + subjonctif	Préposition + infinitif	Exemples
afin que, pour que, de façon à ce que	afin de, pour, de façon à	On mangera plus tôt afin que tu puisses sortir ce soir. On mangera plus tôt afin de pouvoir sortir ce soir.
avant que	avant de	Je dois te parler avant que tu partes. Je dois te parler avant de partir. (*C'est moi qui pars.*)
de peur que	de peur de	Dépêche-toi, de peur que nous arrivions en retard. Je me dépêche, de peur d'être en retard.
sans que	sans	Il est parti sans qu'on le sache. Il est parti sans faire de bruit.

Avec les conjonctions qui n'ont pas de prépositions correspondantes, on garde le subjonctif, même si le sujet est identique.

Bien qu'**il** n'ait pas compris la question, **il** n'a rien dit.
Nous continuerons à travailler jusqu'à ce que **nous** finissions notre projet.

Application

Subjonctif ou infinitif ? Liez les deux parties de la phrase, selon le modèle.

Modèle : Les enfants sont contents/ils vont à l'école
→ Les enfants sont contents d'aller à l'école.

1. Ne faites rien avant/je vous enverrai un message.
2. Je regrette/j'ai complètement oublié de te téléphoner.
3. Il était parti sans/il ne nous avait pas prévenus.
4. Je n'aurais jamais osé partir sans/vous êtes au courant.
5. Nous ferons tout notre possible pour/vous n'êtes pas déçus.
6. Elle fera tout son possible pour/elle peut arriver à l'heure.
7. Il a eu une bonne note malgré/il ne s'était pas préparé.
8. Ils passeront nous voir à moins/ils ont changé d'avis.
9. Je n'ai rien dit, de peur/je l'aurais offensé.
10. On a attendu jusqu'à/tout le monde était parti.

VI. Autres usages du subjonctif

- Le subjonctif s'utilise *dans une proposition relative* exprimant un fait incertain. Ici encore, c'est une façon d'indiquer une opinion subjective. Comparez :
  Je cherche quelqu'un qui a la clé du bâtiment. *(Cette personne existe, je la cherche.)*
  Je cherche quelqu'un qui ait la clé du bâtiment. *(Cette personne est-elle présente ? Je ne sais pas.)*
  Je ne connais personne qui sait parler cette langue. *(J'en suis sûr.)*

Je ne connais personne qui sache parler cette langue. *(Nuance de doute.)*

- Avec *un superlatif* ou des mots comme *premier, dernier, seul, ne... que*, pour nuancer l'opinion et être plus diplomate.

  Il **n'**y a **que** moi *qui puisse* le faire.

  (Ça ne serait pas très poli de dire *il n'y a que moi qui peux...*)

  C'est **le meilleur** film que *j'aie jamais vu* ! (Peut-être que ma mémoire me fait défaut...)

- Dans des phrases indépendantes pour exprimer un ordre, un souhait ou une incertitude.

  Ils veulent venir avec nous ? Eh bien, qu'ils se dépêchent !

  Que Dieu vous bénisse !

  Pourvu qu'il fasse beau !

  Vive la France !

  Qu'il en soit ainsi./Ainsi soit-il. *(So be it)*

  Tout le monde boit... autant que je sache.

  Que l'on soit d'accord ou pas.

Application

Complétez avec le subjonctif ou l'indicatif selon le sens.

1. Je cherche quelqu'un qui ______________ (avoir déjà) ce genre d'expérience, et donc qui ______________ (pouvoir) me comprendre.
2. J'ai trouvé quelqu'un qui ______________(vouloir bien) nous aider.
3. Je vois que tu es débordée ; y a-t-il quelque chose que je ______________ (pouvoir) faire pour toi ?
4. Qu'il le ______________ (vouloir) ou non, il sera obligé d'accepter la vérité.
5. Pourvu qu'elles ______________(ne pas être fâché) !
6. Tu es la seule personne qui ______________(ne pas m'en vouloir).
7. Il n'y a que toi qui ______________ (savoir) me remonter le moral [*cheer me up*] !
8. Voici quelque chose qui te ______________(remonter) le moral.
9. Je ne vois rien qui ______________(être) aussi efficace.
10. J'ai trouvé un médicament qui ______________ (être) très efficace pour mes migraines.

Application communicative

A. Des phrases ambiguës. Que veulent dire les phrases suivantes, prononcées par les personnages de *L'Aventure ambiguë* ? Donnez votre opinion.

Modèle : « Il faut aller apprendre chez eux l'art de vaincre sans avoir raison. »/Les Africains ne s'attendaient pas... → Les Africains ne s'attendaient pas à ce que des Blancs, venus de pays lointains, puissent les vaincre avec leurs canons et leurs fusils, sans que les populations locales ne leur aient rien fait, et sans que cette violence soit justifiée.

1. « Il faut aller apprendre chez eux l'art de vaincre sans avoir raison. »
   a. La Grande Royale doutait que...
   b. Les colons étaient convaincus que...
   c. Ce n'est pas juste...
2. « Au foyer [à l'école coranique], ce que nous apprenons aux enfants, c'est Dieu. Ce qu'ils oublient, c'est eux-mêmes. »
   a. Le maître était persuadé...
   b. Il est bon...

   c. Il me semble…
   d. Il est essentiel…
3. [Si les enfants ne vont pas à l'école nouvelle,] « bientôt il ne restera plus rien ni personne dans le pays. »
   a. La Grande Royale avait peur…
   b. Elle tenait…
   c. Les Diallobé ne se rendaient pas compte…
   d. Personnellement, je ne crois pas…
4. « L'école étrangère est la forme nouvelle de la guerre que nous font ceux qui sont venus. […] On commença, dans le continent noir, à comprendre que leur puissance véritable résidait, non point dans les canons du premier matin, mais dans ce qui suivait ces canons : l'école nouvelle. »
   a. Bien que les canons…
   b. À moins que l'école…
   c. Après que les colons…
   d. Avant qu'une puissance étrangère…
5. « Est-il de civilisation hors l'équilibre de l'homme et sa disponibilité ? L'homme civilisé, n'est-ce pas l'homme disponible ? Disponible pour aimer son semblable, pour aimer Dieu surtout. »
   a. Je doute que la définition que le monde donnerait de « l'homme civilisé »…
   b. Il est important…
   c. Il est regrettable…
   d. Il serait préférable…
6. « Le bonheur n'est pas fonction de la masse des réponses, mais de leur répartition. »
   a. Croyez-vous que le bonheur…
   b. Pour être heureux, il est essentiel…
   c. Bien que les réponses fournies par l'information moderne…
   d. À moins que les réponses…
7. « L'extérieur [le monde matériel] est agressif. Si l'homme ne le vainc pas, il détruit l'homme et fait de lui une victime de tragédie. » (Phrase du chevalier au directeur de l'école, plus tard dans le roman.)
   a. Le chevalier avait peur…
   b. Croyez-vous que le monde matériel…
   c. Pour ne pas être une victime de tragédie, il faut que l'homme…
   d. Personnellement, je ne crois pas…

B. **On ne s'attendait pas.** L'histoire est pleine d'événements qu'on regrette plus tard. En groupes de deux ou trois, choisissez trois de ces événements et considérez ensemble leurs implications, en utilisant des expressions comme *on ne s'attendait pas, c'est dommage, je doute, je ne crois pas, il se peut, il aurait mieux valu,* etc. Terminez vos arguments par une hypothèse *: si cet événement n'avait pas eu lieu…* Envisagez plusieurs conséquences pour le monde si ces événements n'avaient pas eu lieu. Ensuite, présentez vos conclusions au reste de la classe.
   Choix possibles : quatre siècles d'esclavage et de colonisation en Afrique ; la Seconde Guerre mondiale ; la guerre du Vietnam ; la révolution communiste de Mao Zedong en Chine en 1949 ; la chute de l'Union soviétique en 1989-1990 ; le 11 septembre 2001 ; la guerre en Ukraine ; la polarisation politique aux États-Unis ; la pandémie de COVID-19 ; etc.

ÉCRITURE : Développement d'un plan dialectique [Thèse, antithèse, synthèse]

PROJET D'ÉCRITURE : UN PLAN DIALECTIQUE

Notez que, dans certaines cultures, on évite d'exprimer et de défendre son opinion parce qu'on veut éviter la confrontation. Cependant, défendre son opinion est une fonction linguistique importante au niveau supérieur. Ces prochains chapitres vont vous pousser à former, articuler et défendre votre point de vue sur de nombreux sujets. Il sera donc important que vous interprétiez ces activités comme un exercice cognitif et langagier, et non pas comme des attaques personnelles.

Les chapitres suivants vous prépareront en vue de la rédaction d'une dissertation au choix, soit selon le plan dialectique, soit selon le plan causes-conséquences-solutions. Au chapitre 18, vous rédigerez un plan dialectique et au chapitre 20, vous rédigerez un plan causes-conséquences-solutions. Ensuite, au chapitre 22, vous rédigerez une dissertation de 1000-1200 mots selon le plan qui vous intéresse le plus. Il sera donc important d'explorer autant que possible tous les sujets présentés dans les prochains chapitres.

Le plan dialectique

Le plan dialectique est sans doute le mieux connu des plans de dissertation et d'argumentation. Le corps du texte comporte trois parties : thèse – antithèse – synthèse (T-A-S). Ce chapitre et le suivant visent à travailler ces trois positions et à pouvoir les articuler.

Dans une dissertation selon le plan dialectique, le rôle de la thèse et de l'antithèse est simple. Dans la partie thèse, on présente des arguments allant dans un sens précis (le « pour », par exemple) et dans la section antithèse, on présente des arguments allant dans une nouvelle direction (le « contre »).

Partie	Rôle	Exemple
Thèse	Avancer une argumentation correspondant à une prise de position déterminée (p. ex., « oui », « pour »). Présenter ce que pensent « certains ».	Les prestations sociales, ainsi que d'autres subventions gouvernementales, sont nécessaires pour aider les familles pauvres à sortir de la pauvreté et pour briser le cycle de la pauvreté. Il n'est pas possible de s'en sortir tout seul.
Antithèse	Préconiser un autre point de vue (p. ex., « non », « contre »). Présenter ce que « d'autres » pensent.	L'abus du système de prestations sociales entraîne d'énormes frais pour les autres citoyens et ne permet pas vraiment aux pauvres de sortir de la pauvreté.

Ainsi, la thèse et l'antithèse ensemble présentent une contradiction. Car si la thèse et l'antithèse s'opposent mais s'avèrent toutes les deux correctes, quelle solution trouvera-t-on ? C'est pour résoudre le dilemme soulevé par la thèse et l'antithèse que la synthèse devient nécessaire.

Parmi les trois parties de la dissertation selon le plan dialectique – thèse, antithèse, synthèse –, la synthèse est souvent la partie la plus difficile à rédiger. Dans la synthèse, il ne s'agit pas d'affirmer que tous les points de vue se valent. La synthèse ne représente pas non plus une vérité moyenne entre la thèse et l'antithèse. La synthèse démontre le *dépassement* de la contradiction présentée dans les parties précédentes. Elle présente un point de vue nouveau plus nuancé, qui permet de dépasser la contradiction et l'opposition selon une perspective plus large, en offrant une nouvelle thèse et parfois une explication de la contradiction. Il n'existe pas de formule magique, mais la synthèse doit satisfaire trois critères :

1. L'idée générale de la synthèse dépasse la thèse et l'antithèse, c'est-à-dire qu'elle est plus profonde ou plus nuancée ;
2. Elle essaye de résoudre la problématique ;
3. Elle suit logiquement les thèses précédentes.

La synthèse peut avoir plusieurs variantes, par exemple :

Variante 1 : Le rejet des deux propositions

1. Certains pensent A
2. D'autres pensent B
3. Les deux ont tort, car il s'agit de C, + opinion personnelle

Variante 2 : La considération des enjeux circonstanciels

1. Certains pensent A
2. D'autres pensent B
3. Les deux ont raison, mais A serait préférable dans certaines circonstances, et B dans d'autres circonstances, + opinion personnelle

Variante 3 : La réconciliation

1. Certains pensent A
2. D'autres pensent B
3. Je propose le compromis nuancé suivant + opinion personnelle

L'article ci-dessous, « Les gens devraient-ils devenir végétariens ? », contient une thèse et une antithèse, mais pas de synthèse. Nous vous proposons d'écrire votre propre version d'une synthèse. Définissez la thèse et l'antithèse qui vous sont présentées, puis composez une synthèse nuancée qui représente votre point de vue. D'habitude, la synthèse est aussi longue que la thèse ou l'antithèse. Pour cet exercice, vous pouvez donc rédiger une synthèse de deux à quatre paragraphes qui démontrent les trois critères ci-dessus.

Question : Les gens devraient-ils devenir végétariens ?

Introduction

La viande a toujours été un aliment de base pour l'être humain, surtout au cours des pénuries alimentaires saisonnières ainsi que pendant les périodes de famine. Néanmoins, la plupart des sociétés industrialisées maintiennent une alimentation à base de viande, même dans les pays où l'insécurité alimentaire est rare. En moyenne, les Américains mangent chaque année plus de 120 kg de viande par personne, tandis que les Européens consomment à peu près 77 kg de viande par an, selon le *Food & Agricultural Policy Research Institute*. En d'autres termes, les pays riches continuent à dévorer énormément de viande, en dépit du fait que les sources de nourriture non animales sont abondantes, permettant un régime végétarien. De nombreux partisans du végétarisme prétendent que manger de la viande nuit à la santé et laisse une empreinte écologique négative dans le monde. Ceux qui s'opposent au régime végétarien affirment que la consommation de viande est saine et que la production de légumes provoque autant de problèmes environnementaux que la production de viande. Nous allons considérer les arguments pour et contre le végétarisme.

Thèse

La viande n'est plus un élément essentiel d'une alimentation saine, puisqu'aujourd'hui un régime végétarien peut fournir toutes les protéines, les vitamines et les graisses nécessaires au corps humain. De plus, il existe un lien clair entre la viande rouge et un risque plus élevé de cancer, une perte de calcium et une surconsommation d'antibiotiques. Les régimes riches en protéines animales entraînent des problèmes rénaux, tandis qu'un régime végétarien réduit le risque de maladie cardiaque, a baisse la tension artérielle et prévient l'hypertension. Un régime carnivore augmente aussi le risque de diabète, tandis qu'un régime végétarien riche en grains entiers, légumes, noix et protéines de soja améliore le contrôle glycémique chez les personnes déjà atteintes de diabète. Plus on examine la question, plus il est manifeste que l'anatomie humaine a évolué pour soutenir un régime végétarien. Au vu des risques réduits de maladies, les végétariens vivent aussi plus longtemps.

Un régime végétarien présente également l'avantage de protéger la planète, car l'impact, l'entretien et les déchets des animaux nuisent à l'environnement. D'abord, le surpâturage du bétail provoque le compactage du sol, l'érosion et l'appauvrissement de la biodiversité. Par ailleurs, la quantité d'eau nécessaire à l'élevage est bien supérieure à la quantité d'eau nécessaire à la production végétale. De plus, l'élevage d'animaux pour l'alimentation contribue à la pollution de l'air et de l'eau. Le fumier produisant des gaz toxiques, ceux qui vivent près des fermes d'élevage industriel souffrent souvent de problèmes respiratoires dus aux déchets liés au bétail. De plus, le ruissellement chargé de fumier tue les animaux aquatiques et contamine les lacs et les fleuves, aussi bien que les cours d'eau souterrains, ce qui se traduit par la mise en danger de milliers d'organismes vivants.

Finalement, limiter les produits alimentaires d'origine animale s'avère nécessaire pour lutter contre les pires effets du changement climatique mondial. En effet, le végétarisme entraîne une réduction des émissions de gaz à effet de serre créées par les pets et les rots d'animaux, par la décomposition du fumier, mais aussi par la déforestation pour faire place aux pâturages. Ainsi, là où un hectare consacré à l'élevage d'animaux produirait des gaz à effet de serre, un hectare planté sert à capter et à stocker du carbone.

Antithèse

Cependant, la viande est non seulement la source de protéines la plus pratique au monde, mais aussi une source nécessaire de nutriments essentiels pour la santé. Quoiqu'un régime végétarien puisse éviter facilement les déficiences macronutritionnelles, la plupart des aliments végétaux ne fournissent ni les acides aminés essentiels ni les micronutriments dans une seule portion. Les graisses saturées sont souvent dénigrées parmi les végétariens, alors qu'elles contiennent les vitamines et le cholestérol qui maintiennent les niveaux de sérotonine nécessaires au bon fonctionnement du cerveau. Voilà pourquoi les végétariens souffrent beaucoup plus souvent d'anxiété ou de dépression que les omnivores. Manger de la viande profite surtout aux plus jeunes et aux personnes plus âgées, car la viande favorise la formation et la préservation des muscles, des tissus et des os. Les graisses saturées que l'on trouve dans la viande sont essentielles pour la construction et le maintien des cellules, et aident le corps à absorber le calcium. La viande est aussi la meilleure source de vitamine B12 dont un tiers des végétariens manquent, tandis que seulement un sur dix des mangeurs de viande démontre une carence nutritionnelle semblable. La viande est donc essentielle pour les systèmes nerveux, musculaire et osseux.

En réalité, l'élevage des vaches est souvent le moyen le plus efficace de produire de la nourriture pour les êtres humains, non seulement en raison des nutriments présents, mais aussi sur le plan des conséquences environnementales. On parle souvent de la pollution et des déchets dus à l'élevage, mais la production des graines fait autant de ravages environnementaux. La production des monocultures comme le blé et le maïs a détruit plus de 98 % des plantes indigènes des prairies américaines. Tout comme les fermes d'élevage industriel, les fermes industrielles de monoculture polluent l'air et l'eau, et entraînent la destruction d'organismes indigènes. D'abord, les fermes agroalimentaires utilisent souvent trop de produits chimiques pour lutter contre les parasites, et le ruissellement contamine les eaux qui se trouvent à proximité et extermine les organismes indigènes. Il arrive aussi que la production industrielle des substituts de viande pollue l'air plus que l'élevage des animaux. Le soja, par exemple, est souvent la protéine de base pour remplacer la viande, mais la substitution de tofu à la viande ne résout pas le problème des gaz à effet de serre produits par les vaches. En fait, la production de protéines à base de soja telles que le tofu contribue davantage aux émissions de gaz que la consommation de viande produite localement. Prenons l'exemple des monocultures américaines (le maïs, le blé, le soja) qui ont été génétiquement modifiées et immunisées contre les herbicides jusqu'à permettre l'application de grandes quantités de désherbants toxiques. Cette utilisation excessive de produits chimiques a fait en sorte que les eaux de proximité sont complètement inhabitables pour les animaux aquatiques et dangereuses pour les animaux terrestres. Ces animaux souffrent non seulement des effets des produits chimiques mais aussi au moment de la récolte, où la moitié des animaux locaux sont tués par des machines. Tout comme les animaux, la végétation locale souffre de l'agriculture industrielle, car la grande quantité de désherbants provoque la création de « super mauvaises herbes », des mauvaises herbes qui résistent aux herbicides, éliminant ainsi la végétation locale en même temps que l'on crée des herbes anormales.

1. Donnez un titre pour les trois thèses de la dissertation ci-dessus.
   a. La thèse :
   b. L'antithèse :
   c. La synthèse éventuelle :
2. Quels points sont présentés pour convaincre le lecteur (par exemple, en matière de santé) ?
3. Quels points sont omis de la présentation ?
4. Comparez vos réponses avec un(e) partenaire et choisissez le meilleur titre pour chaque section.
5. En 2-4 paragraphes, écrivez une synthèse nuancée qui représente votre point de vue. D'habitude, la synthèse est aussi longue que la thèse ou l'antithèse.

Comparez votre synthèse avec celle d'un(e) partenaire.

RÉPONSES À L'EXERCICE OÙ EN ÊTES-VOUS ? LE SUBJONCTIF

*1. les parents **puissent** enseigner 2. sans qu'ils **aillent** à l'école publique 3. que ce **soit** 4. ni les enseignants ne **sont** 5. pour qu'un jeune **s'intègre** dans la société 6. faut-il que les enfants **aillent** 7. **j'aurais** peur 8. peur qu'ils **apprennent** à faire des choses 9. je ne veux pas qu'ils **fassent** 10. ils **auront** du mal à s'y habituer 11. J'ai dû promettre à ma grand-mère que je n'**enverrais** les enfants à l'école 12. qu'à condition qu'ils **développent** un système de valeurs 13. il n'y a personne qui **connaisse** mes enfants mieux que moi 14. je veux bien qu'ils **aillent** à l'école 15. après qu'on leur **aura appris** certaines bases intellectuelles 16. j'ai peur que cela **devienne** de plus en plus difficile 17. Il me semble que la famille et l'école **sont** 18. réfléchis à ce que tu **viens** de dire 19. Que nous **poursuivions** 20. que nous **obtenions** cette éducation 21. nous **devons** 22. J'espère que nous réussirons tous*

EXEMPLE DE SYNTHÈSE

Synthèse

Un régime végétarien ne représente pas nécessairement un indice convaincant d'une priorisation de la santé ou de l'environnement. Certains végétariens ont une alimentation malsaine, conduisent des VUS et mangent des produits de fermes industrielles, tels que des œufs et des produits laitiers. Par contre, certains mangeurs de viande utilisent des panneaux solaires, cultivent leurs propres légumes et mangent de la viande d'élevage bio.

En dépit de la propagande proclamant que les végétariens vivent plus longtemps, la question n'est pas du tout réglée, car les groupes examinés ne sont pas comparables. En général, les personnes qui choisissent un régime végétarien s'occupent plus de leur santé – elles ont une alimentation plus équilibrée, elles font plus d'exercice et fument moins – que la population générale. Si on comparait les mangeurs de viande qui étaient également conscients de leur santé, on ne remarquerait sans doute pas de différence dans les taux de mortalité.

Donc, si un régime riche en protéines animales, notamment en viandes transformées, contribue aux maladies comme le cancer, le diabète et les maladies cardiovasculaires, et si un régime dépourvu de protéines animales entraîne l'anxiété, la dépression, et une carence nutritionnelle qui affecte le développement et le maintien des systèmes musculaires et osseux, il semble qu'un régime modéré soit le meilleur choix. La viande consommée avec modération constituerait un élément bénéfique d'une alimentation équilibrée.

Quant à l'environnement, l'élevage industriel de viandes y nuit autant que l'agriculture industrielle, car les problèmes environnementaux ne résultent pas des produits mais plutôt de la manière de produire. La production agroalimentaire industrielle laisse une empreinte écologique énorme, car le ruissellement des terres suite à une surutilisation de produits chimiques nuit à l'environnement autant que les déchets d'animaux. La solution serait donc la production non industrielle de nos aliments. Par exemple, les pâturages de vaches dans les fermes locales se trouvent souvent sur des terres non arables ; dans ces circonstances, on utilise donc des terres inutiles à d'autres formes d'agriculture, ce qui laisse une petite empreinte écologique. Certes les produits agroalimentaires locaux, que ce soit pour le régime omnivore ou pour le régime végétarien, évitent le surpâturage et l'utilisation excessive des produits toxiques, et protègent mieux les plantes et les animaux indigènes. Il est aussi important de souligner que les petites fermes sont en général plus productives que les grandes. Là où le système agroalimentaire industriel parle de « chaînes de valeurs » ou de « marges bénéficiaires », les fermes familiales soulignent l'importance de l'agriculture durable qui limite l'empreinte écologique tout en nourrissant la communauté.

Ainsi, les pays développés peuvent manger moins de viande tout en maintenant un régime sain comportant tous les nutriments nécessaires, sans abandonner complètement la viande. Réduire la consommation de viande représente un petit sacrifice qui donne de grands bénéfices. Cependant, la production industrielle de la nourriture a aussi sa place, car les produits provenant de petites fermes sont souvent plus coûteux et moins accessibles. Ces produits sont généralement vendus dans des marchés d'agriculteurs locaux, une ou deux fois par semaine pendant une courte période de l'année dans bien des régions, tandis que les produits des supermarchés sont disponibles tous les jours à un prix plus bas.

THÈME 9 : LES AMBIGUÏTÉS DE LA VIE

Chapitre 18 : Les mots indéfinis ; le plan dialectique

Où en êtes-vous ? Les mots indéfinis

Ajoutez des mots indéfinis logiques (chaque, autre, aucun, n'importe où/quoi, nul, personne, quelconque, quiconque, n'importe lequel, tel, tout, le même, où/quoi que ce soit, etc.). Faites attention à l'accord au besoin. Cherchez les réponses à la fin du chapitre et corrigez les fautes.

Le monde virtuel peut être un excellent endroit pour discuter et exprimer des opinions différentes. Cependant, _____ (1) publie du contenu en ligne risque de recevoir des commentaires. _____ (2) l'attrait du contenu, _____ (3) vous critiquera, c'est certain. Les trolls d'Internet saisissent _____ (4) excuse pour critiquer et _____ (5) n'est à l'abri de façon définitive de _____ (6) critiques. Au lieu de répondre _____ (7), il vaut mieux ne pas riposter. _____ (8) on fasse, _____ (9) avis provoquera des réactions contraires. Certes, _____ (10) personne estimant qu'un message est faux peut le faire savoir aux gestionnaires des plateformes. La réponse sera souvent _____ (11) : on fermera le compte de l'auteur. Malheureusement, le mal aura déjà été fait.

Évaluez dans quelle mesure vous maîtrisez les mots indéfinis. Mettez un « X » pour représenter votre confiance entre le contrôle partiel (« Je fais pas mal de fautes ») et le contrôle complet (« Je n'ai même pas réfléchi, c'était automatique ! »).

Le contrôle partiel ⟵⟶ Le contrôle complet

1 2 3 4 5 6 7 8 9 10

STRUCTURE : Les mots indéfinis

OBSERVEZ ET DÉDUISEZ

Le matin de l'Occident

Personne ne s'y attendait. « Le matin de l'Occident en Afrique noire fut constellé de sourires, de coups de canon et de verroteries[1] brillantes. Ceux qui n'avaient point d'histoire rencontraient ceux qui portaient

1 Cadeaux pas chers, comme de faux bijoux.

Suite à la page suivante

le monde sur leurs épaules. Le monde connu s'enrichissait d'une naissance qui se fit dans la boue et dans le sang. On n'avait **rien** vu de semblable. **Certains**, comme les Diallobé, brandirent leurs boucliers[2], pointèrent leurs lances ou ajustèrent leurs fusils. On les laissa approcher, puis on fit tonner le canon. Les vaincus ne comprirent pas. **D'autres** voulurent palabrer[3]. On leur proposa, au choix, l'amitié ou la guerre. Très sensément, ils choisirent l'amitié. Ils n'avaient point d'expérience. Le résultat fut **le même** cependant, partout. Ceux qui avaient combattu et ceux qui s'étaient rendus se retrouvèrent, le jour venu, recensés, répartis, classés, étiquetés, conscrits, administrés.

Donc, **quelle que soit** la reaction des populations locales, et **où que ce soit** dans les territoires conquis, les Africains se sont retrouves colonises. **Chacun** a du se soumettre. C'etait pareil partout, **n'importe où.** Les colons disaient qu'ils etaient les sauveurs du monde : ils apportaient la civilisation a des barbares qui n'avaient **aucune** histoire. **Quiconque** a le privilege de recevoir un **tel** cadeau se doit d'etre reconnaissant, n'est-ce pas ? **Nul** n'oserait dire le contraire... » [*L'Aventure ambiguë*, p. 59-60]

2 Prirent leurs armes de protection.
3 Discuter, négocier.

Les mots indéfinis sont des termes ou des expressions qui désignent des entités vagues, non déterminées.

- Dans le texte ci-dessus, trouvez les expressions qui veulent dire : a) *anywhere ;* b) *wherever ;* c) *whoever ;* d) *whatever ;* e) *each one ;* f) *no one* (deux façons de le dire) ; g) *such a.*
- Vous connaissez déjà un certain nombre de mots indéfinis, comme *rien* et *personne, aucun, certains* et *d'autres.* Est-ce que vous vous rappelez comment dire : a) *someone ;* b) *someone else ;* c) *something ;* d) *something else* ?
- D'après l'exemple de *anywhere*, pouvez-vous déduire comment dire *any time* ? *any which way* ?

RÉCAPITULATION ET FAUTES COURANTES

- **Aucun/aucune**
  Nous avons déjà étudié cette expression au chapitre 6. Ce qu'il faut se rappeler, c'est que ce mot est singulier, et qu'un verbe qui le suit est toujours au singulier et accompagné d'un *ne*.
  Complétez les phrases avec la forme appropriée d'*aucun*.
  1. Quelle est ton excuse ? — Je n'en ai ____________.
  2. Tes amis sont venus ? — Non, __________ de mes amis __________ venu.

- **Autre(s)**
  - En tant qu'adjectif, il se place devant le nom ; au pluriel, il faut se rappeler que
    des + autres = d'autres.
    Mettez au pluriel : Pose-moi une autre question. Pose-moi ________________.
  - En tant que pronom, il est précédé d'un article.
    Des questions ? Oui, j'en ai ________________.
    Je n'ai eu qu'un bonbon ; puis-je en avoir ________________ ?
  - **l'un l'autre/les uns les autres** : il faut se rappeler que quand il y a une préposition, elle se met ENTRE *l'un* et *l'autre.*
    Aimez-vous *les uns les autres.*
    Mettez-vous *les uns derrière les autres.*

C'est le moins qu'on puisse faire *les uns pour les autres.*

Ces deux-là sont toujours en train de se disputer _________ avec _________.

- **d'une part... d'autre part/d'un côté... d'un autre côté** :

____________ on nous dit de prendre des risques, ______________on nous demande de faire attention...

- **Autre chose**

C'est une expression invariable, qui s'utilise sans article, à ne pas confondre avec *une autre chose.* Comparez :

J'ai une autre chose à te dire. (*another thing*)

J'ai autre chose à faire. (*something else*)

Il s'agit de tout autre chose. (*something completely different*)

À vous de choisir !

1. J'ai presque tout fini, il ne me reste qu'______________ à faire avant de partir.
2. C'est trop triste, parlons d'______________.

- **Autrui**

Une autre expression invariable qui s'utilise sans article et veut dire *les autres personnes.*

La règle d'or : Ne fais pas à *autrui* ce que tu ne voudrais pas qu'on te fasse.

L'amour d'__________est une qualité qui s'apprend.

Cet homme n'a aucun respect pour ___________.

- **Certains, divers, différents**

Rappelez-vous que quand ces adjectifs précèdent le nom, ils ne prennent PAS d'article. Quand ils suivent le nom, ils ont un sens différent. Comparez :

Certaines personnes sont très sensibles. (*some people*)

C'est une chose *certaine.* (*a sure thing*)

Nous avons parlé à *diverses/différentes* personnes (*various people*), de nationalités *différentes* (différentes les unes des autres).

Avant ou après le nom ? Placez et accordez les adjectifs ; ajoutez un article au besoin. Si les deux options sont possibles, justifiez votre choix.

1. (certain) _________ personnes ___________ ne sont pas gentilles.
2. (certain) _________ choses ___________ ne se disent pas.
3. (divers/différent) En voyageant dans ____________ pays ____________, on apprécie __________cultures __________.

- **Chaque, chacun/chacune**

Chaque est un adjectif, chacun/chacune sont des pronoms.

Chaque fois/À chaque fois (que) ? Les deux expressions sont correctes, mais *chaque fois que* est plus fréquent, et *à chaque fois que* plus familier.

Chaque fois qu'on se voit, on parle pendant des heures.

Faute à ne pas faire : On se voit ~~chaque deux semaines~~. → On se voit *toutes les deux semaines.*

Complétez.

1. ___________ question mérite une réponse. Nous répondrons à ___________.
2. « ____________ pour soi et Dieu pour tous. » (proverbe)
3. « À ____________ ses goûts. » (*to each his own*)
4. Je viendrai à ton secours _____________ fois que tu en auras besoin.

- **Même**

  Placé avant le nom, cet adjectif indique la ressemblance.

  Nous avons *les mêmes* goûts.

  Placé après le nom, il devient un adjectif indéfini qui sert à accentuer le nom.

  Il est l'honnêteté *même.* (ou l'honnêteté personnifiée)

  Vous ferez tout vous-*mêmes*, n'est-ce pas ?

  Ou : Vous ferez tout *vous-même* (si le « vous » ne représente qu'une seule personne).

  Il peut aussi être un pronom.

  Les instructions ne sont jamais *les mêmes*, on ne s'y reconnaît plus.

  Complétez :

  1. D'abord, parlons de toi-___________.
  2. Ils disent qu'ils sont capables de faire ce travail eux-___________.
  3. Ils sont la diligence et la persévérance ___________.

- **N'importe**
  - **n'importe quel(s)/quelle(s)** est un adjectif qui veut dire *any.*

    N'importe quelle excuse fera l'affaire.
  - **n'importe lequel/laquelle/lesquels/lesquelles** est le pronom.

    Quelles places sont les nôtres ? *N'importe lesquelles*, elles sont toutes libres.
  - **n'importe quoi** (*anything*) et **n'importe qui** (*anyone*) ne se réfèrent pas à un nom particulier.

    Je ne savais pas quoi dire, alors j'ai dit *n'importe quoi.*

    N'importe qui pourra vous renseigner.

    * *N'importe quoi* est aussi une expression familière qui veut dire *whatever, nonsense !*

    Il se prend pour un chanteur célèbre. N'importe quoi !

    Qu'est-ce que tu racontes là ? C'est du *n'importe quoi* !
  - **n'importe où, n'importe quand, n'importe comment** sont des adverbes très communs.

    Où veux-tu que je mette ce livre ? *N'importe où.*

    Viens *n'importe quand*, je serai à la maison toute la journée.

    Les perfectionnistes n'aiment pas le travail fait *n'importe comment.*

  Complétez :

  1. Il ferait ______________ pour gagner.
  2. Il serait prêt à surmonter ______________ obstacle.
  3. Il est disposé à nous rencontrer ______________, ______________ ; l'endroit et l'heure sont très flexibles.
  4. Tes idées sont toutes intéressantes, ______________ serait bonne à développer.
  5. Elle ne fait pas attention à la mode, elle s'habille ______________.

- **Peu importe**

  Cette expression permet d'exprimer l'indifférence par rapport à une personne ou à une situation donnée.

  Peu importe ce qu'on en pense, il en fait à sa tête.

  Peu importe les circonstances, il arrive toujours à se débrouiller.

  * Si le nom qui suit est pluriel, on peut aussi voir *peu importent…* mais la règle générale est de garder le verbe *importe* au singulier.

  Peu importe nos convictions personnelles, nous avons des responsabilités vis-à-vis d'autrui.

- **Nul(le)**

  Comme adjectif qui précède le nom, *nul* veut dire *aucun*.

  Je n'ai *nulle* envie de faire ce travail.

  Quand il suit le nom, il exprime l'absence de valeur.

  C'est un film complètement *nul*.

  On a fait match *nul*. (aucune équipe n'a gagné)

  Comme mot indéfini, il est synonyme de *personne*.

  « *Nul* ne peut servir deux maîtres. »

- **On**

  Un des mots les plus pratiques de la langue française ! Il permet d'éviter la voix passive, il peut désigner une personne qu'on préfère ne pas nommer, les gens en général, un sujet impersonnel ou un *nous* collectif. Dans ce cas, le participe passé s'accorde comme si c'était un *nous*.

  Sa voiture a été volée (voix passive) → *On* a volé sa voiture.

  Maman, *on* a cassé un verre… (*On* préfère ne pas dire qui l'a fait !)

  On dit qu'il va neiger. (sujet impersonnel – Il paraît qu'il va neiger.)

  On est allé**s** se promener. (équivalent de *nous*, accord du participe passé)

- **Où que**

  Cette expression, qui veut dire *wherever*, est toujours suivie du subjonctif.

  Où que vous alliez, rappelez-vous qui vous êtes.

- **Personne**

  Outre l'expression négative que vous connaissez déjà (voir ch. 6), *personne* peut s'utiliser dans un sens positif dans une comparaison.

  Elle connaît cette ville mieux que *personne* – elle y a vécu toute sa vie.

  Vous comprendrez cette situation mieux que *personne*.

- **Quel(le)(s) que**

  Cette expression est toujours suivie du verbe être et veut dire *whatever, whichever*.

  Quelle que soit la raison de votre retard, ce n'est pas une excuse.

  Remarquez que cette expression s'écrit en deux mots, et n'a rien à voir avec l'adjectif *quelques* (*a few*).

  * **quel que soit** ou **peu importe** ? Les deux expressions ont plus ou moins le même sens, mais *peu importe* peut s'utiliser indépendamment, tandis que *quel que soit* demande que l'expression soit suivie d'un groupe nominal et que la phrase soit constituée de deux parties, l'une contenant l'expression, l'autre y répondant. Comparez :

  Prenez une décision, *peu importe* laquelle. (On ne pourrait pas substituer *quelle que soit* dans cette phrase.)

  Quel que soit votre choix, il faudra l'assumer.

  Peu importe ou *quel que soit* ? Complétez.

  1. ____________ le problème, il y a sûrement une solution.
  2. ____________ votre destination, vous aurez besoin d'une attestation d'immunisation.
  3. ____________ ce que tu crois, c'est ma vie, c'est à moi de décider.

- **Quelconque**

  Cet adjectif, qui se place après le nom, veut dire ordinaire, insignifiant ou de valeur indéfinie.

  Cet objet doit avoir une signification quelconque pour lui.

  Il cherche un travail quelconque pour survivre.

  Y a-t-il un moyen quelconque de l'aider ?

- **Quelqu'un, quelque** et **quelques-uns/quelques-unes**
  - *Quelqu'un* est toujours masculin singulier et veut dire *someone.*

    Rappel : quand *quelqu'un, personne, quelque chose* et *rien* sont suivis d'un adjectif, il faut ajouter un *de.*

    Demandons à *quelqu'un d'autre* de faire ce travail, *quelqu'un de* plus qualifié que nous.
  - *Quelques* veut dire *a few,* et non *some.* La faute est très courante*.

    Il n'y avait que *quelques* personnes dans la salle.

    * **Comment dire *some people* ?**

    Some people think that...

    → Il y a des gens qui pensent que...

    → Certaines personnes pensent que...

    → Certains pensent que...

    I know people who...

    → Je connais des gens qui...

    Remarquez que le mot **gens**, qui est toujours pluriel et qui représente un nombre indéterminé de personnes, ne peut pas s'utiliser avec quelques, plusieurs ou un nombre.
  - *Quelques-uns/quelques-unes* remplacent *quelques* + nom.

    J'ai trop de courgettes dans mon jardin ; tu en veux *quelques-unes* ?

  Traduisez :

  1. *I met someone who knows you.*
  2. *I met a few of your friends.*
  3. *I met some people who knew you.*
  4. *I met two or three people who knew you.*

- **Quelque part** est le contraire de **nulle part**

  Comparez :

  J'ai dû poser mes clés *quelque part,* mais je ne les vois *nulle part.*

- **Quoi que**

  Cette expression, qui veut dire *whatever,* est toujours suivie du subjonctif.

  *Quoi qu'*on fasse, elle n'est jamais contente.

  Ne pas confondre *quoi que*, qui s'écrit en deux mots, avec la conjonction *quoique*, qui est synonyme de *bien que.*

  Comparez :

  Quoiqu'il inspire confiance, on ne peut pas croire tout ce qu'il dit.

  Quoi qu'il dise, ne le croyez pas.

  Quoi que ou *quoique ?*

  Complétez :

  1. __________ce soit difficile à croire, c'est pourtant vrai.
  2. __________il en soit, la situation est extrêmement délicate.
  3. __________la vie nous apporte, il faut garder l'espoir.

- **Quiconque**

  Cette expression est soit un pronom relatif qui veut dire *celui qui, toute personne qui*, soit un pronom indéfini qui veut dire *n'importe qui.*

  Quiconque a commis ce crime sera puni.

  Plus que *quiconque*, tu devrais comprendre cette situation.

- **Quoi que ce soit, qui que ce soit**
  Ces pronoms ont à peu près le même sens que *n'importe quoi* et *n'importe qui*, mais sont plus emphatiques.
  Demandez à *qui que ce soit*, tout le monde vous dira la même chose.
  Si vous avez besoin de *quoi que ce soit*, n'hésitez pas à nous le dire.

- **Tel(s)/telle(s)**
  - *Tel* veut dire *such a* ou *such as, like*. Qu'il soit adjectif ou pronom, il s'accorde avec le nom.
    Quiconque a le privilège de recevoir *un tel* cadeau se doit d'être reconnaissant.
    La situation, *telle* qu'elle m'a été présentée, est assez délicate.
    « *Tel* père, *tel* fils. » (proverbe)
  - *Untel* : remplace un nom propre quand on ne le connaît pas ou qu'on ne veut pas le dire.
    Monsieur Untel *(Mr. So and So)*/Madame Une Telle sera au rendez-vous.

- **Tout, tout le monde**
  Nous avons déjà étudié les particularités de *tout/tous/toute/toutes* en tant qu'adjectifs, pronoms et adverbes. Il faut se rappeler que quand *tout* veut dire *everything*, il est toujours singulier ; il en est de même pour *tout le monde* (*everyone*).
  Tout est prêt ; *tout le monde est* là.

Tableau récapitulatif des mots indéfinis	
aucun/aucune personne	où que
autre, les uns les autres, d'une part… d'autre part	peu importe
autre chose	quel(le) que soit/quel(le)s que soient
autrui	quelconque
certain, divers, différents	quelqu'un, quelques-uns
chaque, chacun, chacune	quelque part, nulle part
même, le même	quoi que, quoi que ce soit, qui que ce soit
n'importe quel, n'importe lequel, n'importe qui, n'importe quoi, n'importe où, n'importe quand, n'importe comment	quiconque
nul/nulle	tel(le)(s)
on	tout, tout le monde

Application

A. Le matin de l'Occident. Complétez avec un mot indéfini logique.

1. ____________dira que la colonisation s'est faite dans la paix ne connaît pas son histoire…
2. ____________ont combattu, ____________ont voulu palabrer, mais ______________soient les réactions de la population locale, ______________a été conquis.
3. Le résultat a été __________, partout, ____________.

4. ___________ les colons se soient installés, ils ont bâti des écoles.
5. ___________ ne peut changer une civilisation sans changer la façon de penser.
6. Or l'école, ___________ école, change la façon de penser d'une manière ___________.
7. ___________ les traditions locales, et ___________ soient les croyances religieuses de la communauté, l'école assure la conquête des âmes.
8. La Grande Royale voulait que la jeune génération y apprenne « l'art de vaincre sans avoir raison », ___________ soit cet art, car le progrès, ___________ progrès, passe par l'école.
9. Rien ne sert de se battre avec ___________ quand l'ennemi a des canons et des écoles.
10. Le défi pour ___________ individu est de garder l'équilibre entre la raison et la foi, ___________ soient les tentations d'oublier ___________.

B. Les méditations du chevalier. Complétez avec un mot indéfini logique.

1. « Ils » disent que nous n'avons ___________ civilisation.
2. Mais nous connaissons depuis des siècles l'art de nous aimer les ___________ les ___________ et de ne pas faire à ___________ ce que nous ne voudrions pas qu'ils nous fassent.
3. La *Charte Mandingue*, proclamée en 1222 par le roi Soundjata Kéïta, était la première déclaration des droits humains, un document antérieur à la *Magna Carta* du monde soi-disant civilisé. Alors ___________ oserait dire que l'Afrique n'avait pas de civilisation avant l'arrivée des Européens ferait preuve d'ignorance. C'est du ___________.
4. Comment mesurent-ils leur civilisation ? ___________ soient les critères, ceux-ci varient d'une culture à l'autre, on ne peut pas les appliquer à ___________ culture, ___________ dans le monde.
5. Ils prétendent que, ___________ on dise, ils ont toujours raison.
6. Ils veulent nous « assimiler » par ___________ moyen.
7. La civilisation ___________ qu'ils la conçoivent est « la seule civilisation digne de ce nom ».
8. Ils refusent les vérités qu'on ne peut pas prouver par la raison, ___________.
9. Ont-ils oublié que « le cœur a ses raisons que la raison ne connaît point », comme le disait ___________ de très sage qui s'appelait Pascal ? La vérité, c'est ___________ que la science.
10. ___________ a besoin de trouver son propre équilibre.

Application communicative

A. Quelle est votre réaction personnelle aux phrases suivantes ? Expliquez.

1. « Chacun pour soi et Dieu pour tous. »
2. N'importe qui a le droit de dire n'importe quoi sur les réseaux sociaux.
3. Certaines civilisations ont marqué le monde plus que d'autres.
4. Quelle que soit sa grandeur, toute civilisation finit par connaître le déclin.
5. Quoi qu'en disent les critiques, la colonisation a eu des effets bénéfiques.

B. Complétez de façon personnelle en donnant des explications.

1. Peu importe l'opinion des autres…
2. Pour mon bonheur personnel, il me faut autre chose que le confort matériel, comme…
3. Quelque chose que je ne fais jamais n'importe comment, c'est…
4. Où que j'aille, je trouve que les gens…
5. Quoi qu'on en dise, le monde d'aujourd'hui…

ÉCRITURE : Développement d'un plan dialectique [thèse, antithèse, synthèse]

PROJET D'ÉCRITURE : UN PLAN DIALECTIQUE

Ce chapitre se concentre sur le plan dialectique. Vous allez rédiger un plan dialectique que vous pourrez utiliser pour écrire une dissertation aux chapitres 21-22. Les activités suivantes vous aideront à trouver et à définir un sujet pour la dissertation, puis à formuler et à organiser l'introduction, la thèse, l'antithèse, la synthèse et la conclusion.

Le plan détaillé comporte les axes principaux et les sous-parties de la dissertation. Chaque sous-partie contient une idée principale, elle-même justifiée par des arguments et illustrée. En prenant un exemple, voici comment pourrait se présenter la structure de la dissertation.

Partie	Rôle	Exemple
Énoncé	Annoncer le sujet de la dissertation	L'immigration est-elle un problème pour les nations développées ?
Introduction	Contextualiser Définir Problématiser Présenter le plan	Définir l'immigration. Un peu d'histoire à propos de l'immigration. Les enjeux réels de l'immigration.
Thèse	Présenter des arguments allant dans un sens précis (p. ex., « oui », « pour »). Présenter ce que pensent « certains ».	L'immigration enrichit les sociétés d'une dimension multiculturelle et permet le développement économique.
Antithèse	Présenter d'autres arguments allant dans une nouvelle direction (p. ex., « non », « contre »). Présenter ce que pensent « d'autres ».	L'immigration crée des problèmes économiques, politiques et culturels.
Synthèse	Présenter des arguments allant dans une nouvelle direction ou réunissant la **thèse** et **l'antithèse** (« rejet », « résolution », « compromis ») et évaluer pourquoi la synthèse serait le meilleur choix.	Exemple de compromis possible : les pays qui adoptent une politique d'immigration basée sur la tolérance, l'humanité et le soutien aux populations en crise minimisent les problèmes d'immigration typiques en offrant un soutien linguistique, culturel, politique et économique.
Conclusion	Répondre à la problématique. Offrir une ouverture à travers des hypothèses ou autre implication.	Bien que l'immigration crée énormément de conflits dans une société qui n'adopte pas une démarche proactive pour intégrer les nouveaux arrivants, les immigrants apportent une richesse culturelle indéniable et répondent aux besoins économiques de la société. Si les frontières étaient fermées aux immigrants, quelles seraient les conséquences économiques dans le domaine de l'agriculture, de l'hôtellerie, de la restauration, de la construction et dans bien d'autres secteurs ? Les sociétés dites développées pourraient-elles continuer à fonctionner ?

Remarquez que l'antithèse n'est pas le contraire de la thèse. Le but de l'antithèse n'est pas de réfuter tous les points de la thèse. L'antithèse présente un autre point de vue, créant une sorte d'impasse. Ensuite, comme vous l'avez vu au chapitre 17, la synthèse permet au lecteur de dépasser cette impasse.

I. Cerner la problématique : les valeurs sociales

C'est *l'énoncé* du sujet de la dissertation. La problématique prend souvent la forme d'une question. Voici plusieurs énoncés à propos des valeurs sociales qui pourraient servir de sujet pour votre dissertation à partir d'un plan dialectique. Choisissez quatre des sujets suivants et formulez brièvement une thèse, une antithèse et une synthèse.

Modèle : Est-ce que les employeurs ont le droit d'exiger les vaccinations ?

Thèse : Les vaccinations obligatoires réduisent la propagation des maladies transmissibles et l'absentéisme au travail.

Antithèse : Les vaccinations obligatoires violent les droits de la personne et peut exacerber la discrimination sur le lieu de travail.

Synthèse : Les vaccinations obligatoire font partie des conditions d'emploi raisonnables, mais chaque entreprise doit tenir compte des besoins particuliers et des caractéristiques de ses travailleurs, ainsi que du lieu de travail.

1. Est-ce que les rôles sociaux des hommes et des femmes facilitent ou compliquent la formation de l'identité chez les adolescents ?
2. Est-ce que la médecine socialisée réduit la qualité des soins médicaux ou est-ce qu'elle améliore la santé publique ?
3. Est-ce que les médias sociaux ont plus d'avantages que d'inconvénients, ou est-ce le contraire ?
4. Est-ce que le divorce est un remède ou une fuite ?
5. Jusqu'à quel point est-ce qu'il faut aider les adolescents à réussir et les protéger des échecs ?
6. Est-ce que la culture de l'effacement (la *cancel culture*) sert à exiger la justice envers les responsables ou est-ce qu'elle encourage la tyrannie en ligne ?
7. Est-ce que la participation au processus électoral est plus dangereuse que bénéfique quand on n'est pas informé des enjeux ?
8. Au choix. Formulez votre propre question.

Partagez vos résultats en groupes de quatre. Est-ce que vous avez les mêmes perspectives concernant les valeurs sociales ? Connaissez-vous des gens avec des idées opposées aux vôtres ? Est-ce que votre *synthèse* prend en compte cette différence de point de vue ?

II. Rédiger une conclusion provisoire

Avant même de commencer à élaborer le corps de la dissertation, le fait de rédiger une conclusion provisoire vous aidera à :

- établir le fil conducteur du devoir ;
- imaginer où les idées mèneront ;
- avoir une meilleure idée de l'enchaînement et de la structure de l'argumentation lors de la rédaction finale ;
- déterminer et organiser des points principaux pour l'introduction.

Ne vous inquiétez pas trop du contenu, car cela pourra changer facilement et il faudra sans doute faire quelques recherches pour pouvoir élaborer certains points.

Choisissez un sujet de l'exercice précédent et écrivez une conclusion possible. Cette conclusion devrait faire un bon paragraphe. Comparez vos conclusions provisoires avec un(e) partenaire.

III. Rédiger un plan détaillé

Suite à la formulation de la thèse, de l'antithèse et de la synthèse, il faut rédiger un plan détaillé. Celui-ci consiste à élaborer les points principaux pour chaque partie de la dissertation. Le plan détaillé est une aide qui vous permettra d'organiser vos idées et l'ensemble de votre réflexion avant de rédiger votre argumentation complète. Il faut avoir une conception dynamique du plan détaillé : il ne s'agit pas d'une juxtaposition de paragraphes, mais d'un mouvement qui oriente l'ensemble de l'argumentation. Il sert à organiser et à réorganiser la progression des idées.

Choisissez une question qui vous intéresse et écrivez un plan détaillé qui illustre les trois parties (T-A-S) et les exemples qui représentent chaque point de vue.

Modèle : Est-ce que la couverture maladie devrait être universelle aux États-Unis ?

Thèse : NON

- La médecine socialisée augmenterait la dette et le déficit des États-Unis. Les programmes gouvernementaux (Medicare, Medicaid, Children's Health Insurance) représentaient plus de 20 % du budget fédéral en 2022.
- La couverture maladie universelle augmenterait le temps d'attente pour les services médicaux. Pour voir un spécialiste aux États-Unis, on attend environ trois semaines, tandis qu'au Canada, en France et en Norvège, on attend à peu près six semaines, parfois des mois.
- Les soins médicaux sont la responsabilité de l'individu et non pas du gouvernement. La haute qualité des soins médicaux aux États-Unis découle en grande partie de la privatisation de la médecine. L'économie de marché devrait déterminer la disponibilité et le coût des soins.
- Le contrôle par le gouvernement des soins médicaux aggraverait une pénurie déjà existante de médecins.
- Cela conduirait à des restrictions gouvernementales des soins médicaux. Au Canada, en Nouvelle-Zélande et au Royaume-Uni, le gouvernement utilise des méthodes telles que la budgétisation, la fixation des prix et les restrictions de services.
- Les soins médicaux gouvernementaux réduiraient les revenus des médecins et des hôpitaux.

Antithèse : OUI

- Les pays les plus riches du monde ne devraient pas limiter les soins de santé.
- Si tout le monde avait droit aux soins de santé, les dépenses totales de santé publiques et privées pourraient être réduites. Par exemple, le Canada et la France dépensent à peu près 40 % de ce que les États-Unis dépensent en soins médicaux par habitant.
- Une couverture maladie universelle améliorerait la santé publique. Le Costa Rica, grâce à son système de soins médicaux, offre une excellente qualité de vie, qui se traduit par une des espérances de vie les plus élevées au monde.
- Une couverture maladie universelle rendrait les services médicaux abordables pour tous. De nombreux Américains admettent avoir retardé ou ne pas avoir cherché de soins médicaux en raison du coût.
- La santé est bonne aussi pour la productivité économique, à condition que les gens puissent aller chez le médecin quand ils en ont besoin.

Synthèse : OUI MAIS...

- La question des soins de santé est complexe, et au lieu de considérer le système dans son ensemble, il pourrait être utile de délimiter certaines de ses composantes. Par exemple, les maladies transmissibles affectent tout le monde, alors il est dans notre intérêt de prévenir et de protéger (et d'isoler au besoin) les malades, ce qui implique un système plus social.
- Le système des soins de santé actuel aux États-Unis encourage de mauvais choix :
  - on évite les médecins même si on est malade, et cela entraîne un coût élevé pour soigner des maladies graves qui auraient pu être évitées ;

  - on valorise les soins et non pas les résultats ; par exemple, là où les médecins américains utilisent des injections de cortisone pour traiter une cheville, les médecins français recommandent une chaussure orthopédique ;
  - on décourage les innovations, comme les soins à domicile ou la télésanté (rare avant la pandémie, mais efficace et de plus en plus courante).
- Dans sa conception actuelle aux États-Unis, un système de soins de santé devenant universel produirait plus de problèmes qu'il n'en résoudrait si on ne changeait pas le système entier pour qu'il récompense les bons choix (p. ex., les soins de prévention, les traitements moins coûteux, les innovations).
- Pour faire fonctionner un système universel de soins de santé, il faudrait éduquer le public afin que la société reconnaisse que la santé est une responsabilité collective.
- …

Présentez votre plan à un(e) partenaire et essayez d'ajouter un ou deux points à chaque partie (T-A-S).

IV. Révisions collaboratives

Dans chacune des phrases suivantes, trouvez et corrigez deux fautes. Essayez d'abord de les repérer tout(e) seul(e), ensuite choisissez un(e) partenaire pour comparer vos réponses.

1. À quoi servent les traditions de famille ? Qu'est-ce qu'une tradition familiale et quelle est son rôle dans le dévéloppement de la jeunesse d'aujourd'hui ?
2. La tradition consiste dans des coutumes ou des habitudes transmises de génération en génération. Donc, ce qui font la tradition, c'est la transmission.
3. Bien que les jeunes formeront leur identité en ligne, à l'école ou loin de chez eux, les traditions familiales ne s'effaceront pas tous pour autant.
4. L'un des premiers rôles des traditions, c'est à structurer de manière temporelle la famille, car les activités quotidiennes, hebdomadaires ou annuelles découpent les épisodes vécues et créent un rythme de vie qui organise et maintient la mémoire familiale.
5. Certes, l'église le dimanche, les repas partagé, les fêtes (de Noël et autres), les vacances d'été donnent à la famille des points de repère et des histoires à raconter.
6. Ensuite, les traditions nous enrichissent par la présence des mêmes personnes qui fait partie de notre vie et qui nous aiment en dépit de nos défauts. Même les petites expériences partagés contribuent à un sentiment de profond bien-être.
7. Il en va au même pour les repas, vue que l'on ne prépare pas n'importe quoi pour n'importe qui.
8. L'alimentation traditionnelle et l'acte de manger ensemble renforce les éléments de mémoire lesquelles sont indispensables à la création de son identité.
9. Surtout, les traditions démontrent que les adultes sont constant, qu'ils tiennent parole et qu'ils sont décidés à aider les enfants, quoiqu'il arrive.
10. En fin de compte, la transmission des traditions forgent le tissu qui s'étend sur tout le reste de la vie des jeunes. Même si les jeunes quittent la maison et la famille, ils retourneraient toujours aux traditions familiales.

Échangez le plan détaillé que vous avez écrit pour l'exercice III avec un(e) partenaire. Faites très attention à l'accord des adjectifs et à l'accord des verbes, trouvez les fautes et parlez-en avec votre partenaire.

RÉPONSES À L'EXERCICE OÙ EN ÊTES-VOUS ? LES MOTS INDÉFINIS

1. ***quiconque*** *produit du contenu 2.* ***Peu importe/quel que soit*** *l'attrait du contenu 3.* ***on/quelqu'un*** *vous critiquera, c'est certain 4. Les trolls d'Internet saisissent* ***n'importe quelle*** *excuse 5.* ***nul/personne*** *n'est à l'abri 6. de* ***telles/toutes*** *critiques 7. Au lieu de répondre* ***n'importe quoi*** *8.* ***Quoi qu****'on fasse 9.* ***tout*** *avis provoquera des réactions 10.* ***toute*** *personne estimant qu'un message 11. La réponse sera souvent* ***la même***

RÉPONSES À L'ÉCRITURE EXERCICE IV. RÉVISIONS COLLABORATIVES

1. *À quoi servent les traditions de famille ? Qu'est-ce qu'une tradition familiale et* ***quel*** *est son rôle dans le* ***développement*** *de la jeunesse d'aujourd'hui ?*
2. *La tradition consiste* ***en*** *des coutumes ou des habitudes transmises de génération en génération. Donc, ce qui* ***fait*** *la tradition, c'est la transmission.*
3. *Bien que les jeunes* ***forment*** *leur identité en ligne, à l'école ou loin de chez eux, les traditions familiales ne s'effaceront pas* ***toutes*** *pour autant.*
4. *L'un des premiers rôles des traditions, c'est* ***de*** *structurer de manière temporelle la famille, car les activités quotidiennes, hebdomadaires ou annuelles découpent les épisodes* ***vécus*** *et créent un rythme de vie qui organise et maintient la mémoire familiale.*
5. ***Certes****, l'église le dimanche, les repas* ***partagés****, les fêtes (de Noël et autres), les vacances d'été donnent à la famille des points de repère et des histoires à raconter.*
6. *Ensuite, les traditions nous enrichissent par la présence des mêmes personnes qui* ***font*** *partie de notre vie et qui nous aiment en dépit de nos défauts. Même les petites expériences* ***partagées*** *contribuent à un sentiment de profond bien-être.*
7. *Il en va* ***de*** *même pour les repas,* ***vu*** *que l'on ne prépare pas n'importe quoi pour n'importe qui.*
8. *L'alimentation traditionnelle et l'acte de manger ensemble* ***renforcent*** *les éléments de mémoire* ***qui*** *sont indispensables à la création de son identité.*
9. *Surtout, les traditions démontrent que les adultes sont* ***constants****, qu'ils tiennent parole et qu'ils sont décidés à aider les enfants,* ***quoi qu'il*** *arrive.*
10. *En fin de compte, la transmission des traditions* ***forge*** *le tissu qui s'étend sur tout le reste de la vie des jeunes. Même si les jeunes quittent la maison et la famille, ils* ***retourneront****/****retournent*** *toujours aux traditions familiales.*

UNITÉ IV

DÉVELOPPEMENT D'UNE ARGUMENTATION

THÈME 10 : PROGRÈS OU DANGERS ? SCIENCE ET ENVIRONNEMENT

Lecture et conversation : OGM – l'Afrique à tout prix

Le texte que vous allez lire est extrait d'un numéro du magazine *Jeune Afrique*, qui proposait une série d'articles sur les OGM (organismes génétiquement modifiés) en Afrique, et particulièrement au Burkina Faso, un pays d'Afrique de l'Ouest connu pour sa culture du coton. Les OGM sont-ils un poison à retardement ou une solution miracle aux défis alimentaires et économiques de ce continent ?

AVANT DE LIRE

Savez-vous qu'aux États-Unis, la grande majorité des aliments consommés par la population contient des ingrédients transgéniques et que, bien souvent, rien ne l'indique sur les étiquettes ? Bien que certains OGM soient autorisés au sein de l'Union européenne, le gouvernement français en interdit la culture et la commercialisation pour l'alimentation humaine et requiert une étiquette spéciale pour tout produit transgénique importé. Pourquoi ? Que sont les OGM ?

Prenons une tomate comme exemple d'aliment transgénique et disons que nous voulons produire une tomate qui résiste mieux à la sécheresse. Le processus transgénique, réalisé en laboratoire, consiste à mélanger un ou plusieurs gènes (ou chromosomes) de l'ADN de la tomate et ceux d'une plante qui supporte bien la sécheresse, comme un cactus, et de réinsérer ce mélange dans l'ADN de la tomate originale. On obtient ainsi une tomate qui résiste au manque d'eau.

La manipulation transgénique semble représenter une « solution miracle » aux défis de l'agriculture moderne. Mais alors, pourquoi le débat entre les détracteurs et les défenseurs des OGM reste-t-il si intense après trois décennies d'expérimentation et d'utilisation de plus en plus répandue de ce processus ? Pensez à cette tomate hypothétique : préféreriez-vous une tomate naturelle ou n'auriez-vous aucune objection à consommer une tomate qui a subi une modification génétique artificielle ? Pourquoi ?

Étant donné le titre de l'article, « OGM – L'Afrique à tout prix », que pouvez-vous anticiper sur le contenu de ce texte ? Cochez les thèmes qui vous semblent possibles.

___ Les entreprises multinationales qui produisent des semences transgéniques se lancent à l'assaut du marché africain.
___ Les pays africains sont prêts à payer n'importe quel prix pour surmonter leurs défis alimentaires.
___ Les OGM offrent plus d'avantages que d'inconvénients.
___ Les OGM présentent plus d'inconvénients que d'avantages.
___ Le cas du Burkina Faso, grand producteur de coton, confirme les effets positifs des OGM.
___ L'utilisation des OGM explique l'augmentation des prix du coton et d'autres produits transgéniques.

OGM – l'Afrique à tout prix : Le cas du Burkina Faso

L'introduction du coton génétiquement modifié au Burkina a été présentée comme une *success-story* : les rendements étaient formidables, la production ne cessait d'augmenter...

Il faut remonter le temps pour saisir les enjeux, revenir à ces années 1990 qui ont bien failli sonner le glas de l'or blanc[1]. Le coton burkinabè, fruit de nombreuses recherches menées depuis cinquante ans, est alors l'un des plus réputés du monde. Près de 80 % de la production nationale se situe au-dessus des normes en matière de longueur de fibre – or sur le marché mondial, deux choses comptent : le grade (la couleur) et la longueur de la soie. Mais au début de cette décennie, les champs sont envahis de chenilles[2]. La production chute. L'année suivante, nouvelle invasion de chenilles. Puis en 1998, ce sont les mouches blanches qui arrivent. Les paysans, dépassés, cherchent des pesticides de plus en plus forts. Certains de ces produits sont extrêmement nocifs, d'autres carrément inefficaces.

C'est là qu'arrivent Monsanto et sa concurrente suisse Syngenta, qui proposent « la solution miracle ». Le gouvernement se laisse séduire. « Dans ce contexte, forcément, quand on nous a parlé du coton génétiquement modifié, on a tout de suite applaudi. On n'avait rien à perdre », se souvient Georges Yaméogo, le secrétaire général de l'Association interprofessionnelle du coton au Burkina.

Des tests sont menés dès 2001, d'abord dans le plus grand secret, puis au grand jour à partir de 2003. En 2006, le ministère de l'Agriculture vend du rêve aux paysans : avec le coton Bt[3], il promet un rendement de 4 à 5 tonnes par hectare, quand il est inférieur à une tonne avec le coton conventionnel. Ce ratio ne sera évidemment jamais atteint.

En 2009, le coton transgénique est désormais produit et commercialisé. Comme en Inde, l'expérience est d'abord satisfaisante au Burkina. Mais très vite, les sociétés cotonnières déchantent. Avant l'introduction du transgénique, les soies longues représentaient 93 % de la production, et les soies courtes 0,44 %, les longueurs intermédiaires représentant le reste. Aujourd'hui, la tendance s'est inversée : les soies courtes représentent 56 % de la production, et les soies longues 21 %. Résultat : non seulement le Burkina vend son coton moins cher et se voit même infliger des pénalités, mais il a en plus du mal à le vendre.

En outre, de nouveaux parasites sont apparus : « Grâce au Bt, on arrive à contrôler certains ravageurs, mais d'autres, qui étaient inoffensifs avant, ont pris le dessus. Au lieu de faire deux pulvérisations de pesticides, les paysans en font trois désormais, certains en font même quatre », constate le directeur de la société cotonnière. Et les éleveurs voisins se plaignent : « Depuis qu'il y a les OGM, les bêtes sont malades », disent-ils. « Je suis éleveur depuis 1977, raconte Emmanuel Tetebafo. En 2009, j'ai commencé à cultiver des OGM. J'avais 50 moutons et 50 chèvres. Au mois d'octobre, cinq mois après avoir planté les semences, ils sont presque tous tombés malades. J'ai perdu 37 chèvres et 24 moutons. » D'autres éleveurs disent qu'ils n'osent même plus boire le lait de leurs vaches de peur d'être empoisonnés. L'Institut de l'environnement et de recherches agricoles assure que rien ne permet d'établir le lien de cause à effet, mais lorsqu'on demande si des enquêtes ont été menées, la réponse est non.

> [*En 2017, les cotonniers burkinabè ont décidé que « plus aucun gramme de coton génétiquement modifié ne devrait être produit au Burkina Faso. »*]

1 Annoncer la mort du coton.

2 *Caterpillars.*

3 Pour *Bacillus thurigiensis*, nom d'une bactérie qui permet de résister à certains insectes.

Des opinions opposées

Le pour – Opinion de Sylvie Brunel, géographe, auteure de *L'Afrique est-elle si bien partie ?*

Deux certitudes : les pays africains ont besoin de semences certifiées de qualité, et le temps presse pour relever le défi alimentaire du continent. Les rendements restent aujourd'hui très faibles, les paysans s'épuisent au travail et vivent dans la dépendance des pluies comme dans la crainte des ravageurs – particulièrement virulents dans le monde tropical – qui compromettent les récoltes, provoquent l'endettement et l'exode vers la ville.

Les semences OGM sont une des solutions qui permettraient de répondre à ces problèmes. [...] L'Afrique ne doit pas aujourd'hui être oubliée dans la grande mutation qui transforme les campagnes du monde, avec des plantes OGM qui occupent désormais 15 % des terres cultivées et facilitent la vie des petits cultivateurs en limitant les traitements chimiques, donc en réduisant la pénibilité et la dangerosité du travail agricole.

Pourquoi, à l'image de ce qui s'est passé avec le téléphone portable et l'accès à Internet, l'Afrique ne pourrait-elle pas effectuer le saut technique et agronomique qui lui permettrait de faire face à la fois à sa croissance démographique et au changement climatique alors qu'elle est le continent le plus vulnérable au monde ?

Bien sûr, il faut que les OGM élaborés puissent s'inscrire dans l'agriculture familiale (et pas seulement industrielle) et être mis à la disposition des paysans à des conditions accessibles (financièrement et techniquement) dans des filières rémunératrices. Que le continent se prive de cette opportunité alors que sa population va doubler en trente ans serait une hérésie.

Le contre – Opinion de José Bové, député européen

Il y a une dizaine d'années, les firmes ont utilisé tous les moyens – notamment financiers – pour s'attirer les faveurs des paysans du continent, disant que les OGM permettraient d'utiliser moins d'herbicides et préserveraient donc la biodiversité. [...] Le premier objectif des compagnies qui produisent des OGM est de mener les paysans à la monoculture. Le deuxième est de les rendre dépendants des semences industrielles et de tuer les semences locales.

Les expériences menées en Afrique de l'Ouest ont prouvé l'inefficacité des OGM. En termes de rendements, le cas du Burkina montre bien que le recours au génétiquement modifié ne change absolument rien. Les variétés de coton utilisées dans ces pays se sont par ailleurs avérées de mauvaise qualité. Les fils sont trop courts, ce qui a entraîné un déclassement de la fibre burkinabè, alors qu'elle était justement connue pour être l'une des meilleures au monde ! Il a fallu très vite produire plus pour obtenir les mêmes résultats, malgré les promesses qui leur avaient été faites. Ces raisons font qu'aujourd'hui ils rejettent en masse les OGM.

Autre argument développé par l'industrie depuis les années 1980 : les OGM permettraient de nourrir la planète. En fait, ils ne se concentrent que sur quelques cultures, principalement le maïs et le soja – et un peu le coton. Et celles-ci sont toutes à destination de l'exportation et de l'élevage. À aucun moment il ne s'est agi de nourrir les populations.

Manger des légumes frais, produits sur place ou achetés au marché, c'est tout de même plus simple et plus équilibré ! Il n'y a pas à tergiverser : les OGM sont un échec industriel.

Article sur le cas du Burkina par Rémi Carayol ; opinions par Sylvie Brunel et José Bové ; tirés du magazine *Jeune Afrique* (numéro 2885-2886, du 24 avril au 7 mai 2016), p. 30-35.

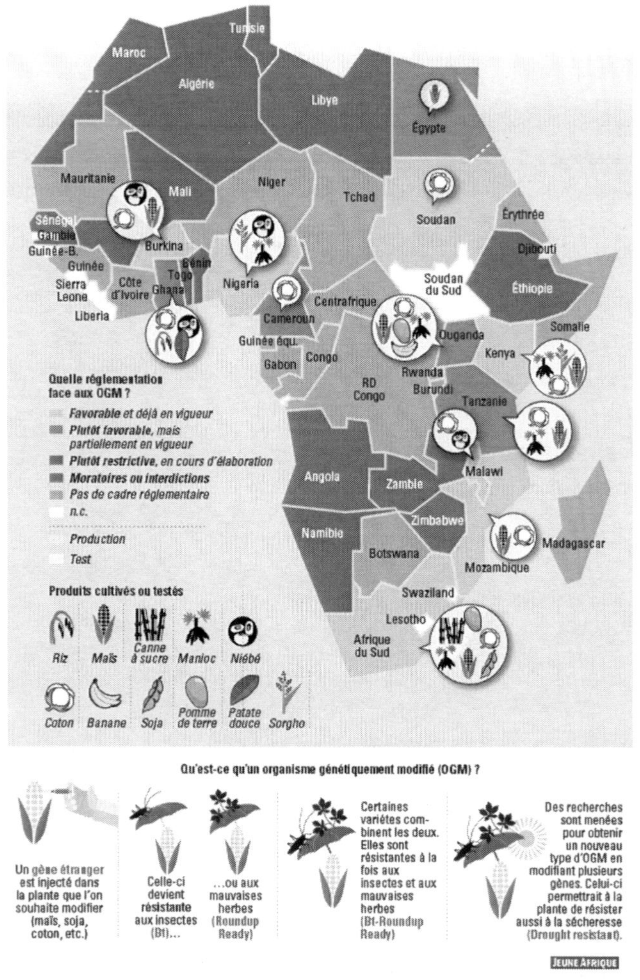

Carte de l'Afrique de l'Ouest

La récolte du coton au Burkina Faso (Afrique de l'Ouest)

PARLER ET COMPRENDRE

Après avoir lu le texte, discutez en groupes de trois ou quatre.

1. Quelle était la réputation du coton burkinabè et pourquoi cette culture était-elle menacée dans les années 1990 ?
2. Que promettait la campagne OGM aux agriculteurs du Burkina Faso ? Pourquoi le gouvernement s'est-il laissé séduire ?
3. Que veut dire « vendre du rêve » pour vous ? Pensez aux publicités que nous voyons partout – lesquelles vendent du rêve ? Comment le font-elles ? Avez-vous déjà été victime d'un « rêve » publicitaire ? Expliquez.
4. Quelles ont été les conséquences du coton transgénique sur :
   - la qualité du coton ?
   - l'usage des pesticides ?
   - l'élevage des bêtes (des animaux) ?
   - la décision des cotonniers burkinabè ?
5. L'opinion de Sylvie Brunel
   - Pourquoi dit-elle que « le temps presse » ?
   - Quels sont les défis des agriculteurs africains ?
   - Quels avantages des OGM mentionne-t-elle ?
   - Pourquoi l'Afrique est-elle le continent le plus vulnérable au monde ?
   - À quelle condition faut-il continuer à utiliser des OGM ?
6. L'opinion de José Bové
   - Quels sont les objectifs des entreprises multinationales qui fabriquent et commercialisent les OGM, selon lui ?
   - Quels sont les inconvénients des OGM ?
   - Pourquoi ne croit-il pas à la promesse des multinationales de nourrir la planète grâce aux OGM ?

PERSPECTIVES

Parmi les sujets suivants, choisissez ceux qui vous intéressent le plus et discutez en groupes de deux ou trois, en donnant le plus d'explications et d'exemples possible.

1. Le contrôle très strict des cultures transgéniques n'est pas limité à la France. Depuis 2016, la culture du maïs transgénique est interdite dans 21 pays ou régions d'Europe (Allemagne, Autriche, Bulgarie, Chypre, Croatie, Danemark, Écosse, France, Grèce, Hongrie, Irlande du Nord, Italie, Lettonie, Lituanie, Luxembourg, Malte, Pays-Bas, Pays de Galles, Pologne, Slovénie, Wallonie). Selon une déclaration officielle du ministère de l'Agriculture en France, « la présence d'OGM non autorisés dans les semences, graines destinées à la culture et premier maillon de la chaîne alimentaire, peut avoir des conséquences irréversibles pour l'environnement et représenter un risque pour la santé si leur innocuité n'a pas été évaluée ». Aux États-Unis, par contre, plus de 90 % des cultures de soja[1], maïs, coton, colza[2] et betterave sucrière sont transgéniques ; or le soja, le maïs, le colza et le sucre sont présents dans la majorité des aliments transformés. Les OGM sont aussi acceptés dans certaines variétés de pommes de terre, de papayes, de pommes, et même de saumon atlantique.
   Comment interprétez-vous cette différence de réglementation et d'attitude vis-à-vis des OGM dans différentes parties du monde ?

2. Ceux qui s'opposent aux OGM pensent qu'il est dangereux de manipuler la nature ou les mécanismes de la vie sans vraiment connaître le résultat final, car les conséquences à long terme des OGM restent encore inconnues.

---

1 *Soybean.*

2 *Canola.*

Est-ce différent de l'exploitation des énergies fossiles ? Aurait-on cru que la dépendance au charbon, au pétrole et au gaz naturel causerait le réchauffement planétaire ? Qu'est-ce qui aurait changé dans l'évolution industrielle du monde si on avait su, dès le 19e siècle, que ces énergies fossiles entraîneraient de telles conséquences environnementales ? Imaginez plusieurs scénarios possibles.

3. Formez votre propre opinion ! Analysez les éléments présentés dans l'article et ajoutez-y les arguments suivants. Lesquels vous semblent les plus convaincants ? Pourquoi ?

a. Les avantages des OGM, selon leurs défenseurs :

- Ils permettent d'augmenter la productivité agricole sans agrandir la surface cultivée ; ils peuvent donc minimiser la déforestation et la destruction de la biodiversité.
- Ils peuvent réduire l'utilisation de pesticides et la pollution des terres agricoles, car une plante modifiée de façon à résister à certains insectes ravageurs n'aura pas besoin d'autant de pulvérisations.
- Grâce aux OGM, une plante peut être modifiée de façon à devenir intrinsèquement résistante à d'autres formes d'agression extérieure, comme la sécheresse, les variations de température et les maladies. Les OGM pourraient même être cultivés sur des terres jusqu'ici inutilisables.
- Les OGM permettent d'augmenter la qualité nutritive des aliments. Un exemple est le « golden rice », un riz qui a été modifié pour produire de la vitamine A en utilisant une enzyme du maïs. D'après l'OMS, 250 millions de personnes dans le monde souffrent d'une carence en vitamine A, pouvant causer la cécité[3] et la mort. Les OGM peuvent donc améliorer la santé, surtout celle des populations pauvres.
- En augmentant la production et en créant des aliments plus résistants, les OGM peuvent solutionner les problèmes de la faim dans certaines zones où la malnutrition constitue une urgence humanitaire.
- Les OGM ont permis de créer de nouveaux médicaments, comme l'insuline.
- Des centaines d'études scientifiques ont été réalisées, démontrant qu'on ne peut pas prouver l'effet nocif des OGM sur la santé ou l'environnement.

b. Les inconvénients des OGM, selon leurs détracteurs :

- Les études scientifiques sont souvent influencées par les intérêts économiques et des décisions politiques.
- Les insectes développent une résistance à la protéine produite par les OGM, donc les agriculteurs finissent par vaporiser plus de pesticides, puisque leurs cultures y sont insensibles.
- Les pesticides impactent des insectes non ciblés et qui peuvent être utiles, comme les abeilles.
- Le pesticide est souvent produit par la même firme que les semences. L'agriculteur se trouve donc complètement dépendant de son fournisseur, qui recherche le profit avant tout.
- Les semences OGM sont plus chères que leurs équivalents non-OGM. Si l'adoption des OGM augmente véritablement le profit de l'agriculteur et réduit les frais de pesticides, l'agriculteur y gagne, mais ce n'est pas toujours le cas.
- Les terres qui servent à des cultures OGM sont parfois rendues stériles et doivent être entretenues avec des produits particuliers, ce qui ajoute au coût de l'agriculture OGM.
- La dissémination des pollens OGM par le vent ou les insectes remet en cause les droits des agriculteurs et des consommateurs. Cette invasion des écosystèmes risque d'éliminer les espèces d'origine.
- Les effets à long terme des OGM sur la santé restent principalement inconnus.

4. Un débat. Armés de vos arguments, et de recherches supplémentaires si vous le désirez, vous êtes prêts à diviser la classe en deux et à débattre la question des OGM. Utilisez des expressions utilisées dans les chapitres sur le subjonctif et sur les mots indéfinis.

---

3 Quand on est aveugle.

Qui aura les arguments les plus convaincants ?

Il est peu probable que…
Les multinationales veulent que…
Il est bon que…
Il paraît que…
Il ne suffit pas que…
Il est temps que…
Il est essentiel que…
J'espère que…
Quelle que soit…
Peu importe…
Où que… etc.

Expansion de vocabulaire

Relevez 12 mots de vocabulaire (verbes, noms, adjectifs, expressions idiomatiques) que vous avez découverts ou revus dans la discussion de ce thème et que vous allez incorporer dans votre vocabulaire actif, puis écrivez une phrase *de votre propre création* pour illustrer chaque mot ou expression. Révisez ces mots régulièrement.

Le mot/l'expression. → Une phrase pour l'illustrer

1. ____________________

→ ____

2. ____________________

→ ____

3. ____________________

→ ____

4. ____________________

→ ____

5. ____________________

→ ____

6. ____________________

→ ____

7. ____________________

→ ____

8. ____________________

→____

9. ____________________

→____

10. ____________________

→____

11. ____________________

→____

12. ____________________

→____

OÙ ALLONS-NOUS ?

Dans cette dernière unité, nous ciblons le développement de l'argumentation, à l'oral comme à l'écrit, sur une variété de sujets qui se prêtent à la controverse. Où en êtes-vous dans votre capacité à expliquer des sujets complexes en détail, à exposer des arguments structurés afin de soutenir vos opinions et à construire des hypothèses pour explorer d'autres possibilités ? Êtes-vous capables de produire un discours étendu pour faire valoir votre point de vue, sans hésitations anormalement longues, même quand vous êtes engagés dans des élaborations abstraites ? Si vous ne pouvez pas le faire avec aisance de façon soutenue, êtes-vous au moins capables de le faire une grande partie du temps ? Les trois clés de la maîtrise des fonctions supérieures sont s'exercer, s'exercer, s'exercer.

Réviser

- La voix passive ; recyclage fonctionnel.
- Le participe présent ; recyclage fonctionnel.

Rédiger

- Expressions pour présenter une variété d'options.
- Le plan causes-conséquences-solutions.

Explorer

- Les causes, conséquences et solutions des problèmes environnementaux.
- Une variété de problèmes sociaux avec leurs causes, conséquences et solutions possibles.

THÈME 10 : PROGRÈS OU DANGERS ? SCIENCE ET ENVIRONNEMENT

Chapitre 19 : La voix passive ; développement d'un plan analytique (causes-conséquences-solutions)

Où en êtes-vous ? La voix passive

Mettez les verbes à la voix passive. Cherchez les réponses à la fin du chapitre et corrigez les fautes.

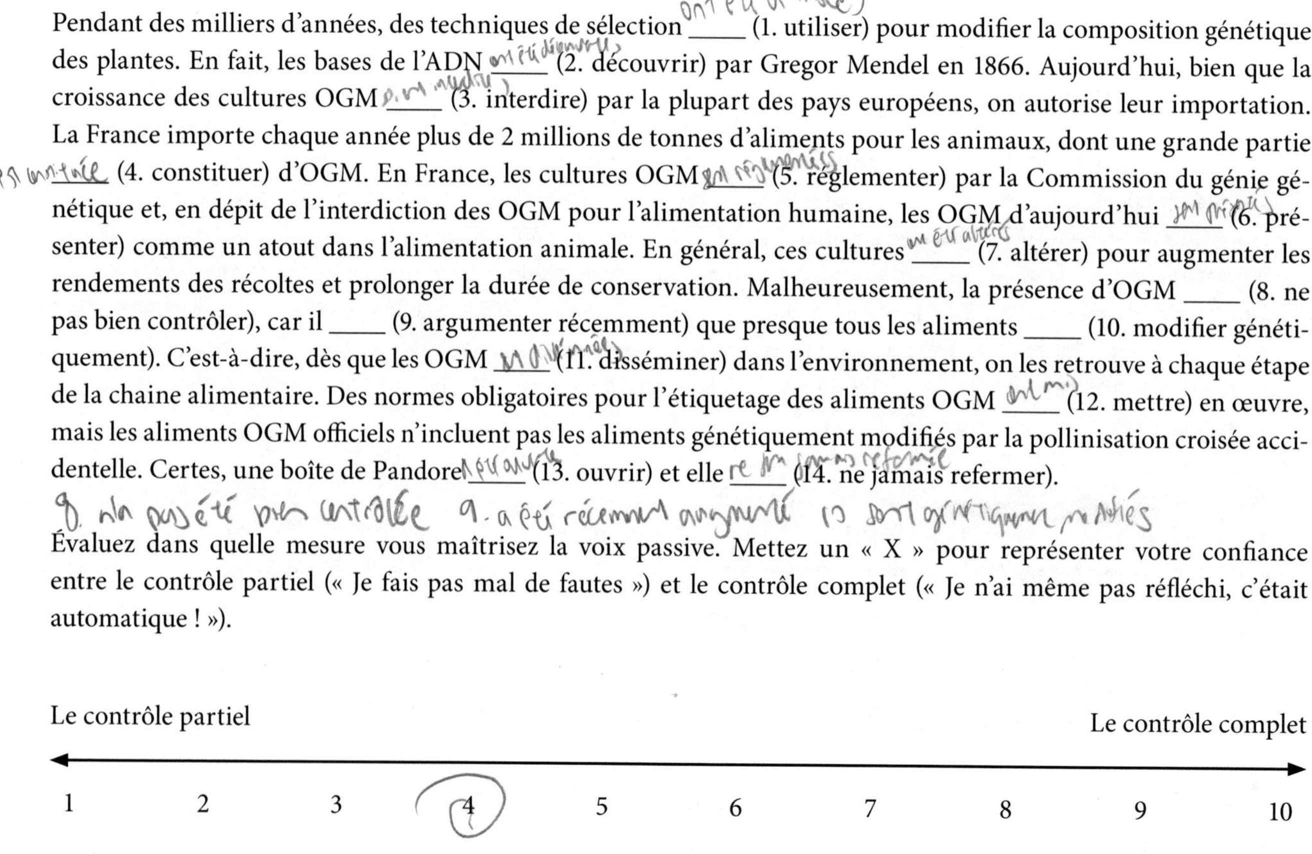

Pendant des milliers d'années, des techniques de sélection _____ (1. utiliser) pour modifier la composition génétique des plantes. En fait, les bases de l'ADN _____ (2. découvrir) par Gregor Mendel en 1866. Aujourd'hui, bien que la croissance des cultures OGM _____ (3. interdire) par la plupart des pays européens, on autorise leur importation. La France importe chaque année plus de 2 millions de tonnes d'aliments pour les animaux, dont une grande partie _____ (4. constituer) d'OGM. En France, les cultures OGM _____ (5. réglementer) par la Commission du génie génétique et, en dépit de l'interdiction des OGM pour l'alimentation humaine, les OGM d'aujourd'hui _____ (6. présenter) comme un atout dans l'alimentation animale. En général, ces cultures _____ (7. altérer) pour augmenter les rendements des récoltes et prolonger la durée de conservation. Malheureusement, la présence d'OGM _____ (8. ne pas bien contrôler), car il _____ (9. argumenter récemment) que presque tous les aliments _____ (10. modifier génétiquement). C'est-à-dire, dès que les OGM _____ (11. disséminer) dans l'environnement, on les retrouve à chaque étape de la chaine alimentaire. Des normes obligatoires pour l'étiquetage des aliments OGM _____ (12. mettre) en œuvre, mais les aliments OGM officiels n'incluent pas les aliments génétiquement modifiés par la pollinisation croisée accidentelle. Certes, une boîte de Pandore _____ (13. ouvrir) et elle _____ (14. ne jamais refermer).

Évaluez dans quelle mesure vous maîtrisez la voix passive. Mettez un « X » pour représenter votre confiance entre le contrôle partiel (« Je fais pas mal de fautes ») et le contrôle complet (« Je n'ai même pas réfléchi, c'était automatique ! »).

Le contrôle partiel ← → Le contrôle complet

1 2 3 4 5 6 7 8 9 10

STRUCTURE : La voix passive

OBSERVEZ ET DÉDUISEZ

Les OGM

L'introduction du coton génétiquement modifié au Burkina **a été présentée** comme une solution miracle. Le coton burkinabè **était reconnu** comme étant l'un des meilleurs au monde, mais au début des années 1990, les champs de coton **étaient envahis** de chenilles. En 1998, ils **ont été envahis** de mouches blanches, et les pesticides qui **étaient utilisés** à l'époque étaient extrêmement nocifs ou carrément inefficaces. Quand les OGM **ont été introduits**, le gouvernement **a été séduit**. Les agriculteurs **n'ont pas été consultés**, mais ce qui leur **était promis**, c'était plus de coton, moins de pesticides et moins de travail. Alors pourquoi ne pas essayer ?

À la voix active, le sujet accomplit l'action ; à la voix passive, le sujet subit l'action.

Voix active : des mouches blanches *ont envahi* les champs.
Voix passive : les champs *ont été envahis* de mouches blanches.

- La formation de la voix passive : que remarquez-vous ? Analysez les verbes à la voix passive dans ce petit texte, et complétez le tableau.

Voix active	*Voix passive*
On *a présenté* l'introduction du coton OGM...	L'introduction du coton OGM *a été présentée*...
Le monde *reconnaissait* le coton burkinabè...	Le coton burkinabè ________________
Les pesticides qu'on ________________	Les pesticides qui *étaient utilisés*...
Les promesses des firmes multinationales *ont séduit* le gouvernement.	Le gouvernement ______________ par les promesses des firmes multinationales.
Personne n'____________ les agriculteurs.	Les agriculteurs *n'ont pas été consultés*.
Ce qu'on leur ________________	Ce qui leur *était promis*...
Le Burkina *a donc produit* du coton OGM.	Le coton OGM ________________ au Burkina
Mais ce coton *a vite déçu* le marché.	Mais le marché ________________ par ce coton.

RÉCAPITULATION ET FAUTES COURANTES

- La voix passive se caractérise donc par l'usage de l'auxiliaire *être*, et le verbe principal devient un participe passé. Le secret, c'est de mettre l'auxiliaire *être* au *temps complet* que l'on veut utiliser. Si l'on veut du passé composé, le verbe *être* est au passé composé complet et on ajoute un autre participe passé.

  L'introduction des OGM **a été** *présentée*...

Déterminez le temps des verbes suivants et mettez-les à la voix passive :

a. Des laboratoires *avaient réalisé* des études...
→ des études ____________________ par des laboratoires...

b. Bien qu'on *ait fait* des tests...
→ bien que des tests ____________________...

c. Si l'on avait su que le marché *rejetterait* ce coton...
→ Si l'on avait su que ce coton ____________________ par le marché...

d. Le Burkina Faso *aurait peut-être suivi* l'exemple de la France.
→ L'exemple de la France ____________________ par le Burkina Faso.

- N'oubliez pas d'accorder le participe passé du verbe principal au besoin.
  L'introduction a été présent**ée** ; les champs ont été envah**is** ; les OGM sont utilis**és**...

- Seuls les verbes transitifs (ceux qui peuvent se construire avec un objet direct) peuvent être mis à la voix passive. Cela exclut les verbes suivis d'un objet indirect, les verbes intransitifs et les verbes pronominaux.
  Analysez les verbes suivants : peut-on les mettre à la voix passive ? Indiquez oui ou non, et si oui, mettez la phrase à la voix passive.

  a. On nous *a dit* de partir. → Non, car on dit **à** quelqu'un, *nous* est un objet indirect.
  Cela est différent de l'anglais, où l'expression *we were told* est très courante.
  MAIS : On a dit des choses regrettables → Oui, car dire est utilisé transitivement ici, avec un objet direct → Des choses regrettables *ont été dites.*

  b. La police les *a arrêtés.* → Oui, on arrête quelqu'un, objet direct → ils *ont été arrêtés* par la police.

  c. Le professeur nous *a interrogés.* → ?

  d. *J'aurais répondu* à la question. → ?

  e. On *a tout fait.* → ?

  f. On *évaluera* toutes les options. → ?

  g. Le gouvernement français *interdit* la culture des OGM. → ?

  h. Le processus *durera* dix minutes. → ?

- Dans la majorité des cas, l'agent est introduit par la préposition **par**.
  Ils ont été arrêtés **par** la police.
  Mais quand le verbe indique *un état ou un sentiment*, on utilise la préposition **de**.
  La route était couverte **de** neige.
  Il est respecté **de** tous.
  Essayez ! *Par* ou *de* ?

  1. Selon l'article, c'est du rêve qui a été vendu aux paysans _____ le gouvernement.
  2. Les champs de coton étaient remplis _____ insectes ravageurs.
  3. La solution qui avait été présentée _____ les firmes multinationales semblait miraculeuse.
  4. Les miracles sont aimés _____ tous !

- La voix passive, qui est très utilisée en anglais, est beaucoup moins fréquente en français. Il y a trois façons de l'éviter.

  1. Si l'agent est mentionné, pourquoi ne pas utiliser la voix active ?
     Au lieu de dire : Le voleur a été appréhendé par la police. → La police a appréhendé le voleur.
  2. Si l'agent n'est pas mentionné, *et si cet agent est une personne*, le petit mot « on » est très pratique en français ! Des études ont été faites. → On a fait des études.

3. Si l'agent est une chose et l'action est une action habituelle, on peut utiliser la forme pronominale du verbe. Au lieu de dire : Ça n'est pas dit. → Ça ne se dit pas.

Essayez ! Évitez la voix passive en mettant les verbes à la forme pronominale.

a. Parler la bouche pleine ? (Ça n'est pas fait) Ça ne ____________________.

b. Le fromage (est mangé) à température ambiante. Le fromage ________________ à température ambiante.

Application

A. **Mettez les phrases suivantes à la voix passive.** Faites attention au temps du verbe.

1. Les agriculteurs ont planté du coton OGM.
2. Des insectes ravageaient leurs champs à cette époque.
3. Le concept des OGM a séduit le gouvernement burkinabè.
4. Les firmes multinationales avaient promis des rendements de 30 % à 50 % supérieurs à ceux des semences conventionnelles.
5. Des activistes surveillent la « colonisation OGM » de l'Afrique.
6. L'Afrique du Sud pratique l'agriculture OGM depuis longtemps.
7. Est-ce qu'à long terme l'agriculture OGM remplacera l'agriculture conventionnelle dans le monde entier ?
8. Les scientifiques découvriront-ils un impact des OGM sur la santé humaine ?
9. Si on éliminait les défis alimentaires dans le monde…
10. … est-ce qu'on éliminerait aussi la pauvreté ?

B. **La voix passive est-elle possible ?** Si oui, faites les transformations nécessaires. Sinon, indiquez simplement « non ».

1. On a tout fini à temps.
2. On s'intéresse à cette question.
3. On aura trouvé une solution.
4. On servira le repas à 20 h.
5. On m'a dit d'attendre.

C. **Les routes africaines.** Évitez la voix passive en mettant la phrase à la voix active ou en utilisant « on » *si c'est possible.*

1. La route est bordée d'arbres.
2. Cette route a été construite par des travailleurs chinois.
3. Beaucoup de routes en Afrique sont refaites par des entreprises chinoises.
4. Les anciennes routes n'avaient pas été entretenues.
5. Certaines routes avaient été inondées.
6. Des ponts ont été construits.
7. Certains villages avaient été isolés par le manque de routes praticables.
8. L'infrastructure a été désignée comme la première priorité des gouvernements africains.

D. **De la voix passive à la voix active.** Transformez les phrases suivantes en utilisant a) « on » et b) la construction pronominale.

Modèle : Le français est parlé dans 22 pays d'Afrique.

→ a. On parle français dans 22 pays d'Afrique.

→ b. Le français se parle dans 22 pays d'Afrique.

1. Le bifteck est mangé saignant chez nous.
   a.
   b.
2. Le fromage est servi juste avant le dessert.
   a.
   b.
3. La fourchette est mise à gauche de l'assiette.
   a.
   b.
4. Les bonnes manières sont enseignées dès l'enfance.
   a.
   b.
5. Les chansons américaines sont entendues à la radio à travers le monde.
   a.
   b.
6. Dans le mot « os », le s est prononcé au singulier mais pas au pluriel.
   a.
   b.
7. Le mot « impressionnisme » est écrit avec deux *n* en français.
   a.
   b.
8. Croyez-vous qu'un jour les OGM seront utilisés dans tous les pays du monde ?
   a.
   b.

Application communicative

Quelles seraient les conséquences ? Donnez au moins trois conséquences pour chaque hypothèse. Discutez en groupes de deux ou trois, puis présentez vos conclusions au reste de la classe.

1. S'il *était prouvé* qu'à long terme la culture des OGM avait un impact sur la santé humaine…
2. Si la culture des OGM *était perfectionnée* à un point tel qu'on puisse éliminer la faim dans le monde…
3. Après les OGM, les AGM ? Un seul animal génétiquement modifié est déjà commercialisé aux États-Unis et au Canada : c'est le saumon atlantique à croissance accélérée, qui atteint sa taille adulte en 18 mois au lieu de trois ans, et qui consomme 25 % moins de nourriture qu'un saumon d'élevage non transgénique pour atteindre sa taille adulte. Ce type d'élevage présente donc un intérêt économique, mais aussi environnemental. D'autres animaux transgéniques existent déjà à titre expérimental. Si les AGM *étaient développés* au point de devenir la norme plutôt que l'exception, quelles seraient les conséquences pour le régime alimentaire des êtres humains et pour l'environnement ?

ÉCRITURE : Stratégies pour développer un argument selon le plan causes-conséquences-solutions

PROJET D'ÉCRITURE : UN PLAN CAUSES-CONSÉQUENCES-SOLUTIONS

Au chapitre 18, vous avez rédigé un plan détaillé pour une dissertation selon *le plan dialectique*, qui sert à peser le pour et le contre. Au chapitre 20, vous composerez un plan détaillé d'une dissertation selon *le plan analytique*. Le plan analytique vise à examiner un problème en profondeur ; on l'appelle aussi un plan « étude de cas ». Comme le plan dialectique, le plan analytique se compose normalement de trois parties : causes, conséquences, solutions. Ce plan est particulièrement utile lorsqu'il s'agit de développer un argument sur un problème environnemental, économique, social, politique ou autre, et qu'il n'y a pas vraiment de pour et de contre. Dans ce chapitre, vous allez explorer des problèmes, leurs causes et leurs conséquences. Vous présenterez aussi des solutions à ces problèmes.

I. Définir le problème

Certes, les problèmes abondent dans le monde. Le plan analytique nécessite une bonne définition du problème. Il ne suffit pas de traiter de « la faim et de la malnutrition », mais plutôt de « la faim et la malnutrition en Asie » ou « des points chauds de la faim ». Avec un sujet précis, on peut traiter des causes précises. Par exemple, au lieu de parler des conflits, des conditions météorologiques et des maladies en général, on peut dire qu'en Afrique de l'Est les guerres d'indépendance suivies de chocs climatiques récurrents – c'est-à-dire le cycle de sécheresse, inondations, sécheresse, inondations – et l'arrivée de la COVID-19 ont créé des « points chauds de la faim », où l'insécurité alimentaire s'aggrave pendant la saison sèche et provoque le risque d'une famine régionale insurmontable. Il en résulte qu'il faudra faire des recherches sur le problème de la faim dans une ou plusieurs régions bien précises du monde.

Cherchez sur Internet au moins trois problèmes particuliers dans les domaines suivants, puis communiquez vos trouvailles à deux partenaires.

Modèle : L'érosion de la biodiversité

→ La surpêche, la destruction des forêts, les monocultures industrielles et les OGM, la déforestation, le braconnage, la propagation d'espèces envahissantes

Problèmes environnementaux

1. L'eau potable et les services d'assainissement
2. L'énergie
3. Les déchets solides
4. La pollution des eaux
5. Le changement climatique
6. Les accidents industriels

Problèmes sociaux

7. La criminalité
8. Les personnes sans domicile fixe
9. Les soins de santé
10. La protection de la vie privée en ligne

II. Le principe du remue-méninges inversé pour déterminer les causes

Nous avons déjà fait un remue-méninges pour déclencher des idées, mais le remue-méninges inversé peut aussi être utile pour définir les causes d'un problème. Il s'agit de penser aux moyens d'aggraver un problème. Au lieu de vous demander « comment éviter ou résoudre ce problème ? », posez-vous la question « comment déclencher ou aggraver ce problème ? ». Le principe du remue-méninges inversé est de prendre le contre-pied d'une problématique, afin de penser différemment aux solutions. En même temps, il se peut que vous trouviez d'autres causes inattendues.

Avec un(e) partenaire, reprenez trois problèmes particuliers de l'exercice précédent et présentez plusieurs aggravations possibles.

Modèle : En parlant de *la surpêche*, qu'est-ce qui aggraverait le problème ?

→ La pêche illégale, une baisse du prix du poisson, la perte totale de certains stocks de poisson, un déséquilibre écologique qui entraîne l'abondance des poissons indésirables, etc.

Comparez vos réponses avec celles d'un autre groupe.

III. Les conséquences

Un problème peut avoir des répercussions dans plusieurs domaines. Un plan causes-conséquences-solutions tente de considérer les conséquences multiples issues d'un seul problème. Il serait donc utile d'en examiner les effets sous divers aspects.

Décrivez les conséquences des problèmes ci-dessous dans **au moins trois** des domaines suivants : les conséquences environnementales, les conséquences économiques, les conséquences sociales, les conséquences culturelles, les conséquences politiques ou les conséquences démographiques.

Modèle : Le braconnage (ou la chasse illégale)

→ Les conséquences environnementales – Le braconnage entraîne la diminution des populations d'animaux charismatiques, comme le rhinocéros, l'éléphant ou le tigre. D'ailleurs, plusieurs espèces de plantes à fruits dépendent de ces animaux pour la dispersion de leurs graines ; le braconnage affecte donc la faune autant que la flore.

Les conséquences économiques – Les chasseurs achètent moins de permis de chasse, et cette diminution réduit aussi les fonds nécessaires pour soutenir les grandes réserves de chasse qui protègent les espèces menacées de disparition.

Les conséquences sociales – Chaque année en Afrique, des rangers et des écogardes sont tués par des braconniers, et la violence continue.

Les conséquences culturelles – Les plus pauvres dans les pays en développement dépendent de la faune locale pour leur subsistance et pour des remèdes naturels. Ces ressources tendent à se raréfier sous l'effet du braconnage.

Les conséquences politiques – Le braconnage méthodique est destiné au blanchiment d'argent et au financement du crime organisé, du terrorisme ou des milices rebelles.

Les conséquences démographiques – Puisque certaines espèces transmettent des maladies comme la fièvre d'Ebola (des singes) ou le SRAS (le pangolin), le braconnage peut provoquer la mort de toute une classe d'âge.

1. La pollution atmosphérique
2. La pollution des eaux
3. La surpopulation
4. La criminalité
5. Le vieillissement démographique

Comparez vos réponses avec celles d'un(e) partenaire. Quelles conséquences sont les plus évitables ?

IV. Rappel des connecteurs

En décrivant les causes et les conséquences, il y a souvent des options à présenter. Voici une liste de connecteurs pour indiquer les choix que vous proposez.

soit (que)… soit (que), ou (bien)… ou (bien)

- On invitera soit Paul, soit Gérard, mais pas les deux.
- Nous nous verrons demain, soit que j'aille chez toi, soit que tu viennes chez moi.

– La mairesse n'a pas répondu à la question. Ou bien elle n'a pas compris la question, ou bien elle ne veut pas nous dire la vérité.

non seulement… mais encore

– Il s'agit non seulement de combattre l'analphabétisme, mais encore d'accroître l'autonomie et la qualité de vie des citoyens.

tantôt… tantôt (*sometimes*)

– Tantôt cinglants, tantôt coquins, les caricaturistes donnent une interprétation de la société.

d'un côté… de l'autre…

– Il y a d'un côté les problèmes locaux et, de l'autre, les problèmes mondiaux.

Utilisez les expressions ci-dessus pour offrir soit une cause, soit une conséquence, soit une solution.

Modèle : Quand vous êtes invité à manger chez quelqu'un…
→ Quand vous êtes invité à manger chez quelqu'un, il faut lui offrir **soit** *des fleurs*, **soit** *du vin*.

1. Pour apaiser ma faim, je mange…
2. Mon/ma camarade de chambre est de mauvaise humeur…
3. Quand on veut manger des aliments produits localement, on peut…
4. Aider les autres à se sentir mieux m'aide aussi, car…
5. Les conflits n'ont vraiment que deux sources : …
6. Pour réaliser le rêve américain…
7. La manière d'étudier dans les écoles va certainement changer…
8. Si on n'est pas sensible aux sentiments d'autrui…
9. Pour lutter contre la dépression…
10. Pour minimiser son empreinte écologique, on pourrait…

Comparez vos réponses à celle d'un(e) partenaire. Quelles solutions sont les meilleures ?

RÉPONSES À L'EXERCICE OÙ EN ÊTES-VOUS ? LA VOIX PASSIVE

1. des techniques de sélection ***ont été utilisées*** *2. les bases de l'ADN* ***ont été découvertes*** *par Gregor Mendel 3. bien que la croissance des cultures OGM* ***soient interdites*** *4. une grande partie* ***est constituée*** *d'OGM 5. les cultures OGM* ***sont réglementées*** *6. les OGM sont présentés comme un atout 7. ces cultures* ***ont été altérées*** *8. la présence d'OGM* ***n'a pas été bien contrôlée*** *9. il* ***a été récemment argumenté*** *10. presque tous les aliments* ***ont été génétiquement modifiés/sont génétiquement modifiés*** *11. dès que les OGM* ***sont disséminés*** *dans l'environnement 12. Des normes obligatoires pour l'étiquetage des aliments OGM* ***ont été mises*** *en œuvre 13. une boîte de Pandore* ***a été ouverte*** *14. elle* ***ne sera jamais refermée***

THÈME 10 : PROGRÈS OU DANGERS ? SCIENCE ET ENVIRONNEMENT

Chapitre 20 : Le participe présent ; le plan analytique (causes-conséquences-solutions)

Où en êtes-vous ? Le participe présent

-ent(e)(s) ou -ant(e)(s) ? Mettez la terminaison correcte. Utilisez le participe présent, un adjectif dérivé ou une conjugaison au présent. Cherchez les réponses à la fin du chapitre et corrigez les fautes.

Les principales sources de pollution de l'air sont les transports et les émissions industrielles. Les transports, _____ (1. produire) près de 80 % de la pollution atmosphérique, sont les plus grands coupables. Les rejets gazeux émis par les industries _____ (2. négliger) constituent 97 % des émissions d'ammoniac. Donc, les compagnies _____ (3. négliger) leurs responsabilités sanitaires contribuent aussi au réchauffement de la terre. Plus _____(4. préoccuper) encore, l'air pollué ne s'attaque pas seulement à nos voies respiratoires. Ces polluants _____ (5. contaminer) aussi les sols et l'eau nous reviennent dans les fruits, les légumes et les animaux que nous consommons. Les animaux _____(6. inhaler) ces polluants, et leur concentration _____(7. s'accentuer) lorsque ces mêmes animaux _____(7. se faire) manger par d'autres animaux. Certes, les gaz _____(8. polluer) nous suivent jusqu'à l'intérieur de nos maisons, _____(9. apporter) avec eux toutes sortes de maladies. Mais que faire ? D'abord, un système agroalimentaire responsable _____(10. influer) positivement sur l'environnement est recommandé. Déjà, les organisations non gouvernementales _____(11. influer) sur la politique, mais toute personne _____(12. influer) doit agir pour contrer les émissions des transports. La plupart des projets _____(13. provoquer) des changements s'appuient sur un système de surveillance des industries, mais les solutions de l'individu, _____(14. différer) de celles de l'industrie, sont aussi importantes. Car c'est en _____(15. travailler) ensemble que nous sauvegarderons la planète.

Évaluez dans quelle mesure vous maîtrisez le participe présent. Mettez un « X » pour représenter votre confiance entre le contrôle partiel (« Je fais pas mal de fautes ») et le contrôle complet (« Je n'ai même pas réfléchi, c'était automatique ! »).

Le contrôle partiel — Le contrôle complet

1 2 3 4 5 6 7 8 9 10

STRUCTURE : Le participe présent

OBSERVEZ ET DÉDUISEZ

Le réchauffement climatique

D'où vient le réchauffement climatique ? Le consensus scientifique est clair : les émissions de gaz **résultant** des activités humaines sont la cause majeure de la concentration dans l'atmosphère des gaz à effet de serre (GES), le CO_2 et le méthane **étant** les plus grands coupables. **En retenant** dans son atmosphère une partie de plus en plus importante de la chaleur **venant** des rayons solaires, la terre se dérègle : les glaciers polaires fondent, le niveau des mers monte, les ouragans et les cyclones sont de plus en plus extrêmes, les vagues de chaleur sont plus intenses, les feux de forêt plus fréquents, les régions sèches deviennent plus arides, les zones humides reçoivent plus de précipitations, tout cela **ayant** des conséquences énormes sur l'économie mondiale. Selon les estimations des Nations Unies, chaque élévation de 1 °C entraîne une réduction de 10 % de la productivité agricole, **engendrant** des famines, des épidémies, des migrations de plus en plus nombreuses, la montée des nationalismes et des guerres pour la maîtrise de l'eau ou des terres. **Sachant** que, si le réchauffement climatique n'est pas inversé, les experts prédisent une augmentation de 3 °C d'ici 2050, et de 6 à 7 °C en 2100, que pensez-vous qu'on puisse faire pour lutter contre ce réchauffement ?

Le participe présent est une forme verbale qui se termine par **-ant**.

- En regardant les exemples comme *retenant* et *venant*, quelle forme du présent d'un verbe est utilisée comme racine du participe présent ?
  Pouvez-vous déduire le participe présent des verbes suivants ?

  a. réfléchir **b.** craindre **c.** sourire **d.** traduire **e.** faire **f.** voir

- Seuls trois verbes sont irréguliers au participe présent – pouvez-vous les trouver dans le paragraphe ci-dessus ?

RÉCAPITULATION ET FAUTES COURANTES

Si on se rappelle que pour former le participe présent on ajoute la terminaison *-ant* à la forme *nous* du présent, et qu'il n'y a que trois exceptions, la formation du participe présent est relativement facile. Les différentes façons de l'employer, cependant, demandent plus d'attention.

1. **Le gérondif**, ou l'emploi du participe présent avec **en**.
   Employé avec **en**, le participe présent exprime :
   - *la simultanéité* de deux actions :
     J'écoute la radio *en conduisant*.
     Nous pourrons discuter *en marchant*.

     Note : Si la simultanéité des deux actions semble illogique, on emploie **tout en**.
     Point de vue du parent : On ne peut pas faire ses devoirs *tout en regardant* la télé !
     Point de vue de l'enfant : Je peux très bien faire mes devoirs *en regardant* la télé !
     À vous de décider : Peut-on se maquiller (ou se raser) a) tout en conduisant ou b) en conduisant ?!
   - Une réponse à la question *quand* :
     En revenant chez moi, j'ai vu un accident. (= quand je revenais chez moi…)
     Ferme la porte à clé *en partant*. (= quand tu partiras)

- Une réponse à la question *comment* :
  On apprend beaucoup de vocabulaire *en lisant*.
  On ne maigrit pas *en mangeant* constamment du chocolat…

2. **Le participe présent seul** exprime :
   - Une réponse à la question *pourquoi* :
     N'ayant plus faim, il n'a pas pris de dessert. (= parce qu'il n'avait plus faim)
     Le résultat *n'étant pas* satisfaisant, nous avons changé notre approche.
   Remarquez que dans ce deuxième exemple, le sujet du participe présent le précède.
   Si un nom ne précède pas le participe présent, celui-ci s'applique automatiquement au sujet du verbe principal.
     N'étant pas satisfaits, *ils* se sont plaints.
   - *Une conséquence* de l'action principale :
     Les pluies ont duré plusieurs jours, *causant* des inondations.
   - *Une circonstance* qui accompagne une action :
     Il n'a rien dit, *pensant* que j'approuvais son silence.
   - *Une condition* :
     Le temps le *permettant*, nous ferons une randonnée. (= si le temps le permet)
   - Le participe présent seul peut aussi remplacer *une proposition relative* :
     Un monsieur *portant* un chapeau de cowboy conduisait le camion.
     (= un monsieur qui portait un chapeau…)

3. **Le participe présent composé** exprime une action antérieure :
   Ayant déjà mangé, elle n'a fait que grignoter.
   S'étant rendu compte de son erreur, elle s'est excusée.

Application

A. **Justification.** Quel est le cas qui justifie l'utilisation du gérondif ou du participe présent seul ?
   Modèle : Les enfants sont partis *en courant* → réponse à la question comment (Comment sont-ils partis ?)
   1. Les émissions de gaz **résultant** des activités humaines…
   2. **En retenant** dans son atmosphère une partie de plus en plus importante de la chaleur **venant** des rayons solaires, la terre se dérègle.
      a. **En retenant**
      b. **Venant**
   3. … tout cela **ayant** des conséquences énormes sur l'économie globale.
   4. … chaque élévation de 1 °C entraîne une réduction de 10 % de la productivité agricole, **engendrant** des famines, des épidémies, des migrations de plus en plus nombreuses…
   5. **Sachant** que si le réchauffement climatique n'est pas inversé, les experts prédisent…

B. **Comment** peut-on lutter contre le réchauffement climatique ?
   Modèle : (vivre sans voiture) → On peut mener cette lutte *en vivant* sans voiture.
   1. (conduire un véhicule électrique)
   2. (pratiquer le covoiturage)
   3. (réduire les voyages en avion)
   4. (prendre les transports en commun)
   5. (privilégier le télétravail)
   6. (rénover son logement)
   7. (manger moins de viande rouge)
   8. (acheter des produits locaux)

9. (économiser l'eau)
10. (éteindre les lumières et le chauffage dans les pièces vides)
11. (régler la température des pièces habitées)
12. (recycler les déchets)
13. ?

C. **Pourquoi** le réchauffement climatique s'accélère-t-il ?
Modèle : (la population mondiale/augmenter), la pollution de l'atmosphère s'accroît.
→ La population mondiale *augmentant*, la pollution de l'atmosphère s'accroît.
1. (Les feux de forêt/devenir plus nombreux), la production de GES augmente.
2. (La consommation d'énergies fossiles/produire du dioxyde de carbone), la concentration de CO2 dans l'atmosphère constitue 63 % des GES.
3. (L'élevage intensif des vaches/émettre beaucoup de méthane), cette industrie contribue au réchauffement climatique.
4. (L'exploitation du gaz et du pétrole de schiste, ou la fracturation/être aussi responsable d'émission de méthane), cette industrie ajoute à l'accumulation de GES dans l'atmosphère.
5. (L'impact du méthane sur le réchauffement/être 28 fois plus puissant que celui du CO2), ce gaz est le plus dangereux.

D. **Des conséquences.** Si le réchauffement n'est pas inversé, quelles seront les conséquences prévues par les experts ?
Modèle : Les glaciers polaires fondront, (faire) monter le niveau des mers.
→ … *faisant* monter le niveau des mers.
1. Le niveau des mers montera, (submerger) le tiers des villes de la planète.
2. La production agricole diminuera, (causer) des famines.
3. Des nouvelles maladies apparaîtront, (donner lieu) à des épidémies.
4. Certaines espèces animales et végétales disparaîtront, (occasionner) une extinction de masse.
5. Les migrations s'accéléreront, (créer) 250 millions de déplacés pour raisons climatiques d'ici 2050.

E. **Plus terre à terre.** Remplacez les expressions en italique par un gérondif, un participe présent ou un participe présent composé.
1. Quand je me suis réveillé ce matin, j'avais mal à la tête.
2. Comme je m'étais couché très tard, je n'avais pas assez dormi.
3. Puisque je savais que j'avais beaucoup de choses à faire, je me suis dépêché de me préparer.
4. Pendant que j'attendais le bus, j'ai lu mes courriels.
5. Comme j'avais laissé la clé du bureau à la maison, je me suis demandé si je serais obligé de faire demi-tour.
6. Mais parce que la porte n'était pas fermée à clé, j'ai pu entrer.
7. C'était sans doute ma collègue, qui pensait que j'aurais encore oublié ma clé, qui avait ouvert la porte.
8. Si les circonstances le permettent, je profiterai du week-end pour me reposer.

Autres considérations sur le participe présent

1. **La terminaison anglaise en -*ing*** ne se traduit pas toujours par un participe présent !

Formes en -ing en anglais	Formulation française
Forme progressive d'un verbe *I was waiting for you.* *I am working right now.*	Temps simple du verbe ou *être en train de* Je t'attendais. Je suis en train de travailler.

Suite à la page suivante

Après toutes les prépositions sauf *en* *Before leaving...* *After seeing what happened...*	Infinitif présent ou passé Avant de partir... Après avoir vu ce qui s'est passé...
Avec un verbe de perception *I hear them singing.*	Infinitif Je les entends chanter.
Des activités *Skiing is my favourite sport.* *She likes gardening.*	Un nom Le ski est mon sport préféré. Elle aime le jardinage.

Essayez !

Participe présent, infinitif ou un nom ? Traduisez les mots entre parenthèses.

1. On apprend ________________ (*by trying*).
2. Je le disais correctement ________________ (*without knowing it*).
3. Il chantait ________________(*while working*).
4. Quand tu viendras, ________________ (*I'll be working*).
5. Je les ai regardés ________________ (*playing*).
6. Est-ce que tu aimes ________________ (*fishing*) ?
7. Nous avons passé la journée ________________ (*having fun*).

2. **Participe présent ou adjectif ?**

- Beaucoup d'adjectifs sont dérivés du participe présent ; en tant qu'adjectifs, ils s'accordent avec le nom ou le pronom qu'ils modifient.

  Ces statistiques sont *intéressantes*, mais en fin de compte, elles ne sont pas *surprenantes*.

- Dans quelques cas relativement rares, l'orthographe change.

Participe présent :		Adjectif :
	fatiguant[1]	fatigant
	convainquant[2]	convaincant
	précédant	précédent

- Il faut analyser la fonction du mot dans la phrase pour savoir s'il est utilisé comme verbe (donc invariable) ou comme adjectif (variable).

  Les dernières statistiques sont sorties, *alarmant* le public. (participe présent, invariable)

  Les dernières statistiques étaient *alarmantes.* (adjectif, variable)

Essayez ! Adjectif ou participe présent ?

1. Cette histoire est très ________________ (émouvoir).
2. Les détails ________________ (toucher) cet incident ne sont pas encore connus.
3. Les mois ________________(suivre) son opération ont été difficiles.
4. Je trouve cette proposition très ________________(fasciner).
5. La semaine ________________ (précéder) avait été très chargée.
6. La semaine ________________ (précéder) notre déménagement a été très chargée.
7. Il a utilisé de bons arguments, ________________ (convaincre) le public.
8. Il a utilisé des arguments ________________(convaincre).
9. Elle est la preuve ________________(vivre) de ses croyances.
10. Que faire des personnes ________________ (vivre) illégalement dans ce pays ?

---

1 Et autres verbes en -guer, comme intriguer : intriguant/intrigant.

2 Et autres verbes en -quer, comme provoquer : provoquant/provocant.

Application communicative

En groupes de deux ou trois, terminez les phrases suivantes. Donnez le plus d'explications possible, puis présentez vos idées au reste de la classe.

1. Ce que nous trouvons intrigant dans l'évolution du réchauffement climatique, c'est…
2. Les phénomènes liant le réchauffement climatique et les migrations humaines sont en fait très logiques, car…
3. En réfléchissant à l'avenir de notre planète, la chose que nous trouvons particulièrement inquiétante, c'est…
4. Si les sociétés industrielles avaient pu voir, il y a cent ans, les conditions climatiques menaçant le monde d'aujourd'hui et de demain, nous croyons que…

ÉCRITURE : Le plan causes-conséquences-solutions

PROJET D'ÉCRITURE : UN PLAN CAUSES-CONSÉQUENCES-SOLUTIONS

Au chapitre 19, vous avez exploré plusieurs problèmes avec leurs causes, leurs conséquences et quelques solutions. Maintenant, à vous d'imaginer une conclusion et de rédiger un plan détaillé causes-conséquences-solutions.

Comme pour le plan dialectique, votre plan détaillé comportera les axes principaux et les sous-parties de la dissertation. Chaque sous-partie contiendra une idée principale, elle-même décrite et illustrée. En prenant un exemple, voici à quoi pourrait ressembler la structure de la dissertation selon le plan causes-conséquences-solutions.

Partie	Rôle	Exemple
Énoncé	Annoncer le sujet de la dissertation	L'immigration dans la France actuelle
Introduction	Contextualiser Définir le problème Présenter le plan	Définir les problèmes associés à l'immigration en France. Les enjeux actuels de l'immigration.
Causes	Présenter les causes en illustrant plus précisément les détails.	Les causes de l'immigration en France (p. ex., d'où viennent les immigrants ? Pourquoi est-ce qu'ils viennent en France ?) Les différentes vagues d'immigration en France
Conséquences	Décrire les conséquences et les répercussions. Ces conséquences sont souvent négatives parce que l'on décrit un problème, mais l'on n'est pas limité à des notions négatives.	Les conséquences démographiques Les conséquences économiques Les conséquences sociales Les conséquences culturelles Les conséquences politiques Les conséquences environnementales
Solutions	Considérer des mesures qui sont déjà en vigueur et émettre des hypothèses sur ce qu'on pourrait faire d'autre. Proposer d'éventuelles solutions. En général, ces solutions sont directement liées aux conséquences.	Pour surmonter les problèmes économiques, on pourrait offrir aux immigrants plus de soutien linguistique, ce qui les aiderait… Pour diminuer les effets négatifs sur le plan social, on pourrait…

Suite à la page suivante

Conclusion	Réaffirmer et clarifier le problème et ses causes. Indiquer si les solutions que vous proposez sont faisables et proposer un plan pour l'avenir.	Ce n'est pas seulement la politique gouvernementale, mais aussi les attitudes individuelles qui doivent changer. Certains gouvernements offrent de tels soutiens et les effets s'avèrent positifs. Les actions gouvernementales sont nécessaires, mais il faut aussi des changements à l'échelle individuelle si on veut améliorer le système d'immigration.

I. La conclusion

Les connecteurs logiques de conclusion peuvent être utiles quand il faut résumer les parties disparates d'une dissertation. Voici quelques expressions pour signaler un résumé des points :

Ainsi	Tout bien considéré
Pour conclure	En dernier lieu
En conclusion	En dernière analyse
En somme	Au fond
Finalement	

- **En somme,** le problème qui se pose n'est lié ni au commerce ni à la santé, mais…
- Les causes de la déforestation sont, **au fond,** complexes et controversées.
- **En dernier lieu,** la lutte contre la déforestation est urgente, étant donné que…

Il est déconseillé de commencer la conclusion par une de ces expressions, parce qu'elles s'utilisent pour signaler un résumé des arguments et non pas pour annoncer le commencement d'une nouvelle section de la dissertation. En général, ces expressions sont préférables à l'intérieur d'un paragraphe. Si vous utilisez un connecteur de conclusion pour commencer la conclusion dans votre premier brouillon, il vaut mieux l'éliminer après avoir terminé la conclusion et ensuite réévaluer si l'expression reste propice.

Remarquez que la dissertation ci-dessous n'a pas de conclusion. Lisez l'exemple d'une dissertation causes-conséquences-solutions, puis écrivez une conclusion d'un paragraphe qui (1) réaffirme les enjeux de l'insécurité alimentaire au Mali et qui (2) propose quelques hypothèses.

L'insécurité alimentaire au Mali

Introduction

La planète produit suffisamment pour nourrir tout le monde ; pourtant, chaque jour des millions de personnes ne mangent pas à leur faim. Actuellement, plus de six millions de personnes souffrent de la faim et sont en condition de malnutrition chronique. Si l'on considère « l'insécurité alimentaire » dans son sens le plus vaste, à savoir les difficultés à accéder à une alimentation saine et équilibrée, il existe plus de deux milliards de personnes qui en souffrent, c'est-à-dire un quart de la population mondiale qui ne peut pas se procurer une alimentation suffisamment nutritive. Au Mali, cette insécurité alimentaire s'est aggravée depuis 2019 sous l'effet des phénomènes climatiques extrêmes, des conflits armés, des crises économiques et de la pandémie de COVID-19. L'insécurité alimentaire, caractérisée par une détérioration de la qualité du régime, accroît le risque de malnutrition, qui peut entraîner la dénutrition ou la mort. Chaque pays ayant ses propres obstacles à surmonter, les solutions sont loin d'être générales mais incluent souvent une combinaison d'actions gouvernementales, d'initiatives d'éducation et de coopération entre les communautés et entre les individus pour alléger le fardeau des personnes les plus vulnérables à l'insécurité alimentaire.

Causes

Au Mali, les dérèglements climatiques ont un impact sur les rendements et les prix des produits agricoles, surtout dans le sud du pays. En effet, les petites fermes familiales souffrent soit de la sécheresse, comme c'est le cas en Afrique du Sud, en Amérique du Sud et en Inde, soit d'inondations, comme on en voit dans la corne de l'Afrique et en Asie.

Tout aussi coupables, les conflits continuels, notamment dans le nord et dans le centre du Mali, sont responsables de la plupart des crises alimentaires aiguës. En général, les populations qui souffrent continuellement de la faim demeurent dans des pays en conflit quasi permanent, comme le Soudan, le Yémen et la République démocratique du Congo. Mais ces conflits, tout comme celui en Ukraine, perturbent et même rompent des chaînes alimentaires pour le Mali, qui dépend des importations de denrées alimentaires pour survivre. En outre, les effets des crises économiques exacerbées par la pandémie de COVID-19 s'ajoutent aux facteurs qui contribuent à la perturbation des chaînes d'approvisionnement. Par exemple, pendant la pandémie, le Mali a limité ses échanges commerciaux avec ses pays voisins. Privés de revenus, beaucoup ont souffert de la faim à un niveau critique à cause des effets socioéconomiques de la pandémie.

Conséquences

L'impact du changement climatique et des conflits au Mali entraîne une réduction continuelle des récoltes et de la productivité agricole. La majeure partie de la production agricole au Mali repose sur les précipitations ; les changements climatiques réduisent donc les rendements des cultures et la disponibilité de l'eau. Cette réduction provoque, par la suite, un effet domino sur la santé du bétail, les maladies, les animaux nuisibles et la sécurité alimentaire en général.

L'insécurité alimentaire se ressent davantage dans les régions rurales que dans les régions urbaines, et les plus pauvres sont les plus vulnérables, où qu'ils vivent. Or, l'insécurité alimentaire peut avoir des conséquences profondes et vastes. À l'échelle de la société, le coût de l'insécurité alimentaire est énorme, car elle entraîne des maladies et des morts évitables. Les personnes en situation d'insécurité alimentaire ne peuvent pas contribuer à la société, car elles sont toujours à la recherche de leur prochain repas. À l'échelle de l'individu, l'insécurité alimentaire empêche un développement physique et mental sain. Ceux et celles qui en souffrent à court terme éprouvent les douleurs de la faim et de l'épuisement. D'autre part, à moyen terme, l'insécurité alimentaire engendre le diabète, l'anémie et des maladies cardiovasculaires. L'insécurité alimentaire peut aussi avoir des effets négatifs sur le plan de la santé mentale. On peut décider de ne plus manger en famille ni avec ses amis. On peut perdre toute dignité ou estime de soi, ce qui met en danger toutes nos relations sociales et peut mener au suicide.

Solutions

Premièrement, en dépit de l'importance des solutions techniques permettant d'augmenter la productivité agricole dans d'autres pays, sans une analyse des conflits actuels au Mali, ces investissements risquent de créer de nouveaux conflits ou bien d'exacerber ceux qui existent déjà. Si aux États-Unis, un pays riche en terre et en eau, des mesures agronomiques telles que l'agriculture pluviale ou l'aquaculture pourraient bien fonctionner, au Mali, comme dans tous les pays en développement, la pénurie de ressources naturelles ne permet pas l'expérimentation relative à une répartition innovatrice des ressources limitées. Ainsi, il faut d'abord considérer l'utilisation durable et la gouvernance des ressources naturelles actuelles.

Deuxièmement, pour éviter ou même résoudre les conflits au Mali, il faut en comprendre les causes profondes ; les gouvernements doivent donc définir les ressources locales et les gérer en fournissant plus d'aide aux régions où les ressources diminuent et où la pression des conflits semble croître. Cela permettra le retour des communautés déplacées par les conflits et une reprise des activités agricoles dans les régions affectées. Alors seulement pourra-t-on profiter à long terme des initiatives gouvernementales pour la paix et la sécurité alimentaire.

Troisièmement, on devrait repenser la politique agricole pour qu'elle s'appuie sur les agriculteurs locaux. Par exemple, pour aider les agriculteurs à se défaire des engrais chimiques, on pourrait leur apprendre à fabriquer eux-mêmes leurs pesticides. Les agriculteurs qui participent à la gestion des ressources sont souvent plus attentifs en ce qui concerne les engrais et la surutilisation des pesticides, et plus responsables quant aux ressources naturelles.

II. Le plan détaillé

Comme pour le plan dialectique, un plan détaillé sert à organiser les idées avant de rédiger la dissertation finale.

Choisissez un problème que vous avez relevé auparavant et proposez un plan détaillé qui illustre les trois parties causes-conséquences-solutions, en indiquant les points principaux de chaque section.

Modèle : La pollution
Énoncé : La pollution de l'air dans les pays développés

Introduction

- Histoire de la pollution de l'air.
- L'évolution de la pollution de l'air.
- La pollution atmosphérique tue plus de cinq millions de personnes.
- En France, la pollution est le troisième facteur de décès prématuré, après le tabac et l'alcool.
- Les concentrations de polluants atmosphériques se sont aggravées depuis 1970, et cela continue.
- Chaque année, la mauvaise qualité de l'air engendre un coût de plus de 100 milliards d'euros lié aux frais de santé.

Causes

- Les transports, surtout le trafic routier du quotidien (pots d'échappement, la climatisation, le revêtement des routes).
- Les avions consomment plus de carburant par kilomètre que d'autres sources.
- Les émissions de l'agriculture industrielle (les pesticides, les engrais).
- Le transport routier des marchandises.
- La combustion de certaines matières (les déchets industriels, le chauffage résidentiel au bois ou au charbon). La vallée de l'Arve est l'une des zones les plus polluées de France à cause de la combustion de bois.

Conséquences

- La pollution atmosphérique agit sur la photosynthèse et limite la croissance et la reproduction des plantes.
- Les polluants aggravent la hausse des températures et le réchauffement climatique provoque des incendies et des sécheresses.
- Ces polluants se diluent dans l'eau, donc les pluies, les neiges et les brouillards acides déséquilibrent les sols et les cours d'eau.
- Le déséquilibre des éléments nutritifs présents dans les sols et les cours d'eau dégrade l'habitat naturel de certaines espèces qui ne peuvent plus survivre, donc on assiste à un appauvrissement de la biodiversité.
- La concentration des polluants augmente à travers la chaîne alimentaire lorsqu'un petit animal se fait manger par d'autres animaux et ainsi de suite, les prédateurs situés en haut de la chaîne alimentaire devenant les plus vulnérables.
- La pollution atmosphérique fragilise les voies respiratoires, causant des allergies, des crises d'asthme et d'autres maladies pulmonaires, telles que le cancer ou la pneumonie.
- Des effets à court terme : irritations du nez, de la gorge, ou une toux.

- Des effets à long terme auprès des personnes vulnérables, comme les femmes enceintes, les jeunes enfants, les personnes âgées.

Solutions

- Une cohésion commence finalement à émerger dans les actions des ONG, des citoyens et des entreprises. P. ex., les mesures anti-diesel à Tokyo, le plan de déplacements urbains en France.
- Les gouvernements surveillent actuellement la qualité de l'air, obligent l'industrie à respecter les normes fixées et proposent des actions dans les zones les plus sensibles.
- Le principe de circulation alternée est déjà en vigueur dans certaines villes. Cette mesure de restriction est basée sur l'instauration de journées distinctes pour l'utilisation des véhicules, souvent en fonction du numéro de plaque d'immatriculation ou de l'attribution de vignettes.
- On pourrait créer davantage de zones de circulation favorisant les véhicules les moins polluants ou bien une zone réservée aux trajets en vélo, en trottinette, en scooter ou à pied.
- Davantage d'entreprises pourraient encourager le télétravail.
- On pourrait organiser chaque année une campagne de sensibilisation du public dans le cadre de la Journée nationale de la qualité de l'air.
- Autre solution ?

Conclusion

- Résumer les causes et les conséquences.
- On voit du progrès, mais il reste beaucoup à faire.
- Simplifier et recentrer les solutions.

Partagez votre plan avec un(e) partenaire et essayez d'ajouter un ou deux points.

RÉPONSES À L'EXERCICE OÙ EN ÊTES-VOUS ? LE PARTICIPE PRÉSENT

*1. Les transports, **produisant** près de 80 % de la pollution atmosphérique 2. les industries **négligentes** 3. les compagnies **négligeant** leurs responsabilités sanitaires 4. plus **préoccupant** encore 5. Ces polluants **contaminant** aussi les sols et l'eau 6. Les animaux **inhalent** sans le savoir ces polluants 7. leur concentration **s'accentue** 8. lorsque ces mêmes animaux **se font** manger 8. les gaz **polluants** 9. **apportant** avec eux toute sorte de maladies 10. un système agroalimentaire responsable **influant** positivement sur l'environnement est recommandé 11. les organisations non gouvernementales **influent** sur la politique 12. toute personne **influente** 13. La plupart des projets **provoquant** des changements 14. les solutions de l'individu, **différant**/**différentes** de celles de l'industrie 15. Car c'est **en travaillant** ensemble*

THÈME 11A : LES FAUSSES INFORMATIONS

Lecture et conversation : Fausses informations et théories du complot

L'article que vous allez lire fait partie d'un long document publié par le Conseil national du numérique, une commission consultative française en 2021, intitulé *Récits et contre-récits : itinéraire des fausses informations en ligne.*

Puisqu'on parle beaucoup de nos jours de *fake news* et de théories du complot, une définition des termes s'impose[1].

- **Les *fake news*.** Selon des documents officiels du gouvernement français, « les *fake news* sont de fausses informations créées à dessein. On parle de *fake news* lorsqu'un gouvernement, un groupe ou un individu manipule ou transmet des fausses informations dans une démarche de propagande ou de manipulation de l'information. L'exemple le plus emblématique est celui de Donald J. Trump qui a fréquemment eu recours à ce terme pour disqualifier ses adversaires. »
- **La désinformation** « consiste en la publication d'une fausse information dans l'intention de nuire à une personne, un groupe social, une organisation ou un pays ».
- **La mésinformation**, en revanche, « est accidentelle. Il s'agit de la publication d'une fausse information, sans intention de nuire. »
- **Les théories du complot**, ou le complotisme, « sont des récits, des histoires qui visent à expliquer le monde, un événement ou des événements, en considérant que sa cause est due à un petit groupe qui agit dans l'ombre. Ce récit, véhiculé de nos jours par les réseaux sociaux numériques, n'est pas figé et se transforme à chaque transmission. Selon le complotisme, il n'y a pas de hasard et les événements sont le fruit d'acteurs puissants et secrets qui agissent intentionnellement de façon souterraine[2]. »

AVANT DE LIRE

- Quelles sont vos sources d'information sur les actualités régionales, nationales et internationales ? Quels sites d'informations et quels réseaux sociaux consultez-vous ? Suivez-vous les nouvelles à la télé ou lisez-vous des journaux ? Si oui, quelles sortes d'articles ou d'émissions attirent votre attention ?
- Qu'est-ce que vous faites pour savoir si ce que vous lisez ou entendez est vrai ?
- Pensez à une situation récente qui a donné lieu à beaucoup de désinformation. Qu'est-ce qui s'est passé ? Quelles ont été les conséquences de cette désinformation ? Quelles réactions avez-vous observées parmi les membres de votre famille et de votre communauté ?
- L'article que vous allez lire est intitulé « À l'origine des fausses informations ». Avant même de lire l'article, quels sont, selon vous, les facteurs qui contribuent à la prolifération de la mésinformation et de la désinformation dans le monde actuel ? En groupes de deux ou trois, faites deux listes.

---

1 https://cnnumerique.fr/files/uploads/2021/CNNum_Dossier-Recits-et-contre-recits-itineraire-des-fausses-informations-en-ligne.pdf, p. 11-12.

2 https://cnnumerique.fr/files/uploads/2021/CNNum_Dossier-Recits-et-contre-recits-itineraire-des-fausses-informations-en-ligne.pdf, p. 11.

Facteurs contribuant à la *mésinformation*	Facteurs contribuant à la *désinformation*
•	•
•	•
•	•
•	•
•	•
?	?

Fausses informations et théories du complot

Le mensonge et le travestissement des faits par le pouvoir ont toujours existé. Dans les cas les plus fameux, on peut notamment rappeler les retouches de photographies exigées par Staline ou la propagande relayée par les médias pendant les deux Guerres mondiales. Cependant, le numérique marque un tournant certain dans la désinformation et la mésinformation institutionnelle et médiatique.

Les États et institutions entre risques de mésinformation et opportunités de désinformation

Le numérique[1] n'est pas la cause d'une mésinformation ou d'une désinformation provenant d'institutions qui ont toujours eu recours à ces mécanismes. Il a néanmoins offert un nouvel outil de manipulation de l'information aux États. Facebook indique qu'entre 2017 et 2020, la plateforme a défait et signalé publiquement plus de 150 opérations d'influence reposant sur des « comportements inauthentiques coordonnés » ayant pour but de tromper[2] Facebook et les utilisateurs de ses services. Celles-ci proviennent de plus de 50 pays à travers le monde – à commencer par la Russie, l'Iran, les États-Unis et l'Ukraine – s'intégrant dans des débats nationaux et étrangers. Une stratégie des États autoritaires, comme la Chine, est le noyage[3] de l'information. Ayant réalisé la contre-productivité de la censure, plutôt que de supprimer un contenu indésirable, celui-ci est *noyé* par la communication gouvernementale propagée par un ensemble de *bots* et de faux comptes.

La campagne de l'élection présidentielle américaine de 2016 est devenue l'archétype de stratégies d'influence étrangères dans la vie politique et démocratique d'un État via les réseaux sociaux. Capitalisant sur son « Internet

1 Terme officiel pour technologies électroniques.
2 *Deceive.*
3 *Drowning.*

Research Army » (IRA) créée en 2013 pour former des trolls afin d'influencer l'opinion publique, la Russie a mis en place en 2016 une campagne de dénigrement[4] systématique d'Hillary Clinton sur les réseaux sociaux, mais aussi de tous les autres candidats à l'exception de Donald J. Trump et de Bernie Sanders. Ainsi, entre 2015 et 2017, l'IRA aurait produit 80 000 publications sur Facebook qui auraient touché 126 millions d'utilisateurs. À cela s'ajoutent des cyberattaques ciblées, visant par exemple le Comité national du Parti démocrate et la transmission de milliers d'e-mails à Wikileaks qui seront publiés par la suite.

Les *deceptive behaviors* peuvent également prendre la forme de publicités ciblées. Plus précisément les *dark ads*, qui sont des publicités visibles uniquement pour les utilisateurs qu'elles ciblent. Les *dark ads* peuvent être utilisées dans le cadre de campagnes politiques, comme elles l'ont été lors du référendum sur le Brexit au Royaume-Uni. La campagne pro-Brexit y avait notamment eu recours, pour diffuser des fausses informations concernant le coût hebdomadaire de l'adhésion du Royaume-Uni à l'Union européenne.

Ces États peuvent aussi alimenter des théories complotistes. Récemment, à la faveur de la crise du Covid-19, de nombreuses rumeurs ont aussi été diffusées sur la toile[5] quant à l'origine du virus. La rumeur selon laquelle le Covid-19 serait une arme chimique fabriquée par un laboratoire américain émanerait de certains médias russes. Elle aurait ensuite été reprise sur les réseaux sociaux par des personnalités chinoises et iraniennes, puis largement entretenue par la Chine.

Cette transmission de mésinformation ou de désinformation descendante par les institutions politiques, accentuée par Internet, passe aussi par les médias et l'information que ces derniers relaient.

Les médias peuvent-ils être la source de fausses informations ?

La réorganisation des médias à l'âge d'Internet a eu trois effets notables. En premier lieu, il y a un accroissement exponentiel de la quantité d'information disponible. En second lieu, le temps est extrêmement raccourci : un événement et la communication qui l'entoure sont quasi simultanés, ce qui entraîne une course entre médias et réduit le temps de vérification en amont de[6] la publication. Une forme de course au clic est alors engagée dans les différentes salles de rédaction. En dernier lieu, le modèle économique des médias est modifié. Il devient moins coûteux d'intervenir en réaction à un événement à court terme que de produire une information à travers des formats d'enquêtes sur le temps long. En outre, les réseaux sociaux ont produit une horizontalité dans les prises de parole : bien que les journalistes soient soumis à une certaine éthique dans l'exercice de leur activité, leurs *posts* sont diffusés au même niveau que n'importe quel autre compte, renforçant le brouillage[7] pour les utilisateurs.

Il semble que la crise d'attention systémique, la course perpétuelle à produire des articles toujours plus nombreux et la peur de ne pas relayer une information qu'une autre rédaction aurait partagée, encouragées par le numérique, peuvent même conduire les médias traditionnels à se faire les relais de fausses informations. Par exemple,

4 Discréditation.
5 *The web.*
6 En amont de : avant.
7 La confusion.

nombreux ont été les médias américains à répandre l'idée que l'élection de Donald J. Trump avait été le fruit d'une association étroite entre ce dernier et les Russes. Or, les enquêtes conduites par le FBI n'ont jamais pu établir un tel lien.

Désinformation institutionnelle et crise de confiance

Cette « infodémie », faite d'informations tant vraies que fausses, participerait aussi à la crise de confiance envers les institutions politiques et les médias. Le baromètre annuel de la confiance d'Edelman de 2021 montre « une défiance[8] mondiale généralisée » qui s'est aggravée avec la pandémie de Covid-19, notamment en France. Seuls 37 % des Français sondés faisaient confiance aux médias. Plus de la moitié déclarent de même que les journalistes, reporters et les dirigeants de notre gouvernement « tentent délibérément d'induire les gens en erreur en déclarant certaines choses qu'ils savent être fausses ou exagérées ».

Du côté plus spécifiquement des jeunes, une étude s'est intéressée au rapport à l'information et aux réseaux sociaux des étudiants de 18 à 22 ans. Il ressort de cette étude que les étudiants issus de milieux populaires ne sont pas désinformés mais non informés. Cette partie de la population mettrait en place des stratégies d'évitement politique : ils sont peu abonnés[9] aux comptes des grands médias traditionnels. En revanche, il en ressort qu'ils sont également peu abonnés aux comptes propageant des *fake news*.

Le mythe fondateur du 11/09

Dans son livre *L'ère du complotisme : la maladie d'une société fracturée* (2016), l'historienne Marie Peltier propose un diagnostic sur la résurgence contemporaine du complotisme. S'il est né à la fin du XVIIIe siècle dans un contexte prérévolutionnaire, le conspirationnisme s'est atténué pendant près de cinquante ans après la Seconde Guerre mondiale et la prise de conscience des dérives inhumaines auxquelles un tel discours pouvait conduire. Mais pour Marie Peltier, le 11 septembre agit comme un « mythe fondateur » du complotisme contemporain et marque un tournant vers une « ère de rupture ». La place particulière de cet événement s'expliquerait par la conjonction de quatre facteurs. Premièrement, l'événement en lui-même est particulièrement choquant, conduisant certains à préférer des explications alternatives pour donner du sens à l'impensable. Ensuite, les attentats ont marqué un tournant dans la politique étrangère américaine, avec en particulier les débats autour de l'intervention en Irak. Le désaveu de cette opération, marquée par l'absence d'armes de destruction massive, alimentera à nouveau ce sentiment : « On nous a menti. » Troisièmement, le 11/09 coïncide avec une transition générationnelle particulière : les récits vivants de la Seconde Guerre mondiale disparaissent progressivement et laissent émerger « un refus de plus en plus présent d'une certaine symbolisation autour de la Deuxième Guerre mondiale, spécialement celle entourant le génocide juif ». Enfin, le début des années 2000 est aussi la période de la démocratisation progressive d'Internet dans les foyers, un outil qui a lui aussi « fondamentalement transformé le rapport au savoir et à la mémoire ». Ainsi, le complotisme contemporain naîtrait en grande partie d'un désir de sens face à la confusion ambiante et à la complexité anxiogène contemporaine, permettant d'apporter un complément aux réponses politiques insatisfaisantes.

Extraits de *Récits et contre-récits : itinéraires des fausses informations en ligne*, du Conseil national du numérique (2021), p. 26-32, 42. [https://cnnumerique.fr/files/uploads/2021/CNNum_Dossier-Recits-et-contre-recits-itineraire-des-fausses-informations-en-ligne.pdf]

---

8 Le contraire de la confiance.

9 Être abonné : recevoir régulièrement (des publications, des bulletins d'information).

PARLER ET COMPRENDRE

Discutez en groupes de deux ou trois, puis, pour les questions d'opinion, présentez vos conclusions au reste de la classe.

1. Après avoir lu l'article, reprenez le tableau de la section « Avant de lire », portant sur les facteurs contribuant à la mésinformation et ceux qui contribuent à la désinformation. Cochez ceux qui sont mentionnés dans l'article et complétez le tableau.
2. L'article présente le numérique comme « un nouvel outil de manipulation de l'information ». Comment l'information était-elle manipulée avant l'invention d'Internet ? Comment est-elle manipulée de nos jours ? Donnez des exemples. Est-ce possible d'avoir des reportages purement objectifs ? Expliquez.
3. La plateforme Facebook essaie de détecter, défaire et signaler publiquement la désinformation. Est-ce possible d'éliminer ou de réduire la désinformation ? Comment ces tentatives de modération sont-elles différentes de la censure ?
4. Quelles sont les stratégies numériques utilisées par certains pays et quels en sont les objectifs et les conséquences a) pour leur propre population et b) pour les nations étrangères qui sont ciblées ? Résumez les quatre exemples mentionnés dans l'article et donnez d'autres exemples tirés de l'actualité plus récente.
5. Quels sont les quatre facteurs qui expliquent la vulnérabilité des médias ?
6. Quel est le danger de publier des articles d'opinion avant que les informations factuelles soient vérifiées ? Donnez des exemples.
7. Comment s'explique la crise de confiance vis-à-vis des institutions politiques et des médias ? Cette défiance est-elle présente dans votre communauté ? Selon vos observations personnelles, quels en sont les signes et les conséquences ?
8. Quel est le problème des jeunes, selon l'étude mentionnée dans l'article ? Cela est-il vrai dans votre communauté ? Pourquoi, à votre avis ?
9. Le complotisme n'est pas un phénomène récent, mais il avait diminué pendant les cinquante ans qui ont suivi la Seconde Guerre mondiale. Pourquoi ? Qu'est-ce qu'on avait appris à la suite de cette guerre qui avait fait entre 60 et 70 millions de morts ? Quelles sont les preuves que le monde a déjà commencé à oublier ces leçons ?
10. Selon l'historienne Marie Peltier, le 11 septembre 2001 a été un « mythe fondateur » des nombreux complots du monde actuel. Quelles sont les quatre raisons évoquées dans son analyse ? « Le grand mensonge » de l'élection présidentielle américaine de 2020 et la montée des mouvements d'extrême droite aussi bien que d'extrême gauche présentent des exemples de complots. Quels autres exemples vous viennent à l'esprit ? Êtes-vous d'accord avec la conclusion de cette historienne que ces complots sont nés « en grande partie d'un désir de sens face à la confusion ambiante et à la complexité anxiogène contemporaine » ? Est-ce à cause des « réponses politiques insatisfaisantes » que nous essayons de croire à une réalité alternative ?

PERSPECTIVES

Considérez les sujets suivants et discutez ! N'ayez pas peur d'exprimer des opinions qui pourraient sembler controversées. Pour éviter la confrontation, utilisez « certaines personnes pensent que… » au lieu du « je ».

1. La liberté d'expression doit-elle être totale dans une démocratie, ou des limites sont-elles nécessaires pour qu'une société démocratique puisse fonctionner ? Les cas de *Charlie Hebdo* (le journal satirique français qui a connu le massacre de 12 personnes par des terroristes islamistes, à cause de dessins humoristiques jugés choquants) et de Twitter (acheté par un « absolutiste » de la liberté d'expression) ont suscité – et continuent à susciter – des débats intenses. Les stratégies du plan dialectique que vous venez d'apprendre pour l'écriture s'appliquent aussi bien au discours oral. C'est même une excellente façon d'impressionner vos interlocuteurs !

En petits groupes, reproduisez le tableau suivant sur une feuille séparée et faites une liste d'arguments possibles pour chaque catégorie, puis changez de partenaires et présentez vos arguments de façon fluide, pour comparer et défendre vos opinions.

Thèse : arguments pour la liberté d'expression totale	**Antithèse : arguments contre la liberté totale**	**Synthèse : des façons de concilier les deux**

2. Le *ciblage* publicitaire est une des stratégies les plus efficaces du marketing : les algorithmes permettent d'analyser les données personnelles de millions de personnes selon leur âge, leur statut socioéconomique et leurs intérêts, et de *cibler* les clients potentiels. Le ciblage politique est-il différent ? Les publicités politiques que l'on voit pendant les campagnes électorales contiennent beaucoup de désinformation. Est-ce moralement éthique d'utiliser les données personnelles des gens pour les cibler et obtenir plus de votes ? Outre les questions relatives à la protection de la vie privée que cela soulève, les interrogations portent sur l'avenir de la politique : si les décisions politiques n'appartiennent plus à la sphère publique mais deviennent comme un produit de marché, peut-on encore parler de démocratie ? Développez des arguments en suivant les mêmes instructions que pour la première question.

Thèse : arguments pour le ciblage politique	**Antithèse : arguments contre le ciblage politique**	**Synthèse : un compromis est-il possible ? Comment ?**

3. Marie Peltier suggère que le 11 septembre 2001 a marqué le commencement d'une « ère de rupture », qui a mené à la confusion et à « la complexité anxiogène » observée dans le monde aujourd'hui. Elle suggère aussi que les souvenirs « de la Seconde Guerre mondiale, spécialement [ceux] entourant le génocide juif », commencent à s'oublier, et donc que l'histoire se répète.

- Quels sont les signes de « rupture » que nous voyons à l'échelle nationale et internationale ? Trouvez-en au moins cinq et expliquez comment ces signes sont des évidences de rupture.
- Depuis l'origine des temps, l'histoire semble se répéter. Quels sont les exemples qui vous viennent à l'esprit ? Y a-t-il quand même des leçons de l'histoire que l'humanité a retenues ? Lesquelles ? Expliquez.
- Si l'on avait vraiment retenu les leçons de la Seconde Guerre mondiale, qu'est-ce qui serait différent dans le monde actuel ? Trouvez et expliquez au moins cinq différences et présentez vos conclusions au reste de la classe.

Expansion de vocabulaire

Relevez 12 mots de vocabulaire (verbes, noms, adjectifs, expressions idiomatiques) que vous avez découverts ou revus dans la discussion de ce thème et que vous allez incorporer dans votre vocabulaire actif, puis écrivez une phrase *de votre propre création* pour illustrer chaque mot ou expression. Révisez ces mots régulièrement.

Le mot/l'expression. → Une phrase pour l'illustrer

1. ______________________

   →____

2. ______________________

   →____

3. ______________________

   →____

4. ______________________

   →____

5. ______________________

   →____

6. ______________________

   →____

7. ______________________

   →____

8. ______________________

   →____

9. ______________________

   →____

10. ____________________

→____

11. ____________________

→____

12. ____________________

→____

OÙ ALLONS-NOUS ?

Ici encore, nous ciblons le développement de l'argumentation, à l'oral comme à l'écrit, sur une variété de sujets qui se prêtent à la controverse. Où en êtes-vous dans votre capacité de produire des opinions et des hypothèses sous forme de discours étendu, sans hésitations anormalement longues, même quand vous êtes engagés dans des élaborations abstraites ? Êtes-vous capables de le faire avec aisance au moins une grande partie du temps ? Nous avons commencé ce thème par une lecture plus longue, selon le format habituel, puis au chapitre 22, nous inaugurons un format différent pour les trois derniers chapitres : des lectures plus courtes, avec plus de sujets à discuter et des activités qui incorporent les fonctions avancées et supérieures.

Réviser

- Faire, laisser et les verbes de perception + infinitif ; recyclage des pronoms personnels et des prépositions.
- Recyclage des fonctions avancées et supérieures : de la narration et de la description à l'argumentation.

Rédiger

- L'introduction et la conclusion d'une dissertation.
- Répétitions inutiles et faux amis.

Explorer

- Le rôle de l'éducation.
- Le bannissement des livres et des symboles historiques.

THÈME 11A : LES FAUSSES INFORMATIONS

Chapitre 21 : Faire, laisser et les verbes de perception + infinitif ; recyclage des pronoms compléments et des prépositions ; introduction et conclusion d'une dissertation, clés de la rédaction

Où en êtes-vous ? Faire, laisser et les verbes de perception

Complétez le paragraphe suivant en mettant la forme correcte des verbes **faire/se faire** ou **laisser/se laisser** devant les infinitifs indiqués. Vérifiez les réponses à la fin du chapitre et corrigez les fautes.

La désobéissance civile représente une opposition active mais non violente aux dictats imposés par les gouvernements. Il faut _____(1. savoir) aux dirigeants que l'on _____(2. ne pas agir, les) à leur guise et que l'on s'oppose à de telles injustices. La désobéissance civile _____(3. réagir) l'opinion publique et _____(4. mobiliser) les citoyens pour changer la loi. En plus, les actions non violentes _____(5. participer) tout le monde à la résistance. Depuis le XXe siècle, certains actes de désobéissance ont ouvert les esprits et _____(6. progresser) la législation, mais souvent au prix de sacrifices. Par exemple, Martin Luther King _____(7. occuper) par les Noirs les espaces légalement réservés aux Blancs et ils _____(8. s'arrêter) par la police. César Chávez _____(9. faire) la grève aux ouvriers agricoles en Californie pour _____(10. instaurer, leur) les assurances sociales et lui aussi _____(11. jeter) en prison. Plus récemment, les Gilets jaunes _____(12. entendre) une revendication collective au gouvernement. Les manifestations des Gilets jaunes _____(13. augmenter) le SMIC [salaire minimum] en même temps qu'ils _____(14. baisser) les impôts. Enfin, la désobéissance civile protège les populations vulnérables, parce qu'elle démontre que les membres du grand public _____(15. ne pas se débrouiller, les) tout seuls.

Évaluez dans quelle mesure vous maîtrisez les verbes faire/se faire, laisser/se laisser, et les verbes de perception. Mettez un « X » pour représenter votre confiance entre le contrôle partiel (« Je fais pas mal de fautes ») et le contrôle complet (« Je n'ai même pas réfléchi, c'était automatique ! »).

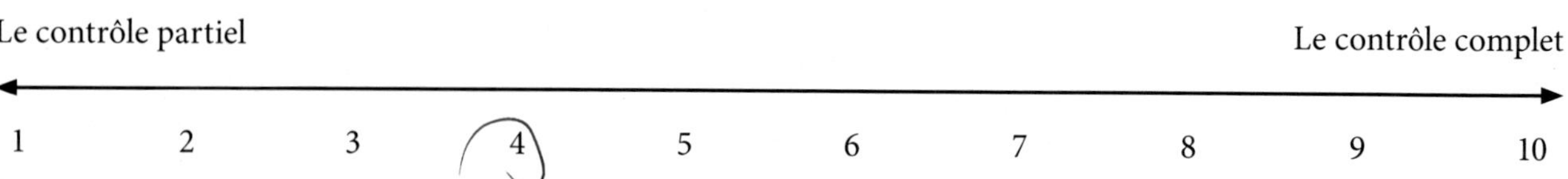

STRUCTURE : Faire, laisser et les verbes de perception + infinitif ; recyclage des pronoms compléments

OBSERVEZ ET DÉDUISEZ

L'impact du complotisme

La Seconde Guerre mondiale nous **a fait voir** l'ampleur des dérives humaines auxquelles les théories de complot pouvaient mener. Hitler **a fait croire** à son peuple que la race aryenne, étant supérieure, se devait de contrôler une plus grande partie de l'Europe, et que les juifs étaient responsables de tous les maux économiques de l'époque. Des millions de personnes **se sont laissé convaincre** et le monde **a vu mourir** entre soixante et soixante-dix millions d'hommes, de femmes et d'enfants, dont six millions de juifs. « Plus jamais ! » a-t-on pensé pendant près de cinquante ans. Et puis voilà que, depuis plusieurs années, « la théorie du grand remplacement » **se voit renaître**, accusant les juifs de vouloir remplacer la race blanche par des races non blanches, invitant la violence contre les minorités. En Russie, Poutine **fait croire** à son peuple que les Ukrainiens sont des « néo-nazis », et les génocides recommencent. Pourquoi la nature humaine **se laisse-t-elle devenir** si facilement victime de la désinformation et du complotisme ?

- Que remarquez-vous sur l'ordre des mots dans les phrases avec *faire, laisser* et *voir* + infinitif ?
  - En anglais : *He made his people believe...*
  - En français : Il ______________________.
  - En anglais : *The world saw millions of people die.*
  - En français : Le monde ________________________.
- Comment traduiriez-vous les phrases suivantes ? Suivez les modèles du paragraphe ci-dessus.
  - *Some people*[1] *allow themselves to be convinced that lies are truths.*
  - *Conspiracy theories are seeing a rebirth.*

RÉCAPITULATION ET FAUTES COURANTES

I. Faire + infinitif, ou le *faire causatif*

On appelle cette construction de **faire** + **infinitif** le *faire causatif*, car le sujet du verbe **faire** *cause* une autre action. Les deux verbes sont *inséparables*, ce qui veut dire qu'on ne peut jamais mettre de noms ou de pronoms entre les deux. Les pronoms précèdent le verbe **faire**, les noms suivent l'infinitif.

Le professeur *nous fait lire* des textes très intéressants ! Il *nous en fait lire* beaucoup...

1. Le nom qui suit la construction causative peut être le complément d'objet direct de l'infinitif :

   J'ai fait réparer *ma voiture.*

   Je l'ai **fait** réparer.

   Remarquez que le participe passé de faire *ne s'accorde jamais* dans le cas de la construction causative.

2. Le nom peut aussi être le sujet de l'infinitif :

   On a fait manger *les enfants* avant les adultes.

1 Revoir le chapitre 18, page 274, pour la traduction de *people.*

On **les** a fait manger avant les adultes.

Remarquez que le pronom reste un pronom d'objet direct.

3. S'il y a deux noms qui accompagnent le *faire causatif*, *la chose est un objet direct* et *la personne est un objet indirect*, introduit par *à* ou *par.*

   J'ai fait réparer ma voiture **au** garagiste/**par le** garagiste.

   Je **la lui** ai fait réparer.

4. Le verbe *faire causatif* peut aussi être *pronominal* pour exprimer une action faite à soi-même ou pour soi-même.

   Il est temps que *je me fasse couper* les cheveux, la dernière fois que *je me les suis fait couper*, c'était il y a trois mois. (Cette phrase implique que quelqu'un d'autre vous coupe les cheveux.)

   Comparez :
   - Elle *s'est fait faire* une robe magnifique. (quelqu'un d'autre a cousu la robe)
   - Elle *s'est fait* une robe magnifique. (c'est elle qui l'a faite)

5. Deux expressions idiomatiques avec le faire causatif :
   - **Faire voir** = montrer

     Tu as un nouveau téléphone ? Fais voir !
   - **Faire savoir** = apprendre

     On *nous a fait savoir* que ces informations étaient fausses.

6. Rappel ! *Faire + adjectif* n'est pas possible ! Il faut utiliser le verbe **rendre.**

   Comparez :
   - Ça me rend triste. (adjectif → rendre)
   - Ça me fait pleurer. (infinitif → faire)

Essayez ! Faire ou rendre ?

a. Nous n'avons pas pu conduire vite, car la neige ____________ les routes glissantes.

b. Certaines routes n'avaient pas été déblayées, ce qui nous ____________ faire un grand détour.

c. C'est la troisième fois que je vois ce film, mais il me ____________ rire à chaque fois !

d. Si tu m'emmenais au cinéma, ça me ____________ heureuse. Ça me __________ oublier tous mes soucis.

Application

A. **Vive la délégation !** Vous organisez un mariage, mais ce n'est pas vous qui ferez tout le travail, vous le déléguerez. Toutes les phrases seront au futur, selon le modèle, et toutes les phrases contiendront un *faire causatif.* Dans un deuxième temps, remplacez les compléments par des pronoms. Une révision du chapitre 16, sur les pronoms, pourrait vous être utile…

   Modèle : Tout d'abord, on/déterminer le budget/les parents des futurs mariés. → Tout d'abord, on **fera** déterminer le budget par les parents (ou aux parents) des futurs mariés. → On **le leur fera** déterminer.

   1. Les parents/choisir une date/les futurs mariés. (Attention, pour le pronom, remarquez que c'est *une* date et non *la* date.)
   2. Puis on/réserver la salle de réception/les parents de la mariée, en fonction de la date et du budget.
   3. Ensuite on/choisir le lieu de la cérémonie/les futurs mariés.

4. La mariée achètera sa robe bien à l'avance, au cas où il/falloir/faire des retouches/la couturière.
5. On/dresser la liste des invités/les membres des deux familles.
6. On/imprimer les faire-part/dans une papeterie.
7. Puis il faudra/étudier des menus/la mariée et ses futurs beaux-parents.
8. On/comparer les prix des services traiteurs/les parents du marié.
9. Puis nous/choisir un thème/les futurs mariés.
10. Finalement on/organiser les tables, la musique, les fleurs.../les deux familles. Ça n'en finit pas !

B. La désinformation. Répondez aux questions en remplaçant les compléments par des pronoms. À vous de choisir si vous voulez répondre affirmativement ou négativement, selon votre opinion.

Modèle : Les médias sociaux ont-ils fait croire aux gens beaucoup de fausses informations ? → Oui, ils leur en ont fait croire beaucoup.

1. Est-ce que Facebook a fait mettre en place quelques mesures de modération ?
2. Est-ce que ces mesures de modération ont fait cesser le harcèlement virtuel ?
3. Est-ce juste de faire exclure certaines personnes des plateformes sociales ?
4. Si les jeunes s'intéressaient davantage à la politique, est-ce que ça ferait changer le résultat des élections ?
5. Quels autres aspects de la vie politique et sociale la participation des jeunes ferait-elle changer ?
6. Est-ce que les médias sociaux vous ont déjà fait croire à de fausses informations ?
7. Nommez trois sites qui essaient de nous faire croire à de fausses informations.

II. Laisser et les verbes de perception + infinitif

Avec **laisser** et les verbes de perception (**voir, regarder, entendre, écouter, sentir**), la construction causative, c'est-à-dire deux verbes inséparables, se voit dans plusieurs cas.

1. Quand le nom est le sujet de l'infinitif :
   - Vous pouvez utiliser la construction causative OU séparer les deux verbes, comme en anglais.
     J'ai entendu chanter les enfants. OU **J'ai entendu** les enfants **chanter**.
   - Si le sujet est long, la construction causative est préférable.
     Le monde a vu mourir *entre 60 et 70 millions d'hommes, de femmes et d'enfants.*
   - Si un pronom remplace le nom sujet, le pronom se place devant le verbe conjugué, comme dans la construction causative.
     Je **les** ai entendu**s** chanter.

   Remarquez qu'ici, le participe passé s'accorde avec l'objet direct qui précède. C'est seulement avec le verbe *faire causatif* qu'il n'y a pas d'accord.

2. Quand le nom est l'objet direct de l'infinitif :
   - le nom suit l'infinitif :
     J'ai entendu chanter ma chanson préférée.
   - le pronom précède le verbe conjugué :
     Je l'ai entendu chanter.

   Remarquez qu'il n'y a pas d'accord du participe passé si le pronom est l'objet de l'infinitif et non du verbe conjugué. Ne pas confondre avec le premier cas :
   J'ai entendu les enfants chanter : les enfants sont l'objet direct d'*entendre* → accord du participe passé, je les ai **entendus** chanter.

3. Quand il y a deux noms, un sujet et un objet direct :
   - On sépare les deux verbes :
     J'ai entendu les enfants *chanter* la chanson.
   - Quand on remplace les noms par des pronoms, la solution la plus simple et la plus courante est aussi de séparer les deux verbes, plaçant les pronoms devant le verbe qu'ils accompagnent :
     Je **les** ai entendus **la** chanter.

   Tu joues de la guitare ? Pourquoi est-ce que je ne **t'**ai jamais entendu **en** jouer ?

4. L'accord du participe passé avec *laisser* :
   « Les rectifications de l'orthographe » de 1990 nous ont simplifié la vie pour le verbe *laisser* quand il est suivi d'un infinitif : le participe passé de *laisser* est désormais invariable, comme pour le *faire causatif.*
   On les a **laissé** faire.
   Des millions de personnes se sont **laissé** convaincre.

Application

A. **Du laisser-faire !** Les enfants de cette famille ont tous les droits ! Qu'est-ce qu'on les a laissé faire ? Remplacez les noms en italique par des pronoms.
Modèle : *Les enfants*/manger *de la glace* au petit déjeuner.
→ On **les** a laissé **en** manger.

1. *La petite de cinq ans*/colorier *les murs.*
2. *Les garçons*/jouer *au ballon* dans la maison.
3. *La fille de huit ans*/se mettre *du rouge à lèvres.*
4. *La petite de cinq ans*/manger *du chocolat* juste avant le déjeuner.
5. *La petite de cinq ans*/jeter *ses légumes* par terre.
6. *Les garçons*/aller *au cinéma* tout seuls.
7. *La fille de huit ans*/acheter *quelques produits de maquillage* en ligne.
8. *Les enfants*/faire *des bêtises* toute la journée !

B. **C'est vrai ?** Confirmez ce que vous avez vu, regardé, entendu ou écouté en remplaçant les noms en italique par des pronoms, selon le modèle. Attention à l'accord du participe passé. Une seule option suffira pour le placement des pronoms.
Modèle : C'est vrai que ton coloc a fait ses devoirs ? (voir)
→ Oui, je **l'**ai vu **les** faire.
C'est vrai que…

1. … *tes amis* ont composé *leur propre chanson* ? (écouter)
2. … *tes amis* ont participé *à un spectacle télévisé* ? (regarder)
3. … *tes amis* ont gagné *un prix* ? (voir)
4. … *les membres du jury* ont encouragé *tes amis* à écrire *d'autres chansons* ? (entendre)
5. … *tes amis* ont parlé *d'écrire plusieurs chansons* ? (entendre)

Application communicative

A. **Racontez une histoire personnelle** liée à chaque situation. Donnez tous les détails possibles et imaginables.
   1. Une fois où vous vous êtes fait couper ou teindre les cheveux et le résultat n'a pas été ce à quoi vous vous attendiez.
   2. Une fois où quelqu'un vous a fait croire quelque chose qui n'était pas vrai.
   3. Une fois où vous vous êtes senti devenir très nerveux/nerveuse.
   4. Une fois où vous avez vu se dérouler une scène très amusante.

5. Une fois où vous avez entendu dire quelque chose de choquant.
6. Une fois où vous vous êtes laissé influencer pour faire quelque chose que vous avez regretté.

B. **Et si ?** Qu'est-ce qui arriverait si les situations suivantes se présentaient ? Imaginez et donnez des explications…
1. Si les réseaux sociaux faisaient disparaître toutes les mesures de modération ?
2. Si le grand public ne se laissait pas influencer par la désinformation ?
3. Si on faisait durer le mandat des personnes élues à la Chambre des représentants du Congrès américain plus de deux ans ?
4. Si le ciblage politique se faisait interdire ?

STRUCTURE : Recyclage des prépositions

Faire, **laisser** et les verbes de perception ne prennent aucune préposition quand ils sont suivis d'un infinitif. Mais comme nous l'avons vu au chapitre 14, ce n'est pas le cas de tous les verbes, et comme il y a souvent des fautes sur les prépositions, nous vous proposons une petite activité de révision. Commencez par revoir le chapitre 14, puis complétez les phrases de façon appropriée.

1. Comment peut-on _____ savoir si ce qu'on lit _____ les journaux ou _____ ligne est vrai ?
2. On nous conseille _____ consulter plusieurs sources, mais qui a le temps _____ consulter plusieurs sources ?
3. Les algorithmes permettent ______réseaux sociaux _____ analyser nos données ______nos tendances politiques et ______ nos intérêts personnels, donc nous nous habituons ______lire une interprétation des faits qui correspond ______nos croyances et nous évitons ______considérer d'autres points de vue.
4. Il paraît que certains lycées ont commencé ______offrir des cours _____ les meilleures façons _____ s'informer ; je ne me souviens pas _____ avoir suivi un tel cours.
5. C'est ________ mon cours _____ sciences po (politiques) que j'ai appris ______ faire attention ______ mes sources d'information.
6. ________ les chaînes comme France 24 ou la BBC, qu'est-ce que tu regardes ______la télé ______ te renseigner ______les actualités ?
7. Il paraît que les jeunes ne s'intéressent pas beaucoup ______la politique. Est-ce qu'il s'agit ______une ignorance voulue parce qu'ils ne font plus confiance ______institutions, ou est-ce parce qu'ils sont trop pris ______leurs études et leur vie sociale _______ penser _____ autre chose ?
8. Ma mère me dit que _____ son temps, on se plaignait moins _____ la désinformation. C'est parce que les gens ne passaient pas tout leur temps _____ regarder un petit écran !
9. _____ les *fake news*, faites attention aussi _____ images et _____ vidéos : les photomontages sont de plus en plus faciles _____ réaliser, et il est également aisé _____ prendre un extrait de vidéo _______ contexte.
10. Un exemple de *fake news* qui a fait fureur _______ la pandémie ? « Le vaccin ______le Covid-19 contiendrait des puces électroniques 5G ______nous tracer et nous ficher ! »
    _______ cette rumeur, Pfizer, Moderna et Biontech auraient comploté _______ nous insérer, _____ notre insu, des nanoparticules connectées _____ la 5 G ______mieux nous surveiller et nous contrôler ! Instant vérité : _______ plusieurs calculs, ce fantasme de la puce _____ la peau ne se réalisera pas _______ 60 ans !
11. Un autre exemple d'*intox* (ou *fake news*) ? Une vidéo publiée ______Facebook, partagée _______ le monde entier, visionnée plus d'un million de fois ______deux jours, et reprise plus de vingt mille fois ______des partis politiques ______extrême droite _____ plusieurs pays. La vidéo montrait des policiers armés ________ dents ______ une gare. La légende : « Des migrants envahissent la gare ______Paris. » En fait, il s'agissait ______un extrait d'une vidéo tournée _____ 2018, ________un rassemblement organisé ______des militants antiracistes _______

les violences policières. Ces derniers manifestaient suite ____ la mort d'un jeune Camerounais, ______ son arrestation. C'est donc _____ce contexte que des heurts _____forces de l'ordre et manifestants avaient pu être observés.

Un indice suspect _____cette intox ? Le titre, qui nous ferait ____ croire qu'il n'y a qu'une seule gare _____ Paris !

12. Un dernier exemple de *fake news* qu'on entend souvent : « _____l'hiver et le printemps froids que l'on vient _____subir, qui ose ____ parler ____ réchauffement climatique ? » Oui, il existe bel et bien des climatosceptiques qui nient l'existence et les causes ____ changement climatique ______ les faits scientifiques indiscutables. Instant désintox : une journée froide, ou une année froide, ne change pas les variations ____ climat constatées _____l'échelle planétaire, _____le long terme.

ÉCRITURE : Introduction et conclusion, clés de la rédaction

PROJET D'ÉCRITURE : CONCLUSION, PREMIER BROUILLON, INTRODUCTION POUR UNE DISSERTATION SELON LE PLAN DIALECTIQUE OU SELON LE PLAN CAUSES-CONSÉQUENCES-SOLUTIONS

Le projet d'écriture pour le chapitre 22 sera une dissertation d'environ 1000-1200 mots selon le plan dialectique ou selon le plan causes-conséquences-solutions. Vous choisirez le type de plan selon la question à laquelle vous voulez répondre. Considérez à nouveau les sujets que vous avez explorés aux chapitres 18 et 20, et déterminez votre sujet et votre plan de dissertation avant de faire les activités suivantes. Dans ce chapitre, nous allons travailler l'introduction et la conclusion. Ensuite, nous éliminerons les répétitions pour améliorer la lisibilité de la dissertation.

Une bonne introduction devrait contextualiser les enjeux, définir le problème, annoncer le plan et préparer le lecteur pour les conclusions offertes à la fin de la dissertation. Donc, pour la rédiger en ayant bien en tête le sujet, il vaut mieux avoir déjà écrit la dissertation. Écrire l'introduction en dernier lieu peut vous sembler aller à l'encontre de la logique, mais la conclusion et l'introduction sont les deux faces d'une même pièce. La conclusion apporte une réponse à la problématique et l'introduction pose la question. Certes, il est plus facile d'articuler la question si on connaît déjà la réponse à laquelle la question doit aboutir.

I. La conclusion

Le rôle de la conclusion est de clôturer la discussion en liant la problématique de départ aux réponses présentées à la troisième section de la dissertation, soit *synthèse*, soit *solutions*. La conclusion reprend donc la problématique présentée au début et revoit les arguments développés pour présenter une réponse ou une solution. Il ne s'agit pas d'un simple résumé du plan, mais plutôt l'aboutissement d'une réflexion d'ensemble. Souvent, la conclusion comporte une ouverture qui soulève de nouvelles pistes de réflexion (voire hypothèses), mais non pas sans terminer la discussion abordée dans la dissertation.

En général, la conclusion représente de 10 à 15 % du document. Une bonne conclusion rappelle la thèse et les arguments principaux ; elle est simple et va à l'essentiel. Vous n'avez pas besoin de noyer le lecteur dans des informations superflues.

Exemple de conclusion :

Énoncé : Est-ce que lutter contre la désinformation limite la liberté d'expression ?

Thèse : La liberté d'expression, par définition, se doit de promouvoir toute forme d'expression.

Antithèse : Permettre toute forme d'expression, c'est aussi laisser place à la désinformation.

Synthèse : L'expression d'opinions opposées est nécessaire au bon fonctionnement d'une démocratie, mais seulement dans la mesure où ces opinions sont basées sur des faits. Une liberté d'expression qui va à l'encontre de la vérité cesse d'être un droit moral.

Conclusion : Un peuple qui revendique la liberte d'expression doit lutter contre la desinformation au nom des valeurs societales qui transcendent l'expression. Si tout le monde avait le droit de dire librement n'importe quoi a n'importe qui, que ce soit vrai ou non, sans respecter les droits d'autrui, a quoi ressemblerait notre societe ?

Rappelez-vous que vous avez déjà rédigé une conclusion pour le plan dialectique (chapitre 18) et une autre pour le plan causes-conséquences-solutions (chapitre 20). Reprenez la conclusion dont vous allez vous servir pour votre dissertation. Comparez votre plan avec votre conclusion. Est-ce que la conclusion reprend les points principaux et les arguments notés dans le plan détaillé que vous avez formulé ?

Présentez votre plan et votre conclusion à un(e) partenaire pour vérifier que la conclusion reprend les points principaux et les arguments du plan.

II. Le premier brouillon

Vous avez écrit un plan de dissertation au chapitre 18 ou au chapitre 20. En plus, vous venez de rédiger une conclusion. Et maintenant, place au travail principal ! Composez une dissertation d'environ 1000-1200 mots suivant le plan que vous avez établi auparavant.

III. L'introduction

Après avoir écrit le premier brouillon de la dissertation, y compris la conclusion, retournez au début pour composer l'introduction. Voici trois étapes pour bien rédiger une introduction.

1. Contextualisez le sujet – Présentez le cadre spatial et temporel du sujet, ainsi que le public ciblé par votre dissertation. Mettez en lumière l'importance du sujet. En quoi est-ce important de traiter ce sujet ?
2. Définissez le problème – Déterminez les concepts clés et la problématique que vous allez présenter. Formulez clairement les questions que vous allez aborder.
3. Annoncez le plan – Il est essentiel d'indiquer le plan de la dissertation, que ce soit un plan causes-conséquences-solutions ou un plan thèse-antithèse-synthèse, car l'annonce prépare le lecteur/la lectrice et facilite la compréhension.

Échangez votre introduction avec un(e) partenaire. Nommez une chose que vous aimez et une chose que vous ajouteriez.

RÉPONSES À L'EXERCICE OÙ EN ÊTES-VOUS ? FAIRE, LAISSER ET LES VERBES DE PERCEPTIONS

1. Il faut ***faire savoir*** *aux dirigeants 2. que l'on* ***ne les laissera pas agir*** *à leur guise 3. La désobéissance civile* ***fait réagir*** *l'opinion publique 4. et f****ait mobiliser*** *les citoyens 5. les actions non violentes* ***laissent participer*** *tout le monde à la résistance 6. certains actes de désobéissance* ***ont [...] fait progresser*** *la législation générale 7. Martin Luther King* ***a fait occuper*** *par les Noirs les espaces 8. ils* ***se sont fait arrêter*** *par la police 9. César Chávez* ***a fait faire*** *la grève aux ouvriers agricoles 10. pour* ***leur faire instaurer*** *les assurances sociales 11. lui aussi* ***s'est fait jeter*** *en prison 12. les Gilets jaunes* ***ont fait entendre*** *une revendication collective 13. Les manifestations des Gilets Jaunes* ***ont fait augmenter*** *le SMIC 14. ils* ***ont fait baisser*** *les impôts 15. les membres du grand public* ***ne les laissent pas se débrouiller*** *tout seuls*

THÈME 11B : ÉDUCATION ET BANNISSEMENT DE LIVRES ET DE SYMBOLES HISTORIQUES

Chapitre 22 : Recyclage fonctionnel : de la narration et de la description aux opinions et aux hypothèses ; stratégies pour étoffer une dissertation ; rédaction de la dissertation finale

Nous avons révisé dans ce manuel pratiquement tous les concepts de grammaire nécessaires à votre progression du niveau avancé vers le niveau supérieur de compétence fonctionnelle en français. Il ne reste plus qu'à recycler ces fonctions, afin que ce que vous *savez* devienne ce que vous êtes capables de *dire et d'écrire* dans des situations impromptues.

La narration et la description, que ce soit au passé, au présent ou au futur, sont l'essence des fonctions avancées. Une bonne discussion commence par un récit ou par la description d'une situation basée sur des faits ; si le sujet s'y prête, cette réalité suscite alors des opinions et des hypothèses. Nous allons donc recycler la narration et la description, puis l'opinion et l'hypothèse, à partir de petits textes, issus de diverses sources. Au besoin, révisez le chapitre 17 sur le subjonctif, véhicule de l'opinion, et le chapitre 15 sur l'hypothèse.

I. « LA MÈRE DE TOUTES LES UNIVERSITÉS »

Le texte suivant, écrit au présent, est extrait d'un numéro spécial du magazine *Historia* sur ***Paris, Ville lumière au Moyen âge.*** Mettez d'abord les verbes au passé, puis répondez aux questions. Discutez en groupes de deux ou trois, puis faites part de vos opinions et de vos hypothèses au reste de la classe.

La mère de toutes les universités (Cédric Giraud)

Dans le dernier tiers du XIIIe siècle, l'Université de Paris *entre* dans la force de l'âge et *devient* un véritable troisième pouvoir, à côté de l'Église et de l'Empire : après des débuts prometteurs à partir de 1200, l'Université *reçoit* la reconnaissance officielle de la papauté, qui lui *accorde* l'autonomie en 1231. L'institution *s'organise* alors comme une association de maîtres et d'élèves unis par des règles de vie, des cours, des vêtements et des examens communs. Fondée dans une ville dynamique, attirant des maîtres renommés pour leur savoir théologique et philosophique, l'Université de Paris *devient* au cours du XIIIe siècle l'endroit par excellence où mener à bien des études supérieures. La

Cours de théologie à la Sorbonne. Enluminure de la fin du XVe siècle, Bibliothèque de Troyes

rive gauche de la Seine *concentre* alors les lieux d'enseignement : des étudiants venus de tout l'Occident *s'y pressent* pour obtenir leurs examens (licence, maîtrise) dans la langue du savoir du temps, le latin.

Lieu des innovations intellectuelles, le Quartier latin *rassemble* aussi des structures pédagogiques destinées à accueillir les étudiants pauvres. C'est ainsi qu'*apparaît* le collège de Sorbonne, créé en 1257 par le confesseur de saint Louis, Robert de Sorbon, afin de permettre aux étudiants désargentés de poursuivre des études. Le savoir *devient* donc un passeport favorisant l'ascension sociale, car l'Église et les pouvoirs laïques *commencent* à offrir des carrières lucratives à ceux qui *maîtrisent* les subtilités de l'écrit. La présence de l'Université *a* aussi des répercussions économiques sur le développement des métiers liés au livre : parcheminiers, enlumineurs, libraires *se regroupent* à proximité de l'Université, multipliant les manuscrits, ce qui *renforce* encore l'attractivité de la cité. Grâce à l'Université, Paris *conquiert* sa place de capitale culturelle de l'Occident à l'orée du XIVe siècle.

Extrait de « La mère de toutes les universités »,
de Cédric Giraud (*Historia*, numéro spécial sept.-nov. 2021), p. 55.

Parler, comprendre, élaborer, envisager

1. D'où vient le nom de la Sorbonne ? Résumez au passé comment l'Université de Paris a vu le jour et le rôle qu'elle a joué au XIIIe siècle.

2. **Le pouvoir des universités**
   a. Comment se fait-il qu'une université puisse devenir « un véritable troisième pouvoir, à côté de l'Église et de l'Empire » ? Quels sont les « pouvoirs » d'une université et comment ces pouvoirs influencent-ils la société, y compris son gouvernement ? Donnez au moins trois arguments et justifiez-les.
   b. La plus ancienne université qui soit toujours en activité est l'université Al Quaraouiyine, située à Fès, au Maroc, fondée en 859. La plupart des vieilles universités du monde (y compris Oxford) ont été fondées dans le monde arabe et en Europe entre le XIIIe et le XVe siècle. Si toutes ces universités n'avaient pas vu le jour au Moyen âge, aurions-nous connu la Renaissance (XVIe siècle), puis l'âge d'or du classicisme (XVIIe siècle), puis le siècle des Lumières et l'âge des révolutions (XVIIIe siècle) ? Qu'est-ce qui aurait été différent dans le déroulement de l'histoire du monde ? Imaginez. Nommez et expliquez au moins trois choses qui auraient été différentes.

3. **L'égalité des genres dans l'enseignement**
   a. L'enseignement supérieur au XIIIe siècle était réservé aux hommes. Dans l'Europe médiévale, l'éducation des filles était très limitée, car on estimait qu'il fallait surtout les préparer au mariage et à la maternité. Selon leur milieu social, les filles apprenaient les vertus domestiques et religieuses auprès de leur mère, avec un tuteur ou dans un couvent. Aujourd'hui encore, dans beaucoup de pays en développement, l'éducation des filles n'est pas considérée comme une priorité. En Afrique subsaharienne, par exemple, selon des statistiques de 2020, seulement 46 % des filles qui s'inscrivent à l'école terminent le cycle primaire. À votre avis, pourquoi l'égalité des genres dans l'enseignement a-t-elle toujours été, et est-elle toujours si difficile à atteindre ?
   b. Si l'égalité des genres dans l'enseignement avait existé depuis le début des temps, qu'est-ce qui aurait été différent dans l'histoire du monde ? Et qu'est-ce qui serait différent dans le monde d'aujourd'hui ? Considérez les implications pour l'identité individuelle, la famille, le développement économique et le fonctionnement de la société en général.

4. **Le concept d'une communauté scolaire ou universitaire**
   a. L'Université de Paris du XIIIe siècle s'organisait « comme une association de maîtres et d'élèves unis par des règles de vie, des cours, des vêtements et des examens communs ». Les étudiants vivaient dans un même quartier, le Quartier latin.

- Selon vous, dans le contexte universitaire, est-ce important que les étudiants soient « unis » par un même code de conduite et qu'ils vivent à proximité les uns des autres ? Pourquoi ? Comparez les avantages et les inconvénients de vivre « sur le campus », et considérez le rôle de la vie sociale dans l'apprentissage universitaire.
- Certaines universités exigent que les étudiants de première année vivent sur le campus. Si c'était le cas dans *tous* les établissements d'enseignement supérieur, quelles seraient les implications financières et sociales ?

b. Les étudiants du XIIIe siècle se reconnaissaient à leurs « vêtements longs, amples et sombres ».

- Bien que les uniformes ne soient plus de rigueur dans les universités, ils le sont encore dans la majorité des écoles privées et, dans beaucoup de pays, dans les écoles publiques aussi. Selon vous, quels sont les avantages et les inconvénients des uniformes dans les écoles ?
- Si le port du *même* uniforme était obligatoire dans *toutes* les écoles primaires et secondaires, quelles seraient les implications pour le développement individuel des élèves, l'obsession de l'apparence qui caractérise souvent les adolescents, le rapport entre les différentes classes sociales et la démocratisation de l'enseignement ?

5. La langue du savoir

L'enseignement à l'Université de Paris du XIIIe siècle se faisait dans une seule langue, « la langue du savoir du temps, le latin ».

a. Dans les nombreux pays du monde qui ont connu la colonisation, la langue du savoir est restée la langue coloniale, que ce soit l'anglais, le français, le portugais ou une autre langue. Certains pensent que cela crée une population soi-disant éduquée, mais où la maîtrise écrite des deux langues laisse à désirer ; cela encourage aussi la fuite des cerveaux parmi les diplômés et perpétue la pauvreté ; d'autres pensent que cela ouvre les horizons économiques et artistiques. Selon vous, quels sont les avantages et les inconvénients de privilégier dans l'enseignement une langue qui n'est pas celle qu'on parle à la maison ou dans sa communauté ?

b. Si les étudiants du monde entier devaient maîtriser une autre langue que leur langue maternelle pour poursuivre des études universitaires, en quoi cela changerait-il l'enseignement supérieur ?

6. Le savoir comme passeport

Selon ce texte, « le savoir était un passeport favorisant l'ascension sociale ». Peu de gens diraient le contraire, mais…

a. quel est le but de l'enseignement supérieur : donner une éducation humaniste qui ouvre l'esprit et nous enrichit d'une culture générale et critique, ou offrir une formation professionnelle très spécialisée, avec l'espoir d'enrichir notre portefeuille ? Les solutions les plus simplistes ne sont pas nécessairement les meilleures : une jeune personne qui n'a reçu qu'une formation étroitement spécialisée aura-t-elle plus de mal à conserver un emploi qu'un jeune diplômé du même âge à l'esprit bien formé, peut-être sans qualification précise immédiate, mais avec la capacité de s'adapter et d'acquérir les compétences techniques nécessaires au moment où il le faudra, les entreprises étant parfaitement à même de fournir cette formation technique ? Donnez le pour et le contre de ces deux approches de l'enseignement supérieur.

b. Si les établissements de formation professionnelle, qui donnent en deux ans des brevets de techniciens ou autres spécialisations dont le monde actuel a besoin, jouissaient d'autant de prestige que les meilleures universités, comment est-ce que cela changerait l'enseignement supérieur et le monde du travail ?

II. MALAISE AU CANADA APRÈS UNE « PURIFICATION PAR LE FEU »

L'article suivant est extrait du journal ***Le Monde***. Complétez d'abord le texte en mettant les verbes aux temps appropriés du passé, puis répondez aux questions. Discutez en groupes de deux ou trois, puis présentez vos opinions et vos hypothèses au reste de la classe.

Malaise au Canada après une « purification par le feu » (Hélène Jouan)

Radio-Canada a révélé qu'une école de l'Ontario avait mis au bûcher[1] des livres qu'elle jugeait « négatifs » envers les autochtones

Tintin en Amérique pour ses représentations de Peaux-Rouges, *La Conquête de l'Ouest* de Lucky Luke pour le seul mot « conquête », *Astérix et les Indiens* pour une jeune Indienne jugée trop aguicheuse[2], des romans, des livres d'histoire ou encore des manuels destinés à la jeunesse donnant des conseils pour confectionner les parures de plumes des Amérindiens : une trentaine de livres _____________ (être mis) au bûcher par une école de l'Ontario, au seul motif qu'ils _____________ (véhiculer) des stéréotypes négatifs sur les habitants des Premières Nations du Canada.

Le conseil scolaire catholique Providence, qui gère une trentaine d'écoles francophones au sud-ouest de l'Ontario, _____________(procéder) à une cérémonie dite de « purification par le feu », en brûlant une partie d'environ 5 000 livres de jeunesse bannis des bibliothèques, accusés d'entretenir des préjugés contre les autochtones, présentés comme sauvages, alcooliques et paresseux. Les cendres ___________(servir) d'engrais à la plantation d'un arbre.

La révélation de cette affaire par la chaîne publique Radio-Canada _________ (créer) un immense malaise au Canada, surtout dans la province francophone du Québec. Loïc Tassé, éditorialiste au *Journal de Montréal*, évoque « un acte barbare » en citant Heinrich Heine : « Là où on brûle des livres, on finit par brûler des hommes. »

Dans une longue communication sur Twitter, le romancier André Noël, qui ___________(connaître) ce bannissement il y a vingt ans pour son roman pour enfants *Trafic chez les Hurons*, ___________ (tenir) à condamner « cette destruction excessive », mais il affirme aussi craindre que « cette controverse nous distraie du vrai scandale dont on ___________ (toujours pas prendre) la mesure : la spoliation des terres autochtones par les Européens et leurs descendants ».

Le premier ministre, Justin Trudeau, _____________(condamner) « à titre personnel » l'initiative de brûler des livres, ajoutant que ce ______________(ne pas être) à lui, « en tant que non-autochtone, de dire aux autochtones comment agir pour avancer vers la réconciliation ». Le candidat du Bloc Québécois (indépendantiste), Yves-François Blanchet, un album d'Astérix sous le bras, ______________(affirmer) : « On ne prévient pas le mal en effaçant l'histoire. »

Extraits de l'article « Au Canada, un autodafé d'albums de Tintin ou d'Astérix jugés "négatifs" envers les autochtones », d'Hélène Jouan, correspondante à Montréal (*Le Monde*, 11 sept. 2021, no 23849).

---

1 Brûlé.
2 Sexy.

1. **Résumez au passé** ce qui s'est passé dans cette école de l'Ontario : pourquoi ces livres ont-ils été brûlés ? Qu'est-ce qu'on a fait des cendres de ces milliers de pages et quel était le symbolisme de cette action ? Quelle a été la réaction des journaux et des dirigeants ?

2. **Le bannissement de livres dans les bibliothèques scolaires**
   a. La censure de livres dans les bibliothèques scolaires a toujours existé, mais depuis quelques années, cette censure a connu une véritable explosion aux États-Unis. Selon une étude de PEN America, entre le 1er juillet 2021 et le 31 mars 2022, 1 145 titres ont été bannis, dans 86 districts scolaires de 26 États, représentant 2 899 écoles et plus de 2 millions d'élèves ; 41 % de ces bannissements se sont produits à la demande de législateurs élus ou d'autorités de l'État.
   Faites des recherches sur Internet pour trouver l'histoire d'un ou deux de ces bannissements et racontez ! Qu'est-ce qui s'est passé ? Quelles étaient les raisons de cette censure ?
   b. Un conseil scolaire au Tennessee a récemment voté à l'unanimité pour que le livre *Maus*, de l'auteur Art Spiegelman, soit retiré du programme d'études pour les élèves de 13-14 ans. La bande dessinée dépeint la vie du père de l'auteur dans la Pologne occupée, puis sa déportation à Auschwitz. Dans cette œuvre de 300 pages qui a remporté le prix Pulitzer il y a 30 ans, les nazis sont représentés en chats et les juifs en souris (*maus*, en allemand, signifie « souris »). Le problème ? La présence de quelques jurons, des scènes « trop explicites » et une illustration qui représente une femme nue dans un camp de concentration. Dans un autre district scolaire, en Virginie cette fois, c'est le livre *Beloved*, de Toni Morrison, qui a été banni, parce qu'il plongeait trop directement le lecteur dans les réalités de l'esclavage.
      - Que pensez-vous de ces actions des conseils scolaires ?
      - Quels sont les arguments pour et contre la censure de livres qui exposent les élèves de niveau secondaire aux réalités douloureuses du passé ?
      - « On ne prévient pas le mal en effaçant l'histoire. » Quels sont les risques d'essayer « d'effacer l'histoire » ? Considérez les risques immédiats et futurs pour les nations du monde.
   c. Si les éléments douloureux de l'histoire étaient bannis des manuels scolaires, sous prétexte qu'ils pourraient amener les élèves à ressentir de l'inconfort, de la culpabilité, de l'angoisse ou toute autre forme de détresse psychologique en raison de leur identité nationale, de leur race ou de leur sexe, quelles seraient les conséquences pour nos écoles et pour nos sociétés ?
   d. D'un autre côté, comme nous en avons déjà parlé dans le contexte du complotisme, si l'humanité avait retenu les leçons de l'histoire, quels événements des cinquante dernières années se seraient déroulés différemment ? Reprenez et analysez au moins trois exemples.

3. **Les statues, les noms de rues, de bâtiments ou de mascottes universitaires**
   Nous avons assisté ces dernières années au bannissement de statues représentant des personnages de l'histoire qui avaient participé à la pratique et à la défense de l'esclavage. Des noms de rues, de bâtiments ou de mascottes universitaires ont été changés parce qu'ils rappelaient un passé déshonorable, comme l'assimilation forcée et l'exploitation des autochtones d'Amérique.
   a. Qu'est-ce que brûler ou faire disparaître ces vestiges du passé accomplit ? Est-ce une forme de restitution ? Ces actions ont-elles pour but d'apaiser les populations qui ont été opprimées, ou est-ce plus pour apaiser les générations présentes pour qu'elles puissent oublier plus facilement ? Considérez le pour et le contre de ce bannissement.
   b. En suivant cette logique, on trouverait sans doute des choses à reprocher à un grand nombre de « héros » de l'histoire que nous continuons à honorer. Faudrait-il aussi faire disparaître leur mémoire ? Alexandre le Grand, Jules César, Louis XIV, Napoléon et George Washington garderaient-ils leur statut dans l'histoire ? Dans quelle mesure le contexte de l'époque leur servirait-il d'excuse ?

c. Il est indéniable qu'une forme de restitution aux victimes de génocides ou d'abus de toutes sortes est un devoir, au nom de tout ce qu'il y a de bon dans la nature humaine, au nom du pardon. Mais la restitution est-elle vraiment possible ? Selon vous, quelles sont les meilleures façons de réaliser une « restitution » dans le cas des victimes de :

- l'holocauste ?
- l'esclavage ?
- l'oppression des autochtones d'Amérique ?

Quels sont les autres événements de l'histoire qui sont restés comme une tache noire sur l'humanité et qui mériteraient une restitution, selon vous ? Que pourrait-on ou devrait-on faire ?

4. **Le rôle des parents dans les programmes scolaires**

Les États et les conseils scolaires qui bannissent des livres de leurs programmes et de leurs bibliothèques se disent déterminés à « redonner les rênes de l'éducation aux parents ». La tendance est telle qu'en 2021 et 2022 le nombre de contestations et de demandes de retrait de livres par des parents a atteint de nouveaux records, selon l'American Library Association. Ce sont aussi les associations de parents d'élèves qui, dans certains États, font adopter des lois définissant la manière dont les écoles et les collèges peuvent enseigner certaines matières, ou qui exigent que les professeurs affichent leurs plans de leçons en ligne.

a. Il est bon que les parents soient impliqués dans l'éducation de leurs enfants, mais est-il justifié qu'ils exercent autant de pouvoir sur les programmes scolaires ? Discutez le pour et le contre.

b. Forcés d'afficher leurs plans de leçons, les professeurs ne se sentent plus libres et se plaignent du fait que les parents – des non-professionnels de l'enseignement – aient leur mot à dire sur ce qui se passe dans leur salle de classe. Si vous étiez professeur dans une école secondaire et que vous vous sentiez constamment observés par des parents d'élèves, quelle serait votre réaction ? Que feriez-vous ?

c. Dans un monde idéal, dans le contexte de l'enseignement primaire et secondaire, quel serait le rôle des parents d'élèves et de l'administration ? Les professeurs bénéficieraient-ils d'une autonomie totale ? Expliquez.

ÉCRITURE : Stratégies pour étoffer une dissertation ; rédaction de la dissertation finale

PROJET D'ÉCRITURE : UNE DISSERTATION SELON LE PLAN DIALECTIQUE OU SELON LE PLAN CAUSES-CONSÉQUENCES-SOLUTIONS

Le projet d'écriture pour ce chapitre est une dissertation d'environ 900-1200 mots selon le plan dialectique ou selon le plan causes-conséquences-solutions. Il est présumé que vous avez écrit un premier brouillon au chapitre 21. Utilisez les activités suivantes pour améliorer ce que vous avez rédigé.

I. Les répétitions à éviter

Les auteurs ont souvent tendance à utiliser des phrases familières lorsqu'ils rédigent un brouillon, parce qu'ils se concentrent plus sur les idées et moins sur le vocabulaire. En travaillant à une deuxième version de la composition, il s'avère donc nécessaire de remplacer les termes communs par des termes plus intéressants et précis. Les tics de langage sont des expressions que l'on utilise trop, soit pour maintenir ou pour ponctuer la conversation, soit pour gagner du temps afin de formuler ses pensées ; toutefois, leur usage excessif affaiblit le message exprimé. Réécrivez les phrases ci-dessous en remplaçant les répétitions par une expression moins banale.

Répétitions à remplacer	**Attention ! Ces expressions ne sont pas toutes interchangeables ! Il faut faire attention au sens de la phrase.**
« un petit peu » « un peu »	brièvement, rapidement, à peine, légèrement, rarement, au fur et à mesure, une lueur, une trace
« du coup »	donc, par la suite, ainsi, par conséquent, voire, or, dû au fait que
« j'avoue que » « c'est clair »	certes, décidément, il est vrai que, évidemment, assurément, effectivement, sans aucun doute, véritablement, on reconnaît que, on l'admet, en effet, en réalité, en fait
« voilà »	en somme, en dernier lieu, pour conclure, en résumé, enfin, en d'autres termes
« ou bien »	(ou) encore, autrement, sinon, par ailleurs, de plus, en plus, surtout, en outre, en tout cas

1. **C'est clair** que nous avons du chemin à faire en ce qui concerne le contrôle des armes à feu.
2. **J'avoue** que dans n'importe quelle communauté, ce serait la prérogative – **ou bien** le devoir – de chaque membre d'assurer l'usage sécurisé des armes à feu.
3. Aux États-Unis, on a l'impression que les personnes qui veulent des fusils peuvent aller à « la bourse à l'américaine [1]» et **du coup** acheter n'importe quelle arme.
4. **C'est clair que** nous voyons des photos sur Instagram **ou bien** sur d'autres réseaux sociaux et, **du coup**, nous construisons dans notre tête cette image que tous les Américains aiment les armes à feu.
5. D'abord, **c'est clair qu'**un tiers des Américains sont détenteurs d'une arme de poing **ou bien** d'une arme d'épaule, **et du coup** les armes sont quasiment omniprésentes.
6. **J'avoue** qu'il est trop facile d'acheter une arme aux États-Unis, car on n'a besoin que d'un permis de conduire **ou bien** d'une carte d'identité.
7. **Voilà**, je vais vous expliquer **un petit peu** les problèmes évidents liés à l'accès libre aux armes à feu.
8. **J'avoue** que les armes à feu ne sont pas les seules armes utilisées dans les homicides, mais **c'est clair** que leur disponibilité est un facteur clé dans l'accroissement de la violence armée.
9. **C'est clair que** lorsque la disponibilité des armes diminue **un peu** dans la société, on voit aussi une réduction de la violence armée, même si ce n'est qu'**un petit peu**.
10. **Et voilà,** la violence armée résulte de la visibilité, de la disponibilité, de la détention **ou bien** du mauvais usage des armes.

Cherchez les phrases répétées dans votre brouillon et remplacez-les par des synonymes. Voici des sites utiles pour les synonymes : synonymes.com, dictionnaire-synonymes.com, synonymo.fr.

II. Les faux amis (II)

Comme vous l'avez vu au chapitre 3, les faux amis sont des mots qui se ressemblent mais qui ont un sens totalement différent. Déterminez le sens correct en français des termes suivants et écrivez une phrase qui le démontre.

Modèle : un caractère	un trait distinctif propre à une personne	~~un personnage, notamment dans les romans ou les pièces de théâtre~~	Le caractère est à l'âme ce que la physionomie est au visage.
1. assister à	aller à, participer	aider, donner un coup de main à	

1 Une *bourse à l'américaine* est un lieu de vente, d'achat et d'échange d'armes à feu, mais aussi un lieu de découvertes pour ceux qui visitent le hall d'exposition.

2. blesser	faire du mal, insulter	glorifier, donner une bénédiction	
3. dramatique	tragique, dangereux	spectaculaire, prodigieux	
4. éventuellement	peut-être, possiblement	pour finir, finalement	
5. blâmer	critiquer, réprimander	considérer comme responsable	
6. une injure	une blessure, une contusion	un affront, une insulte	
7. un inconvénient	un désavantage, un défaut	ce qui dérange ou ce qui gêne	
8. un bénéfice	un profit, un gain fiscal, un avantage produit par quelque chose	une aide utile, un bienfait, une chose qui produit un avantage	
9. crier	laisser couler des larmes, pleurer	parler fort, hurler	
10. supplier	prier, implorer	approvisionner, ravitailler	
11. prétendre	faire semblant, simuler, feindre	affirmer, exiger, réclamer	
12. un délai	un temps entre le moment où quelque chose arrive et le moment attendu	un temps accordé pour faire quelque chose	
13. achever	réussir à faire quelque chose, parvenir à un résultat souhaité	finir de faire quelque chose, terminer	

III. Projet d'écriture final

Ayant rédigé un brouillon de votre dissertation de 900-1200 mots, vous êtes prêts à peaufiner le projet d'écriture en utilisant la liste de contrôle ci-dessous. Comme toujours, il faut relire, chercher les fautes, élaborer le contenu et vérifier l'organisation de la version finale de votre dissertation. Montrez votre composition à un(e) partenaire afin d'obtenir des conseils pour l'améliorer.

Contrôle d'écriture : Vérifier et corriger

- Fautes courantes – À corriger à l'aide d'un dictionnaire ou d'un correcteur en ligne, comme bonpatron.com ou cordial.fr.
  - ❑ Accents : é, è, ê, ç, etc.
  - ❑ Orthographe : dessert ou désert ?
  - ❑ Genre : le vase ou la vase ?
  - ❑ Accords : masculin/féminin, singulier/pluriel
  - ❑ Conjugaison des verbes : Ils… -ent
  - ❑ Prépositions : en, sur, à, de, pour, par, dans, etc.

- Élaboration – Relisez. Ajoutez, çà et là, des détails supplémentaires.
  - ❑ Y a-t-il des détails spécifiques ?
  - ❑ Les idées présentées sont-elles bien développées ?
  - ❑ Ai-je de bonnes transitions d'une phrase à l'autre et d'un paragraphe à l'autre ?

- Organisation
  - ❑ Y a-t-il des liens entre idées/événements ?
  - ❑ Est-ce que les phrases progressent logiquement ?
  - ❑ Est-ce que la structure des phrases renforce la cohésion et la cohérence ?

THÈMES 12 : LA QUESTION DES ARMES À FEU ; BONHEUR ET PSYCHOLOGIE POSITIVE

OÙ ALLONS-NOUS ?

Dans ces derniers chapitres, nous continuons le format de lectures plus courtes, avec plus de sujets abstraits à discuter et des activités qui incorporent les fonctions avancées et supérieures. Reprenez les *ACTFL Proficiency Guidelines* et comparez votre performance pendant ces deux derniers chapitres aux descriptions et aux échantillons de l'échelle. Êtes-vous capable de narrer et de décrire au présent, passé et futur avec fluidité et précision ? Où en êtes-vous dans votre contrôle de la défense d'opinion et de l'hypothèse dans le contexte de sujets abstraits ? Savez-vous présenter vos opinions sous forme d'arguments structurés, selon le plan dialectique ou le plan analytique, sans hésitations anormalement longues ? Quand les idées prennent le dessus, avez-vous encore des schémas d'erreurs, c'est-à-dire les mêmes erreurs qui reviennent régulièrement ? Si oui, notez ces erreurs : le fait de visualiser par écrit les fautes que vous avez tendance à faire et refaire vous aidera à surmonter la fossilisation. Visualisez aussi la *Montagne Sainte-Victoire* de Paul Cézanne, sur la couverture de ce livre : où en êtes-vous dans votre ascension ? Obtenir la victoire ne veut pas nécessairement dire atteindre le sommet, mais arriver à se dépasser, grâce à des efforts structurés et soutenus.

CHAPITRE 23

Thème 12A : La question des armes à feu

Explorer

- Les armes à feu : un droit inaliénable ou une maladie du corps social ?
- Différences culturelles sur la question des armes à feu.

Réviser

- L'argumentation sur des sujets abstraits.
- La défense d'opinion et l'hypothèse.
- Les prépositions.
- Le conditionnel.

Peaufiner

- Éviter les anacoluthes.

Présenter

- Présentations orales sur la dissertation finale.

CHAPITRE 24

Thème 12B : Le bonheur

Explorer

- Le bonheur et la psychologie positive.
- Le rôle de la dépendance, de l'indépendance et de l'interdépendance dans les relations humaines.

Réviser

- L'argumentation sur des sujets abstraits.
- La défense d'opinion et l'hypothèse.
- Le subjonctif.
- Les mots indéfinis.

Peaufiner

- Éviter les pléonasmes.

Présenter

- Présentations orales sur la dissertation finale.

THÈME 12A : LA QUESTION DES ARMES À FEU

Chapitre 23 : La question des armes à feu ; recyclage fonctionnel ; les anacoluthes ; présentations orales sur les sujets de dissertations finales

Comme nous l'avons expliqué au chapitre 22, notre but est désormais de recycler les fonctions avancées et supérieures, afin que ce que vous *savez* devienne ce que vous êtes capables de *dire* et d'*écrire* dans des situations impromptues. Une bonne discussion commence par un récit ou la description d'une situation basée sur des faits ; si le sujet s'y prête, cette réalité suscite alors des opinions et des hypothèses. Dans ce chapitre encore, nous allons recycler la narration et la description, puis l'opinion et l'hypothèse, à partir de deux textes portant sur un sujet délicat, la question des armes à feu. C'est justement parce que ce sujet se prête à des opinions fortes que nous l'abordons, en vous rappelant de remplacer le « je » par « certaines personnes » et « d'autres personnes » pour analyser les faits et défendre des opinions de manière plus objective, moins personnelle. Dans vos argumentations, rappelez-vous d'utiliser le plan dialectique (thèse, antithèse, synthèse) ou le plan analytique (causes-conséquences-solutions), selon la nature des sujets que vous discutez.

Les Américains et leurs armes : droit inaliénable ou maladie du corps social ?

De la conquête de l'Ouest à la récente série de fusillades dans des écoles et dans des lieux publics, les armes à feu, on le sait, sont omniprésentes dans l'histoire des États-Unis. La permissivité de la législation concernant leur commerce et leur possession est fréquemment perçue comme une exception américaine. Problème politique par excellence, c'est aussi un problème culturel, économique et social. Le débat est profondément idéologique, en cela qu'il oppose deux visions irréductibles de la vie en société, et peut-être même de la nature humaine.

Les armes sont explicitement mentionnées dans la Constitution même des États-Unis : « Une milice bien organisée étant nécessaire à la sécurité d'un État libre, le droit du peuple de détenir et de porter des armes ne doit pas être transgressé. » Pour interpréter ces quelques mots, il existe deux approches : les tenants de l'interprétation « individualiste » retiennent surtout la seconde partie de la phrase, « le droit du peuple de détenir et de porter des armes ne doit pas être transgressé ». Selon eux, les citoyens ont le droit de s'armer dans un triple but : assurer la défense de leurs biens et de leur famille, se préserver d'un éventuel gouvernement tyrannique, participer à la défense de l'État contre une agression étrangère. Mais pour les tenants du « droit collectif », c'est oublier la clause limitative qui précède. Car dans la mesure où il est question d'une milice, c'est-à-dire, dans le langage de l'époque, d'une armée de réserve, c'est le droit des États fédérés d'assurer leur propre défense sans avoir recours à une armée de métier fédérale qui est reconnu.

Mais ce qui importe, ce n'est pas tant l'interprétation proprement juridique du Second Amendement que sa puissance symbolique, car il constitue un précieux levier pour ceux qui s'opposent farouchement à toute restriction sur les armes et qui bâtissent leur argumentation sur la dévotion quasi religieuse que la société américaine voue à sa Constitution. Le mythe du « *self-reliant man* », capable de faire face par ses propres moyens à toutes les nécessités de l'existence, et *a fortiori* d'assurer lui-même sa sécurité, est au cœur de la perception du monde qu'ont les adeptes des armes. Cette philosophie se manifeste par un rejet de l'intervention de l'État, non seulement dans le domaine de la réglementation des armes, mais aussi dans les autres secteurs de la vie publique. La régulation des armes à feu est souvent considérée comme une des facettes de l'État-providence, cause de tous les maux de la société. « Les Américains du 20e siècle ont rejeté les principes de liberté de leurs ancêtres. Ils ont adopté toutes les choses auxquelles leurs ancêtres avaient dit non : l'impôt sur le revenu, les régulations, la sécurité sociale, Medicare, Medicaid, l'école publique et le contrôle des armes à feu », disent les groupes pro-armes les plus conservateurs.

Un gouffre idéologique sépare les deux camps. Les uns défendent un droit éternel et intangible, les autres s'alarment de son coût social. Pour les uns, la responsabilité est individuelle, et l'État doit se cantonner à un rôle d'arbitre ; pour les autres elle est collective, et l'État est fondé[1] à mettre en place une politique préventive. La logique de chaque camp – droit inaliénable ou santé publique – ne peut conduire qu'à une radicalisation.

Extraits de « Les Américains et leurs armes : droit inaliénable ou maladie du corps social ? », de Didier Combeau (*Revue française d'études américaines*, n° 93), p. 95-109. [https://www.cairn.info/revue-francaise-d-etudes-americaines-2002-3-page-95.htm]

PARLER, COMPRENDRE, ÉLABORER, ENVISAGER

Narration/description

Origines et racines historiques du Deuxième Amendement. Mettez les verbes au passé, ou à d'autres temps selon le cas, puis répondez aux questions.

Le concept de milice universelle est originaire d'Angleterre et date du XIIe siècle, quand le roi Henri II ____________ (obliger) les hommes libres à prendre les armes pour la défense publique. Il ____________ (exiger) que tous ses sujets de 15 à 50 ans possèdent une arme autre que le couteau. La raison d'une telle exigence __________(être) qu'en l'absence d'une armée régulière et de forces de police, qui ne/n'__________(être établies) qu'en 1829, il __________(être) du devoir de chaque homme de veiller la nuit pour neutraliser les malfaiteurs, de protéger la paix du roi et de participer à la suppression des émeutes. Cela ____________ (rester) quasiment inchangé jusqu'en 1671, quand le Parlement d'Angleterre ___________(créer) un statut qui ____________ (rendre) les conditions de possession d'armes à feu plus exigeantes.

Au début de la Révolution américaine, pour se défendre contre les efforts britanniques de désarmer leurs milices, les colons _____________(citer) la *Common Law* anglaise qui ____________ (garantir) le droit à l'autodéfense. La politique britannique _________ (viser) alors à empêcher une action coordonnée des milices. Au moment

1 A de solides raisons pour…

où la Constitution ______________ (être ratifiée), des centaines de soulèvements d'esclaves ______________ (avoir lieu) à travers le Sud. La crainte de ces États ___________ (être) que la Constitution _____________(permettre) aux États du Nord, soit de dissoudre ces milices, soit d'intégrer les esclaves du Sud au service militaire, ce qui ____________ (conduire) à leur émancipation. Ces deux possibilités _____________ (menacer) de faire s'effondrer l'institution de l'esclavage, ainsi que les systèmes économiques et sociaux du Sud. Cette préoccupation ___________ (être) clairement exprimée par Patrick Henry pour qui, avec cette nouvelle constitution, « si le pays est envahi, un État peut aller faire la guerre, mais ne peut pas réprimer un soulèvement d'esclaves sans l'interposition du Congrès. Le Congrès, et seulement le Congrès peut appeler la milice. »

C'est pourquoi James Madison, qui ______________ (commencer déjà) à préparer des amendements à la Constitution, ____________ (reformuler) la question de la milice. Il _____________(remplacer) le mot *pays* par le mot *État*, pour garantir aux États du Sud de pouvoir maintenir leurs patrouilles d'esclaves. De même, en reliant « une milice bien organisée » au droit de porter des armes, Madison, lui-même propriétaire d'esclaves, ____________ (avoir) pour objectif d'empêcher les populations noires de détenir des armes, privilège réservé aux milices composées de Blancs.

a. Résumez au passé les origines historiques du Deuxième Amendement.
b. Qu'est-ce que le contexte historique ajoute à notre interprétation de cet Amendement ?
c. Des décisions de la Cour suprême ont spécifié certains points : le cas *Scott v. Sandford* (1857) a reconnu « aux personnes noires, citoyens dans tous les États de l'Union, la pleine liberté de porter une arme où qu'ils aillent ». Le cas *District of Columbia v. Heller* (2008) a établi que « le deuxième amendement protège le droit individuel de posséder une arme à feu sans pour autant servir dans la milice, et d'utiliser cette arme dans la limite des dispositions prévues par la loi, telles que l'autodéfense au sein de sa maison ».

Des centaines d'autres lois ont été adoptées au niveau des États. Certains États sont même allés jusqu'à éliminer la plupart des restrictions sur les personnes autorisées à porter une arme : en juin 2021, le gouverneur du Texas a promulgué une loi sur « le port sans permis », autorisant les résidents à porter des armes de poing sans permis ni formation. Le 12 avril 2022, la Géorgie est devenue le 25e État du pays à supprimer la nécessité d'un permis pour dissimuler ou porter ouvertement une arme à feu.

Au fur et à mesure que les armes sont devenues plus sophistiquées – et plus meurtrières – les lois sont devenues plus strictes dans certains États, plus permissives dans d'autres. Comment expliquez-vous ce phénomène ?

OPINIONS ET HYPOTHÈSES

1. Un débat idéologique

a. « Le débat est profondément idéologique, en cela qu'il oppose deux visions irréductibles de la vie en société, et peut-être même de la nature humaine. » Il y a donc la vision individualiste de la vie, et la vision du droit collectif. Quels sont les avantages et les inconvénients de chaque vision dans les domaines suivants :
- la possession et le port des armes à feu ?
- la couverture maladie (Medicare, Medicaid, « Obamacare ») ?
- l'intervention du gouvernement dans divers secteurs de la vie publique ?

b. Certains pays européens sont des exemples d'États-providence, où le sens de la responsabilité collective se manifeste dans tous les secteurs de la vie publique, y compris la médecine socialisée et un enseignement supérieur partiellement subventionné par l'État. Comment peut-on expliquer cette différence idéologique ? Quels sont les facteurs historiques en jeu dans l'évolution des mentalités ?

c. Si la vision du droit collectif prévalait aux États-Unis, quelles seraient les implications pour la société américaine dans les secteurs de :

- l'éducation ?
- la santé ?
- le système électoral ?

Y a-t-il d'autres secteurs qui subiraient des changements ?

2. Les Constitutions

L'article mentionne « la dévotion quasi religieuse que la société américaine voue à sa Constitution ». La Constitution américaine, qui est en vigueur depuis le 4 mars 1789 et qui a été modifiée par 27 amendements, est l'une des plus anciennes constitutions écrites encore appliquées. Les constitutionnalistes américains conçoivent cette Constitution comme la traduction *immuable* des normes juridiques du gouvernement républicain, et la meilleure protection contre l'arbitraire du pouvoir politique. Au Canada, la Constitution n'est pas un document unique, mais des dizaines de textes dont les principaux sont les lois constitutionnelles de 1867 et 1982. La France en est à sa 14e Constitution depuis la Révolution de 1789 ; celle qui régit la Ve République actuelle date de 1958. La Belgique n'a connu qu'un seul document, la Constitution du 7 février 1831 ; 12 modifications y ont été faites depuis sa création. Au Royaume-Uni, la Constitution est un ensemble de règles constitutionnelles, mais en vertu de la souveraineté du parlement, il n'existe pas de contrôle de constitutionnalité et le parlement conserve juridiquement le pouvoir de modifier par une simple loi les institutions du royaume, ainsi que les droits fondamentaux des sujets.

a. Ainsi, l'approche des démocraties du monde en matière de constitution varie d'un pays à l'autre. Sans entrer dans des détails techniques qui relèveraient d'un cours de sciences politiques, en termes généraux, pensez-vous qu'un document qui établit les normes juridiques d'une nation puisse rester *immuable* à travers les siècles, ou ces normes devraient-elles évoluer avec le temps et les circonstances ? Les lois sur l'avortement et sur l'identité sexuelle vous viendront sans doute à l'esprit. Y a-t-il d'autres aspects de l'ordre social et du bien-être de l'individu qui entrent en jeu dans cette discussion ? Considérez les arguments qui soutiennent chaque approche quant au rôle d'une constitution, et justifiez vos opinions.

Rester immuable	Évoluer avec le temps et les circonstances

b. S'il y avait eu plusieurs constitutions américaines, ou plus d'amendements, en quoi l'histoire des États-Unis aurait-elle été différente ? Si vous venez d'un pays qui a connu plusieurs constitutions, comment l'histoire de ce pays aurait-elle été différente s'il n'y avait eu qu'une seule constitution ? Expliquez votre raisonnement.

3. Un droit inaliénable ou une maladie du corps social ?

a. Le titre de cet article est aussi sa conclusion : une question sans réponse absolue au débat sur les armes à feu. Pensez aux gens que vous connaissez : quelle est leur position sur ce débat ? Quelles raisons évoquent-ils ? Vers quelle conclusion penchez-vous et pourquoi ?

b. Si vous faisiez partie d'une commission chargée de réduire la violence dans la société américaine, quelles mesures proposeriez-vous et quelles seraient les implications de vos propositions ? Donnez au moins trois mesures.

Armes à feu : entre France et États-Unis, la situation est-elle différente ?

Aux États-Unis, 212 fusillades en 144 jours, entre janvier et mai 2022. En 2020, selon les données du CDC, 45 222 personnes sont mortes par arme à feu, soit 124 personnes par jour. Quatre cents millions d'armes qui circulent pour 338 millions d'habitants, soit plus d'armes que d'habitants. En 2000, le pays comptait 2 222 entreprises de fabrication d'armes en activité, alors qu'en 2020 on en dénombrait 16 963. Plusieurs études confirment qu'il existe une corrélation directe entre le nombre d'armes en circulation et le nombre de morts (homicides et suicides) aux États-Unis.

Un Américain a 30 fois plus de risques de mourir par balle qu'un Français.

Environ un quart à un tiers des homicides français sont commis par arme à feu (derrière les armes blanches et les coups), alors que c'est le cas de 80 % de ceux commis aux États-Unis. Le nombre de morts par arme à feu (comprenant homicides, suicides et accidents) s'établit autour de 2,5 personnes pour 100 000 habitants en France chaque année. Aux États-Unis, ce taux est de plus de 12 pour 100 000 habitants. Il y a entre 15 et 20 armes à feu en circulation (possédées par des personnes privées) en France pour 100 habitants, pour quelque 120 armes pour 100 habitants aux États-Unis. En Europe, le taux de circulation d'armes à feu varie grandement d'un pays à l'autre (il y en a cinq fois plus en France qu'au Royaume-Uni) sans que l'un ou l'autre des pays ne se distingue par le nombre de fusillades. Aux États-Unis, les fusillades de masse sont en augmentation constante depuis les années 1970. Les troubles psychologiques sont souvent mis en avant, mais sans que le lien direct puisse être établi. S'il y a une augmentation de ces troubles, elle est très inférieure à l'explosion du nombre de tueries dans le pays. Pour le sénateur Chris Murphy, du Connecticut, « il n'y a pas plus de gens avec des intentions meurtrières en Amérique que dans d'autres pays ». Mais nulle part ailleurs, on peut « se rendre chez Walmart et acheter une arme qui tue 20 enfants en deux minutes ».

Une chose est sûre : il y a bien là une exception américaine.

Premier paragraphe : extraits de « Aux États-Unis : la culture des armes au-dessus de tout ? », de Nina Soyez (*TV5 Monde*, 27 mai 2022).
[https://information.tv5monde.com/info/aux-etats-unis-la-culture-des-armes-au-dessus-de-tout-457967]
Reste du texte : extraits de « Armes à feu : entre France et États-Unis, la situation est-elle si différente ? », d'Emmanuel Saint-Martin (*French Morning*, 26 mai 2022).
[https://frenchmorning.com/armes-a-feu-entre-france-et-etats-unis-la-situation-est-elle-si-differente/]
Citation du sénateur Murphy tirée de « Les États-Unis, seul pays occidental où la violence par arme à feu frappe "tout le temps" » (*Le Soleil numérique*, Québec, 25 mai 2022).
[https://www.lesoleil.com/2022/05/25/les-etats-unis-seul-pays-occidental-ou-la-violence-par-arme-a-feu-frappe-tout-le-temps-b1b3a8e30467c519cb34af0c7576319e]

PARLER, COMPRENDRE, ÉLABORER, ENVISAGER

Narration/description

1. Virginia Tech (2007, plus de 30 morts), Sandy Hook (2012), Orlando (2016), Las Vegas (2017, la fusillade la plus meurtrière avec plus de 50 morts et 500 blessés), El Paso, TX (2019), Buffalo, NY, Uvalde, TX (2022) – ce sont là quelques-unes des pires fusillades de masse les plus récentes aux États-Unis. Avez-vous des souvenirs personnels de votre réaction à une ou deux de ces fusillades ? Qu'avez-vous pensé quand vous avez appris la nouvelle ? Qu'est-ce qui vous a marqué ? Pourquoi ? Racontez au passé.
2. La puissance de la National Rifle Association. Conjuguez les verbes au passé, puis discutez la question.
   Créée en 1871, l'association ______________ (regrouper) initialement des chasseurs et des amateurs de tir. À partir de 1968, elle ______________(s'engager) dans la voie du lobbying politique, ce qui lui ______________ (permettre) d'influer considérablement sur les élections de tout type, tant au niveau local qu'au niveau fédéral. Avec plus de six millions de membres, la NRA ______________ (devenir) le lobby le plus puissant au monde, tous domaines confondus. Les politiques, républicains comme démocrates, ______________ (jouer) un rôle clé dans la réussite du groupe de pression. En 2016, la campagne de Donald Trump ______________(être financée) à hauteur de 31 millions par la NRA. Après la fusillade dans une boîte de nuit à Orlando en juin 2016, les démocrates ______________(soumettre) deux propositions visant, d'une part, à interdire aux personnes figurant sur les listes de surveillance terroriste d'acheter des armes à feu et, d'autre part, à généraliser à toutes les ventes, notamment dans les *gun shows*, les vérifications d'antécédents criminels et psychiatriques avant toute transaction. La NRA ______________ (s'y opposer bien sûr) et le Sénat ______________ (refuser) les deux propositions. Ce processus se répète après chaque tuerie. En décembre 2012, après la fusillade à l'école primaire Sandy Hook, la NRA ______________(proposer) d'installer un garde armé dans chaque école américaine, ou d'armer directement le corps enseignant, en déclarant que « le seul moyen d'arrêter un méchant avec une arme, c'est un gentil avec une arme ». En février 2018, à la suite de la fusillade de Parkland, la 18e fusillade en milieu scolaire de l'année, certains partenaires habituels de l'organisation ______________ (se détacher) d'elle, tandis qu'un puissant mouvement étudiant anti-armes ______________ (prendre) de l'ampleur. Les compagnies aériennes Delta Airlines et United Airlines, sous la pression de leurs clients, ______________ (annoncer) la rupture de leurs contrats avec l'organisation. La NRA reste si puissante, cependant, qu'après la tuerie d'Uvalde (mai 2022), le titre d'un article publié dans un journal français ______________(poser) la question : « Le lobby des armes gouverne-t-il les États-Unis ? »
3. Les groupes de pression, ou lobbies, existent dans tous les pays du monde, sous une forme ou sous une autre, mais aucun n'est aussi puissant que la NRA. Croyez-vous que son influence diminuera dans les années à venir ? Comment voyez-vous le rôle de la NRA quand la génération qui a connu Sandy Hook, Parkland et Uvalde occupera les sièges du Congrès américain ? Imaginez ce qui changera – et ce qui ne changera jamais.

OPINIONS ET HYPOTHÈSES

Le contrôle des armes à feu

1. En France, la législation concernant le port d'armes à feu est l'une des plus restrictives d'Europe. Pour ce qui concerne les particuliers, la détention d'armes à feu est autorisée dans des cas très précis et concerne les tireurs sportifs, les chasseurs et certaines personnes menacées. La législation s'est encore renforcée en 2022, les détenteurs particuliers d'armes devant déclarer leurs armes sur une plateforme informatisée. Le résultat ? Les statistiques de l'article en disent plus long que toute explication. Évidemment, moins il y a d'armes en circulation, moins il y a d'homicides et de suicides par arme à feu. Mais existe-t-il aussi un lien entre « l'État-providence » et un taux réduit de criminalité ? Un sens plus aigu de notre responsabilité collective est-il un outil de dissuasion en matière de violence ? Qu'en pensez-vous ?

2. En mars 2019, un suprémaciste blanc a ouvert le feu dans deux mosquées de Christchurch, en Nouvelle-Zélande, tuant 51 personnes et en blessant des dizaines d'autres. Selon Jacinda Ardern, alors première ministre de la Nouvelle-Zélande, « quand on a vu ce qui s'était passé, tout le monde s'est dit "plus jamais ça" et c'était à nous, politiciens, d'agir ». Moins d'un mois plus tard, l'archipel océanien interdisait quasiment toutes les armes semi-automatiques et les fusils d'assaut, et investissait 87 millions de dollars pour racheter ces armes. « Nous sommes des gens très pragmatiques », a précisé la première ministre. Pensez-vous que ce soit une question de pragmatisme ? Justifiez votre opinion.
3. Si le pragmatisme régnait dans le monde entier, non seulement dans le domaine des armes à feu, mais aussi dans le domaine de la santé, comment serait notre monde ? Après tout, le rêve précède l'action, n'est-ce pas ?

ÉCRITURE : l'anacoluthe ; autoévaluation (I) ; présentations orales sur les sujets de dissertations finales

Pour bien écrire, il faut bien réécrire. Et pour bien préparer une présentation orale, il faut la réévaluer. En fait, retravailler son texte s'avère aussi important que l'écrire en premier lieu. Les exercices des chapitres 23 et 24 ciblent les compétences de rédaction et de révision pour améliorer l'exactitude et la variété des termes et des phrases dans un texte. Vous prendrez aussi le temps de réévaluer votre contrôle de certains points de grammaire.

I. L'anacoluthe

L'anacoluthe représente une rupture dans la syntaxe de la phrase, où le sujet exprimé dans la phrase principale n'est pas le même que le sujet exprimé dans la proposition subordonnée. L'anacoluthe est une source de confusion dans l'écriture, surtout avec les participes présents.

Exemple : En débarquant de l'avion, son estomac lui faisait mal.

Ce n'est pas son estomac qui a débarqué de l'avion ! Il faut plutôt dire : « En débarquant de l'avion, **il** avait mal à l'estomac. »

Certes, l'anacoluthe représente aussi une figure de style qui sert à jouer avec la langue, comme dans la phrase : « L'appétit vient en mangeant. » La plupart du temps, toutefois, il s'agit d'une erreur grammaticale.

Lisez les phrases suivantes, repérez l'anacoluthe et réécrivez la phrase en utilisant une syntaxe correcte.

Modèle : Épuisés de notre journée, un taxi nous a ramenés à la maison.
→ Épuisés de notre journée, nous avons pris un taxi pour rentrer à la maison.

1. Problème politique par excellence, les sénateurs et les membres de la Chambre des représentants débattent constamment le droit de porter des armes.
2. Pendant la Révolution américaine, pour se défendre contre les Britanniques, les lois américaines ont garanti le droit à l'autodéfense.
3. Renommés pour être libres, la régulation des armes à feu empiète sur la liberté individuelle des Américains.
4. Rédigée d'abord par les législateurs du Texas, les gouverneurs d'autres États ont aussi promulgué une loi sur « le port sans permis ».
5. Étant passionnés d'armes à feu, la législation sur le droit de s'armer préoccupe certains membres de la NRA.
6. Bien que dangereux, plusieurs législateurs américains ne veulent pas limiter l'accès aux armes à feu.
7. Exceptionnellement élevé aux États-Unis, nous devrions entreprendre les mesures nécessaires pour réduire le taux d'homicide par armes à feu.
8. En tant qu'État-providence, le sens de la responsabilité collective se manifeste au Canada, surtout en ce qui concerne les armes à feu.

Comparez vos réponses avec celles d'un(e) partenaire. Quelles nouvelles phrases vous semblent le mieux écrites ?

II. Autoévaluation

Les progrès dans un domaine donné peuvent passer inaperçus si on ne fait pas l'effort de s'autoévaluer de temps en temps. Nous reprenons ci-dessous deux activités « Où en êtes-vous » pour vous aider à reconnaître votre développement. Vous les avez déjà vues aux chapitres 14 et 15. Cette fois, il faut essayer de donner la bonne réponse sans hésiter. Pourrez-vous répondre sans trop réfléchir ?

VÉRIFIEZ VOS PROGRÈS : Les prépositions

Complétez le paragraphe suivant en mettant la préposition appropriée, **si une préposition est nécessaire**.

Mon frère et moi sommes différents l'un _____ (1) l'autre. En bref, je suis beaucoup moins impressionnant que lui. La semaine prochaine, je rentrerai _____ (2) la maison et l'événement du jour sera que j'irai _____ (3) le coiffeur _____ (4) une nouvelle coupe, tandis que mon frère fera un stage _____ (5) Sud-Soudan et il commencera _____ (6) poursuivre _____ (7) des études de master _____ (8) sciences de l'eau. Cet été, je chercherai _____ (9) mes clés pendant que mon frère cherchera _____ (10) résoudre _____ (11) les problèmes _____ (12) Afrique subsaharienne où le besoin _____ (13) eau potable augmente chaque année. Il travaillera _____ (14) des microbes qui ne sont visibles que/qu'_____ (15) microscope. Moi, par contre, je travaillerai _____ (16) un bistro et je porterai une cravate orange _____ (17) pois qui se verra _____ (18) loin. Chaque jour les gens se dirigeront _____ (19) sa station d'eau potable et le remercieront _____ (20) être venu, et moi… je rêverai quotidiennement _____ (21) aller _____ (22) Bahamas.

Réévaluez dans quelle mesure vous maîtrisez les prépositions. Mettez un « X » pour représenter votre confiance entre le contrôle partiel (« Je fais pas mal de fautes ») et le contrôle complet (« Je n'ai même pas réfléchi, c'était automatique ! »).

Le contrôle partiel									Le contrôle complet
1	2	3	4	5	6	7	8	9	10

Après avoir évalué votre contrôle des prépositions, comparez votre autoévaluation avec celle du chapitre 14. Quels points sont maintenant plus faciles ? Qu'est-ce qui reste à surmonter ?

VÉRIFIEZ VOS PROGRÈS : Le conditionnel

Complétez le paragraphe suivant en mettant la forme appropriée du verbe (présent, passé, futur, conditionnel, etc.).

Julie — Bonjour, Carole, ça va ?

Carole — Eh bien… mon oncle est mort.

Julie — Quelle horreur ! Alors ça va mal ?!

Carole — Non, parce que si je ne lui avais pas survécu, il ______(1. ne pas me laisser) un gros héritage.

Julie — Alors ça va bien ?

Carole — Ben non, parce que je ______ (2. perdre) la moitié de cet argent au casino de Monaco. Si je n'avais pas hérité d'une somme si considérable, je _____ (3. ne pas aller) à Monaco en vacances et je _____ (4. ne pas gaspiller) mon argent.

Julie — Alors ça va mal ?

Carole — Ah non, parce que je _____ (5. s'acheter) un magasin avec le reste, et si je n'avais pas perdu cet argent, je _____ (6. ne jamais se rendre compte) des dangers que présentent les jeux de hasard.

Julie — Alors ça va bien ?

Carole — Ben non, parce que mon magasin a été cambriolé. Si je n'avais pas acheté ce magasin, on ______ (7. ne rien me voler).

Julie — Alors ça va mal ?

Carole — Non, parce que le magasin était assuré au-dessus de la valeur des marchandises. Alors, si le magasin n'avait pas été cambriolé, je/j'_____ (8. devoir) travailler tout le reste de ma vie mais avec tout cet argent, j'ai décidé que dorénavant je _____ (9. ne pas avoir) besoin de travailler.

Julie — Alors ça va bien ?

Carole — Non, j'ai commencé à m'ennuyer, et si je ____(10. ne pas s'ennuyer), j'aurais fait de l'exercice et je ____(11. ne pas prendre) de poids.

Julie — Alors ça va mal.

Carole — Non, parce qu'au mois de juillet je me suis remise en forme et je _____ (12. s'inscrire) dans un site de rencontre et l'année prochaine je _____ (13. se marier).

Julie — Alors ça va bien ?

Carole — On _____ (14. voir) bien. Maintenant, ça va tout court.

Évaluez dans quelle mesure vous maîtrisez l'usage des verbes au conditionnel. Mettez un « X » pour représenter votre confiance entre le contrôle partiel (« Je fais pas mal de fautes ») et le contrôle complet (« Je n'ai même pas réfléchi, c'était automatique ! »).

Le contrôle partiel ⟷ Le contrôle complet

1 2 3 4 5 6 7 8 9 10

Après avoir évalué votre contrôle des verbes au conditionnel, comparez votre autoévaluation avec celle du chapitre 15. Quels points sont maintenant plus faciles ? Qu'est-ce qui reste à surmonter ?

III. Présentation orale sur votre sujet de dissertation

Les expressions suivantes vous aideront à mieux capter l'attention de votre auditoire. En général, une présentation orale se compose d'au moins quatre parties.

1. **Commencer – On peut commencer par plusieurs expressions**
   - Saluer et se présenter.
   - Énoncer le but de l'exposé.
   - Aujourd'hui, je voudrais parler de X / vous expliquer… / montrer (comment)… / aborder la question de…
2. **Présenter le plan**
   - La structure – Dans cette présentation, il y aura … parties. / Cet exposé est composé de … parties.
   - Par ordre chronologique : d'abord, ensuite, après, finalement.
   - Par sujets : en premier lieu, en second lieu, premièrement, finalement.
3. **Présenter vos arguments**
   - Faire un résumé des idées principales et secondaires de votre dissertation, sans oublier les anecdotes ou les exemples les plus intéressants.
   - Des connecteurs logiques : non seulement… mais aussi…, d'un côté, pourtant, néanmoins, puisque, étant donné que, etc.
   - Des expressions utiles : par exemple, c'est-à-dire, grâce à, à cause de, en raison de, tandis que, etc.
   - Indiquer clairement les différentes parties de l'argumentation – La première façon de voir les choses est… / Les causes de ce problème sont… / Une autre façon de voir les choses… / Les conséquences sont que…
4. **Susciter la participation des auditeurs**
   - Est-ce que vous me suivez ?
   - Si vous avez des questions, n'hésitez pas à me les poser, à m'interrompre… / vous pourrez me les poser à la fin de la présentation.
   - À la fin de la présentation, nous aurons quelques minutes pour répondre à vos questions.
   - Désolé(e), je ne peux pas répondre à cette question, mais je vous enverrai la réponse dès que je l'aurai trouvée.
   - Je reviendrai sur cette question/cet aspect/ce problème plus tard.
   - Comme nous le verrons par la suite…
5. **Terminer la présentation**
   - Je vous remercie de votre attention.
   - Merci beaucoup de m'avoir écouté(e)/d'avoir posé des questions très pertinentes…

Essayez d'utiliser ces expressions lorsque vous vous exercez à faire votre présentation chez vous.

THÈME 12B : LE BONHEUR

Chapitre 24 : Le bonheur ; recyclage fonctionnel ; les pléonasmes ; présentations orales sur les sujets de dissertations finales

Dans ce dernier chapitre, nous allons encore une fois recycler la narration et la description, puis l'opinion et l'hypothèse, à partir de deux textes, qui devraient être le remède parfait pour le stress de la fin du semestre ou trimestre. Comme toujours, rappelez-vous que l'élaboration est à l'ordre du jour, et que des mots comme *parce que*, *cependant*, *en fait* ou *alors* sont très utiles quand il s'agit d'élaborer. Dans vos argumentations, rappelez-vous d'utiliser le plan dialectique (thèse, antithèse, synthèse) ou le plan analytique (causes-conséquences-solutions), selon la nature des sujets que vous discutez.

Bonheur et psychologie positive

Peut-on construire son bonheur ? Certains d'entre nous ont eu la chance d'apprendre très tôt le goût du bonheur, dès leur enfance ; d'autres n'y viendront que plus tardivement, par des efforts répétés. Les études scientifiques montrent que ce chemin vers plus de bonheur existe, il faut simplement savoir comment l'emprunter.

La psychologie positive propose plusieurs voies : exercices pour apprendre à savourer les moments agréables, pour donner du sens à son existence, mais aussi activité physique régulière, contact avec la nature, et bien sûr, cultiver des liens sociaux multiples et apaisés. Les deux maîtres concepts sont conscience et bienveillance[1]. À chaque fois que nous vivons un moment agréable, même minime (beau temps, moment passé avec des proches, balade dans la nature), prendre conscience de notre chance et savourer cet instant sans plus penser ni au passé ni au futur : c'est une première attitude qui va multiplier les ressentis de bonheur. Puis, la bienveillance : toutes les études montrent que la pratique de la bienveillance, de la gratitude, de l'altruisme – tout ce qu'on nomme les émotions sociales positives – représente une des plus grandes sources de bonheur.

Les humains, même très jeunes, prennent davantage de plaisir à la coopération qu'à la confrontation, et se sentent mieux quand ils sont en harmonie avec les autres plutôt qu'en conflit. Mais évidemment, c'est l'ensemble de la société qui doit intégrer ces bases du respect d'autrui et de ses opinions : le discours public, médiatique, le monde politique, professionnel... et les algorithmes des réseaux sociaux doivent aussi modifier leurs orientations, puisqu'il semble qu'ils avantagent la mise en avant des messages agressifs, qui attirent davantage notre attention : leur rôle devrait être d'embellir et de bonifier le monde, au lieu de flatter les côtés sombres de nos réflexes émotionnels.

1 Gentillesse.

Les émotions positives sont réparatrices, même si, au plus fort de la peine, on ne peut guère les savourer. Le malentendu à écarter, c'est que les émotions agréables ne sont pas là pour supprimer le malheur, le chagrin, mais pour nous aider à ne pas être submergés par eux. Sourire à un rayon de soleil malgré sa tristesse, c'est l'essence de la consolation. Qu'il s'agisse de perte ou d'échec, on se console de ce qui n'est plus là par tout ce qui est encore là. Tout malheur que nous avons traversé nous offre cette possibilité : s'apercevoir que vivre est une chance et qu'aimer est la meilleure manière – la seule, en réalité – de savourer cette chance.

Extraits de « La psychologie positive », rencontre avec Christophe André, psychiatre à l'hôpital Sainte-Anne, à Paris (*Le Monde/La Vie, Sens et Santé*, hors-série no 6, June 2022), p. 7-10.

PARLER, COMPRENDRE, ÉLABORER, ENVISAGER

Discutez en groupes de deux ou trois, puis, pour les questions d'opinion, faites part de vos conclusions au reste de la classe.

Narration/description

1. **Les origines de la psychologie positive**
   Mettez les verbes au passé, puis répondez aux questions.
   Née avec Sigmund Freud dans les années 1880, la psychanalyse ____________ (être) l'un des premiers courants de la psychologie, cherchant à révéler et analyser les conflits psychiques inconscients de l'être humain. Durant la première moitié du XXe siècle, c'est le béhaviorisme qui ______________ (dominer) les recherches en psychologie. En totale opposition avec la psychanalyse, cette nouvelle branche ______________ (s'appuyer) sur une analyse purement objective des comportements, pour mieux les prédire et les contrôler. Constatant que la psychologie nous en ______________ (apprendre) plus sur les faiblesses de l'homme que sur ses forces, Abraham Maslow ____________ (s'intéresser), en 1943, au développement de soi, et ______________ (élaborer) sa théorie de la motivation et des besoins, qui ____________ (aboutir) à la fameuse pyramide des besoins de Maslow. Il __________ (être) d'ailleurs le premier à employer le terme de « psychologie positive ». C'est dans la lignée de cette psychologie humaniste que la psychologie positive ____________ (naître), dès 1998, se positionnant comme l'étude scientifique des aspects positifs de la vie. Cette psychologie ne se contente donc plus de guérir, de soigner, d'apaiser les comportements humains, elle vise à développer les capacités de chacun pour se construire une vie plus heureuse.

Connaissiez-vous la psychologie positive ? Résumez ses origines.

2. **Les moments agréables**
   La psychologie positive nous propose « d'apprendre à savourer les moments agréables ». Ces moments peuvent être aussi simples qu'un coucher de soleil, un sourire, une balade dans la nature ou une expérience partagée avec quelqu'un, la découverte d'un nouvel endroit ou d'une nouvelle idée, un succès personnel ou professionnel, un acte de service. Pensez à des moments agréables de votre vie : pouvez-vous les faire revivre ?
   Pour chacun de ces moments, indiquez :
   - quand c'était ;
   - où cela s'est passé ;
   - avec qui vous étiez (ou étiez-vous seul/seule ?)
   - ce qui s'était passé avant ;
   - pourquoi et comment cette expérience vous a apporté de la joie ;
   - ce qui s'est passé après.

Remontez donc dans votre mémoire et racontez, *à tour de rôle*, un moment agréable pour au moins **trois** périodes de votre vie :

- **a.** Votre petite enfance ;
- **b.** Vos années à l'école primaire ;
- **c.** Vos années à l'école secondaire ;
- **d.** Les trois dernières années ;
- **e.** Les trois dernières semaines ;

3. Des actes de bienveillance

« La pratique de la bienveillance, de la gratitude, de l'altruisme – tout ce qu'on nomme les émotions sociales positives – représente une des plus grandes sources de bonheur. » Vous avez certainement observé de nombreux actes de bienveillance dans votre vie. Choisissez **trois** de ces actes et racontez-les *à tour de rôle*, en indiquant quand cela s'est passé, où c'était, qui était impliqué, ce qui s'est passé et pourquoi cet acte est resté gravé dans votre mémoire.

4. Trois bonnes choses

L'exercice le plus connu de la psychologie positive est de mettre par écrit, chaque soir, trois événements qui se sont bien passés pendant la journée et d'en analyser le pourquoi. Ces « bonnes choses » peuvent prendre plusieurs formes : une anecdote, un plat particulièrement bon, une idée au hasard, un fou rire, de l'argent trouvé, le sourire d'un inconnu, etc. Pensez à la journée d'hier : pouvez-vous présenter une ou deux de ces choses – même des choses très simples – qui se sont bien passées et pourquoi il en a été ainsi ?

5. Choisir sa réaction

Imaginez les scénarios suivants.

Scénario A : Le réveil n'a pas sonné, et c'est la panique qui vous a fait sauter du lit. Vous avez fait une toilette rapide, vous vous êtes habillé(e) à la hâte, vous étiez prêt(e) à partir… mais où étaient les clés de votre voiture ? Impossible de les trouver. Vous avez cherché partout et, au fur et à mesure que le temps passait, votre fréquence cardiaque augmentait, votre respiration s'accélérait. Quand vous avez finalement trouvé vos clés, dans un endroit tout à fait inattendu, le stress vous avait complètement submergé(e).

Scénario B : Le réveil n'a pas sonné. Qu'importe, cette demi-heure supplémentaire de sommeil vous a vraiment fait du bien. Au moment de partir, vous n'arriviez pas à trouver vos clés. Votre colocataire s'est proposé(e) pour vous aider à les chercher, et cette recherche est devenue comme une chasse au trésor, une aventure, un jeu. Quand vous les avez trouvées, dans un endroit tout à fait inattendu, vous avez sauté de joie. Vous alliez peut-être arriver à votre premier cours un peu en retard, mais au moins vous seriez là. La journée s'annonçait belle.

Maintenant, pensez à un problème imprévu que vous avez rencontré récemment. Comment avez-vous réagi ? Comme dans le scénario A ou le scénario B ? Racontez ! Si ce problème vous arrivait aujourd'hui, comment réagiriez-vous ? Décrivez ce que vous feriez différemment.

Opinions et hypothèses

1. Optimisme et pessimisme

Selon la psychologie positive, l'optimisme est un choix, une stratégie qui se cultive et qui peut devenir une habitude. Prenez le cas d'un enfant qui rate un but dans son match de foot.

- Réaction pessimiste : je suis nul dans tous les sports ; j'ai été choisi dans l'équipe parce qu'il n'y avait personne d'autre.
- Réaction optimiste : j'ai raté ce but à cause d'un moment d'inattention, mais le reste du match, j'ai bien joué ; d'habitude, je joue mieux que ça et mon entraîneur le sait ; la prochaine fois, je ne penserai pas à autre chose pendant le match.

a. Pensez au monde qui nous entoure : quelles sont les voix qui parlent le plus fort, les voix optimistes ou pessimistes ? Que disent ces voix dans les contextes suivants ?

Contexte	Voix du pessimisme	Voix de l'optimisme
Le succès universitaire		
L'harmonie familiale		
La réussite professionnelle		
L'influence des médias et des réseaux sociaux		
Le monde politique		

b. En considérant ces contextes, quels sont les facteurs qui déterminent notre attitude, que ce soit celle de l'optimisme ou celle du pessimisme ?
c. Si tout le monde avait une attitude plus positive, qu'est-ce qui changerait dans chacun de ces cinq contextes ?

2. **« Savourer le présent sans plus penser au passé ni au futur »**
Pourquoi est-ce important de ne penser ni au passé ni au futur pour pouvoir savourer le présent ? À l'inverse, quand est-il important de penser au passé et au futur ? Donnez des exemples de situations.

3. **Conflit ou coopération ?**
   a. On dit que le conflit est inévitable, mais la confrontation est un choix. Quelle différence voyez-vous entre conflit et confrontation ? En pensant à l'actualité sociale ou politique, donnez l'exemple d'un conflit qui a provoqué une confrontation, et d'un autre conflit qui a été résolu par la coopération. Qu'est-ce qui a fait la différence ?
   b. Toute relation authentique engendre des conflits, tant sur le plan social ou politique que sur le plan personnel. Certes, éviter les conflits est parfois utile pour encourager la coopération, mais lorsqu'on supprime les conflits, on risque d'occulter la nécessité d'une compréhension partagée des enjeux. Est-ce que la lumière jaillit toujours de la discussion ou est-ce que certaines conversations empêchent la recherche de résolutions ? Quand est-ce qu'il vaut mieux éviter une conversation pour résoudre un problème ? Donnez des exemples et faites part de vos conclusions au reste de la classe.
   c. Si nous avions plus de respect pour autrui, comme le préconise le Dr André, quelles seraient les répercussions sur :
      - notre bonheur personnel ?
      - nos relations avec nos proches ?
      - les lois sur l'immigration ?
      - la discrimination sous toutes ses formes ?
      - la discipline dans les écoles ?
      - les réseaux sociaux ?
      - le fonctionnement du gouvernement ?

4. **L'évaluation du bonheur mondial**
Chaque année depuis 2012, le Réseau de solutions pour le développement durable des Nations unies publie un World Happiness Report (Rapport sur le bonheur dans le monde), classant plus de 150 pays dans le monde selon leur niveau *subjectif* de bonheur. Le rapport utilise des données du sondage Gallup mondial : 1000 résidents par pays âgés de plus de 15 ans, représentant plus de 98 % de la population adulte mondiale. L'analyse tient compte de différentes variables qui favorisent le bien-être : le revenu (produit national brut par habitant), le soutien social, l'espérance de vie en bonne santé, la liberté, la générosité et le niveau de corruption. En mars 2022, pour une 5e année consécutive, la Finlande est arrivée en tête du classement, largement dominé par les pays d'Europe du Nord. Le Canada était en 15e position, les États-Unis en 16e position, et la France occupait la 20e place.

a. À quoi attribuez-vous le fait que les pays les plus riches ne soient pas nécessairement les pays les plus heureux ? Quels sont les facteurs principaux qui, selon vous, expliquent 1) la satisfaction et 2) l'insatisfaction à l'égard de la vie dans notre société ? Donnez des exemples précis. Par exemple, si vous pensez que le revenu est important, quel niveau de richesse faut-il pour être « heureux » ?

b. Créez un sondage sur votre bien-être personnel et le bien-être de la société dans laquelle vous vivez actuellement. Sur une échelle de 1 à 10, où vous placeriez-vous ? Pourquoi ? Où est-ce que vos camarades de classe se situeraient ? Qu'est-ce qui aurait besoin de changer pour justifier un 10 ?

c. Si vous pouviez changer une chose pour améliorer la satisfaction dans la société où vous vivez, qu'est-ce que vous changeriez ? Quelles en seraient les conséquences ?

Dépendance, indépendance et interdépendance

D'après les différentes recherches sur l'attachement, la relation à l'autre est à la fois un besoin physiologique et un besoin émotionnel : l'être humain est dépendant des autres, et ce depuis sa naissance. Tout au long de sa vie, un individu dépend des autres, et le bonheur des uns dépend souvent du bonheur des autres. [...] Une personne peut dépendre d'une autre d'un point de vue financier, affectif ou physique, sur le plan amoureux, amical, familial, professionnel ou médical. [...] Dans notre quotidien, nous avons aussi tous besoin de nombreuses autres personnes, sans même nous en rendre compte : celles qui fabriquent nos maisons, nos vêtements, nos voitures, celles qui nous soignent, ramassent nos poubelles, conduisent nos transports en commun, enseignent à nos enfants ou cultivent nos fruits et légumes. Chacun joue son rôle dans un système social qui repose sur la collaboration et le partage des tâches et des compétences. Cette interdépendance est nécessaire autant pour l'évolution de la société que pour le bien-être individuel, collectif et sociétal.

Cependant, dans ce monde où l'autonomie et la quête de liberté individuelle deviennent des priorités, l'interdépendance fait peur. On l'associe souvent à une forme de faiblesse, d'incompétence, d'immaturité ou d'asservissement liés à une dépendance à sens unique (ne rien pouvoir faire sans l'autre) et à une injonction sociale qui pourrait se résumer en une phrase : « Il ne faut dépendre de personne ! » Il peut aussi sembler difficile de se sentir libre tout en étant responsable d'autres personnes, ou en étant sous la responsabilité d'autrui. Beaucoup trouvent plus facile de s'isoler que de se sentir redevable[1], responsable du bonheur ou coupable du malheur des autres. Et cette peur de l'interdépendance conduit de nombreuses personnes vers un sentiment de solitude, de fragilité et de vulnérabilité. Pour d'autres encore, renoncer à demander toute forme d'aide les conduit au rejet, à l'isolement ou à l'épuisement professionnel ou parental (le fameux *burn-out*). Cette représentation négative de l'interdépendance nuit aux relations, et par conséquent au bien-être, puisque de nombreuses études l'ont maintenant démontré : le bonheur dépend principalement de la qualité de nos relations.

1 *Indebted.*

À l'inverse, une dépendance excessive est tout aussi destructrice. Un individu qui dépend constamment des autres vit dans un état d'anxiété perpétuel, dans la peur constante d'être abandonné ou rejeté. Si certains se jettent dans la solitude par peur de la dépendance, d'autres se jettent dans la dépendance par peur de la solitude. Or, cette anxiété permanente fragilise le système immunitaire et augmente le risque de maladies. Par ailleurs, manquant de confiance et d'estime de soi, et cherchant en permanence à plaire aux autres et à répondre à leurs attentes, une personne surdépendante en oublie ses propres envies et ses propres besoins. Sans compter que les proches de ces personnes surdépendantes décrivent souvent la relation qui les unit à elles comme « étouffante ».

Les experts s'accordent pour dire que le bonheur ne repose ni sur l'indépendance (illusion de n'avoir besoin de personne) ni sur la codépendance (illusion de ne pas pouvoir vivre sans l'autre), mais sur ce qu'ils nomment plutôt l'interdépendance positive. Il s'agit de fonder ses relations sur une forme de dépendance à l'autre, tout en permettant à chacun de rester autonome.

Extraits de « Cultiver son bonheur pour rendre les autres heureux » (*Le Monde/La Vie, Sens et Santé*, hors-série no 6, 2022), p. 96-97. Adapté de l'ouvrage publié en 2020 « Ma bible de la psychologie positive » de Cécile Neuville © 2020 Leduc.s Éditions 10, place des Cinq-Martyrs-du-Lycée-Buffon 75015 Paris – Franc.

PARLER, COMPRENDRE, ÉLABORER, ENVISAGER

Discutez en groupes de deux ou trois, puis, pour les questions d'opinion, faites part de vos conclusions au reste de la classe.

Narration/description

1. **Une interdépendance salvatrice**. Mettez les verbes au passé, puis répondez aux questions.
   Le neuropsychiatre Boris Cyrulnik, auteur de *La Nuit, j'écrirai des soleils* (2019), raconte ainsi son histoire :

   « Un fracas[2] immense ________________ (se produire) dans ma vie à l'âge de 6 ans et demi. Je/j'________________ (perdre) ma famille et je/j'________________ (être condamné à mort). Arrêté par la Gestapo, je/j'________________ (entendre) tout le temps : "Il faut le tuer car il va devenir dangereux." Je/j'________________(réussir pourtant) à m'évader et je/j'________________(rencontrer) toute une cascade de personnes qui ________________ (se coordonner) pour me protéger jusqu'à la Libération. À 10 ans, je/j'________________(être recueilli) par une tante. Je/j'________________ (être déjà) comme un petit vieux qui ________________(mûrir) beaucoup trop vite, mais je/j'________________(continuer) à rencontrer sur ma route des personnes qui m'________________ (aider) à donner sens à ce fracas. Des sportifs, des scientifiques, des artistes, des chrétiens, des juifs – ils ________________ (être) mes précieux tuteurs de résilience. »

   Extrait de « La résilience », témoignage de Boris Cyrulnik (*Le Monde/La Vie, Sens et Santé*, hors-série no 6, 2022), p. 83.

   a. Quels ont été les soleils dans la nuit du Dr Cyrulnik ?
   b. Pensez à des personnes que vous connaissez ou dont vous connaissez l'histoire : quelle nuit ont-elles dû traverser et quels (ou QUI) sont les soleils qui les ont aidées ? Racontez en donnant tous les détails possibles. Quels sont les soleils dans votre vie ? Pourquoi ?

---

2 Traumatisme.

2. **Dépendance, indépendance, interdépendance et surdépendance**
Comparez ces quatre termes. Quelles périodes de la vie ou quelles circonstances illustrent chacun de ces termes dans l'expérience humaine ? Connaissez-vous des individus qui pourraient illustrer une indépendance excessive ou, au contraire, la surdépendance ? Décrivez ces personnes.

3. **Vos souvenirs de moments agréables partagés**
Notre bonheur dépend, en grande partie, de nos relations interpersonnelles. Pour réaliser à quel point les moments agréables partagés avec nos proches sont importants et contribuent à notre bien-être, essayons de nous les rappeler. Pour chacune des relations ci-dessous, racontez **un** de vos meilleurs souvenirs et décrivez bien la personne avec qui vous l'avez partagé.
   a. Votre famille ;
   b. Un(e) ami(e) proche ;
   c. Un(e) collègue au travail ;
   d. Un(e) amoureux(-se) ;
   e. Une relation à distance.

OPINIONS ET HYPOTHÈSES

1. **Les autres**
« L'enfer, c'est les autres », disait Jean-Paul Sartre dans sa pièce *Huis-Clos* en 1944. « Le bonheur, c'est les autres », disent les adeptes de la psychologie positive. Dans quels contextes peut-on penser que « l'enfer, c'est les autres » ? Et comment le fait de penser que « le bonheur, c'est les autres » peut-il influencer notre manière de voir la vie et nos actions quotidiennes ? Expliquez.

2. **L'individualisme**
L'individualisme peut être défini comme le droit de prendre ses propres décisions en fonction de ses propres besoins, et ce, indépendamment des choix des autres. Mais si nos décisions sont indépendantes des choix des autres, est-ce de l'égoïsme ? Ou peut-on être à la fois individualiste et altruiste ? Dans beaucoup de cultures à travers le monde, le groupe a priorité sur l'individu. Dans d'autres cultures, l'individualisme est sacré. Considérez les côtés positifs et négatifs de l'individualisme dans deux ou trois contextes de votre choix. Un premier contexte vous est donné pour commencer la discussion.

Contexte	Côtés positifs de l'individualisme	Côtés négatifs de l'individualisme
Attitude vis-à-vis des mesures de protection (masques, vaccins) pendant une pandémie		

Après avoir considéré le rôle de l'individualisme dans certains contextes, quelle est votre conclusion sur l'individualisme et l'altruisme ? Sont-ils compatibles ? Comment ?

3. **L'avenir de l'interdépendance**
Selon l'article, « l'interdépendance est nécessaire autant pour l'évolution de la société que pour le bien-être individuel et social ». Comment voyez-vous l'avenir des relations interpersonnelles dans un monde où la technologie et l'intelligence artificielle joueront un rôle de plus en plus important ? Les psychologues d'aujourd'hui s'accordent pour dire que l'abondance des moyens de communication a souvent pour effet d'accentuer la solitude. Aura-t-on appris à mieux combattre la solitude et à mieux collaborer ? Qu'est-ce qui aura ou n'aura pas changé, selon vous, dans les relations humaines et le bien-être personnel et social dans une cinquantaine d'années ? Faites part de vos conclusions au reste de la classe.

4. **Dans un monde idéal**
Dans un monde idéal, quelle serait votre définition du bonheur ? Quelles en seraient toutes les composantes ? Comment est-ce que cette définition changerait si vous étiez une personne différente (de sexe, de race, de nationalité, etc.) ?

LES PLÉONASMES ; AUTOÉVALUATION (II), PRÉSENTATIONS ORALES SUR LES SUJETS DE DISSERTATIONS FINALES

Finalement, vous êtes arrivés au dernier chapitre du livre ! Mais est-ce la fin ? Non, car on peut toujours réviser un texte pour le rendre plus clair ou plus intéressant. Les exercices ci-dessous visent à vous aider à repérer des erreurs diverses et à garantir l'homogénéité terminologique de vos projets. Nous prenons aussi le temps de réévaluer votre contrôle de certains points de grammaire. Après avoir terminé ces exercices, mettez ces outils à l'épreuve dans vos tâches écrites et orales de vos autres cours.

I. Pléonasmes

Le pléonasme est une expression qui répète une idée qui vient d'être énoncée. Le pléonasme se présente lorsque le sens d'un mot est déjà expliqué par un autre mot dans la même phrase. Le pléonasme peut être une figure de style, mais lorsque cette répétition est inappropriée ou superflue, le pléonasme affaiblit la qualité de l'écriture ou de l'expression orale et représente une faute de style.

On identifie mieux ces erreurs par la logique que par la grammaire.

- Il aime les poissons aquatiques.
  Le terme *aquatiques* est inutile, car il n'existe pas de *poissons terrestres.*
- Bon, alors décrochez et rappelez de nouveau.
  On dirait, *rappeler* ou *appeler de nouveau*, mais on n'écrit pas ***rappeler de nouveau.***
- Il a mal à **ses** chevilles.
  Il est impossible d'avoir mal à d'autres chevilles qu'aux siennes.

Éliminez les pléonasmes inacceptables dans les phrases suivantes. Attention ! Il peut y avoir plus d'un pléonasme par phrase !

1. Les riches n'ont pas le monopole exclusif du bonheur car on peut être heureux avec peu.
2. Les psychologues sont tous unanimes.

3. Ils sont parvenus à un consensus commun : l'interdépendance positive dépend des relations saines.
4. Un bilan rétrospectif des points positifs de la journée peut multiplier les ressentis de bonheur.
5. Certes, le bonheur n'est pas un cadeau gratuit, car il faut y travailler chaque jour.
6. Il faut savoir accepter ses défauts faibles et connaître ses points forts.
7. Nous passons tous par des périodes de temps difficiles mais une attitude positive, la confiance en soi et la valorisation des relations importantes peuvent nous aider à surmonter les difficultés.
8. On peut éviter certaines difficultés si on les prévoit à l'avance, afin de prendre des mesures qui minimisent les effets de la malchance. C'est-à-dire que pour progresser en avant, il faut se préparer à l'avance.
9. De plus, il faut s'entraider mutuellement afin de promulguer la confiance réciproque.
10. C'est la confiance mutuelle qui permet aux gens de coopérer ensemble.

Comparez vos réponses à celles d'un(e) partenaire. Est-ce que vous trouvez que certains pléonasmes sont permissibles ? Lesquels ? Comment avez-vous réécrit ces phrases ?

II. Autoévaluation

Les progrès dans un domaine donné peuvent passer inaperçus si on ne fait pas l'effort de s'autoévaluer de temps en temps. Nous reprenons ci-dessous deux activités « **Où en êtes-vous** » pour vous aider à reconnaître votre développement. Vous les avez déjà vues aux chapitres 17 et 18. Cette fois, il faut essayer de donner la bonne réponse sans hésiter. Pourrez-vous répondre sans trop réfléchir ?

VÉRIFIEZ VOS PROGRÈS : Le subjonctif

Complétez le paragraphe suivant en mettant la forme appropriée du verbe.

Alice — Est-ce que tu crois que les parents ______ (1. pouvoir) enseigner suffisamment à leurs enfants à la maison… c'est-à-dire sans qu'ils ______ (2. aller) à l'école, que ce ________ (3. être) une école publique ou privée ?

Anne — Je crois que ni les parents ni les enseignants ne ______ (4. être) en mesure, à eux seuls, de transmettre toutes les connaissances et les valeurs nécessaires pour qu'un jeune ______ (5. s'intégrer) à la société. Pour moi, la question est de savoir « quand » il faut que les enfants ______ (6. aller) à l'école publique.

Alice — Moi aussi ! Si on les envoie trop jeunes à l'école, j'______ (7. avoir) peur qu'ils ______ (8. apprendre) à faire des choses que je ne veux pas qu'ils ______ (9. faire). Mais si on les envoie trop tard, ils ______ (10. avoir) du mal à s'y habituer.

Anne — J'ai dû promettre à ma grand-mère que je ______ (11. envoyer) mes enfants à l'école uniquement à condition qu'ils y ______ (12. développer) un système de valeurs et d'attitudes en harmonie avec celui de notre famille.

Alice — Je suis d'accord, il n'y a personne qui ______ (13. connaître) mes enfants mieux que moi, alors je veux bien qu'ils _________ (14. aller) à l'école après qu'on leur ______ (15. apprendre) certaines bases intellectuelles et émotionnelles. Néanmoins, j'ai peur que cela ______ (16. devenir) de plus en plus difficile, dans une société en proie à des bouleversements qui affectent la famille. Il me semble que la famille et l'école ______ (17. être) de plus en plus exposées à des facteurs externes, tels que les médias, les amis et la communauté.

Anne — Mais réfléchis à ce que tu ______ (18. venir) de dire ! Que nous ______ (19. poursuivre) une éducation dispensée par l'État ou que nous ______ (20. obtenir) cette éducation au foyer, nous ______ (21. devoir) tout de même faire face à la société et à ses facteurs externes.

Alice — J'espère que nous ______ (22. réussir) tous à prendre la bonne décision en ce qui concerne l'enseignement préscolaire.

Évaluez dans quelle mesure vous maîtrisez le subjonctif. Mettez un « X » pour représenter votre confiance entre le contrôle partiel (« Je fais pas mal de fautes ») et le contrôle complet (« Je n'ai même pas réfléchi, c'était automatique ! »).

Le contrôle partiel ⟷ Le contrôle complet

1 2 3 4 5 6 7 8 9 10

Après avoir évalué votre contrôle du subjonctif, comparez votre autoévaluation avec celle du chapitre 17. Quels points sont maintenant plus faciles ? Qu'est-ce qui reste à maîtriser ?

VÉRIFIEZ VOS PROGRÈS : Les mots indéfinis

Ajoutez des mots indéfinis logiques (chaque, autre, aucun, n'importe où/quoi, nul, personne, quelconque, quiconque, n'importe lequel, tel, tout, le même, où/quoi que ce soit, etc.). Faites attention à l'accord au besoin.

Le monde virtuel peut être un excellent endroit pour discuter et exprimer des opinions différentes. Cependant, _____(1) publie du contenu en ligne risque de recevoir des commentaires. _____(2) l'attrait du contenu, _____(3) vous critiquera, c'est certain. Les trolls d'Internet saisissent _____(4) excuse pour critiquer et _____(5) n'est à l'abri de façon définitive de _____(6) critiques. Au lieu de répondre _____(7), il vaut mieux ne pas riposter. _____(8) on fasse, _____(9) avis provoquera des réactions contraires. Certes, _____(10) personne estimant qu'un message est faux peut le faire savoir aux gestionnaires des plateformes. La réponse sera souvent _____(11) : on fermera le compte de l'auteur. Malheureusement, le mal aura déjà été fait.

Évaluez dans quelle mesure vous maîtrisez les mots indéfinis. Mettez un « X » pour représenter votre confiance entre le contrôle partiel (« Je fais pas mal de fautes ») et le contrôle complet (« Je n'ai même pas réfléchi, c'était automatique ! »).

Le contrôle partiel ⟷ Le contrôle complet

1 2 3 4 5 6 7 8 9 10

Après avoir évalué votre contrôle des mots indéfinis, comparez votre autoévaluation avec celle du chapitre 18. Quels points sont maintenant plus faciles ? Qu'est-ce qui reste à maîtriser ?

APPENDICE

LA CONJUGAISON DU VERBE

Conjugaisons régulières

Infinitif et Participes	Indicatif				Conditionnel	Impératif	Subjonctif
1. être	*présent*	*imparfait*	*passé simple*	*futur*	*présent*		*présent*
	je suis tu es il/elle/on est nous sommes vous êtes ils/elles sont	j'étais tu étais il/elle/on était nous étions vous étiez ils/elles étaient	je fus tu fus il/elle/on fut nous fûmes vous fûtes ils/elles furent	je serai tu seras il/elle/on sera nous serons vous serez ils/elles seront	je serais tu serais il/elle/on serait nous serions vous seriez ils/elles seraient	- sois - soyons soyez -	que je sois que tu sois qu'il/elle/on soit que nous soyons que vous soyez qu'ils/elles soient
	passé composé	*plus-que-parfait*		*futur antérieur*	*passé*		*passé*
	j'ai été	j'avais été		j'aurai été tu auras été il/elle/on aura été nous aurons été vous aurez été ils/elles auront été	j'aurais été tu aurais été il/elle/on aurait été nous aurions été vous auriez été ils/elles auraient été		que j'aie été que tu aies été qu'il/elle/on ait été que nous ayons été que vous ayez été qu'ils/elles aient été
2. avoir	*présent*	*imparfait*	*passé simple*	*futur*	*présent*		*présent*
	j'ai tu as il/elle/on a nous avons vous avez ils/elles ont	j'avais tu avais il/elle/on avait nous avions vous aviez ils/elles avaient	j'eus tu eus il/elle/on eut nous eûmes vous eûtes ils/elles eurent	j'aurai tu auras il/elle/on aura nous aurons vous aurez ils/elles auront	j'aurais tu aurais il/elle/on aurait nous aurions vous auriez ils/elles auraient	- aie - ayons ayez -	que j'aie que tu aies qu'il/elle/on ait que nous ayons que vous ayez qu'ils/elles aient
	passé composé	*plus-que-parfait*		*futur antérieur*	*passé*		*passé*
	j'ai eu	j'avais eu		j'aurai eu	j'aurais eu		que j'aie eu

Infinitif et Participes	Indicatif				Conditionnel	Impératif	Subjonctif
2. verbes en **-ir** **finir**	***présent***	***imparfait***	***passé simple***	***futur***	***présent***		***présent***
	je finis tu finis il/elle/on finit nous finissons vous finissez ils/elles finissent	je finissais tu finissais il/elle/on finissait nous finissions vous finissiez ils/elles finissaient	je finis tu finis il/elle/on finit nous finîmes vous finîtes ils/elles finirent	je finirai tu finiras il/elle/on finira nous finirons vous finirez ils/elles finiront	je finirais tu finirais il/elle/on finirait nous finirions vous finiriez ils/elles finiraient	- finis - finissons finissez -	que je finisse que tu finisses qu'il/elle/on finisse que nous finissions que vous finissiez qu'ils/elles finissent
	passé composé	***plus-que-parfait***		***futur antérieur***	***passé***		***passé***
	j'ai fini	j'avais fini		j'aurai fini	j'aurais fini		que j'aie fini
3. verbes en **-re** **perdre**	***présent***	***imparfait***	***passé simple***	***futur***	***présent***		***présent***
	je perds tu perds il/elle/on perd nous perdons vous perdez ils/elles perdent	je perdais tu perdais il/elle/on perdait nous perdions vous perdiez ils/elles perdaient	je perdis tu perdis il/elle/on perdit nous perdîmes vous perdîtes ils/elles perdirent	je perdrai tu perdras il/elle/on perdra nous perdrons vous perdrez ils/elles perdront	je perdrais tu perdrais il/elle/on perdrait nous perdrions vous perdriez ils/elles perdraient	- perds - perdons perdez -	que je perde que tu perdes qu'il/elle/on perde que nous perdions que vous perdiez qu'ils/elles perdent
	passé composé	***plus-que-parfait***		***futur antérieur***	***passé***		***passé***
	j'ai perdu	j'avais perdu		j'aurai perdu	j'aurais perdu		que j'aie perdu
4. verbes en **-er** **parler**	***présent***	***imparfait***	***passé simple***	***futur***	***présent***		***présent***
	je parle tu parles il/elle/on parle nous parlons vous parlez ils/elles parlent	je parlais tu parlais il/elle/on parlait nous parlions vous parliez ils/elles parlaient	je parlai tu parlas il/elle/on parla nous parlâmes vous parlâtes ils/elles parlèrent	je parlerai tu parleras il/elle/on parlera nous parlerons vous parlerez ils/elles parleront	je parlerais tu parlerais il/elle/on parlerait nous parlerions vous parleriez ils/elles parleraient	- parle - parlons parlez -	que je parle que tu parles qu'il/elle/on parle que nous parlions que vous parliez qu'ils/elles parlent
	passé composé	***plus-que-parfait***		***futur antérieur***	***passé***		***passé***
	j'ai parlé	j'avais parlé		j'aurai parlé	j'aurais parlé		que j'aie parlé

Infinitif et Participes	Indicatif				Conditionnel	Impératif	Subjonctif
5. verbe pronominal **se laver**	***présent***	***imparfait***	***passé simple***	***futur***	***présent***		***présent***
	je me lave tu te laves il/elle/on se lave nous nous lavons vous vous lavez ils/elles se lavent	je me lavais tu te lavais il/elle/on se lavait nous nous lavions vous vous laviez ils/elles se lavaient	je me lavai tu te lavas il/elle/on se lava nous nous lavâmes vous vous lavâtes ils/elles se lavèrent	je me laverai tu te laveras il/elle/on se lavera nous nous laverons vous vous laverez ils/elles se laveront	je me laverais tu te laverais il/elle/on se laverait nous nous laverions vous vous laveriez ils/elles se laveraient	- lave-toi - lavons-nous lavez-vous -	que je me lave que tu te laves qu'il/elle/on se lave que nous nous lavions que vous vous laviez qu'ils/elles se lavent
	passé composé	***plus-que-parfait***		***futur antérieur***	***passé***		***passé***
	je me suis lavé(e)	je m'étais lavé(e)		je me serai lavé(e)	je me serais lavé(e)		que je me sois lavé(e)
6. verbe passif **être aimé**	***présent***	***imparfait***	***passé simple***	***futur***	***présent***		***présent***
	je suis aimé(e)	j'étais aimé(e)	je fus aimé(e)	je serai aimé(e)	je serais aimé(e)	- sois aimé(e) - soyons aimé(e)s soyez aimé(e)(s) -	que je sois aimé(e)
	passé composé	***plus-que-parfait***		***futur antérieur***	***passé***		***passé***
	j'ai été aimé(e)	j'avais été aimé(e)		j'aurai été aimé(e)	j'aurais été aimé(e)		que j'aie été aimé(e)

Conjugaisons irrégulières

Infinitif et Participes	Indicatif					Conditionnel	Impératif	Subjonctif
	présent	*imparfait*	*passé simple*	*passé composé*	*futur*	*présent*		*présent*
1. **aller** (*to go*) allant allé	je vais tu vas il/elle/on va nous allons vous allez ils/elles vont	j'allais tu allais il/elle/on allait nous allions vous alliez ils/elles allaient	j'allai tu allas il/elle/on alla nous allâmes vous allâtes ils/elles allèrent	je suis allé(e)	j'irai tu iras il/elle/on ira nous irons vous irez ils/elles iront	j'irais tu irais il/elle/on irait nous irions vous iriez ils/elles iraient	- va - allons allez -	que j'aille que tu ailles qu'il/elle/on aille que nous allions que vous alliez qu'ils/elles aillent
2a. **s'asseoir** (*to sit*) asseyant assis	je m'assieds tu t'assieds il/elle/on s'assied nous nous asseyons vous vous asseyez ils/elles s'asseyent	je m'asseyais tu t'asseyais il/elle/on s'asseyait nous nous asseyions vous vous asseyiez ils/elles s'asseyaient	je m'assis tu t'assis il/elle/on s'assit nous nous assîmes vous vous assîtes ils/elles s'assirent	je me suis assis(e)	je m'assiérai tu t'assiéras il/elle/on s'assiéra nous nous assiérons vous vous assiérez ils/elles s'assiéront	je m'assiérais tu t'assiérais il/elle/on s'assiérait nous nous assiérions vous vous assiériez ils/elles s'assiéraient	- assieds-toi - asseyons-nous asseyez-vous -	que je m'asseye que tu t'asseyes qu'il/elle/on s'asseye que nous nous asseyons que vous vous asseyiez qu'ils/elles s'asseyent
2b. **s'asseoir** assoyant	je m'assois tu t'assois il/elle/on s'assoit nous nous assoyons vous vous assoyez ils/elles s'assoient	je m'assoyais tu t'assoyais il/elle/on s'assoyait nous nous assoyions vous vous assoyiez ils/elles s'assoyaient	-	-	je m'assoirai tu t'assoiras il/elle/on s'assoira nous nous assoirons vous vous assoirez ils/elles s'assoiront	je m'assoirais tu t'assoirais il/elle/on s'assoirait nous nous assoirions vous vous assoiriez ils/elles s'assoiraient	- assois-toi - assoyons-nous assoyez-vous -	que je m'assoie que tu t'assoies qu'il/elle/on s'assoie que nous nous assoyions que vous vous assoyiez qu'ils/elles s'assoient

Infinitif et Participes	Indicatif					Conditionnel	Impératif	Subjonctif
	présent	*imparfait*	*passé simple*	*passé composé*	*futur*	*présent*		*présent*
3. **battre** (*to beat*) battant battu	je bats tu bats il/elle/on bat nous battons vous battez ils/elles battent	je battais tu battais il/elle/on battait nous battions vous battiez ils/elles battaient	je battis tu battis il/elle/on battit nous battîmes vous battîtes ils/elles battirent	j'ai battu	je battrai tu battras il/elle/on battra nous battrons vous battrez ils/elles battront	je battrais tu battrais il/elle/on battrait nous battrions vous battriez ils/elles battraient	- bats - battons battez -	que je batte que tu battes qu'il/elle/on batte que nous battions que vous battiez qu'ils/elles battent
4. **boire** (*to drink*) buvant bu	je bois tu bois il/elle/on boit nous buvons vous buvez ils/elles boivent	je buvais tu buvais il/elle/on buvait nous buvions vous buviez ils/elles buvaient	je bus tu bus il/elle/on but nous bûmes vous bûtes ils/elles burent	j'ai bu	je boirai tu boiras il/elle/on boira nous boirons vous boirez ils/elles boiront	je boirais tu boirais il/elle/on boirait nous boirions vous boiriez ils/elles boiraient	- bois - buvons buvez -	que je boive que tu boives qu'il/elle/on boive que nous buvions que vous buviez qu'ils/elles boivent
5. **conduire** (*to drive/ to lead*) conduisant conduit et composés	je conduis tu conduis il/elle/on conduit nous conduisons vous conduisez ils/elles conduisent	je conduisais tu conduisais il/elle/on conduisait nous conduisions vous conduisiez ils/elles conduisaient	je conduisis tu conduisis il/elle/on conduisit nous conduisîmes vous conduisîtes ils/elles conduisirent	j'ai conduit	je conduirai tu conduiras il/elle/on conduira nous conduirons vous conduirez ils/elles conduiront	je conduirais tu conduirais il/elle/on conduirait nous conduirions vous conduiriez ils/elles conduiraient	- conduis - conduisons conduisez -	que je conduise que tu conduises qu'il/elle/on conduise que nous conduisions que vous conduisiez qu'ils/elles conduisent

Infinitif et Participes	Indicatif					Conditionnel	Impératif	Subjonctif
	présent	*imparfait*	*passé simple*	*passé composé*	*futur*	*présent*		*présent*
6. **connaître** (*to be acquainted with*) connaissant connu et composés	je connais tu connais il/elle/on connaît nous connaissons vous connaissez ils/elles connaissent	je connaissais tu connaissais il/elle/on connais-sait nous connaissions vous connaissiez ils/elles connaissaient	je connus tu connus il/elle/on connut nous connûmes vous connûtes il/elles connurent	j'ai connu	je connaîtrai tu connaîtras il/elle/on connaîtra nous connaîtrons vous connaîtrez ils/elles connaîtront	je connaîtrais tu connaîtrais il/elle/on connaîtrait nous connaîtrions vous connaîtriez ils/elles connaîtraient	- connais - connaissons connaissez -	que je connaisse que tu connaisses qu'il/elle/on connaisse que nous connaissions que vous connaissiez qu'ils/elles connaissent
7. **courir** (*to run*) courant couru	je cours tu cours il/elle/on court nous courons vous courez ils/elles courent	je courais tu courais il/elle/on courait nous courions vous couriez ils/elles couraient	je courus tu courus il/elle/on courut nous courûmes vous courûtes ils/elles coururent	j'ai couru	je courrai tu courras il/elle/on courra nous courrons vous courrez ils/elles courront	je courrais tu courrais il/elle/on courrait nous courrions vous courriez ils/elles courraient	- cours - courons courez	que je coure que tu coures qu'il/elle/on coure que nous courions que vous couriez qu'ils/elles courent
8. **craindre** (*to fear*) craignant craint **joindre**	je crains tu crains il/elle/on craint nous craignons vous craignez ils/elles craignent	je craignais tu craignais il/elle/on craignait nous craignions vous craigniez ils/elles craignaient	je craignis tu craignis il/elle/on craignit nous craignîmes vous craignîtes ils/elles craignirent	j'ai craint	je craindrai tu craindras il/elle/on craindra nous craindrons vous craindrez ils/elles craindront	je craindrais tu craindrais il/elle/on craindrait nous craindrions vous craindriez ils/elles craindraient	- crains - craignons craignez -	que je craigne que tu craignes qu'il/elle/on craigne que nous craignions que vous craigniez qu'ils/elles craignent

Infinitif et Participes	Indicatif					Conditionnel	Impératif	Subjonctif
	présent	*imparfait*	*passé simple*	*passé composé*	*futur*	*présent*		*présent*
9. **croire** (*to believe*) croyant cru	je crois tu crois il/elle/on croit nous croyons vous croyez ils/elles croient	je croyais tu croyais il/elle/on croyait nous croyions vous croyiez ils/elles croyaient	je crus tu crus il/elle/on crut nous crûmes vous crûtes ils/elles crurent	j'ai cru	je croirai tu croiras il/elle/on croira nous croirons vous croirez ils/elles croiront	je croirais tu croirais il/elle/on croirait nous croirions vous croiriez ils/elles croiraient	- crois - croyons croyez -	que je croie que tu croies qu'il/elle/on croie que nous croyions que vous croyiez qu'ils/elles croient
10. **cueillir** (*to pick*) cueillant cueilli et composés	je cueille tu cueilles il/elle/on cueille nous cueillons vous cueillez ils/elles cueillent	je cueillais tu cueillais il/elle/on cueillait nous cueillions vous cueilliez ils/elles cueillaient	je cueillis tu cueillis il/elle/on cueillit nous cueillîmes vous cueillîtes ils/elles cueillirent	j'ai cueilli	je cueillerai tu cueilleras il/elle/on cueillera nous cueillerons vous cueillerez ils/elles cueilleront	je cueillerais tu cueillerais il/elle/on cueillerait nous cueillerions vous cueilleriez ils/elles cueilleraient	- cueille - cueillons cueillez -	que je cueille que tu cueilles qu'il/elle/on cueille que nous cueillions que vous cueilliez qu'ils/elles cueillent
11. **devoir** (*to owe,* *to have to*) devant dû, due	je dois tu dois il/elle/on doit nous devons vous devez ils/elles doivent	je devais tu devais il/elle/on devait nous devions vous deviez ils/elles devaient	je dus tu dus il/elle/on dut nous dûmes vous dûtes ils/elles durent	j'ai dû	je devrai tu devras il/elle/on devra nous devrons vous devrez ils/elles devront	je devrais tu devrais il/elle/on devrait nous devrions vous devriez ils/elles devraient		que je doive que tu doives qu'il/elle/on doive que nous devions que vous deviez qu'ils/elles doivent

Infinitif et Participes	Indicatif					Conditionnel	Impératif	Subjonctif
	présent	*imparfait*	*passé simple*	*passé composé*	*futur*	*présent*		*présent*
12. **dire** (*to say, to tell*) disant dit et composés	je dis tu dis il/elle/on dit nous disons vous dites ils/elles disent	je disais tu disais il/elle/on disait nous disions vous disiez ils/elles disaient	je dis tu dis il/elle/on dit nous dîmes vous dîtes ils/elles dirent	j'ai dit	je dirai tu diras il/elle/on dira nous dirons vous direz ils/elles diront	je dirais tu dirais il/elle/on dirait nous dirions vous diriez ils/elles diraient	- dis - disons dites -	que je dise que tu dises qu'il/elle/on dise que nous disions que vous disiez qu'ils/elles disent
13. **dormir** (*to sleep*) dormant dormi **s'endormir**	je dors tu dors il/elle/on dort nous dormons vous dormez ils/elles dorment	je dormais tu dormais il/elle/on dormait nous dormions vous dormiez ils/elles dormaient	je dormis tu dormis il/elle/on dormit nous dormîmes vous dormîtes ils/elles dormirent	j'ai dormi	je dormirai tu dormiras il/elle/on dormira nous dormirons vous dormirez ils/elles dormiront	je dormirais tu dormirais il/elle/on dormirait nous dormirions vous dormiriez ils/elles dormiraient	- dors - dormons dormez -	que je dorme que tu dormes qu'il/elle/on dorme que nous dormions que vous dormiez qu'ils/elles dorment
14. **écrire** (*to write*) écrivant écrit et composés	j'écris tu écris il/elle/on écrit nous écrivons vous écrivez ils/elles écrivent	j'écrivais tu écrivais il/elle/on écrivait nous écrivions vous écriviez ils/elles écrivaient	j'écrivis tu écrivis il/elle/on écrivit nous écrivîmes vous écrivîtes ils/elles écrivirent	j'ai écrit	j'écrirai tu écriras il/elle/on écrira nous écrirons vous écrirez ils/elles écriront	j'écrirais tu écrirais il/elle/on écrirait nous écririons vous écririez ils/elles écriraient	- écris - écrivons écrivez -	que j'écrive que tu écrives qu'il/elle/on écrive que nous écrivions que vous écriviez qu'ils/elles écrivent
15. **faire** (*to do, to make*) faisant fait et composés	je fais tu fais il/elle/on fait nous faisons vous faites ils/elles font	je faisais tu faisais il/elle/on faisait nous faisions vous faisiez ils/elles faisaient	je fis tu fis il/elle/on fit nous fîmes vous fîtes ils/elles firent	j'ai fait	je ferai tu feras il/elle/on fera nous ferons vous ferez ils/elles feront	je ferais tu ferais il/elle/on ferait nous ferions vous feriez ils/elles feraient	- fais - faisons faites -	que je fasse que tu fasses qu'il/elle/on fasse que nous fassions que vous fassiez qu'ils/elles fassent

Infinitif et Participes	Indicatif					Conditionnel	Impératif	Subjonctif
	présent	*imparfait*	*passé simple*	*passé composé*	*futur*	*présent*		*présent*
16. **falloir** (*to be necessary*) fallu	il faut	il fallait	il fallut	il a fallu	il faudra	il faudrait		qu'il faille
17. **fuir** (*to flee*) fuyant fui **s'enfuir**	je fuis tu fuis il/elle/on fuit nous fuyons vous fuyez ils/elles fuient	je fuyais tu fuyais il/elle/on fuyait nous fuyions vous fuyiez ils/elles fuyaient	je fuis tu fuis il/elle/on fuit nous fuîmes vous fuîtes ils/elles fuirent	j'ai fui	je fuirai tu fuiras il/elle/on fuira nous fuirons vous fuirez ils/elles fuiront	je fuirais tu fuirais il/elle/on fuirait nous fuirions vous fuiriez ils/elles fuiraient	- fuis - fuyons fuyez -	que je fuie que tu fuies qu'il/elle/on fuie que nous fuyions que vous fuyiez qu'ils/elles fuient
18. **lire** (*to read*) lisant lu **élire**	je lis tu lis il/elle/on lit nous lisons vous lisez ils/elles lisent	je lisais tu lisais il/elle/on lisait nous lisions vous lisiez ils/elles lisaient	je lus tu lus il/elle/on lut nous lûmes vous lûtes ils/elles lurent	j'ai lu	je lirai tu liras il/elle/on lira nous lirons vous lirez ils/elles liront	je lirais tu lirais il/elle/on lirait nous lirions vous liriez ils/elles liraient	- lis - lisons lisez -	que je lise que tu lises qu'il/elle/on lise que nous lisions que vous lisiez qu'ils/elles lisent
19. **mentir** (*to lie*) mentant menti **sentir**	je mens tu mens il/elle/on ment nous mentons vous mentez ils/elles mentent	je mentais tu mentais il/elle/on mentait nous mentions vous mentiez ils/elles mentaient	je mentis tu mentis il/elle/on mentit nous mentîmes vous mentîtes ils/elles mentirent	j'ai menti	je mentirai tu mentiras il/elle/on mentira nous mentirons vous mentirez ils/elles mentiront	je mentirais tu mentirais il/elle/on mentirait nous mentirions vous mentiriez ils/elles/ mentiraient	- mens - mentons mentez -	que je mente que tu mentes qu'il/elle/on mente que nous mentions que vous mentiez qu'ils/elles mentent

Infinitif et Participes	Indicatif					Conditionnel	Impératif	Subjonctif
	présent	*imparfait*	*passé simple*	*passé composé*	*futur*	*présent*		*présent*
20. **mettre** (*to put*) mettant mis et composés	je mets tu mets il/elle/on met nous mettons vous mettez ils/elles mettent	je mettais tu mettais il/elle/on mettait nous mettions vous mettiez ils/elles mettaient	je mis tu mis il/elle/on mit nous mîmes vous mîtes ils/elles mirent	j'ai mis	je mettrai tu mettras il/elle/on mettra nous mettrons vous mettrez ils/elles mettront	je mettrais tu mettrais il/elle/on mettrait nous mettrions vous mettriez ils/elles mettraient	- mets - mettons mettez -	que je mette que tu mettes qu'il/elle/on mette que nous mettions que vous mettiez qu'ils/elles mettent
21. **mourir** (*to die*) mourant mort	je meurs tu meurs il/elle/on meurt nous mourons vous mourez ils/elles meurent	je mourais tu mourais il/elle/on mourait nous mourions vous mouriez ils/elles mouraient	je mourus tu mourus il/elle/on mourut nous mourûmes vous mourûtes ils/elles moururent	je suis mort(e)	je mourrai tu mourras il/elle/on mourra nous mourrons vous mourrez ils/elles mourront	je mourrais tu mourrais il/elle/on mourrait nous mourrions vous mourriez ils/elles mourraient	- meurs - mourons mourez -	que je meure que tu meures qu'il/elle/on meure que nous mourions que vous mouriez qu'ils/elles meurent
22. **naître** (*to be born*) naissant né	je nais tu nais il/elle/on naît nous naissons vous naissez ils/elles naissent	je naissais tu naissais il/elle/on naissait nous naissions vous naissiez ils/elles naissaient	je naquis tu naquis il/elle/on naquit nous naquîmes vous naquîtes ils/elles naquirent	je suis né(e)	je naîtrai tu naîtras il/elle/on naîtra nous naîtrons vous naîtrez ils/elles naîtront	je naîtrais tu naîtrais il/elle/on naîtrait nous naîtrions vous naîtriez ils/elles naîtraient	- nais - naissons naissez -	que je naisse que tu naisses qu'il/elle/on naisse que nous naissions que vous naissiez qu'ils/elles naissent
23. **ouvrir** (*to open*) ouvrant ouvert **offrir, couvrir, souffrir**	j'ouvre tu ouvres il/elle/on ouvre nous ouvrons vous ouvrez ils/elles ouvrent	j'ouvrais tu ouvrais il/elle/on ouvrait nous ouvrions vous ouvriez ils/elles ouvraient	j'ouvris tu ouvris il/elle/on ouvrit nous ouvrîmes vous ouvrîtes ils/elles ouvrirent	j'ai ouvert	j'ouvrirai tu ouvriras il/elle/on ouvrira nous ouvrirons vous ouvrirez ils/elles ouvriront	j'ouvrirais tu ouvrirais il/elle/on ouvrirait nous ouvririons vous ouvririez ils/elles ouvriraient	- ouvre - ouvrons ouvrez -	que j'ouvre que tu ouvres qu'il/elle/on ouvre que nous ouvrions que vous ouvriez qu'ils/elles ouvrent

Infinitif et Participes	Indicatif					Conditionnel	Impératif	Subjonctif
	présent	*imparfait*	*passé simple*	*passé composé*	*futur*	*présent*		*présent*
24. **partir** (*to leave*) partant parti et composés	je pars tu pars il/elle/on part nous partons vous partez ils/elles partent	je partais tu partais il/elle/on partait nous partions vous parties ils/elles partaient	je partis tu partis il/elle/on partit nous partîmes vous partîtes ils/elles partirent	je suis parti(e)	je partirai tu partiras il/elle/on partira nous partirons vous partirez ils/elles partiront	je partirais tu partirais il/elle/on partirait nous partirions vous partiriez ils/elles partiraient	- pars - partons partez -	que je parte que tu partes qu'il/elle/on parte que nous partions que vous partiez qu'ils/elles partent
25. **peindre** (*to paint*) peignant peint	je peins tu peins il/elle/on peint nous peignons vous peignez ils/elles peignent	je peignais tu peignais il/elle/on peignait nous peignions vous peigniez ils/elles peignaient	je peignis tu peignis il/elle/on peignit nous peignîmes vous peignîtes ils/elles peignirent	j'ai peint	je peindrai tu peindras il/elle/on peindra nous peindrons vous peindrez ils/elles peindront	je peindrais tu peindrais il/elle/on peindrait nous peindrions vous peindriez ils/elles peindraient	- peins - peignons peignez -	que je peigne que tu peignes qu'il/elle/on peigne que nous peignions que vous peigniez qu'ils/elles peignent
26. **plaire** (*to please*) plaisant plu et composés	je plais tu plais il/elle/on plait nous plaisons vous plaisez ils/elles plaisent	je plaisais tu plaisais il/elle/on plaisait nous plaisions vous plaisiez ils/elles plaisaient	je plus tu plus il/elle/on plut nous plumes vous plûtes ils/elles plurent	j'ai plu	je plairai tu plairas il/elle/on plaira nous plairons vous plairez ils/elles plairont	je plairais tu plairais il/elle/on plairait nous plairions vous plairiez ils/elles plairaient	- plais - plaisons plaisez -	que je plaise que tu plaises qu'il/elle/on plaise que nous plaisions que vous plaisiez qu'ils/elles plaisent
27. **pleuvoir** (*to rain*) pleuvant plu	il pleut	il pleuvait	il plut	il a plu	il pleuvra	il pleuvrait		qu'il pleuve

Infinitif et Participes	Indicatif					Conditionnel	Impératif	Subjonctif
	présent	*imparfait*	*passé simple*	*passé composé*	*futur*	*présent*		*présent*
28. **pouvoir** (*to be able*) pouvant pu	je peux, puis tu peux il/elle/on peut nous pouvons vous pouvez ils/elles peuvent	je pouvais tu pouvais il/elle/on pouvait nous pouvions vous pouviez ils/elles pouvaient	je pus tu pus il/elle/on put nous pûmes vous pûtes ils/elles purent	j'ai pu	je pourrai tu pourras il/elle/on pourra nous pourrons vous pourrez ils/elles pourront	je pourrais tu pourrais il/elle/on pourrait nous pourrions vous pourriez ils/elles pourraient		que je puisse que tu puisses qu'il/elle/on puisse que nous puissions que vous puissiez qu'ils/elles puissent
29. **prendre** (*to take*) prenant pris et composés	je prends tu prends il/elle/on prend nous prenons vous prenez ils/elles prennent	je prenais tu prenais il/elle/on prenait nous prenions vous preniez ils/elles prenaient	je pris tu pris il/elle/on prit nous primes vous prîtes ils/elles prirent	j'ai pris	je prendrai tu prendras il/elle/on prendra nous prendrons vous prendrez ils/elles prendront	je prendrais tu prendrais il/elle/on prendrait nous prendrions vous prendriez ils/elles prendraient	- prends - prenons prenez -	que je prenne que tu prennes qu'il/elle/on prenne que nous prenions que vous preniez qu'ils/elles prennent
30. **recevoir** (*to receive*) recevant reçu et composés	je reçois tu reçois il/elle/on reçoit nous recevons vous recevez ils/elles reçoivent	je recevais tu recevais il/elle/on recevait nous recevions vous receviez ils/elles recevaient	je reçus tu reçus il/elle/on reçut nous reçûmes vous reçûtes ils/elles reçurent	j'ai reçu	je recevrai tu recevras il/elle/on recevra nous recevrons vous recevrez ils/elles recevront	je recevrais tu recevrais il/elle/on recevrait nous recevrions vous recevriez ils/elles recevraient	- reçois - recevons recevez -	que je reçoive que tu reçoives qu'il/elle/on reçoive que nous recevions que vous receviez qu'ils/elles reçoivent
31. **rire** (*to laugh*) riant ri **sourire**	je ris tu ris il/elle/on rit nous rions vous riez ils/elles rient	je riais tu riais il/elle/on riait nous riions vous riiez ils/elles riaient	je ris tu ris il/elle/on rit nous rîmes vous rîtes ils/elles rirent	j'ai ri	je rirai tu riras il/elle/on rira nous rirons vous rirez ils/elles riront	je rirais tu rirais il/elle/on rirait nous ririons vous ririez ils/elles riraient	- ris - rions riez -	que je rie que tu ries qu'il/elle/on rie que nous riions que vous riiez qu'ils/elles rient

Infinitif et Participes	Indicatif					Conditionnel	Impératif	Subjonctif
	présent	*imparfait*	*passé simple*	*passé composé*	*futur*	*présent*		*présent*
32. **savoir** (*to know*) sachant su	je sais tu sais il/elle/on sait nous savons vous savez ils/elles savent	je savais tu savais il/elle/on savait nous savions vous saviez ils/elles savaient	je sus tu sus il/elle/on sut nous sûmes vous sûtes ils/elles surent	j'ai su	je saurai tu sauras il/elle/on saura nous saurons vous saurez ils/elles sauront	je saurais tu saurais il/elle/on saurait nous saurions vous sauriez ils/elles sauraient	- sache - sachons sachez -	que je sache que tu saches qu'il/elle/on sache que nous sachions que vous sachiez qu'ils/elles sachent
33. **suivre** (*to follow*) suivant suivi et composés	je suis tu suis il/elle/on suit nous suivons vous suivez ils/elles suivent	je suivais tu suivais il/elle/on suivait nous suivions vous suiviez ils/elles suivaient	je suivis tu suivis il/elle/on suivit nous suivîmes vous suivîtes ils/elles suivirent	j'ai suivi	je suivrai tu suivras il/elle/on suivra nous suivrons vous suivrez ils/elles suivront	je suivrais tu suivrais il/elle/on suivrait nous suivrions vous suivriez ils/elles suivraient	- suis - suivons suivez -	que je suive que tu suives qu'il/elle/on suive que nous suivions que vous suiviez qu'ils/elles suivent
34. **tenir** (*to hold, to keep*) tenant tenu	je tiens tu tiens il/elle/on tient nous tenons vous tenez ils/elles tiennent	je tenais tu tenais il/elle/on tenait nous tenions vous teniez ils/elles tenaient	je tins tu tins il/elle/on tint nous tînmes vous tîntes ils/elles tinrent	j'ai tenu	je tiendrai tu tiendras il/elle/on tiendra nous tiendrons vous tiendrez ils/elles tiendront	je tiendrais tu tiendrais il/elle/on tiendrait nous tiendrions vous tiendriez ils/elles tiendraient	- tiens - tenons tenez -	que je tienne que tu tiennes qu'il/elle/on tienne que nous tenions que vous teniez qu'ils/elles tiennent

Infinitif et Participes	Indicatif					Conditionnel	Impératif	Subjonctif
	présent	*imparfait*	*passé simple*	*passé composé*	*futur*	*présent*		*présent*
35. **vaincre** (*to conquer*) vainquant vaincu et composés	je vaincs tu vaincs il/elle/on vainc nous vainquons vous vainquez ils/elles vainquent	je vainquais tu vainquais il/elle/on vainquait nous vainquions vous vainquiez ils/elles vainquaient	je vainquis tu vainquis il/elle/on vainquit nous vainquîmes vous vainquîtes ils/elles vainquirent	j'ai vaincu	je vaincrai tu vaincras il/elle/on vaincra nous vaincrons vous vaincrez ils/elles vaincront	je vaincrais tu vaincrais il/elle/on vaincrait nous vaincrions vous vaincriez ils/elles vaincraient	- vaincs - vainquons vainquez -	que je vainque que tu vainques qu'il/elle/on vainque que nous vainquions que vous vainquiez qu'ils/elles vainquent
36. **valoir** (*to be worth*) valant valu	je vaux tu vaux il/elle/on vaut nous valons vous valez ils/elles valent	je valais tu valais il/elle/on valait nous valions vous valiez ils/elles valaient	je valus tu valus il/elle/on valut nous valûmes vous valûtes ils/elles valurent	il a valu	il vaudra	il vaudrait		qu'il vaille
37. **venir** (*to come*) venant venu et composés	je viens tu viens il/elle/on vient nous venons vous venez ils/elles viennent	je venais tu venais il/elle/on venait nous venions vous veniez ils/elles venaient	je vins tu vins il/elle/on vint nous vînmes vous vîntes ils/elles vinrent	je suis venu(e)	je viendrai tu viendras il/elle/on viendra nous viendrons vous viendrez ils/elles viendront	je viendrais tu viendrais il/elle/on viendrait nous viendrions vous viendriez ils/elles viendraient	- viens - venons venez -	que je vienne que tu viennes qu'il/elle/on vienne que nous venions que vous veniez qu'ils/elles viennent
38. **vivre** (*to live*) vivant vécu **survivre**	je vis tu vis il/elle/on vit nous vivons vous vivez ils/elles vivent	je vivais tu vivais il/elle/on vivait nous vivions vous viviez ils/elles vivaient	je vécus tu vécus il/elle/on vécut nous vécûmes vous vécûtes ils/elles vécurent	j'ai vécu	je vivrai tu vivras il/elle/on vivra nous vivrons vous vivrez ils/elles vivront	je vivrais tu vivrais il/elle/on vivrait nous vivrions vous vivriez ils/elles vivraient	- vis - vivons vivez -	que je vive que tu vives qu'il/elle/on vive que nous vivions que vous viviez qu'ils/elles vivent

Infinitif et Participes	Indicatif					Conditionnel	Impératif	Subjonctif
	présent	*imparfait*	*passé simple*	*passé composé*	*futur*	*présent*		*présent*
39. **voir** (*to see*) voyant vu **revoir, prévoir**	je vois tu vois il/elle/on voit nous voyons vous voyez ils/elles voient	je voyais tu voyais il/elle/on voyait nous voyions vous voyiez ils/elles voyaient	je vis tu vis il/elle/on vit nous vîmes vous vîtes ils/elles virent	j'ai vu	je verrai tu verras il/elle/on verra nous verrons vous verrez ils/elles verront	je verrais tu verrais il/elle/on verrait nous verrions vous verriez ils/elles verraient	- vois - voyons voyez -	que je voie que tu voies qu'il/elle/on voie que nous voyions que vous voyiez qu'ils/elles voient
40. **vouloir** (*to wish, to want*) voulant voulu	je veux tu veux il/elle/on veut nous voulons vous voulez ils/elles veulent	je voulais tu voulais il/elle/on voulait nous voulions vous vouliez ils/elles voulaient	je voulus tu voulus il/elle/on voulut nous voulûmes vous voulûtes ils/elles voulurent	j'ai voulu	je voudrai tu voudras il/elle/on voudra nous voudrons vous voudrez ils/elles voudront	je voudrais tu voudrais il/elle/on voudrait nous voudrions vous voudriez ils/elles voudraient	- veuille - - veuillez -	que je veuille que tu veuilles qu'il/elle/on veuille que nous voulions que vous vouliez qu'ils/elles veuillent

Cette annexe a été publiée pour la première fois dans Simone Renaud et Jean-Luc Desalvo, *En super forme*, Toronto, Canadian Scholars, 2018.

INDEX I : SUJETS DE RÉFLEXION

activités qui permettent d'échapper à la réalité, 35
adaptation à une nouvelle culture, 98
affirmer vs. faire voir, 124
algorithmes, ciblage publicitaire et ciblage politique, 315
aliments transgéniques : poison ou solution miracle ?, 284
ancêtres et identité, 4
apathie politique des jeunes, 313, 314
armes à feu : droit inaliénable ou maladie du corps social ?, 336, 339
aspirations pour la génération future, 194–195
autonomie vs. interdépendance, 350–351
avantages et dangers de la civilisation occidentale, 249
avantages et inconvénients
  de la mondialisation, 186, 190, 195
  des cultures transgéniques, 288–289
  des uniformes dans les écoles, 328
  du multiculturalisme, 5

bannissement d'éléments douloureux, de livres, de statues et de symboles historiques pour « oublier » le passé, 330
besoin de lumière et d'ombre chez l'être humain, 249
biographies et destinées humaines, 131–132
buts de l'enseignement supérieur, 328

caractéristiques de l'identité personnelle, 2
caractéristiques des organismes génétiquement modifiés (OGM), 284
choisir sa réaction aux évènements de la vie, 348
choix difficiles, 142–143
choses de la vie et matérialisme, 229
clés de la domination et clés de l'émancipation de la femme, 66
colère et pardon, 138, 142
complexité anxiogène contemporaine, 313, 314
complotisme contemporain, 313, 314
comportement destructif, 221
conséquences à long terme des expérimentations scientifiques, 296
conséquences du réchauffement climatique, 301
constitutions : documents immuables ou modifiables ?, 339
contraintes et choix de la femme, 65
contrôle des armes à feu et taux de criminalité, 341–342
côtés positifs et négatifs de l'individualisme, 352
couverture maladie universelle : une responsabilité individuelle ou collective ?, 338
crise de confiance vis-à-vis des institutions politiques, 312
culte de l'identité culturelle, nationale ou religieuse, 4
cyberattaques et complotisme, 312

dangers de la surabondance d'information, 250
déchirement culturel, 94, 250
déclin du système éducatif, 195
découverte d'un moi caché, 221
définition
  du bien et du mal, 221
  du bonheur, 249, 353
  du terme « civilisation », 249
défis
  de l'agriculture moderne, 284
  de la Francophonie, 4
  des sans-papiers, 153
  du changement, 98
démocratisation d'Internet, 313
départs et désillusions, rêves et réalité, 150, 153
dépendance, indépendance, interdépendance et surdépendance chez l'être humain, 350–352
déracinement et exil, 94
déterminisme et évolution personnelle, 35
devises et propagande, 185
différence entre conflit et confrontation, 349
diplômes traditionnels ou programmes de formation professionnelle, 195, 328
disparités sociales, 47

école coranique et école étrangère, 249
écoles coloniales, 2
éducation humaniste vs. formation professionnelle, 328
effets du système patriarcal sur l'individu, la famille et la société, 66
égalité des genres dans l'enseignement, 327
éléments d'une communauté universitaire, 328
éléments descriptifs d'un lieu associés aux cinq sens, 47–48
émigration et mirages, 161
émotions sociales positives : bienveillance, gratitude, altruisme, 346
énergies fossiles et réchauffement planétaire, 289

équilibre entre travail et vie personnelle, 195
esclavage et colonisation, 2
essence de la consolation, 347
évaluation du bonheur dans divers pays du monde, 349

façons de réagir aux contrariétés, 33
facteurs qui contribuent
  au bonheur, 350
  aux fausses informations, 310–311
fake news, désinformation, mésinformation et théories du complot, 310
famille comme microcosme de la société, 35
fatalité de la pauvreté ?, 161
filles élevées comme des garçons dans certaines cultures, 82
foi, espérance et bonheur, 175–176
foi vs. raison, 250
frontières littérales et figurées, 186

genre, égalité et rôles, 66

hospitalité africaine, 153

idéalisation de l'histoire d'une communauté, 4
images durables ou épisodiques de l'enfance, 35
immigration clandestine, 154
immigration et intégration, 97
impact du complotisme, 319
implications du respect pour autrui, 349
influence des lieux de notre enfance, 34, 46
inquiétudes et regrets, 229
intelligence artificielle et relations interpersonnelles, 353

langue du savoir vs. langue locale dans les anciennes colonies, 328
langues officielles et langues locales, 4
le savoir comme passeport favorisant l'ascension sociale, 328
leçons de l'histoire de l'humanité, 316
liberté d'expression et démocratie, 314
loisirs futurs, 195

maisons et voisins, 220
mariages arrangés et précoces, 75
masques sociaux, 153–154
matriarcat et patriarcat, 65, 66
menaces à la démocratie, 186
mesures de modération vs. censure, 314
métamorphose engendrée par l'éducation, 249
minorités et discrimination, 76
minorités francophones au Manitoba, 130

nécessité d'apprendre à vaincre sans avoir raison, 249
nom et identité, 153

obligations de la politesse, 221
odeurs et sons du souvenir, 34, 46
origines de la subordination des femmes, 65
origines du complotisme contemporain, 313, 314
origines historiques du Deuxième Amendement, 337

partir pour grandir, 153
perceptions de l'égalité des genres dans différents domaines, 76
possibilités et hypothèses, 229
pragmatisme dans le domaine des armes à feu et de la santé, 342
premier jour dans une nouvelle école, 106
présence française en Afrique, 2
programmes d'action positive à l'intention des minorités, 76
prolifération de lois sur les armes à feu au niveau des Etats, 338
promesses des entreprises multinationales, 288
puissance de la NRA et autres groupes de pressions, 341

qualité et rythme de la vie, 250

racines et identité originelle, 4
réchauffement climatique et catastrophes naturelles, 195
réchauffement climatique et migrations, 305
ressemblances des hommes sous tous les cieux, 124
restitution aux victimes de génocides, 331
risques de mésinformation et opportunités de désinformation pour les gouvernements, 311
rites de passage, 149–150
rôle
  de la famille dans le monde de demain, 195
  de la foi et de la religion dans la vie d'un individu et dans une société, 250
  des écrivains et philosophes dans l'identité culturelle, 4
  des médias et des réseaux sociaux dans la manipulation des informations, 314
  des parents dans les programmes scolaires, 331
rythme de la vie, 250

sécurité et confort vs. liberté, 183, 186
solitude par peur de la dépendance et dépendance par peur de la solitude, 350–351
stratégies de la psychologie positive pour trouver le bonheur, 346
stratégies numériques pour manipuler l'information, 314

traditions et modernité, 246, 248–249
types et stéréotypes, 13

un monde sans le mal, 229
une personne « vide », 221

valeurs sociales, « normalité » et différences culturelles, 34
violence et fusillades de masse dans la société américaine, 339–341
vision individualiste de la vie en société vs. vision du droit collectif, 338
vivre dans une bulle, 182
voix de l'enfance qui résonnent en nous, 33
voix de l'optimisme et voix du pessimisme, 349
vulnérabilité du continent africain, 288

INDEX II : STRUCTURES

à
  à + infinitif, 201–202
  préposition, 24, 71, 73–74, 127–129, 163, 171, 200–208, 210, 320
à cause de vs. grâce à, 107, 209
accord
  adjectifs, 38–42
  avec « possible », 42
  avec « avoir l'air », 42
  noms, 18–22
  noms à double genre, 19
  noms propres, 21
  noms composés, 21
  professions, 20
adjectifs, 38–44, 56–58
adverbes, 51–59
anacoluthe, 342
article (défini, indéfini, partitif), 23–26
avant ou devant, 209

beaucoup (de), 24, 57, 104, 243
bien que, 213, 257, 274

ce/c' ou ça, 162, 164
ceci/cela, 164
celui, celle, ceux, celles, 164
c'est ou il est, 164
comparaison, 40, 43, 56–58, 237, 273
comparatif, 56–58
conditionnel, 112, 114, 139, 159, 193, 224–229. *Voir* appendice
conjugaisons. *Voir* appendice
  conditionnel, 112, 114, 139, 159, 193, 224–229
  futur, 139, 159, 189–194, 196–197, 226–227
  futur antérieur, 191, 193–194
  futur proche, 112, 191, 196–197
  imparfait, 108–114, 130, 139–141, 159, 174, 226–227, 159
  passé composé, 12, 100–105, 107, 114, 127, 130, 138–140, 141, 159, 174, 226–227, 293
  présent (indicatif), 9–10, 12, 112, 138–140, 158–159, 193, 197
  subjonctif, 135, 252–262, 273, 274
conjonctions
  fréquentes, 13
  subjonctif, 253, 257, 261
  temps, 134–135, 193
connecteurs logiques, 27–28, 88–89, 177, 213, 298, 306
connecteurs temporels, 134–135, 193

d'abord, 28, 55, 88, 213–214, 345
d'autres, 235, 270, 275
de
  de + infinitif, 112, 201–203
  et discours indirect, 159
  et négation, 24–25, 82–84
  partitif, 22–25, 82–84, 235
  préposition, 24–25, 71–73, 163–165, 170–171, 200–211, 230, 236, 294, 323
de sorte que, 13, 88, 213
déclencheurs du temps : passé composé, Imparfait, plus-que-parfait, 174
depuis, 12, 72, 112, 135
depuis que, 12, 135
dessus/dessous, 210
devant, 209
devoir (verbe), 102, 138, 192, 201, 227, 255
discours indirect, 158–159, 164
dont, 171–172
d'où, 72, 171
doute
  douter de, douter que, 256, 259–260
  se douter, 128

écouter, 201, 211, 321
en, 206–209, 235–240, 301
en attendant que, 135
en fait vs. au fait, 53
en même temps, 53, 259
entendre, 128, 201, 321–322
ensuite, 28, 88
étant donné (que), 107, 213
évidemment, 332
expression de
  but, 28
  cause/conséquence, 28, 107, 133, 209, 213, 319–320
  condition, 226–227, 257, 302
  doute, 52, 104, 197, 255–257, 259–260

jugement de valeur, 256
obligation/nécessité, 138, 255–256
opinion, 52, 209, 242, 255–256
opposition, 28
probabilité, 139, 196–197, 257
quantité, 24, 235, 243–244
temps, 28
expressions idiomatiques, 25, 127–129, 163, 210, 239–240, 320
expressions indéfinies, 270–275

faire, 85, 129, 163, 192, 201, 203, 209, 226, 239–240, 255, 316–320
faire causatif, 319–320
fautes courantes
adjectifs, 39–42, 43–44
adverbes, 53–54, 57–58
articles, 24
conditionnel, 226–227
depuis que vs. il y a que, 12
devoir, 138–139
discours indirect, 158–160
faire causatif, 319–320
futur, 191–194
futur antérieur, 193–194
genre des noms, 18
imparfait, 111–112
interrogation, 71–74
laisser, 321–322
mots indéfinis, 270–275
négation, 82–85
noms, 19–21
participe présent, 301, 303–304
passé composé, 101–104
pluriel des noms, 20–21
plus-que-parfait, 113–114
pouvoir, 139–140
prépositions, 201–204, 206–210
pronoms compléments, 234–240
pronoms démonstratifs, 164–165
pronoms disjoints, 236–238
pronoms possessifs, 160–163
pronoms relatifs, 170–172
savoir, 140
subjonctif, 254-257, 259, 261–262
verbes à radical variable, 10, 191
verbes pronominaux, 127–129
verbes réguliers, 9–10
verbes irréguliers, 11, 192
voix passive, 293–294
vouloir, 139–140
faux amis, 48, 332
futur, 191–194
futur antérieur, 193–194
futur proche vs. futur simple, 191, 196–197

gérondif, 301–302

habitude, 112, 132, 139, 174, 226

il y a, 12, 87–88
imparfait, 10, 139, 174, 226–227
incertitude, 262
interrogatif, 71–74, 159, 172, 256

la/le/les, 23–24, 234–238
laisser, 201, 321–322
lequel/lesquels/laquelle/lesquelles, 71, 73
liaison, 19, 41, 58
lui/leur, 235–237

même, 43, 57, 237, 272, 275
même si, 28, 89
moitié, 243–244
mots de liaison. *Voir* connecteurs logiques ou connecteurs temporelles
mots indéfinis. *Voir* Chapitre 18

ne, 82
nécessité, 256
négation, 24, 82–84, 104–105
noms, 17–21, 205–207
notamment, 177
nul(le)/nullepart, 39, 83–84, 273, 275
n'y être pour rien, 239
n'y pouvoir rien, 239

obligation, 138–139, 256
où, 159, 171–172, 272
ou bien, 298, 332
où que, 273, 275

par, 53, 171, 203, 208–210, 294, 320
par contre, 28

par exemple, 28, 177
par hasard vs. au hasard, 54, 209
par moments, 53
participe
passé, 53, 83, 101–105, 113–114, 127, 129, 171, 193–194, 234–235, 238, 255, 273, 293–294, 319, 321–322
présent, 301–304
passé composé, 12, 101–105, 107, 112, 114, 127, 130, 138–141, 159, 174, 226–227, 293
passé simple, 94–95, 106. *Voir* appendice
passer par, 102
plus-que-parfait, 111–114, 130, 138–139, 141, 159, 174, 226–227, 259
prépositions
à, 24, 71, 73–74, 127–129, 163, 171, 200–208, 210, 320
avec les noms géographiques, 206–207
chez vs. à/au, 209
dans vs. en, 207, 209
dans vs. sur, 210
de, 24–25, 71–73, 163–165, 170–171, 200–211, 230, 236, 294, 323
devant *lequel*, 71, 73
et articles, 24–25
et discours indirect, 159
et négation, 83–84
et objet indirect, 127, 129
plus infinitif, 201–203
pour vs. pendant, 210
sur vs au-dessus de/sous vs au-dessous de, 210
usages particuliers, 208–211
vers vs. envers, 210
pronoms compléments
expressions idiomatiques, 239
objets directs, 127–129, 234–236
objets indirects, 103, 127–129, 294, 320
ordre de pronoms, 238–239
pronoms disjoints, 237
pronoms démonstratifs, 164–165, 170–171
pronoms disjoints, 237
pronoms interrogatifs, 73–74, 159, 171–172
pronoms possessifs, 162–163
pronoms relatifs, 13, 135, 170–172, 274

qualificateurs substantifs, 243–244
quoi, 73–75, 171–172
quoi que, 274–275
quoique, 257, 274

réciproque, 127–129
réfléchi, 127–129
relatif, 13, 135, 170–172, 274
rien, 40, 83–84, 104

sans, 25, 171, 209, 261
sans (aucun) doute, 52, 104–105, 197
sans que, 257, 261
sembler, 144, 201
s'en faire, 240
sentir, 11, 321
si (adverbe), 53
si (conjonction), 112, 114, 159–160, 193, 197, 225–227
si vs. oui, 71
soit que … soit que, 298
soudain, 174
subjonctif
concordance de temps, 135, 255
formation, 254–256
ou indicatif, 256–257
ou infinitif, 260–261
usage, 135, 256–257, 261, 273–274
subjonctif conjonctions, 256–257
subjonctif passé, 255, 259–260
subjonctif présent, 254, 259–260
superlatif, 57–58, 262
s'y faire, 239

tandis que, 28, 89, 135, 197
tel(le), 177, 275
tellement, 53
temps
adverbe de temps, 53–54, 104
avec « depuis », 12, 112
composé, 83, 101–103, 111–112, 113–114, 141, 174, 193–194, 197
concordance des temps, 111–112, 114–115, 130, 141, 174, 259
conditionnel, 226–227
discours indirect, 158–160
expressions, 208, 209–210
futur, 191–194, 197
passé, 94–95, 106
simple, 83, 101, 106, 174, 191–193
subjonctif, 253–257, 259
voix passive, 293–294

tous, 235
tout(e)(s), 235, 275
tout comme, 13
très, 145

verbes à sens multiples
  devoir, 138–139
  pouvoir, 139–140
  savoir, 140
  vouloir, 139, 140
verbes, au présent, 9–12. *Voir* appendice
verbes de perception, 304, 321
verbes idiomatiques, 127–129,
verbes pronominaux au passé, 127–129
verbes réciproques, 127–129
verbes réfléchis, 127–129
voir, 192
vouloir, 102, 139, 140, 192, 227, 255, 256. *Voir* appendice
  en vouloir à qqn, 240

y
  expressions avec, 239
  usage, 236–238

INDEX III : ÉCRITURE

accentuer un exemple, 177
anacoluthes, 342
antithèse, 264–267, 277–279, 315, 325
approfondir une idée, 49, 78–79
associer le temps et le lieu, 60–61
autoévaluations, 8, 17, 343, 354–355
avantages et inconvénients, 5, 154, 212–213, 231

brouillon, 306, 324–325

causes-conséquences, 214–215, 296–299, 305–309
certitude, 196–198
chose (varier le vocabulaire), 26–27
cohérence, 27–28, 88–89, 213
cohésion, 13–14, 88–89
comparer, 78–79, 133
conclusions, 79–80, 214–215, 232, 277, 288, 306, 324–325
connecteurs logiques
  causes-conséquences, 213
  pour conclure, 305–306
  pour donner des options, 298–299
  pour donner un exemple, 177
conséquences, 214–215
contrôle d'écriture, 29, 62, 90–91, 118, 147,178, 215, 245, 333

décrire selon les 5 sens, 60–61
décrire un lieu important, 47, 60, 61
défense d'opinion, 242
définir
  des termes, 77–79
  la question, 231
  le problème, 297
description
  au passé, 107–109, 117–118, 113–114, 147, 166–167, 176–177
  d'un problème, 79, 87, 90
  d'une personne, 13–15, 61
  de l'aspect physique, 28–29
  de l'avenir, 196–199, 212–215
  de lieu, 47–50, 60
  des émotions, 48
  des symboles, 48–49, 61
  du caractère, 13, 61
dissertation
  plan analytique (causes-conséquences-solutions), 296–299, 305–309, 324–325
  plan dialectique, 264–267, 277–280, 324–325
  plan thématique, 230–232, 241–245

ébauche, 87–89
élaborer un sujet, 77, 79, 192, 212, 297
énoncé, 277, 305, 308, 324
expressions
  à remplacer, 26–27, 87–88, 331–332
  pour donner un exemple, 177
exprimer
  la cause, 107, 213
  un changement, 133
  une opinion, 242

faux amis, 48, 332

illustrer un concept, 77, 177
introduction, 214, 265, 277, 305, 308, 325

métaphores, 60

narration au passé, 107–109, 117–118, 113–114, 147, 166–167, 176–177

opinions de valeur, de préférence, politiques, 242
organiser un plan écrit, 79–80, 118, 232, 264–265, 277, 279–280, 305–306, 308

plan causes-conséquences-solutions, 296–299, 305–309, 324–325
plan détaillé, 277, 279–280, 308–309
plan dialectique, 264–267, 277–280, 324–325
plan thématique, 230–232, 241–245
pléonasme, 353
présentation orale, 345
probabilité, 196–197
progression des idées, 28, 88–89
projet d'écriture, 29, 61, 90, 118, 147, 176, 215, 244–245, 279, 308, 333

qualificateurs substantifs, 243–244

récit, 133, 166, 176–177
remue-méninges, 77, 166, 297
répétitions à éviter (varier le vocabulaire), 26–27, 87–88, 331–332
résultats et causes, 107
révisions collaboratives, 90, 146, 177, 280

squelette narratif, 118
synthèse, 264–267, 277, 279, 315

thèse, 264, 266, 277, 315
tirer la conclusion d'un exemple, 177

varier le vocabulaire
- a dit que, 159
- avoir, 14
- chose, 26–27
- dire, 14
- du coup, 332
- être, 14, 144–145
- faire, 14
- il y a, 87–88
- répétitions inutiles, 332, 342
- très, 145–146
- voilà, 332